W0281841

Une histoire française

Du même auteur

La Double Rupture, Economica, 1982.
La Tentation de Venise, Grasset, 1993.
Entre nous, Nil, 1996.
Montesquieu, le moderne, Perrin, 1999 ; « Tempus », 2015.
Entre quatre z'yeux, Grasset, 2001.
France, mon pays : lettres d'un voyageur, Robert Laffont, 2006.
Je ne mangerai plus de cerises en hiver, Plon, 2009.
La politique telle qu'elle meurt de ne pas être (avec Michel Rocard), Lattès, 2011 ; J'ai lu, 2012.
Mes chemins pour l'école, Lattès, 2015.
Pour un État fort, Lattès, 2016.
Cinq ans pour l'emploi. Vers un nouveau monde, Lattès, 2016.
De vous à moi, autoédition numérique, 2016.
Dictionnaire amoureux de Bordeaux, Plon, 2018.
Mon Chirac. Une amitié singulière, Tallandier, 2020.

Alain Juppé

Une histoire française

Mémoires

TALLANDIER

© Éditions Tallandier, 2023
48, rue du Faubourg-Montmartre – 75009 Paris
www.tallandier.com

À mes enfants.

Gnothi seauton, « Connais-toi toi-même. »
Socrate

« Le sot projet qu'il [Montaigne] a de se peindre. »
Blaise Pascal, *Pensées*, VI, 33

I

Racines terriennes

L'enfance « au moun »

Je suis né dans les Landes, à Mont-de-Marsan, le *moun* comme nous disions. C'est le berceau de ma famille. Du côté maternel, aucun doute. Ma mère, Marie, était Darroze par son père, Lamaison par sa mère, deux noms bien de chez nous. Mon grand-père maternel s'appelait Albert Darroze ; je ne l'ai pas connu, il est mort dans un accident de la circulation, renversé par la moto d'un soldat allemand dans une rue de Mont-de-Marsan, en 1942. Il vivait de ses terres, il était propriétaire de plusieurs métairies et d'un nombre respectable d'hectares de pins, à Campagne et Saint-Perdon, deux villages à quelques kilomètres de Mont-de-Marsan. Pour s'occuper, il avait fait des études de droit et était devenu magistrat. Ma mère se souvenait de l'avoir entendu arpenter sa chambre une nuit entière la veille d'un procès où il allait requérir la peine de mort. Il était casanier et ne voyageait que sur des cartes routières.

Le nom de Darroze est connu : il a été porté par des générations de cuisiniers, réputés dans les Landes et au-delà. Jean, d'abord, petit-cousin de ma mère, qui régnait à Villeneuve-de-Marsan dans son restaurant où nous célébrions les grands événements familiaux, mariages, baptêmes, enterrements. Ses fils ont repris le flambeau. J'ai souvent revu Claude qui s'était installé en

Gironde, à Langon, où il succéda à Raymond Oliver et tint longtemps une excellente table ; mais aussi Francis, à la tête d'une des plus prestigieuses caves d'Armagnac, le père d'Hélène aujourd'hui cheffe étoilée à Paris et à Londres. Je m'enorgueillis de ces liens de parenté.

Du côté de ma grand-mère maternelle, la filiation est plus modeste : Marie Lamaison était née au cœur des Landes, à Cauna, et nous rendions parfois visite à des cousins Lamaison à Saint-Sever, jolie bastide en lisière de la Chalosse. Maman était très liée à sa mère dont je conserve seulement le souvenir d'une vieille dame fatiguée, alitée dans la maison familiale de Mont-de-Marsan ; pourtant elle est morte relativement jeune, d'un diabète mal soigné, et ce fut un déchirement pour ma mère.

Du côté de mon père, c'est plus compliqué. Il parlait peu de ses origines. Quand j'étais enfant, nous nous rendions de temps en temps à Bordeaux où vivait, avec sa seconde épouse, mon grand-père, cheminot à la retraite. Papa était l'enfant d'un premier lit ; je me suis mis en tête qu'orphelin de bonne heure, il avait eu une adolescence assez rude. Quand nous traversions Bayonne au retour de nos vacances à Hendaye, il nous confiait d'une phrase sibylline qu'il y avait, en son jeune temps, « bouffé de la vache enragée ». Mais les confidences s'arrêtaient là. Nous rendions plus rarement visite à ses sœurs installées à Bordeaux, à Pessac, à Arcachon. Je n'ai pas gardé de relations avec mes cousins. Nous avons, ma sœur et moi, entrepris quelques recherches généalogiques pour en savoir plus sur notre nom de Juppé, assez peu répandu à vrai dire dans la région. Elles ne nous ont pas appris grand-chose. Des homonymes près de Pau, une grand-mère à Maubourguet, dans les Hautes-Pyrénées… pas d'ancêtre illustre, ni cardinal de la Sainte Église, ni maréchal d'Empire.

J'ai vécu toute mon enfance et mon adolescence dans la maison familiale de Mont-de-Marsan, une lourde bâtisse bourgeoise, confortable mais sans caractère : un petit jardin entre deux voies de grande circulation, une cour entourée de hauts murs ingrats, c'était mon terrain de jeu, une souillarde où l'on tuait les poulets rapportés de la campagne... j'aimais surtout la grande cuisine et sa vaste cheminée où l'on cuisait au feu de bois les carcasses de canard gras et les boudins encore frais. Mon sanctuaire, c'était ma chambre, meublée avec un goût atroce, le mien en ce temps-là : un fauteuil en skaï jaune vif, un couvre-lit rouge peuplé de vahinés multicolores, et mon bureau avec son opaline noire où j'aimais voir se refléter le clair de lune à travers la haute fenêtre. Je me sentais bien, en sécurité, souvent seul le soir devant le feu de bois que je contemplais dans l'obscurité, une fois mes devoirs terminés.

Mes parents nous choyaient, ma sœur cadette et moi, à leur manière. Souvent rude de la part de notre père qui dissimulait sa tendresse sous des apparences bourrues. Exigeante chez ma mère, surtout envers moi : elle avait décidé que je ne pouvais être que le meilleur ; si mes résultats scolaires n'étaient pas à la hauteur de mes moyens et de ses espérances, c'est que je ne faisais pas les efforts nécessaires et qu'il fallait donc me serrer la vis.

Il est vrai – on n'ose plus s'en vanter par les temps qui courent – que j'étais bon élève. C'en était presque gênant le jour de la distribution des prix au lycée Victor-Duruy où j'accumulais les premiers prix dans toutes les matières. Sauf l'éducation physique... Une seule année, en sixième je crois, j'ai partagé le prix d'excellence avec mon copain Pierre, qui est aujourd'hui encore un ami cher.

On n'est pas impunément le premier de la classe. J'en garde les séquelles : un sentiment de supériorité qui peut tourner à l'orgueil, une distance vis-à-vis d'autrui, pas seulement de mon fait, aggravée par une timidité naturelle, bref cette froideur ou roideur qui m'a collé à la peau tout au long de ma vie publique.

Ma mère a prétendu que j'étais un bosseur invétéré et que je n'avais donc pas le temps de jouer. C'est évidemment une contre-vérité. Elle n'était pas dans la cour de récréation où, entre camarades de classe, nous nous flanquions des peignées sévères. Ni dans le jardin de la maison voisine de la nôtre où j'organisais des spectacles de danse et de chant avec ma sœur Martine, sa copine Mona et quelques ami(e)s du quartier. À en croire ma sœur, j'avais une tendance assez marquée à l'autoritarisme ; perfectionniste, j'exhortais la petite troupe à manifester plus d'enthousiasme à entrer dans la ronde de *Si tous les gars du monde* dont j'avais créé la chorégraphie. Et j'adorais les vacances, surtout celles que nous passions à Hendaye, au club des Mouettes où je connus ma première amourette ; elle s'appelait Chantal, en tout bien tout honneur, nous avions dix ans. Ma sœur et moi avons appris à nager dans la Bidassoa, très fraîche même au mois d'août.

Mon adolescence a été plus solitaire. Nous passions désormais l'été à Biarritz où mes parents avaient acheté un appartement avec vue directe sur la grande plage. Magnifique ! Mais je n'y avais pas d'amis et je m'ennuyais comme un rat mort. Il y avait la mer bien sûr, mais, sur le sable au mois d'août, il fallait ruser entre les corps allongés pour trouver un mètre carré accessible. Il me restait surtout la lecture, pas toujours celle des grandes œuvres littéraires, plus régulièrement celle des « illustrés » comme on appelait à l'époque les BD. J'attendais avec impatience la sortie hebdomadaire de *Spirou*, *Tintin*, *Blake et Mortimer* et des *Dalton*. Je leur suis longtemps resté fidèle. À Bordeaux, bien plus tard, j'ai été intronisé dans la confrérie des Pélicans noirs qui réunit les « tintinophiles » militants… de sept à soixante-dix-sept ans selon le slogan bien connu. Le 15 août 2022, le jour de mon soixante-dix-septième anniversaire, j'ai reçu du président de cette toujours vivante association un courrier qui m'accorde une dérogation exceptionnelle ; je ne résiste pas au plaisir d'en citer quelques lignes :

Je soussigné... actuel président des Pélicans noirs, tenant compte que le sieur Alain Juppé, tant dans ses hautes fonctions qu'à titre personnel, a éminemment contribué au rayonnement de la tintinophilie et de notre Association, notamment en recevant dans notre bonne ville de Bordeaux, avec tous les honneurs, Sa Majesté MUSKAR XII, roi de Syldavie, à l'occasion de l'historique concert de la Castafiore le 1er avril 2000 et de l'inauguration de l'Esplanade du Professeur Tournesol, accorde, dans la mesure de mes prérogatives à mon cadet Alain Juppé une dérogation spéciale lui permettant de prolonger au-delà de cette limite (= 77 ans), sa fréquentation régulière de l'univers de Tintin, à la condition que celle-ci demeure raisonnable et non compulsive.

Je conserve le savoureux souvenir de l'arrivée de Muskar XII en grand uniforme, dans une somptueuse limousine, au Grand Théâtre de Bordeaux archi-comble ! Chaque année, j'échange toujours des vœux teintés d'humour nostalgique avec mes collègues Pélicans.

J'ai aimé passionnément la lecture, pas seulement celle des albums de *Tintin*. Il y avait peu de livres à la maison, pas de bibliothèque familiale digne de ce nom. Mais ma mère était généreuse et devançait mes désirs. La maison de la presse, sur le chemin du lycée, était ma caverne d'Ali-Baba. Quand j'ai découvert la collection de la Bibliothèque de la Pléiade, j'ai été pris d'une envie irrésistible de toucher ces volumes dont la reliure me paraissait luxueuse et le papier bible, si fragile sous les doigts. Mais chaque ouvrage était hors de prix, il fallait choisir. En guise de cadeau d'anniversaire et sur le conseil de la libraire, ma mère m'avait offert, alors que j'étais encore en classe de seconde, les œuvres complètes de Charles Péguy. Ce fut pour moi une source d'intenses émotions poético-religieuses ; plus tard, khâgneux, sur la route du pèlerinage des étudiants, je réciterai dans ma tête les premiers vers de la *Présentation de la Beauce à Notre Dame de Chartres* : « Étoile de la mer voici la lourde nappe / Et la profonde houle et l'océan des blés... »

Il m'arrive encore d'avoir la gorge nouée en écoutant le récitant psalmodier la litanie du *Mystère de la charité de Jeanne d'Arc*, dont les lourdes répétitions scandent la montée douloureuse du Christ au Golgotha.

Et j'ai puisé dans *Victor-Marie, comte Hugo* une mine de citations pour les dissertations de français où nous devions nous essayer au parallèle entre Corneille et Racine. C'était avant ChatGPT...

Au hasard de mes nombreux déménagements, j'ai retrouvé un « cahier de récitations » commencé en classe de deuxième A'. C'est plutôt un recueil de citations où j'énumère, pêle-mêle, des poètes, Baudelaire, J. M. de Heredia (le lit-on encore ?), Musset, Prévert... ; les grands classiques, Montaigne, Pascal, Molière, Voltaire, Rousseau... ; des Russes, Tolstoï, Dostoïevski dont j'étais fan ; quelques auteurs de langue anglaise, Graham Greene, Faulkner ; des Français modernes, Gide, Céline, Breton, Mauriac ; et, curieusement, alors que j'ai toujours confessé une certaine inappétence pour la philosophie, des textes de Nietzsche, de Kierkegaard, de Bergson, de Jankélévitch, de Sartre... et dix pages tirées du *Traité de métaphysique* de G. Gusdorf !! Sans doute des antisèches pour préparer le bac. Absences surprenantes : Alexandre Dumas, ses *Trois mousquetaires* (et la suite), ainsi que Jules Verne et son *Michel Strogoff*, dont je faisais pourtant mes délices.

Dans le choix de mes citations, se mélangent de généreux élans hédonistes, des poussées d'impatience adolescente et quelques signes d'un réalisme un peu désabusé.

Avec Gide d'un côté et *Les Nourritures terrestres* : « Nathanaël, ne cherche pas, dans l'avenir, à retrouver jamais le passé. Saisis de chaque instant la nouveauté irressemblable et ne prépare pas tes joies – ou sache qu'en son lieu préparé te surprendra une joie autre. »

En contrepoint, Céline : « On ne monte pas dans la vie, on descend. »

Et déjà le culte de la modération (et de la sobriété !) dont Molière fait si éloquemment l'éloge dans *Le Misanthrope* : « La parfaite raison fuit toute extrémité / Et veut que l'on soit sage avec sobriété. »

Très vite la musique a pris aussi une grande place dans ma vie. Pas plus que de livres, il n'y avait de disques à la maison (et l'on n'y écoutait guère de musique classique). Ma mère avait décidé de m'épargner les leçons de piano dominicales dont ma sœur Martine sortait les yeux rougis avant la messe : son professeur avait des méthodes pédagogiques à base de coups de règle sur les doigts. Je n'ai fait, pour ma part, l'apprentissage d'aucun instrument de musique ; j'en éprouve un grand regret ; je rêve parfois de m'asseoir, comme Isabelle, devant notre piano pour m'évader un peu…

C'est mon institutrice de l'école primaire, Mme Dulong à qui je dois tant, qui me fit un jour cadeau de ce qu'on appelait à l'époque un « tourne-disque » ou un « électrophone », de marque Teppaz comme il se devait, avec mon premier vinyle ; c'était *La Mer* de Debussy où j'essayais, naïvement, de reconnaître le bruit des vagues. Dès lors, la musique dite classique est devenue ma drogue. Dès que j'avais un peu d'argent de poche, je fonçais chez le disquaire du coin et, pendant des heures, j'explorais les bacs à disques avant de me décider. À l'adolescence, sans grande originalité, j'eus ma période romantique, je devins un inconditionnel de Beethoven ; j'écoutais sans fin la *Lettre à Élise* en écrivant des lettres d'amour, à la lumière des bougies et du clair de lune, sur l'opaline de mon bureau. La Cinquième, la Neuvième (symphonies) me bouleversaient. Puis je découvris Mozart ; ma mère s'inquiétait d'entendre, à travers la porte de ma chambre, les accents de son *Requiem*, ce qui lui paraissait un loisir quelque peu morbide pour un ado. Aujourd'hui encore, j'ai besoin de musique dans ma vie quotidienne ; j'ai placé, tout à côté de ma chaîne stéréo, une citation de Nietzsche : « Sans la musique, la vie serait une erreur. » Sans Bach, bien sûr, qui reste pour moi la seule preuve de l'existence de Dieu et dont les *Passions*, plus tard, me tirèrent des larmes.

Quand je pense à mon enfance, ce sont des effluves de bonheur qui me reviennent. J'idéalise, sans doute. Je bossais dur, je l'ai dit. Et l'ambiance familiale n'était pas de tout repos. Mes parents avaient certainement vécu une belle histoire d'amour, dont ils ne parlaient jamais. Ma sœur Martine, qui m'est si chère, et moi, nous nous sommes livrés à un exercice de reconstitution. Ma mère s'était une première fois mariée très jeune ; elle avait eu de cette première union deux enfants que j'ai toujours considérés comme ma sœur et mon frère à part entière. Et réciproquement. Mais le mariage n'avait pas tenu. À l'époque, dans une famille de tradition catholique et terrienne, on ne divorçait pas. Elle eut l'audace de le faire. Ce fut pendant la guerre qu'elle rencontra mon père dans des circonstances qui me sont toujours restées mystérieuses. Je sais seulement qu'elle franchissait à bicyclette la ligne de démarcation entre la zone libre et la zone occupée pour aller ravitailler mon père, résistant dans le corps franc Pommiès. Ils se retrouvaient dans une auberge perdue au fin fond de la forêt, à Saint-Vidou, où il n'est pas tout à fait exclu que j'aie été conçu dans les premiers jours de janvier 1945. Mais je me trompe peut-être sur le calendrier. Pas celui de ma naissance en tout cas, le 15 août 1945.

L'histoire d'amour devint peu à peu une union tumultueuse. Dans mon souvenir, mes parents se disputaient comme chien et chat. Mon père était brutal, en paroles – les jurons pleuvaient –, parfois en actes hélas ! Ma sœur et moi faisions le gros dos. Ma mère était dévorée d'une jalousie maladive, non sans raison, il est vrai. Un jour on frôla le drame. Avec la vertu intransigeante de la jeunesse, je devais avoir douze ou treize ans, je préconisais la rupture. Ma sœur aînée, qui avait quinze ans de plus que moi, et son mari, plus réalistes, plaidèrent le pardon et l'emportèrent.

Les querelles ne cessèrent pas pour autant mais ces deux êtres ne pouvaient pas se passer l'un de l'autre. Et cela dura jusqu'à la fin, en 1998, date de la mort de mon père ; le désarroi de ma mère, qui survécut jusqu'en 2004, fut total. Nous l'installâmes dans un appartement que nous trouvions très agréable au cœur de Mont-de-Marsan. Elle ne supporta pas la solitude et nous dûmes nous résigner à la « placer » dans une maison de retraite – on ne disait pas encore Ehpad – à Saint-Pierre-d'Irrube, près de Bayonne. Elle y retrouva une amie d'enfance. Je pensais que cette proximité adoucirait son exil. De Bordeaux, je m'efforçais d'aller la voir chaque fin de semaine, enfin... pas toujours. Elle était restée gourmande et adorait se changer les idées en allant déjeuner dans un de ses restaurants favoris du Pays basque à Aïnhoa, Sarre ou Saint-Pée-sur-Nivelle. Au plus profond de moi, je n'arrive pas à me débarrasser d'un sourd sentiment de culpabilité : n'aurais-je pas dû l'accueillir chez moi, à Bordeaux, pour lui rendre un peu de l'affection qu'elle m'avait donnée ?

Vis-à-vis de nous, mes parents furent en effet d'une générosité inépuisable. Ils nous prodiguèrent leur amour sans compter. Comme le pélican, ma mère était prête à tout donner pour ses enfants. Et mon père, quelque maladroit qu'il fût à l'exprimer, nous vouait une totale affection.

J'ai donc vécu une enfance heureuse, entre mes parents, mes sœurs et mon frère, mes camarades d'école, dans notre petite ville paisible de Mont-de-Marsan. L'insécurité y était inconnue, et jamais personne ne me proposa de « shit » à la sortie du collège ou du lycée. Au temps de l'adolescence et des premiers émois amoureux, la menace du sida nous était évidemment étrangère. Je ne fréquentais pas les boîtes, mais n'en éprouvais aucune frustration... si ce n'est celle, plus tard, d'être totalement inapte à la danse. J'étais timide avec les filles et je manquais d'audace dans le flirt… sauf peut-être, le rosé aidant, lors des fêtes paroissiales de la Madeleine. Mais c'était une fois l'an ! Très tôt je pus aller m'aérer en dehors du cocon familial. Curieusement, ma mère, qui était très possessive, ne manifesta jamais de réticence à mes projets de voyage : par exemple en Angleterre, à Pâques, c'était bien sûr pour la bonne cause : l'apprentissage de l'anglais. Mais pas davantage en Grèce, avec un groupe de khâgneux alors que j'étais encore en première au lycée. Elle ne se doutait pas que j'en reviendrai doublement amoureux : de la Grèce, et de Christine…

La fierté d'être landais

Comment définir mon attachement à mes Landes ?

Dans son récit de voyage sur le chemin de l'Espagne, Théophile Gautier parle en ces termes de « ma » terre : « Au sortir de Bordeaux, les Landes recommencent plus tristes, plus décharnées et plus mornes, s'il est possible ; des bruyères, des genêts et des pignadas (forêts de pins) ; de loin en loin quelque fauve berger accroupi, gardant des troupeaux de moutons noirs. Quelques cahutes dans le goût des wigwams des Indiens [*sic*] : c'est un spectacle fort lugubre et fort peu récréatif. »

Stendhal et Hugo ont dit pire. C'est bien ainsi. Ils nous ont longtemps protégés de l'hyper-tourisme.

Quand je franchis la Garonne sur le chemin du retour vers le Sud, mon pays, c'est d'abord un parfum : celui de la forêt de pins maritimes que Jean-Paul Kauffmann (qui n'est pourtant pas landais) a si bien décrit dans son livre *La Maison du retour*. Je le cite dans mon *Dictionnaire amoureux de Bordeaux* : il parle de « l'ivresse olfactive » que provoque en lui l'odeur des aiguilles de pin. « Elles cassent, dit-il, comme du verre sous les pas et répandent une odeur brève, grillée. » Il ajoute : « Autour de quatre heures de l'après-midi, la chaleur assène ses coups les plus sévères. Il me plaît alors de sortir quelques instants pour sentir l'odeur des bruyères et de la brande chauffée à blanc. »

J'ai ressenti cette « ivresse olfactive » quand j'accompagnais mon père dans nos pignadas, au cœur de l'été ; la canicule distillait l'odeur entêtante de la résine qui s'écoulait des troncs saignés par le hapchot du résinier, l'outil à bec recourbé qui permet d'entailler l'écorce et de rafraîchir la care de l'arbre. Il n'y a plus hélas ! ou presque plus de résiniers ; la concurrence de la Chine et du Portugal qui produisent à meilleur coût la colophane et l'essence de térébenthine les a éliminés.

J'appelle à nouveau Kauffmann à la rescousse pour régler leur compte à tous les contempteurs du pin des Landes ; il écrit : « Le pin est l'arbre de l'élévation et du dépassement. » Il m'est arrivé de prétendre que, si l'on me trouve parfois sec et raide, c'est mon mimétisme avec le pin des Landes.

J'ai souffert, j'ose dire sans exagération dans ma chair, des mégafeux qui ont dévasté des milliers d'hectares de « ma » forêt à l'été 2022. Me revenait à l'esprit le souvenir de celui qui avait fait plus de quatre-vingts morts en 1949 et que j'entendais évoquer autour de moi, avec effroi, dans ma jeunesse.

Landais, donc amoureux de la bonne chère. Dans ma famille, la table, ça comptait. Le repas était un moment de communion, parfois une fête quasi religieuse, comme le 15 Août de chaque année. Nous célébrions ce jour-là l'Assomption de la Vierge Marie. Le premier prénom de ma mère était Marie, elle l'avait donné à ses cinq enfants, je m'appelle Alain Marie. Le 15 août, c'était surtout mon anniversaire ; j'ajoutais, par modestie (*sic*), le même jour que celui de Napoléon et de Sylvie Vartan. Il fallait donc mettre les petits plats dans les grands. Nous nous retrouvions tous dans le lieu de vacances choisi par nos parents, à Hendaye, ou Biarritz, ou Hossegor au fil du temps. Ma sœur aînée Jeanine (Marie bien sûr), Jeaninou pour les intimes, et son mari Robert dont je me sentais très proche, apportaient de Capbreton un généreux plat de langoustes. Au passage, ils prenaient chez Miremont, le pâtissier célèbre de Biarritz, le millefeuille dont je raffolais. Depuis le milieu de la matinée, ma mère surveillait les foies gras entiers qui mijotaient au milieu des quartiers de pommes ou des grains de raisin. La cuisson devait être lente et douce, tout un art. Le poulet rôti, venu « des propriétés », était jaune et incontournable. Et le vin de Bordeaux coulait à flots, enfin dans les verres des adultes...

Mon père était gourmand. Il ingurgitait des quantités impressionnantes de nourriture, pour se rattraper, disait-il, des privations de sa jeunesse. La vache enragée... Il ne se mettait pas lui-même aux fourneaux sauf pour retourner la côte de bœuf sur les braises du barbecue. Plus tard, quand il venait me voir à Paris et que je tentais de l'initier à la nouvelle cuisine, il manquait de s'étrangler à la vue des portions, microscopiques à son goût, qu'on lui servait dans de vastes assiettes. Il avait surtout, déjà, l'obsession du produit frais et des circuits courts. Jamais de surgelé ! Hérésie ! Son plaisir était d'aller sur les marchés où il n'hésitait pas à discuter rudement prix et qualité avec des commerçants amusés qui connaissaient son caractère rouspéteur. Il respectait le cycle des saisons : les asperges au printemps, les cèpes à l'automne ; il avait ses filières pour trouver du saumon sauvage venu des Pyrénées (honnies soient les truites d'élevage) ou des ortolans qu'on commençait à se passer sous le manteau car leur chasse était dans le collimateur des premiers écologistes.

J'ai décrit en d'autres livres la cérémonie de la dégustation de l'ortolan. Il faut commencer par engraisser ce petit passereau chanteur dans la cage où sa triste fin de vie se résume à ingurgiter du millet du matin au soir et du soir au matin. Quand il est bien dodu, on l'étouffe dans l'armagnac, on le plume délicatement sans le vider, on le met au four dans une cassolette jusqu'à entendre chanter sa graisse. Le rite, alors, est de le prendre tout entier en bouche et de laisser fondre. Le spectacle manque d'élégance car la bête est brûlante. D'où la serviette sous laquelle le gourmand dissimule son visage… C'est une pratique scandaleusement barbare qui soulève, à juste titre, l'indignation des défenseurs de la cause animale. Mais Dieu que c'est bon ! Curieusement, seuls les Landais ou presque s'adonnent à ce rite. Le président Mitterrand s'y était converti. C'était une complicité entre nous. Mon père adorait ! Il m'avait passé le virus ! Comme l'espèce est menacée, la chasse en est désormais strictement interdite et le braconnage coûte cher. Les Landais de souche ont du mal à s'en remettre. Tout fout le camp !

Mon père ni moi n'étions chasseurs. Mais, à table, nous étions grands amateurs de gibier, consommé sur place de préférence. Aujourd'hui encore, je m'empresse d'accepter l'invitation de mes amis landais ou girondins à les rejoindre dans leur palombière à l'heure du repas. La palombière est un lieu mythique et secret, niché au plus profond de la forêt de pins ; et la chasse à la palombe est une passion dévorante qui affecte gravement les Aquitains au point de les détourner, la saison venue, de toute autre activité. Dès le début de l'automne, le *paloumayre* commence à préparer la palombière, réseau de galeries à demi enterrées, couvertes de branchages et de fougères, qui convergent vers une salle centrale, lieu stratégique : la cuisine. Puis la veille commence : durant des heures, le chasseur, dissimulé dans ses tunnels, scrute le ciel et guette les vols de palombes en migration vers le sud de l'Europe ou le nord de l'Afrique. Le défi, c'est de les attirer sur la canopée ou au sol, dans des clairières jonchées de graines appétissantes. Il faut, pour cela, actionner les poulies qui déclenchent le battement des ailes des « appelants », tristes leurres postés en haut des branches et censés intéresser leurs congénères. Quand ça marche, on tire les palombes au fusil ou on les capture au filet. L'observation peut durer des heures ; l'attente n'est pas toujours couronnée de succès, soit qu'aucun vol n'apparaisse à l'horizon, soit que les volatiles ne daignent pas répondre à l'appel et, indifférents, poursuivent leur vol en altitude. Leur répit risque d'être de courte durée : d'autres *paloumayres* et d'autres filets les attendent dans les cols pyrénéens. Le journal *Sud-Ouest* publie quotidiennement les chiffres des passages. Mais, en fin de compte, les jours « avec » comme les jours « sans », je me demande si l'essentiel est bien la chasse, et pas davantage la convivialité, c'est-à-dire l'amitié partagée au long des jours et bien sûr au moment du repas. Les non-chasseurs sont admis, à condition de laisser leur voiture à bonne distance et de s'approcher de la palombière dans le plus grand silence. Imaginez que leur tapage fasse fuir un vol en approche ! On leur demande donc d'annoncer leur arrivée d'un coup de sifflet et de ne plus bouger tant que l'autorisation d'avancer ne leur a pas été donnée par le même moyen de communication. On les accueille alors à bras ouverts.

Les *paloumayres* landais sont terriblement machistes. Les femmes ne sont tolérées que dans la cuisine de la palombière où elles s'affairent à préparer le repas : la garbure, solide potage d'autant plus apprécié que la cuillère tient droit dans l'assiette, signe de bonne densité du mélange où l'on trouve de nombreux légumes (carottes, pommes de terre, poireaux, navets, choux verts, oignons, j'ajouterais haricots, tous cuits à la graisse de canard), sans oublier, ingrédients essentiels, quelques pièces de confits de canard ou des cous d'oie… Pour un appétit landais, il ne s'agit que d'une « entrée ». Viennent ensuite les « sauces », ris de veau par exemple, et le poulet rôti, jaune bien sûr, pour finir, quand même ! par une palombe grillée au feu de bois. Les femmes servent et restent debout. Si, si, je l'ai vu, de mes yeux vu ! Et je n'ai pas protesté. Cela n'aurait servi à rien, j'étais très nettement en minorité. Inutile d'ajouter que le vin de Bordeaux est versé en abondance. Deuxième aveu : en octobre 1995 ou 1996, j'étais en tout cas Premier ministre, j'ai disparu un dimanche dans une palombière du sud Gironde jusqu'à une heure avancée de l'après-midi. Matignon commençait à s'émouvoir. Il est vrai que, cette fois-là, le repas était préparé par mon cousin Claude Darroze.

La grande affaire qui mobilisait père et mère en novembre de chaque année, c'était avant tout le foie gras. Il fallait en effet renouveler le stock de conserves familiales, généreusement consommées ou distribuées au cours des mois passés. Mon père était chargé de l'achat à la ferme ou sur le marché de Saint-Sever. Tâche essentielle car il devait s'assurer, au coup d'œil, de la qualité du produit. Comment résistera-t-il à la cuisson ? Quel poids perdra-t-il en graisse ? Les foies sélectionnés étaient alignés sur la table de la cuisine et ma mère prenait le relais. Patiemment, elle déveinait les lobes – oie ou canard, chacun sa préférence – et les salait, ce qui était l'étape cruciale du processus. Trop ou trop peu de sel ! Éternel débat entre mes parents. Tasser le foie dans la boîte exige du doigté, avant de pouvoir apporter l'objet au sertissage et à la stérilisation. En ce temps-là, nous consommions surtout du foie en conserve ; aujourd'hui je me suis mis au mi-cuit. Le moment décisif était l'ouverture des précieuses boîtes, au cours d'un repas de famille, ou – suspense encore plus traumatisant – chez des amis à qui nous étions fiers de les offrir ! Que restait-il de la matière première originale ? Si la graisse était trop abondante, c'était la qualité du foie qui était en cause et ma mère reprochait amèrement à mon père d'avoir fait de mauvais choix sur le marché ; si le foie était trop salé, trop cuit ou pas assez, mon père ne se privait pas d'adresser de virulentes critiques à ma mère… Ambiance. Mes relations amicales nouées dans mon parcours universitaire, à Louis-le-Grand notamment, ou au service militaire, doivent beaucoup à la consommation des boîtes de foie gras que ma mère m'envoyait avec une affectueuse régularité et que je partageais volontiers.

Encore un rite en voie d'extinction ? Possible. Nous ne « faisons » plus nos foies à la maison. On en trouve d'excellents en magasin et j'ai mes marques préférées. Mais la poésie de l'incertitude, au moment d'ouvrir la boîte, s'est évanouie. Et il n'est pas exclu que le gavage, pratique évidemment barbare, soit emporté par la grande vague de protection du bien-être animal.

Mon amour du terroir landais n'est pas cantonné dans les cuisines ! Mes Landes, c'est aussi « mon » océan, l'Atlantique.

Je passe volontiers des heures à regarder naître et renaître le surgissement de ses vagues. Du temps de mes envolées romantiques, je n'hésitais pas à l'apostropher au rythme des *Chants de Maldoror* : « Vieil Océan, ô grand célibataire, quand tu parcours la solitude solennelle de tes royaumes flegmatiques, tu t'enorgueillis à juste titre de ta magnificence native et des éloges vrais que je m'empresse de te donner… Je te salue vieil Océan ! »

Je trouve une forme de sérénité sur les plages de la côte landaise : à Hossegor, la vue s'étend à l'infini sur le sable blond ; d'un côté les derniers sommets des Pyrénées plongent dans la mer ; de l'autre, je me plais à imaginer deux cents, voire trois cents kilomètres de solitude sauvage. L'opération d'aménagement de la côte aquitaine lancée en 1967 nous a sauvés du bétonnage qui a défiguré le littoral de tant de régions françaises, espagnoles, portugaises ou italiennes. La Miaca, la mission interministérielle chargée de cette opération, a choisi de concentrer les constructions neuves sur quelques sites existants ou à créer, Vieux-Boucau devenu Port d'Albret par exemple, ou, plus proche d'Hossegor, Seignosse-le-Penon. Entre ces pôles de développement dédiés à l'essor du tourisme, l'idée était de sanctuariser les espaces naturels, qu'il s'agisse de la forêt ou de la dune littorale. L'objectif a été à peu près atteint, même si je m'indigne de voir apparaître chaque année une construction nouvelle sur la dune de la plage des Estagnots où mes enfants ont vécu des mois de vacances joyeuses.

Sans effort d'imagination excessive, je me figure vivre loin du monde et du bruit entre l'eau, le ciel, le sable et les pins. Loin du bruit, pas tout à fait mais c'est celui du mugissement des vagues. L'Océan, ici, n'est pas réellement bienveillant ; il est même dangereux et menaçant. Les courants de baïnes, ces trous d'eau dans le sable, peuvent vous entraîner irrésistiblement au large. Et la puissance des rouleaux de bord peut assommer le baigneur fraîchement débarqué dans la région. Je fais le fier et donne volontiers aux ignorants les conseils de « celui qui connaît ». Mais avec le temps je suis devenu de plus en plus prudent. Je ne me baigne plus qu'à marée basse, mais alors quelle jouissance ! Les vagues sont plus abordables, je prends plaisir à plonger sous l'écume, à les « courir » parfois sur ma planche de « body surf » (pas de traduction en français, hélas !), le surf du débutant. Depuis longtemps, chaque mois de juillet, je me dis : « Cette fois, je me lance. Je prends un cours de surf. » Je n'ai pas sauté le pas. Alors je me contente d'admirer les vrais surfeurs. Ils sont jeunes pour la plupart, beaux et belles (les jeunes femmes sont désormais aussi nombreuses que les hommes), tannés de soleil et de sel. Je ne me lasse pas de suivre leurs évolutions pleines de force et de grâce à la fois. Les sports de glisse sont devenus une véritable passion sur notre côte, tout au long de l'année et par tous temps. Hossegor est un « spot » réputé. Bien que les camping-cars des surfeurs quasi professionnels soient envahissants, c'est une population bienvenue car elle est respectueuse des équilibres naturels. Et ici, ils sont fragiles. La dune est un chef-d'œuvre en péril permanent, malgré les efforts des spécialistes qui tentent de la fixer en y plantant des oyats. L'érosion marine est puissante ; selon l'Observatoire de la côte aquitaine, le trait de côte recule en moyenne de deux mètres et demi par an en Gironde et d'un mètre soixante-dix dans les Landes. Mon observatoire personnel, ce sont mes enfants qui constatent que, même à marée basse, la plage offre moins d'espace que du temps de leur enfance. Cette fragilité, ce sentiment de précarité ne fait que renforcer mon attachement à mon terroir.

J'ai quitté Mont-de-Marsan à l'âge de dix-sept ans. Le bac en poche, je suis « monté » à Paris où s'est déroulé, pendant dix ans, tout mon parcours universitaire. Je revenais régulièrement voir mes parents qui n'ont pas bougé de la maison familiale. En 1969, je suis redescendu au *moun*, pour un an, le temps de mon service militaire ; et, plus tard, j'ai tenté ma chance aux élections législatives, puis aux élections départementales en 1978-1979. Mais nul n'est prophète en son pays. Aujourd'hui mes liens avec ma ville natale sont devenus ténus. Mes parents ont disparu, mon père en 1998, ma mère en 2004 ; ma sœur aînée et son mari, dont j'étais si proche, plus récemment. Leurs trois filles, mes trois nièces, habitent toujours dans les Landes ; nous nous téléphonons de loin en loin. Les rangs de mes copains de lycée avec qui j'avais pris l'habitude d'une virée annuelle dans les Pyrénées se sont éclaircis. Quand il m'arrive, rarement, de revenir sur les lieux de mon enfance, je ne manque pas d'aller rôder autour de la maison familiale qui a été vendue au décès de mes parents. Je m'en veux de ne pas aller plus souvent sur la tombe des « familles Darroze et Juppé » dans le petit cimetière de Campagne. Je n'ai pas encore décidé d'y passer ma vie éternelle.

J'ai écrit quelque part que le Mont-de-Marsan de mes jeunes années était vraisemblablement la petite ville la plus ennuyeuse du territoire ; c'est sans doute que Paris m'avait grisé. Je révise aujourd'hui mon jugement. Le bonheur ne m'apparaît plus ennuyeux.

II

Racines chrétiennes

Enfant de chœur à la Madeleine

À Mont-de-Marsan, avec ardeur, j'ai longtemps servi la messe et été assidu au presbytère de notre église paroissiale, dédiée à sainte Madeleine.

Mon père fréquentait peu les églises mais ma mère était restée fidèle à l'éducation religieuse reçue de ses parents. Elle transmit l'héritage à ses enfants. Très tôt je devins enfant de chœur et je le suis resté jusqu'à l'adolescence, en franchissant tous les grades : thuriféraire, cérémoniaire... J'ai servi un nombre incalculable de messes, des tristes, les jours d'enterrement, des joyeuses, le soir de Noël par exemple où s'enchaînent trois offices dans la nuit. Mgr Puzo, l'archiprêtre de la Madeleine, expédiait rondement les deux dernières. L'abbé Dupeyré, si je ne déforme pas son nom, m'avait enrôlé dans le mouvement des Chevaliers du Christ, plus intellectuel, moins actif « sur le terrain » que les scouts. Ma foi était sincère. Je croyais que seule la confession pouvait me laver des péchés mortels que je ne pouvais manquer de commettre, un petit mensonge de-ci de-là, un gros accès de gourmandise, pas encore le péché de chair.

J'aimais, je l'avoue, j'aime toujours la liturgie catholique. L'émotion m'étreignait lorsque, à minuit pile, le soir de Noël, enfants de chœur en tête du cortège, suivis du clergé, nous pénétrions dans la nef de « la Madeleine », comme nous disions familièrement, et que retentissait le *Minuit, chrétiens* entonné par le meilleur ténor de la ville. En ce temps-là, l'église était bondée.

Je n'ai pas changé, du moins dans mes goûts liturgiques. Je reste sensible à la pompe, aux chasubles cousues d'or, aux mitres épiscopales, au parfum de l'encens, aux grandes orgues. J'y vois toujours une manière d'honorer Dieu, de lui offrir ce que nous avons de plus beau. On connaît l'œuvre de Chateaubriand : *Génie du christianisme* ; on ne cite pas toujours son titre entier : ... *ou Beautés de la religion chrétienne.*

J'éprouve pour le Vatican une fascination presque enfantine : ses cérémonies, sa pompe, ses gardes suisses – je vais jusqu'à regretter la *sedia gestatoria* – ses trésors artistiques. Vers l'âge de sept ou huit ans, je me sentais la vocation de briguer le trône de saint Pierre. Je me délecte toujours des jeux de pouvoir, des intrigues, des secrets de la curie romaine. J'écoute la parole des papes. J'ai eu le privilège de rencontrer Jean-Paul II à plusieurs reprises, une fois dans son bureau, en tête à tête, devant son immense table de travail. Je faisais, dans le cadre de la campagne des élections européennes de 1989, la tournée des capitales et, à Rome, après le Quirinal, siège de la présidence italienne, j'avais obtenu une audience du Saint-Père. Il m'accueillit courtoisement. J'étais évidemment pour lui un total inconnu ; il feuilleta le dossier qu'il avait devant les yeux ; je l'entendis murmurer : « Alain Juppé... secrétaire général du RPR... le parti gaulliste... le général de Gaulle... » et il partit dans une vaste fresque historique. J'ai toujours en mémoire l'extraordinaire dialogue qu'il réussit à nouer, dans l'enceinte du Parc des Princes, en juin 1980, avec les milliers de jeunes venus à sa rencontre. Il y a des êtres qui émettent un rayonnement particulier. On appelle cela le charisme. J'ai ressenti le même frisson quand il m'est arrivé d'approcher le dalaï-lama.

Aujourd'hui, je lis les encycliques du pape François ; j'ai apprécié *Laudato si'*, consacrée aux questions environnementales et sociales et à « l'écologie intégrale ». J'espère que ce pape audacieux fera avancer l'Église sur la voix de son *aggiornamento*, pour qu'elle accepte le mariage des prêtres, qu'elle cesse d'excommunier les couples divorcés remariés, qu'elle accueille sans phobie les personnes homosexuelles. Je n'ai jamais compris ni admis qu'elle stigmatise le plaisir sexuel et réduise ce qu'elle nomme « le péché de chair » à sa seule fonction reproductrice. Il semble que, sur ces questions, il y ait débat entre théologiens et que tous ne fassent pas de la chasteté la vertu cardinale. Les pasteurs protestants et les prêtres orthodoxes n'y sont d'ailleurs pas condamnés ! Schismatiques sans doute mais chrétiens assurément ! Il est vrai que, dans ma conception de l'amour du prochain, j'ai fait du chemin : j'ai d'abord eu du mal à admettre le mariage « pour tous » (et « toutes »), je ne voyais pas la raison de « copier » une cérémonie chargée d'un sens à la fois religieux et millénaire ; j'y suis venu et, en tant que maire, j'ai célébré, sans réticence mais sans mise en scène médiatique, le mariage homosexuel. L'amour avant tout !

Car mon attachement au catholicisme n'est pas seulement, ni principalement, de nature esthétique, poétique, romantique ou politique. L'essentiel pour moi, c'est bien sûr le message évangélique. Beautés matérielles, mais surtout beautés morales.

Beautés morales

Je ne cesse d'être surpris par le caractère provocateur des paroles du Christ que je trouve proprement révolutionnaires. Je me faisais cette réflexion récemment encore, en assistant à une messe de funérailles ; on y lisait ce passage de l'évangile selon saint Luc (14, 12-14) :

> Jésus était entré chez un des chefs des Pharisiens pour y prendre son repas. Il disait à celui qui l'avait invité : « Quand tu donnes un déjeuner ou un dîner, n'invite pas tes amis, ni tes frères, ni tes parents, ni de riches voisins ; sinon eux aussi t'inviteraient en retour et la politesse te serait rendue. Au contraire, quand tu donnes un festin, invite des pauvres, des estropiés, des boiteux, des aveugles ; et tu seras heureux, parce qu'ils n'auront rien à te rendre : cela te sera rendu à la résurrection des justes. »

Combien parmi ceux d'entre nous qui se déclarent chrétiens mettent-ils ce conseil en pratique ?

Je me souviens aussi du texte dit en l'église Saint-Sulpice, le 26 septembre 2019, lors des obsèques de Jacques Chirac, devant un parterre de grands de ce monde : « J'avais faim et vous m'avez donné à manger. J'avais soif et vous m'avez donné à boire. J'étais nu et vous m'avez habillé. J'étais un étranger et vous m'avez accueilli » (saint Matthieu 25, 31-40). À l'étonnement des disciples qui l'entourent, le Christ répond : « Chaque fois que vous l'avez fait à l'un des plus petits de mes frères, c'est à moi que vous l'avez fait. »

J'observais l'assistance. Ceux qui écoutaient restaient impassibles.

Le comble de la provocation dans la prédication du Christ, ce sont les Béatitudes que je ne peux entendre sans éprouver une troublante émotion tant le message est dérangeant : « Heureux les pauvres de cœur ; le Royaume des cieux est à eux. […] Heureux êtes-vous lorsqu'on vous insulte, que l'on vous persécute et que l'on dit faussement contre vous toute sorte de mal à cause de moi. Soyez dans la joie et l'allégresse, car votre récompense est grande dans les cieux » (saint Matthieu 5, 3-12).

C'est le renversement des certitudes les mieux établies, du « politiquement correct » si l'on veut. Je n'y trouve pas, pour ma part, une invitation à la résignation mais un appel à l'action. Car l'injonction est bien d'agir : « Tu aimeras ton prochain comme toi-même. Il n'y a pas d'autre commandement plus grand... » (saint Marc 12, 31).

Ainsi est posé l'impératif catégorique de respecter la dignité de toute personne humaine, du plus petit au plus puissant d'entre nous. La révolution chrétienne, à mes yeux, est bien là : le refus de toute discrimination, qu'elle soit fondée sur le sexe, la couleur de peau, la condition sociale, la nationalité... et même les croyances ?

Au principe d'égalité, j'ajouterai celui de liberté. Je ne me lancerai pas dans des considérations théologiques ; je n'y connais pas grand-chose. Quand je lisais Pascal, en khâgne (j'ai continué), j'avais un peu de mal à m'y retrouver dans la querelle entre les tenants de la grâce efficace et ceux de la grâce suffisante. J'en retenais, en simplifiant, que, pour les jansénistes, tout est joué à l'avance. Seule « la grâce efficace », donnée gratuitement par Dieu, peut sauver l'homme corrompu par le péché originel. La volonté humaine est impuissante. Prédestination contre liberté. Rome condamnait les propositions de Jansénius, et les Jésuites, « *perinde ac cadaver* » comme il se doit, défendaient la thèse « officielle », celle de la liberté de l'homme. Malgré mon admiration, très littéraire au demeurant, pour Pascal qui avait choisi le camp de Port-Royal, bastion janséniste, je me sentais plus proche de la vision optimiste des Jésuites ; j'ai toujours eu la plus grande considération pour la Compagnie de Jésus et je trouve très injuste que, dans le langage courant, l'adjectif « jésuite » soit devenu synonyme d'« hypocrite ». Il y a plus d'intelligence dans la souplesse que dans le dogmatisme. Pour conforter mon choix, j'ai cherché et trouvé le renfort d'un Père de l'Église, Grégoire de Nysse, qui, au IVe siècle, a écrit : « Dieu dit à l'homme : Homme, tu seras égal à moi, ton Dieu. Et comme gage de ta ressemblance avec moi, je te donne dès maintenant la prérogative par excellence : la liberté. » N'est-ce pas la réponse que les chrétiens apportent à l'angoissante question du mal ? L'homme est libre ! L'argument ne me convainc pas tout à fait...

Égalité, liberté, fraternité, telles sont les valeurs évangéliques dont, républicain, je me sens l'héritier.

On comprendra que, pour moi, la question de savoir si nous avons, en France, des racines chrétiennes est l'exemple même de la fausse question. Comment nier l'évidence ? Pas un village sans un clocher, pas un carrefour sans calvaire, pas une grande ville sans cathédrale. L'incendie de Notre-Dame a brûlé au cœur de chaque Français, sans parler de l'émotion des citoyens du monde pour qui elle incarne le visage de la France. Et comment comprendre notre histoire, la monarchie de droit divin et la Révolution qui la renverse, mais aussi une large part de notre littérature, de nos beaux-arts, de notre musique, cantates, messes, requiem et même bien des œuvres profanes... si l'on occulte le fait chrétien ?

J'en porte pour ma part la profonde empreinte.

Catholique agnostique

Suis-je pour autant « chrétien » ? La montée à Paris, dans mes années étudiantes, a été fatale à mon assiduité à la messe dominicale. Certes, je me sentais, rue d'Ulm, plus proche des « talas » – ceux qui « vont-à-la-messe » – que des « cocos ». Et j'ai fait le pèlerinage des étudiants vers Chartres, « Étoile de la mer »... Mais ma distance avec la pratique religieuse n'a cessé de se creuser et ma foi, de décliner.

Suis-je encore chrétien ? À cette question, je fais volontiers la réponse de Jean d'Ormesson que j'étais venu écouter chez Mollat, le libraire bordelais incontournable pour tout auteur soucieux de bien lancer son dernier livre : « Je me définis volontiers, dit-il, comme un catholique agnostique. » La formule m'a plu et je l'ai faite mienne.

Catholique, j'ai dit pourquoi. Agnostique, pas athée. L'athée est dans une situation enviable. Il sait. Il a définitivement tranché : Dieu n'existe pas. Fermez le ban. L'agnostique, lui, ne sait pas. Il doute. Il cherche. Pour ma part, je n'ai pas trouvé (pas encore ?). J'ai beau parfois, le soir, avant de m'endormir, réciter les prières de mon enfance : *Pater, Ave Maria*… en latin par souci de proximité avec le Dieu de l'enfant de chœur que j'ai été, je n'entends aucune voix en retour. J'envie celles et ceux qui ont reçu réponse, qui ont vécu l'éblouissement de la présence divine : Saül qui rencontre Jésus ressuscité sur le chemin de Damas et devient l'apôtre Paul ; Pascal dans sa « Nuit de feu » entre le 23 et 24 novembre 1654 ; ou le 25 décembre 1886 quand, au cours de la messe de minuit à Notre-Dame de Paris, Paul Claudel vit l'événement qui domine toute sa vie : « En un instant mon cœur fut touché et je crus. » Et tant d'autres, je pense à la conversion de Charles de Foucauld ; plus près de nous à celle de Thibault de Montaigu, l'auteur de ce beau livre qu'est *La Grâce*. Il raconte comment « il avait sombré dans une vertigineuse dépression […] jusqu'à cette nuit, dans la chapelle d'un monastère où [il] fut touché par la grâce. Par la sensation inouïe d'un contact charnel avec Dieu ». Il confie qu'il « allait découvrir que le combat spirituel est aussi brutal que la bataille des hommes ».

Est-ce en quête de cette « sensation inouïe » que je suis parti, en juin 2021, en me rendant en Grèce, sur la « Sainte Montagne » ? J'avais depuis longtemps le rêve de découvrir le mont Athos, ses vingt monastères et ses nombreux skites (ermitages). Je n'ai pas été déçu. J'étais en compagnie de trois amis qui avaient déjà traversé plusieurs fois à pied cet immense éperon rocheux qui plonge abruptement dans la mer. J'étais déjà en condition : le « miracle grec » opère sur moi à tous les coups. J'ai été ébloui, au-delà de toute attente, par la beauté de ces constructions impressionnantes, vraies forteresses protégées par des murs quasi cyclopéens contre… non point les

Ottomans avec qui les moines ont assez bien cohabité après la chute de l'Empire byzantin, mais surtout les Croisés auteurs du sac de Constantinople. Contrastant avec la puissante austérité des murailles, j'ai aimé la grâce fragile des galeries de bois courant le long des cellules où vivent les moines et les pèlerins qu'ils veulent bien accueillir. Xenofontos, Iviron, Vatopediou, Panteleimonos... autant de merveilles entre mer et forêt, loin du monde des vivants et notamment des vivantes. J'ai joué le jeu. À l'appel de la simandre (la planche de bois que frappe d'un maillet le moine chargé de rameuter ses congénères pour chacun des nombreux offices du jour et de la nuit), j'ai rejoint le *catholicon*, l'église où, des heures durant, alternent lectures et chants. Voix puissantes d'où montent des mélopées plus orientales que grégoriennes. J'ai observé les croyants qui baisent à la chaîne les icônes saintes et se signent à répétition en gestes mécaniques. Au réfectoire nous avons partagé le modeste ordinaire en écoutant silencieusement les textes sacrés, lus en grec bien sûr, sans donc comprendre goutte.

J'ai aimé la bienveillance des moines, et leur élégance lorsqu'ils revêtent, par-dessus leur tunique de travail, pour se rendre à l'église, une ample cape et un voile accroché à leur couvre-chef cylindrique. Chignon et barbe anoblissent encore la silhouette. Ce qui m'a le plus dépaysé, moi qui souffre douloureusement du vacarme des rues parisiennes, c'est le silence qui règne, hors l'église, dans tous les espaces du monastère. La mer était d'huile au loin, pas même le murmure des vagues ; quelques chants d'oiseau, mais ce n'est pas du bruit... Silence, paix, paix de l'esprit et de l'âme... Mais aucune interpellation divine n'est venue rompre ce silence.

Mes compagnons, bons chrétiens comme moi dans leur jeunesse, devenus sceptiques comme moi, voire mécréants avec le temps, firent du mauvais esprit. L'un d'eux osa parler de bourrage de crâne, je renchéris en m'inquiétant d'un possible lavage de cerveau. Aucun répit en effet : la prière, la lecture des textes saints, le chant des cantiques occupent toutes les heures du jour et de la nuit. En contrepoint, je fis remarquer qu'ici chacun est libre d'entrer et même de sortir, ce qui change tout.

La méfiance revint en force dans mon esprit. Entre la foi, l'amour du prochain, d'un côté ; le dogmatisme, l'intolérance de l'autre... la balance dans l'histoire a souvent penché du mauvais côté. Ma Sainte Église catholique apostolique et romaine porte un lourd héritage : l'antisémitisme, la persécution des Juifs, peuple dit « déicide » jusqu'au concile Vatican II ; le fanatisme de ceux-là mêmes qui portaient la parole du Christ, je pense entre autres à la croisade contre les Albigeois, « Tuez-les tous ! Dieu reconnaîtra les siens ! », cri de guerre attribué à Arnaud Amaury, légat du pape avant le sac de Béziers le 22 juillet 1209 ; l'Inquisition et ses bûchers pendant deux siècles ; dans son livre *Les Aventures de Juan Cabezon de Castille*, le romancier espagnol Homero Aridjis en décrit crûment les crimes sous les Rois catholiques, au XVe siècle, jusqu'à l'expulsion pure et simple de tous les Juifs du royaume dont beaucoup trouvèrent refuge à Bayonne ou à Bordeaux ; et en France les guerres de religion, les massacres de la Saint-Barthélemy le 24 août 1572... Plus près de nous dans le temps, le scandale de la pédophilie contre lequel la hiérarchie a mis si longtemps à réagir ; ou l'horreur absolue que révèle un tout récent rapport sur le sort réservé, en Irlande, aux filles-mères et aux enfants nés hors mariage dans des orphelinats tenus par des congrégations catholiques : neuf mille enfants victimes de malnutrition, de maltraitances, d'abandon. Jusqu'en 1998 ! Les excuses du Premier ministre et du primat d'Irlande n'effacent pas le crime. L'histoire de l'Église catholique – et je m'en tiens à son histoire européenne – est une longue et lourde suite de trahisons du message évangélique.

Je sais bien que l'erreur est humaine et la parole, divine. Et je n'oublie pas le cortège admirable des saints et les troublants témoignages du don total à l'autre quand il est faible, pauvre et malade. Lorsque nous rencontrions sœur Emmanuelle, à Paris ou, à la fin de sa vie, dans sa maison de retraite de Caillan dans le Var, Isabelle et moi étions comme irradiés par la joie mystique qui l'habitait et qu'elle communiquait à tous autour d'elle, si simplement, si naturellement. *Yallah !* C'était son cri de guerre (ou plutôt de paix). En avant !

Ce qui me trouble, c'est que toutes les religions, à un moment ou l'autre de leur histoire, pèchent par fanatisme. Je n'en prends que quelques exemples récents. L'hindouisme est parfois assimilé à la non-violence de Gandhi ; mais au moment de l'indépendance et de la partition de l'Inde britannique, hindous et musulmans se sont massacrés. Et aujourd'hui encore on brûle des mosquées, parfois des églises, et par représailles des temples, dans l'Inde moderne dont le régime politique pratique peu la tolérance. Les bouddhistes birmans ont tué ou chassé des milliers de Rohingyas parce que, membres d'une minorité ethnique rebelle à leur pouvoir, ils étaient musulmans.

Quant aux déviances actuelles de l'islam radical dont le terrorisme est la forme extrême, elles frappent aujourd'hui durement nos démocraties.

D'où la question qui me taraude : quand on est convaincu de détenir la vérité, et qui plus est la vérité divine, n'est-on pas naturellement porté à vouloir l'imposer aux autres et à tomber dans l'intolérance et le fanatisme ? La pratique du doute méthodique est un antidote vertueux.

III

Vive la méritocratie républicaine

Je suis un pur produit de l'école de la République. Je lui suis reconnaissant de ce qu'elle m'a donné.

Victor-Duruy

Enfant, j'allais à l'école publique à deux rues de la maison. J'en ai gardé peu de souvenirs. Sauf l'image de mon institutrice de la classe de neuvième comme on disait en ce temps-là, CE2 aujourd'hui. Mme Dulong, c'était son nom, avait une forte personnalité et des méthodes pédagogiques déjà créatives pour l'époque. Elle nous faisait découper chaque semaine les photos de *Paris Match*, sur tel ou tel sujet « choc » de l'actualité ; nous les collions, en les commentant, dans d'épais cahiers qui faisaient concurrence aux livres, souvent ennuyeux, du programme officiel. Elle me vouait une affection quasi maternelle et avait lié, avec ma mère, une forme de complicité dont j'étais l'heureuse victime. Elles partageaient le constat que j'étais doué pour les études et qu'il fallait donc me « pousser » aussi loin que possible. Mme Dulong venait souvent à la maison, après la classe, pour me faire travailler. Il lui arrivait de trépigner d'enthousiasme quand j'avais répondu vite et bien à ses interrogations. Divorcée, elle vivait seule. Elle restait souvent dîner avec nous en famille ; l'âge de la retraite s'approchant, elle était obsédée par la vieillesse et s'écriait souvent à l'intention de ma mère : « Ah ! Madame Juppé, vieillir ! vieillir ! Quel cauchemar ! » Elle m'a suivi tout au long de l'école primaire et même du collège et n'a décroché qu'à mon entrée au lycée. Je lui dois en grande partie ma réussite scolaire ; elle m'a inculqué l'amour du travail bien fait, une forme de rigueur intellectuelle, le goût de la lecture et aussi de la musique. Une fois retraitée, elle a quitté Mont-de-Marsan pour aller vivre à Tarbes. Je lui ai rendu visite une seule fois. J'eus le sentiment qu'elle redoutait de donner l'image d'une femme devenue vieille et qu'elle préférait se réfugier dans la solitude. Je regrette de ne pas l'avoir accompagnée plus longtemps dans ses dernières années.

J'ai rejoint en huitième (CM1 aujourd'hui) le lycée Victor-Duruy que je n'ai plus quitté jusqu'à ma terminale. École primaire, collège, lycée... tous les degrés d'enseignement étaient alors dispensés dans le même établissement qui, bien sûr, n'était pas mixte. C'était un édifice austère dont l'architecture, dans le style « caserne », inspirait en elle-même le respect. À bien réfléchir, j'ai passé dans ses murs une bonne partie de ma vie : neuf années, à raison de plusieurs heures par jour. Je pense, sans exagération, que nous sommes ce que l'école nous fait. Pour ma part, j'y ai été heureux. J'aimais apprendre. J'aimais réussir. J'admirais mes profs, à de rares exceptions près. Nous chahutions méchamment le prof d'anglais, M. Prat, surnommé « Sardine » par des générations de potaches, j'ai oublié pourquoi ; je n'ai commencé à articuler quelques mots d'anglais qu'après mes séjours obligés lors des vacances de Pâques dans la banlieue de Londres, vacances studieuses...

Mais, tout au long de mes études, j'ai eu la chance d'avoir connu des maîtres, pour la plupart, de grande qualité qui m'ont marqué. Leurs noms sont gravés dans ma mémoire : Dupot en huitième qui, lorsque nous chahutions dans les rangs, nous soulevait par les favoris (c'était douloureux) ; ou Feignat qui, en septième, faisait monter les cancres sur leur chaise pour les exposer aux moqueries de leurs camarades (cela m'est arrivé, exceptionnellement...). Méthodes assurément réprouvées aujourd'hui ! Et les profs principaux du secondaire : en sixième un vétéran qu'on surnommait « Fuerunt » tant il mettait de persévérance à nous faire décliner le prétérit du verbe « être » en latin, en se frottant frénétiquement la moustache qu'il avait fournie ; « Quercus », de son vrai nom Chêne, on l'a compris, que j'ai eu le plaisir de retrouver à Mont-de-Marsan il y a peu d'années ; Dubois en seconde qui venait d'arriver au lycée, et, en terminale, l'imposant Lemaire qui donnait des cours de grec aux deux ou trois inconscients qui avaient choisi cette discipline, très considérée à l'époque, mais peu prometteuse d'emplois futurs. J'ai retrouvé la lettre manuscrite de quatre pages qu'il m'a adressée en juin 1965 pour me féliciter, avec quelque retard, de mon intégration rue d'Ulm, et aussi de mon prochain mariage. « Je ne suis pas de ceux qui pensent, me dit-il, qu'il ne faut pas se marier jeune ; il n'est pas de règle en ce domaine, mais tous les cas sont d'espèce et je n'ai point de peine à penser que vous vous mariez à l'âge même qui vous convenait. » Prof et aussi directeur de conscience ! D'aucuns y verraient aujourd'hui une forme de confusion des genres ; je recevais son pudique conseil comme la marque d'un lien affectif entre le maître et l'élève qui n'est sans doute plus courant.

À ma grande fureur, je lis qu'aux États-Unis, le mouvement « *woke* » réclame l'abandon de l'enseignement du grec et du latin dans le cursus des humanités classiques au motif qu'Athènes et Rome pratiquaient l'esclavage. Oubliés Eschyle, Sophocle, Euripide, Socrate, Platon, Aristote, Cicéron... tant d'autres. L'université de Princeton a, paraît-il, cédé à cette injonction ; il y a peu de chances que cette manifestation d'absolu crétinisme nous épargne. Ainsi nos descendants ne connaîtront pas l'intense émotion, le choc que j'ai, pour ma part, ressenti, devant l'écran du poste de télévision familial, au spectacle des *Perses* d'Eschyle diffusé en 1961 par l'ORTF dans une adaptation de Jean Prat ; mes parents étaient partis se coucher, j'étais seul dans un autre monde, un autre temps. Quel bonheur !

Les profs de lycée en ce temps-là étaient presque tous agrégés. Je les admirais car ils me donnaient l'impression d'accomplir un sacerdoce. Ils étaient considérés et même respectés par leurs élèves et leurs familles ; quand il m'arrivait d'aller me plaindre auprès de ma mère de ce que je considérais comme une mauvaise note injuste, je me faisais rabrouer : « Tu n'as qu'à travailler. » Le prof avait toujours raison.

L'ambiance au lycée était familiale. Le proviseur, un petit bonhomme très ancienne mode (à l'époque !), malin comme un singe mais que nous appelions affectueusement « Raton », y faisait régner une discipline bienveillante. Le surveillant général, dit le « zou », maniait parfois la badine dans les rangs ; pour combattre la réputation que nous lui faisions de forcer sur l'apéro, il commandait ostensiblement un « Perrier tranche » quand il s'installait à la terrasse du Café du commerce, en centre-ville.

Je n'ai récolté, en une décennie ou presque, que deux heures de colle : j'étais allé narguer mes copains devant le stade où se déroulait la séquence hebdomadaire de « plein air » ; ma mère avait décidé de me faire dispenser de cet exercice en arguant de ma santé fragile, mais plus vraisemblablement pour me permettre de réserver toutes mes forces aux matières intellectuelles ; mes évolutions à vélo devant la classe qui transpirait sur la pelouse s'achevèrent par une chute spectaculaire et une engueulade méritée du prof de gym. Je fus mortifié de devoir passer une partie de mon dimanche en retenue au lycée.

Avec quelques camarades, en seconde, je lançai l'AJLMM, l'Association des jeunesses littéraires et musicales montoises, titre un peu prétentieux pour une initiative modeste. Nous publiions néanmoins chaque trimestre un petit journal nommé *Le Grelot*. J'y rendais compte de mes lectures, ainsi de *La lettre au Greco* de Nikos Kazantzaki où m'éblouissait déjà la lumière de la Grèce, ou bien du *Voyage au bout de la nuit* dont je trouvais le pessimisme excessif en concluant : « Il y a autre chose dont ne parle pas Céline. Il y a aussi des hommes qui croient, qui aiment, qui dépassent la lâcheté égocentriste de l'univers déchu où il se meut. » J'avais quinze ans.

J'assurais aussi la critique cinématographique du *Grelot* car j'aimais fréquenter les cinémas de la ville, Le Royal, Le Moderne et aussi L'Étoile où je me souviens avoir fondu en larmes au récit du cruel destin de Sissi impératrice ; Romy Schneider était si belle ! Je tenais parfois la rubrique « Poésie » du journal en versifiant de mauvais sonnets sous le pseudonyme de Pierre Odalon. Comme Odile, une lycéenne dont je me déclarais éperdument amoureux, sans pour autant lui avoir jamais avoué ma flamme ni même adressé la parole. En terminale, je m'enhardis quelque peu ; je flirtais sagement ; sur mon vélo, toujours lui, nous partions en expédition dans les bois proches de la ville où nous allions chastement nous « bécoter » dans l'herbe à défaut de bancs publics. Je me donnai à plein aux fêtes de la Madeleine, jusqu'à finir au petit matin dans une église de village, servant avec deux ou trois amis la première messe du jour, à la grande surprise du curé qui surveillait discrètement son vin de messe ; mais il comprit vite que nous n'avions pas attendu l'aube pour vider de plus généreuses burettes. Quand je rentrai à la maison vers dix heures du matin, je reçus une volée de bois vert, celui du parapluie que brandissait ma mère qui, rongée d'inquiétude, m'attendait derrière la porte.

L'AJLMM eut son heure de gloire : nous nous débrouillâmes, je ne sais plus comment, pour inviter Jacques Brel à venir chanter au théâtre municipal de Mont-de-Marsan ; il nous ravit en acceptant ; une première annulation de sa venue nous remplit d'angoisse ; mais il finit par tenir parole et fit, avec Isabelle Aubret, grand prix de l'Eurovision 1962 en lever de rideau, salle comble. J'étais enthousiaste. Je passais et repassais ses vinyles sur mon Teppaz, en alternance avec ceux de Brassens, Ferré, Ferrat, Montand, Piaf... mes passions. Je leur suis toujours fidèle.

Au total, ce fut une adolescence lycéenne bien tranquille, protégée des turbulences de la grande ville, confortablement nichée dans le giron familial.

Comment se joue le choix d'une vie plutôt que de telle ou telle autre ?

Les uns croient à la prédestination, les autres, au hasard. Pour moi, l'inspiration vint, évidemment, d'un de mes profs : Monsieur Godefroid comme je l'appelle encore respectueusement. Il enseignait l'histoire et la géographie, mais aussi l'instruction civique, et même le cinéma en animant un club d'art et d'essai au lycée. Il aimait le débat ; je me souviens de celui qu'il organisa sur la peine de mort ; dans l'emportement de la jeunesse, je soutenais que la société devait se débarrasser des monstres qui lui nuisent ; il nous incitait à réfléchir à la pseudo-exemplarité d'une peine qui n'a jamais dissuadé aucun criminel ; à l'insoutenable cruauté du petit matin où s'exécute la sentence ; à la question éthique de la suppression d'une vie humaine... Il était croyant. Il a fait du bon travail de pédagogie : je suis devenu et resté farouchement abolitionniste.

À quinze ans, je n'avais aucune idée claire sur mon avenir. La vocation pour le trône de Pierre que j'avais eue dix ans plus tôt m'avait quitté. Ma mère me rêvait médecin, grand professeur bien sûr à Bordeaux ou à Paris. La carrière médicale apparaissait alors à beaucoup de mes camarades et à leurs familles comme la voie royale de l'ascension sociale. Prestige et, à l'époque, confort matériel assurés. Lors d'une visite d'hôpital en Angleterre, la découverte du matériel chirurgical d'un bloc opératoire d'orthopédie, scalpels, scies et marteaux, refroidit mon enthousiasme. M. Godefroid me mit un jour dans les mains une petite brochure de présentation de l'École nationale d'administration. Je n'en avais jamais entendu parler. Le document ne donnait pas vraiment envie ; il était aussi sexy que le *Journal officiel*. Mais le ver était dans le fruit. Conseil d'État, Cour des comptes, Inspection générale des finances, Quai d'Orsay, ministères divers et variés... autant de lieux et institutions entourés de mystère à mes yeux ; la nébuleuse restait désespérément opaque. Mais les mots tournaient dans ma tête, avec « pouvoir », « carrière », « politique », « prestige »...

On ne parlait guère politique à la maison. Mon père, fidèle à ses années de Résistance, était gaulliste. Les élections municipales à Mont-de-Marsan étaient l'occasion de quelques joutes entre les factions centre-droit et centre-gauche de la famille mais sans passion exagérée.

1958 fut cependant un tournant dans ma prise de conscience. Mon frère aîné était sous les drapeaux en Algérie ; après avoir suivi la formation d'EOR (élèves officiers de réserve) à Cherchell, il servait dans une SAS (section administrative spécialisée chargée de la pacification et de la promotion de l'Algérie française). Ma mère était rongée d'inquiétude ; elle guettait le facteur qui apportait rarement des nouvelles au point qu'elle s'en référa à la hiérarchie qui, à son tour, remonta les bretelles de mon lieutenant de frère. Elle décida même mon père à faire le voyage dont il rapporta quelques discrets souvenirs, par exemple celui de la mise à l'épreuve à laquelle le soumirent les sous-offs de la section : le test du Ricard pur, cul sec, à répétition... mais il avait du coffre.

Avec les événements du 13 mai et l'insurrection, à Alger, du « quarteron » de généraux à la retraite attachés à l'Algérie française, apparut dans mon radar la figure du général de Gaulle dont je dois avouer qu'elle avait été largement absente de nos cours d'histoire au lycée. C'est ainsi que je devins gaulliste, fasciné par la personnalité du Général, subjugué par l'audace dont il fit preuve quand, encore solitaire, il affirma avec superbe : « La France, c'est moi. » Le procès que lui fit une partie de la gauche de vouloir s'emparer du pouvoir en fomentant un coup d'État me semblait dérisoire : c'est le pays tout entier qui l'appelait ; il en respecta les règles démocratiques.

L'idée de m'engager dans la vie publique de mon pays chemina alors dans mon esprit. Ce n'était pas encore l'envie de militer dans un parti, mais la petite musique du service public s'installa en moi, d'autant plus facilement que la culture d'entreprise n'était guère développée dans la famille. Certes mon père était d'une certaine manière chef d'entreprise, à la tête d'une exploitation agricole ; mais il ne l'avait pas créée, il y œuvrait en paysan plus qu'en manager, ce qui à l'époque n'était pas tout à fait la même chose. Et puis, l'ENA, c'était la fabrique de l'élite, d'une certaine élite en tout cas, et j'avais l'ambition d'en être. Un jeune homme, une jeune femme oseraient-ils encore l'avouer de nos jours ? Le seul mot « élite » est désormais proscrit.

Je commençai à évoquer cette perspective avec mon mentor au lycée qui m'encouragea et me conseilla, pour parfaire ma culture générale, de m'inscrire en hypokhâgne. Las ! le nouveau proviseur s'en mêla et décréta que seul le bac philo pouvait m'ouvrir cette voie. Il m'enjoignit de quitter, en cours d'année, la section « maths élems » où, sans briller, je tenais mon rang. J'achevai donc ma terminale en philo où j'eus quelque peine à me mettre à niveau. La philo n'a jamais été ma tasse de thé, pas plus au lycée que, plus tard, en classes préparatoires. Il est vrai que le prof de philo de Victor-Duruy aimait à nous traiter de « petits cons », ce qui n'avait pas l'effet de stimulation qu'il attendait peut-être de cette exhortation.

Louis-le-Grand

Va donc pour hypokhâgne et khâgne ! J'avais dix-sept ans à peine et du temps devant moi. Mais où ? Mes profs de Victor-Duruy m'avaient présenté au concours général des lycées et j'avais décroché, en classe de première, deux accessits en latin et grec. Lauréat de cette prestigieuse sélection, j'avais donc en poche le passeport pour un grand lycée parisien. Ce fut Louis-le-Grand.

Quand je porte le regard sur mes années de formation, qui furent longues, presque une décennie, je me dis que ce sont l'hypokhâgne et la khâgne qui m'ont laissé l'empreinte la plus profonde.

D'abord, c'était Paris. J'ai été heureux à Mont-de-Marsan. Mais je commençais à étouffer. Paris m'apporta comme un grand souffle de liberté.

Certes mes conditions de vie s'étaient quelque peu dégradées : le dortoir de Louis-le-Grand où s'alignaient des dizaines de lits n'était pas aussi douillet que ma tanière montoise ; et la « bouffe » au réfectoire était carrément infecte ; les colis gourmands que m'envoyait ma mère adoucissaient quelque peu la punition. Mais, au fond, qu'importait ! Je faisais de temps en temps, avec un copain qui en avait les moyens, une escapade dans tel ou tel bistrot du Quartier latin, la Talmouse par exemple dont la cave voûtée me paraissait le comble du luxe. Mais je ne cherchais pas le bonheur dans mon assiette. Les rues de Paris, l'air de Paris, les cinés du boulevard Saint-Michel où j'enfilais parfois deux ou trois films dans la soirée (ah ! Paul Meurisse et *Le Monocle*…), la déambulation tout simplement du piéton sans but et sans fin… j'étais grisé.

On va imaginer que ma vie n'était faite que de loisirs. Certes pas. Je crois n'avoir jamais tant bossé. Dans les premiers mois, je mis le paquet, stressé que j'étais de ne pas être au niveau de la concurrence. On m'avait tellement répété, dans mon lycée montois, que j'allais être confronté à la crème de la crème des grands établissements parisiens ! Au bout d'un semestre, je fus rassuré : j'étais en tête du classement et il devenait évident que, si je poursuivais en khâgne, j'avais des chances d'intégrer la rue d'Ulm.

Il n'est pas étonnant que certains traits de mon caractère se soient affirmés (aggravés ?) au fil de ma formation : une certaine dureté, une estime de soi qui va jusqu'à l'orgueil, l'esprit de compétition et la volonté de montrer qu'on est le meilleur… J'ai vécu toutes ces années en tension : concours et classements ont été mon lot quasi quotidien.

Et pourtant j'étais heureux. Heureux d'apprendre, boulimique de lectures. En français, l'objectif était simple : tout lire, de la *Chanson de Roland*… jusqu'au *Voyage au bout de la nuit*, et au-delà. Alors, je lisais ! C'était plus facile en khâgne : j'avais quitté le grand dortoir pour un box individuel, à l'intimité toute relative il est vrai, mais je m'isolais dans ma tête, dans ma bulle, hors de l'espace et du temps. Notre professeur de français était l'un des deux auteurs de ce qui a longtemps constitué la bible des études littéraires : le « Lagarde et Michard ». Laurent Michard enseignait au lycée Henri-IV, dans la khâgne rivale, et André Lagarde à Louis-le-Grand. Nous respections le savoir encyclopédique de Lagarde mais nous étions déçus par son manque de brio en classe ; alors nous le chahutions ; les murs de notre salle étaient couverts de casiers où nous rangions nos affaires ; l'idée perverse nous vint d'y installer des réveille-matin dont nous réglâmes les sonneries de sorte qu'elles se déclenchent de cinq minutes en cinq minutes… Le pauvre homme ne savait plus où donner de la tête face à une bande de petits crétins qui jouaient les innocents. À ce régime, nous le conduisîmes jusqu'à l'infarctus en fin d'année scolaire. Même chez les meilleurs ou supposés tels, cet âge est sans pitié. Je ne me souviens plus du nom de notre prof d'histoire, auteur lui aussi d'un manuel de référence ; son enseignement valait mieux que ses blagues, quand il évoquait par exemple la forte personnalité d'une souveraine dénommée Claude « qui n'était pas reine pour des prunes »... J'avais une grande admiration pour notre prof de grec, M. Goube, qui, déboulant du métro, sortait de sa poche des enveloppes froissées sur lesquelles il avait noté telle citation, telle tournure rare, telle règle de grammaire transgressée... J'envie encore aujourd'hui ces maîtres qui vivaient au quotidien, selon leur discipline, avec Chateaubriand, Thucydide ou Virgile. Et je veux leur dire ma gratitude de m'avoir fait entrer dans leur monde.

Un jour de juillet 1964 est resté gravé dans ma tête et dans mon cœur : mes parents qui sont « montés » à Paris pour la circonstance rongent leur frein avec moi en déambulant dans les jardins du Palais-Royal, proches de leur hôtel ; il est encore tôt dans la matinée ; les résultats du concours d'entrée à l'École normale ne seront affichés que vers midi ; je temporise : « On ne va pas piétiner pendant des heures rue d'Ulm ! »

Il faut bien y aller. Le taxi nous dépose place du Panthéon, à quelques centaines de mètres du portail d'entrée de l'École. La distance me semble infinie. Soudain, j'aperçois la silhouette du père de mon ami Jacques Kaufmann, lui-même archicube ; il me fait, de loin, un signe d'amitié et lève le pouce en signe de victoire. C'est d'autant plus sympa de sa part que, je l'apprendrai dans un instant, son fils est recalé. Un poids écrasant libère d'un coup ma poitrine, chassé par une immense vague de bonheur. Reçu ! Et reçu « carré », c'est-à-dire à ma première présentation du concours. Fierté ! Je ne suis pas du genre, on le sait, à manifester mes sentiments par des gesticulations ou des hurlements de joie. Je me contente de prendre mes parents dans mes bras. Ma mère pleure, bien sûr ; mon père est faussement impassible. Ils ne savent pas très bien ce qu'est l'École normale supérieure, sinon que c'est l'école des meilleurs. Je les sens eux aussi fiers et heureux. Les téléphones portables n'existent pas.

Il faut attendre d'être attablés dans notre bistrot préféré, le Vieux-Paris, niché en haut de la montagne Sainte-Geneviève, à l'ombre de l'église Saint-Étienne-du-Mont, pour prévenir la famille, les amis, les profs... J'ai l'impression que la terre entière attend la nouvelle.

La liberté, l'amour

Paris, en 1962, m'avait donc apporté une merveilleuse bouffée de liberté. Mais aussi le bonheur de l'amour qui n'était plus seulement filial.

Je me suis marié très jeune. Je n'avais pas encore vingt ans. Au risque de surprendre, j'avais, en ce temps-là, une forte propension au romantisme. Ma rencontre avec Christine, en classe de première, fut très romantique ! Nous échangeâmes nos premiers regards, encore très hésitants, dans le train qui nous menait de la gare du Nord à Paris vers celle de Venise. De là le bateau jusqu'au Pirée, puis deux merveilleuses semaines à Athènes, Corinthe, Sparte, Olympie, Delphes... en compagnie d'une troupe de khâgneux qui aimaient bien la fête. J'étais ébloui. Par la Grèce bien sûr ! Je voyais, je touchais les marches, les colonnes, les frises des temples dont j'avais rêvé dans mes leçons d'initiation au grec ancien, au lycée Victor-Duruy. La découverte de l'Acropole m'a bouleversé ; je revis toujours le premier choc de la première visite, première d'une longue série. Je m'étais fait la promesse de m'y faire enfermer à la clôture du site et d'y passer la nuit, seul sous la lune. Rêve non réalisé.

Ébloui par la Grèce. Troublé par Christine. Ce ne fut pas le coup de foudre immédiat. Nous étions si jeunes. J'étais si timide. Mais une petite musique se mit à jouer en moi. Quand nous en reparlons, Christine m'affirme que j'étais plutôt tenté de draguer l'une de ses copines... Stratégie d'approche indirecte ? De retour en France, je revins à Mont-de-Marsan ; elle regagna Paris. Il fallait achever nos études secondaires, la terminale, la deuxième partie du bac telle qu'elle existait à l'époque.

J'écrivis. Le soir, sur l'opaline de mon bureau, au clair de la lune et de la bougie, en écoutant une sonate de Beethoven... Des lettres brûlantes. Et nous nous retrouvâmes l'été suivant, cette fois dans les îles grecques où je n'hésitai plus à déclarer ma flamme. Au retour nous étions cette fois tous les deux à Paris où je venais d'entrer à l'internat de Louis-le-Grand. Rapprochement géographique qui, étrangement, refroidit nos ardeurs. Peut-être Christine y avait-elle d'anciens attachements ? Bref, nous prîmes nos distances. Salutaire cure de désintoxication amoureuse. Mais la rechute fut décisive. L'un des plus beaux jours de ma vie fut celui de nos retrouvailles, une fin de semaine de juin 1964, où nous nous étions donné rendez-vous dans un restaurant de la butte Montmartre. Je ressens encore l'impression d'extraordinaire légèreté qui nous transportait alors que nous dévalions ensemble la rue Lepic.

Nos familles donnèrent leur feu vert au mariage. Il me fallut obtenir une autorisation parentale, car j'étais encore mineur en juillet 1965, Christine avait juste un an de plus. Nous étions tous deux étudiants. Était-ce bien raisonnable ? Mes parents m'auraient donné le Bon Dieu sans confession. Mon choix était forcément le bon. Ma « fiancée » – parle-t-on encore ainsi aujourd'hui ? – était de bonne famille : père médecin en proche banlieue parisienne, mère au foyer née d'un couple de commerçants bretons visiblement à l'aise... Quant à mes futurs beaux-parents, sans doute misaient-ils sur la carrière forcément prometteuse d'un jeune normalien qui rêvait déjà d'ENA.

Ce fut un beau mariage, en l'église de Suresnes ; au bras de ma mère, je suis monté vers le chœur où Christine et moi allions échanger nos consentements. Mes beaux-parents avaient des relations et leurs invités se pressèrent nombreux dans les salons du très chic hôtel parisien Royal-Monceau pour l'incontournable cocktail. Ma famille était « montée à Paris » en effectifs réduits et, intimidée, s'était regroupée dans un coin des salons. Christine et moi eûmes un comportement de jeunes gens impatients et mal élevés : dès dix-neuf heures, nous quittâmes les lieux pour nous mettre en jean et prendre la route de notre voyage de noces. Au grand dam de nos parents et de leurs invités, venus pour nous féliciter.

Le handicap d'un couple de jeunes étudiants, c'est que leur budget est modeste ; leur atout, c'est que leurs vacances durent trois mois. Nous partîmes pour un périple que j'avais exploré l'année précédente avec un copain et dont je voulais faire partager les merveilles à Christine : trois mille kilomètres de Paris à Antalya, sur la côte sud de la Turquie, à travers ce qui était encore la Yougoslavie, puis la Bulgarie, Edirne où il fallait encore franchir le rideau de fer, Istanbul, l'Anatolie, la côte ionienne et ses sites archéologiques : Troie, Pergame, Éphèse, Priène, Didymes, Milet... ce fut un enchantement. Et bien sûr, la Grèce au retour. Le tout au volant d'une modeste Coccinelle Volkswagen qui faisait de l'auto-allumage par grandes chaleurs. Istanbul nous fascina, une première nuit à l'hôtel Hilton, vue imprenable sur le Bosphore, et les suivantes dans un modeste deux-étoiles, finances obligent. En ce temps-là, la Turquie était kémaliste c'est-à-dire laïque ; on ne voyait dans les rues ni barbus ni femmes voilées et Christine pouvait se balader dans les villages, vêtue d'un simple tee-shirt et d'un mini-short sans susciter le moindre émoi.

Nous avons aimé voyager. Nous avons beaucoup voyagé : le tour de l'Espagne et du Portugal, le Maroc et ses trois villes impériales, la Sicile de Cefalu à Agrigente, plus loin Java, Bali, les Célèbes, puis le Brésil de Rio à Recife, etc. Les souvenirs se bousculent dans ma tête. Nous ne nous posions pas encore la question de savoir si nos vols intercontinentaux compromettaient l'avenir de la planète... ou si nous risquions des quarantaines à l'arrivée pour cause de pandémie. Le monde grec, en Grèce même, en Asie Mineure, en Grande Grèce dans la botte italienne… restait le berceau de nos découvertes et de nos émotions. Je préparais l'agrégation de lettres classiques et Christine le Capes dans la même discipline, ce qui renforçait notre complicité.

Étions-nous privilégiés ? Sans doute. Nous n'en éprouvions aucune culpabilité. Ce qui prévalait en nous, c'était un merveilleux sentiment de liberté et un appétit de vie insatiable.

La naissance de Laurent en juillet 1967 a un peu changé la donne. La générosité de nos parents nous fut d'un grand secours : ils accueillaient volontiers leur petit-fils pour nous permettre de vagabonder. Quand il n'était pas en grande forme, ma mère décrétait que la vie à Paris ne lui valait rien et qu'une petite cure d'air des pins arrangerait tout. Ce qui était vrai. Nous vivions dans un appartement rue des Volontaires dans le quinzième arrondissement. Sympathique mais petit, avec vue imprenable sur un mur d'école ; mes parents l'avaient acheté pour nous loger tant que nos ressources d'étudiants ne nous permettaient pas de voler de nos propres ailes. Nous mesurions notre chance.

« L'École »

1964-1968, les quatre années que j'ai passées à « l'École » (« l'École », dans ma bouche, c'est naturellement celle de la rue d'Ulm) ont été, dans ma vie, décisives. Je n'y ai pas toujours été un étudiant exemplaire ; la première année, comme il arrive souvent après le bagne des classes préparatoires, je me suis mis totalement en roue libre ; j'ai évité l'internat ; j'ai consacré le meilleur de mon temps à mes amours avec Christine ; nous avons préparé notre mariage… au point que je me suis fait coller, en juin 1965, au certificat (comme on disait à l'époque) de latin qui devait compléter ma licence. Mon sujet, à l'oral, portait sur la littérature chrétienne en Afrique du Nord au

IIIe siècle après J.-C. J'avais arrêté mes révisions… au siècle précédent. Je me souviens des efforts de la prof de Sorbonne qui m'interrogeait et qui tentait vainement de me tendre une perche pour que j'articule au moins le nom d'un auteur célèbre. On ne recale pas un normalien ! Tertullien ? Je restai sec. Je dus revenir en septembre…

La licence en poche, je poursuivis ma thérapie de décompression en prenant le temps de rédiger, entre rue d'Ulm et Sorbonne, un diplôme d'études supérieures, ancêtre du master 1, consacré à un sujet tout à fait confidentiel : la cosmologie dans la poésie libertine de la première moitié du XVIIe siècle. Il ne s'agissait pas de poésie grivoise, mais de libre-pensée, de Théophile de Viau, qui évita de peu le bûcher, à Cyrano de Bergerac, obsédé, avant Jeff Bezos, par le voyage dans la Lune. Je n'en ai pas retrouvé le moindre exemplaire…

Je n'avais pas encore une vision claire de ce que je voulais faire de ma vie professionnelle. L'université ne manquait pas d'attrait ; elle accueillait volontiers les normaliens ; par amour pour la Grèce, je m'imaginais parfois dans la peau d'un archéologue, pensionnaire de l'École d'Athènes, fouillant les inépuisables vestiges du site de Delphes. Mais je n'avais pas tout à fait oublié que, si j'étais entré en hypokhâgne, c'était pour me donner tous les atouts de culture générale en vue de réussir un autre concours : celui de l'École nationale d'administration. L'étape suivante, dans ma course, c'était tout naturellement Sciences Po Paris. Je m'en ouvris au directeur de Normale, l'helléniste Flacelière, qui y mit une condition : que je passe l'agrégation.

L'année de préparation de l'agrég me replongea dans l'ambiance de la khâgne : régime intensif à base de grec, de latin et de littérature française, avec un peu de grammaire pour pimenter le tout. Les caïmans (profs) de l'École qui nous entraînaient nous imposaient un rythme olympique. Ma première note de thème latin se situa aux alentours de – 50 ; je remontai lentement la pente pour aborder au rivage des chiffres positifs à l'approche du concours. Rétrospectivement je mesure ma chance : à nouveau, je quittai le monde réel pour m'immerger dans un univers de légende. Je fréquentais l'Institut de grec, rue de la Sorbonne où j'avais le privilège inouï de traduire Platon sous le regard vigilant de Jacqueline de Romilly à laquelle je n'ai cessé de vouer une admiration sans borne. Dans l'amphi Richelieu, je buvais les paroles de Pierre Grimal qui nous racontait la Rome antique ; le spécialiste du XVIIe siècle, Antoine Adam, seul à la tribune d'un cours magistral comme on n'en veut plus, paraît-il, donnait vie au *Misanthrope*, au *Tartuffe*, aux *Femmes savantes*, au génie de Molière. J'ai gardé une tendresse particulière pour les auteurs inscrits au programme de littérature française cette année-là : Villon, Musset, Apollinaire. Je me délecte toujours d'écouter la *Chanson du mal-aimé*, interprétée par Léo Ferré. J'ai « tiré », pour l'exercice qu'on appelle « la leçon » d'agrégation, que le candidat prépare dans la solitude pendant cinq ou six heures d'affilée, le commentaire d'une scène de *Lorenzaccio*. Je n'étais pas satisfait de ma prestation. Elle a suffi cependant pour m'assurer le succès final. Je ne suis pas peu fier de mon titre d'agrégé ès lettres classiques.

À la fin des épreuves qui m'avaient bloqué à Paris pendant une bonne partie du mois de juillet 1967, j'appris que Christine venait tout juste d'accoucher de notre fils premier né, Laurent, comme prévu à Saint-Brieuc, fief de sa famille maternelle. Je fonçai vers la Bretagne, partagé entre la joie de la réussite et la mauvaise conscience de l'absence.

La prochaine échéance se profilait à mon horizon : le concours de l'ENA. Pour me donner les meilleures chances, je m'étais inscrit dès 1965 à Sciences Po, l'Institut d'études politiques de Paris, réputé à juste titre comme la meilleure préparation. Ce fut un choc. Tant du côté des étudiants que des profs, je découvrais un autre monde. En conférence de méthode, autrement dit en travaux pratiques, on se voussoyait et beaucoup portaient cravate. J'appris les rudiments du droit et les bases de l'économie politique, à l'écoute des cours magistraux, par exemple celui de Raymond Barre, repris par Jean-Claude Casanova, et surtout à la lecture de volumineux polycopiés où tout était dit. On devine que je ne me suis pas vraiment intégré à la vie de la maison ; j'avais d'autres préoccupations, celles de jeune marié et de jeune père, ce qui ne m'empêcha pas, après la césure de l'année d'agrég, en 1976-1977, de décrocher le diplôme. La voie était libre vers la dernière haie, l'autre École, d'administration cette fois.

Ce beau parcours, linéaire, de la bête à concours que j'étais devenue faillit s'interrompre du fait d'un événement qui n'avait pas grand-chose à voir avec mes performances universitaires.

Mai 1968

J'ai vécu la crise de Mai 1968 à Normale, où régnait en maître à penser Louis Althusser. Inutile d'ajouter que je me sentais comme le vilain petit canard de la bande. Je fis des efforts. J'allais assister dans l'amphi Richelieu de la Sorbonne ou au théâtre de l'Odéon aux interminables AG (assemblées générales) où des orateurs intarissables enfilaient des perles. Il m'arriva même de me laisser entraîner dans un défilé qui, parti de la rue Saint-Guillaume, aboutit à la rue de Grenelle, ce qui, malgré la présence des « mao-spontex », tout à la fois adorateurs de Mao et disciples du libertarisme (je résume ce bric-à-brac idéologique), n'était pas vraiment une « longue marche ». Je ne parvins pas à éprouver une once de sympathie pour la Gauche prolétarienne ni l'Union des jeunesses communistes marxistes-léninistes, pourtant issues de l'École ! Les slogans à la mode me paraissaient creux – « Sous les pavés, la plage... », « Faites l'amour, pas la guerre »... bien sûr – ou dénués de sens commun – « Il est interdit d'interdire ». Je ne ressentais pas le besoin de me libérer de la chape de plomb sous laquelle étouffait une jeunesse prétendument opprimée. Je me suis demandé si je ne passais pas à côté d'un mouvement de portée historique qui allait tout changer dans la vie de notre société, la marche de notre économie ou le fonctionnement de notre régime politique. Je me suis rassuré sur ma santé mentale et intellectuelle en lisant *La Révolution introuvable* de Raymond Aron, cette « brochure parlée à chaud » qu'il publia dès le mois d'août. Il y qualifiait les événements de Mai de « psychodrame » et dénonçait « la plaisante absurdité de l'idéologie de 1968 ». Ce qui lui valut une bordée d'injures, de Sartre notamment qui osa écrire : « Je mets ma main à couper que R. Aron ne s'est jamais contesté et c'est pour cela qu'il est, à mes yeux, indigne d'être professeur. » J'imagine la blessure d'Aron à cette charge de celui qui avait été son camarade à l'École. Sa riposte fut cinglante : « Le ton de l'article "Les bastilles de Raymond Aron" nous [ramène] à l'avant-guerre, aux hebdomadaires de l'extrême droite : *Gringoire* ou *Je suis partout*. » Bien envoyé ! En tout cas, je fus conforté dans mon choix : je préfère toujours avoir raison avec Aron que tort avec Sartre.

Je n'ai pas hésité à défiler le 30 mai sur les Champs-Élysées, en soutien au général de Gaulle. Raymond Aron, toujours lui, qui n'était pourtant pas un gaulliste orthodoxe, me conforta *a posteriori* en déclarant : « Je n'étais certes pas un gaulliste inconditionnel, mais la victoire de Cohn-Bendit sur le général de Gaulle m'aurait blessé en profondeur. Je l'aurais ressentie comme une humiliation nationale. »

J'ai relu récemment les *Mémoires* de Raymond Aron qui, avec Montesquieu et Tocqueville, est un de mes guides en politique. Je me suis interrogé plus avant sur sa relation avec de Gaulle. J'ai trouvé des réponses dans le recueil de textes que Jean-Claude Casanova, directeur de l'excellente revue

Commentaire, vient de réunir sous le titre *Aron et De Gaulle*[1]. « Le plus simple que l'on puisse affirmer, écrit Casanova, est que Raymond Aron a admiré de Gaulle sans toujours l'approuver. Il l'a approuvé dans ses choix décisifs : en 1940, à la création du RPF, pour la Constitution de 1958, pour la réforme économique et monétaire de 1958, pour l'application du traité de Rome, pour la politique nucléaire, pour l'indépendance de l'Algérie. [...] Il l'a désapprouvé sur d'autres questions »... et de citer les propos du Général sur le peuple juif tenus lors de la conférence de presse de 1967, qui avaient profondément blessé Aron ; ou les rapports du Général avec les États-Unis qui choquaient ce qu'il faut bien appeler l'atlantisme d'Aron. Au total, la lecture du livre m'a rassuré : je peux continuer à admirer, chacun dans son registre, ces deux monuments du XXe siècle.

Avec le recul, je doute encore que la pseudo-révolution de Mai 1968 ait vraiment bouleversé la marche de notre monde. Certes elle a fait souffler un vent de liberté sur une société qui cherchait à respirer. Mais le fleuve est rentré dans son lit. La Cinquième République a tenu bon. Des yeux se sont ouverts sur les crimes du maoïsme. Daniel Cohn-Bendit, dont j'apprécie souvent aujourd'hui les positions, sur l'Europe en particulier, n'est plus « Dany le Rouge ». Et les grands défis des temps qui viennent n'étaient guère présents dans la logorrhée soixante-huitarde : le changement climatique, les mouvements de population, les menaces que les technologies numériques font peser sur nos libertés, l'éveil (ou le réveil) de la Chine, annoncé par Alain Peyrefitte dès 1973, mais qui provoque désormais un profond basculement de la puissance et des valeurs sur la planète... Peut-être faut-il mettre au crédit de Mai 1968 le réveil du féminisme dont les racines sont bien plus anciennes et

1. Raymond Aron, *Aron et De Gaulle*, textes choisis et préfacés par Jean-Claude Casanova, Paris, Calmann-Lévy, 2022.

l'affirmation, bien plus récente. Sans doute suis-je exagérément sévère, vis-à-vis d'un mouvement qui m'a laissé mal à l'aise.

Quand je repense à l'automne 1968, c'est la joie tout égoïste d'une réussite personnelle qui me vient à l'esprit, celle de mon entrée à l'ENA.

Point de passage obligé avant de commencer la scolarité : le service militaire. Il n'était pas question pour le général de Gaulle d'en exempter les futurs cadres de la haute administration.

L'armée

La rupture fut brutale : de la vie étudiante, je basculai, dès janvier 1969, dans la période dite « des classes » durant laquelle, sous l'autorité d'un sergent qui ne respirait pas la finesse, je dus accomplir quelques tâches peu exaltantes, comme le jardinage des plates-bandes de la caserne du boulevard Victor ou quelques gardes nocturnes dans la froidure de l'hiver. Heureusement, l'épreuve fut de courte durée. Au bout de deux mois, je pris la direction de la base aérienne d'Évreux où j'allais recevoir la formation d'élève officier de réserve (EOR). Je garde un bon souvenir du semestre que j'y passai, d'abord parce que j'y fis l'expérience de l'effort physique (encore que l'armée de l'air n'est pas la Légion étrangère : son parcours du combattant est plus accessible), ensuite parce que j'y nouai quelques amitiés solides, comme celle qui me lie toujours à Jean-Paul Cluzel dont j'ai suivi avec joie la brillante carrière à la tête de plusieurs de nos grandes institutions culturelles. C'est en manœuvre au camp de Biville, le 27 avril 1969, sous la tente et une pluie diluvienne, que nous apprîmes l'échec du référendum « sur la création des régions et la rénovation du Sénat » qui allait entraîner le départ du général de Gaulle. Une partie de la promotion sabra le champagne, nous fûmes quelques-uns à ne pas dissimuler notre chagrin.

Mon classement à la sortie des EOR me permit de choisir mon affectation : un poste était offert sur la base aérienne 118 de Mont-de-Marsan ; je ne le laissai pas échapper. Pendant une année ou presque, de juin 1969 à avril 1970 (au total j'ai passé seize mois sous les drapeaux, c'était le régime à l'époque), je revins donc au *moun*, avec femme et enfant cette fois. Mes parents mirent à notre disposition la villa Primerose qu'ils possédaient de l'autre côté de la rue de la maison familiale. Christine, Capes de lettres classiques en poche, avait obtenu un poste de professeure au lycée d'Aire-sur-Adour, distant d'une trentaine de kilomètres ; chaque matin, elle confiait Laurent qui venait d'avoir trois ans à la garde de ma mère qui, ayant élevé quatre enfants, n'avait pas perdu la main. J'avais moins de chemin à parcourir pour me rendre sur la base aérienne où, fier de mes galons d'aspirant, j'avais été nommé adjoint à l'officier conseil et chargé d'animer à la fois les clubs destinés aux hommes du rang et les formations qui préparaient les sous-officiers au concours de l'École militaire de l'air. Les deux commandants de la base sous les ordres desquels j'ai servi, les colonels Roland Glavany, le père de Jean, et Marie Fleurot, manifestèrent de l'intérêt pour la mission de formation et je trouvai toujours auprès d'eux une écoute bienveillante. Dans la baraque Fillod qui nous était attribuée, j'assurais les cours de français, et ma petite équipe de trois ou quatre profs complétait en maths, histoire, langues. L'ambiance était studieuse et… décontractée. J'y pris plaisir. Ce qui pimentait la sauce, c'étaient évidemment les clubs où les appelés venaient chercher un divertissement (la photographie par exemple)… ou la promesse de sorties réjouissantes qui les exfiltraient de leur routine quotidienne. Le club agricole, de ce point de vue, était le plus prisé. Rétrospectivement, je me demande comment j'ai pu embarquer, dans un bus de l'armée de l'air, une trentaine de jeunes bidasses pour une virée d'une journée, officiellement dans des exploitations agricoles de la région – parmi lesquelles…

la plage de Biarritz ! pour terminer dans une cave de jurançon ; j'eus le plus grand mal à les en extraire pour rentrer à la base à l'heure prévue ou presque. La bienveillance de la hiérarchie me fut précieuse.

Au total, ce fut pour moi une année d'insouciance... sans concours à la clef. Christine découvrit le Sud-Ouest et les ravages de la chasse à la palombe sur l'assiduité de ses élèves. Laurent s'épanouit « au bon air des Landes », grâce à une « nourriture saine », comme ma mère ne manquait jamais l'occasion de le faire remarquer à ma femme ; je parvenais sans trop de mal à gérer les inévitables tensions familiales.

L'ENA

« La quille », en avril 1970, fut néanmoins la bienvenue. J'étais impatient de nouvelles expériences, de celle bien sûr qui m'attendait à l'ENA ou plus précisément dans la préfecture où j'allais effectuer le stage par lequel commence la scolarité. Je ne me souviens plus au terme de quelle procédure je fus désigné pour le Maine-et-Loire et son chef-lieu, Angers. Le choix me plut : je partais pour une terre inconnue et j'étais tout à la joie de la découverte. Un seul bémol : Christine devait achever son année scolaire au lycée d'Aire-sur-Adour et ne devait me rejoindre qu'à l'été avec Laurent. Cela me laissait le temps de leur préparer un nid douillet, pour deux mois seulement car, à la rentrée, sa nouvelle affectation allait ramener Christine à Paris, du moins l'espérions-nous.

En fait de nid douillet, je louai, dans la Sarthe toute voisine, un manoir de la Renaissance dont l'architecture, habilement mise en valeur par l'agence immobilière, m'avait séduit. Il m'avait échappé que les « commodités » dataient de la même époque. Mes parents avaient escorté Christine et Laurent dans leur voyage de Mont-de-Marsan au Maine-et-Loire ; tout fringant à la fin de ma journée de travail à la préfecture d'Angers, je les retrouvai tous les quatre dans la cuisine-salle à manger du « château » ; un silence sépulcral m'accueillit dans la pièce ; ma mère ne tarda pas à le rompre en m'apostrophant : « Tu n'as pas l'intention de faire vivre ta femme et ton fils dans ce taudis ! » Il est vrai qu'en montant l'escalier qui conduisait aux chambres, j'entendis des gravats tomber sous l'apparat des tapisseries d'époque qui dissimulaient les murs. Christine et Laurent, une fois seuls, passèrent là deux mois idylliques, entre la rivière au fond du parc et la basse-cour de la ferme voisine qui ne manqua pas d'enchanter notre garçon.

Mais je n'étais pas en vacances à Angers ! Le préfet et son directeur de cabinet m'accueillirent chaleureusement, et, sans tarder, m'envoyèrent au front. Ma première représentation fut pour le congrès annuel des pêcheurs à la ligne du département, grands amateurs des brochets de Loire qu'ils accommodaient au beurre blanc. C'était un dimanche de juillet torride, dans une salle des fêtes étouffante où les convives étanchaient leur soif à grandes rasades de ce vin des coteaux du Layon dont je découvrais la douceur entêtante. Quand il me fallut prendre la parole pour adresser à l'auditoire les compliments préfectoraux, ma tête se mit à tourner, mon ciel s'illumina d'étoiles, je frôlai la catastrophe et surtout le ridicule : le stagiaire de l'ENA ne tient pas le vin ! Je me repris et, au terme d'un banquet interminable, je rentrai faire une profonde sieste.

Mon stage fut riche en expériences. Le préfet Combaldieu, haut fonctionnaire distingué en fin de carrière, me laissait la bride sur le cou ; son directeur de cabinet, Jacques Deschamps, n'abusait pas de la situation et ne m'accablait pas de tâches ingrates. Avec le premier, je découvris des affinités inattendues : il était le père de mon amie Danièle, notre voisine de vacances à Hossegor. Quant au second, j'eus la surprise, bien des années après, de le retrouver autour de la table du conseil d'administration du CHU de Bordeaux dont j'assumais la présidence en ma qualité de maire.

Je découvris une région bien différente de ma Gascogne natale. La douceur angevine, bien sûr... Sa belle capitale, Angers, le château du roi René où j'escortais tous les visiteurs de marque pour leur présenter la tapisserie de l'Apocalypse ; j'en connus vite tous les détails, et je ne m'en lassais pas.

Mais aussi le Choletais dont on me vantait le dynamisme économique, le tissu de PME performantes et le faible taux de chômage – toutes qualités que ce territoire proche de la Vendée conserve aujourd'hui.

Et l'arrondissement de Segré où j'assurai l'intérim du sous-préfet durant l'été et où je fis ma première expérience de détenteur de l'autorité publique : l'orage menaçant, et ils sont souvent violents dans le secteur, une délégation d'agriculteurs vint solliciter l'autorisation de procéder à des tirs de fusées antigrêle. Après avoir consulté la toute petite équipe administrative de la sous-préfecture, je donnai le feu vert.

Le stagiaire de l'ENA est censé plonger dans la France profonde, je passai donc une stimulante semaine dans une ferme où je partageai, en famille, tous les travaux du quotidien y compris les soins à donner au bétail, ce qui n'était pas vraiment ma tasse de thé. Pendant ma campagne de la « primaire », je suis revenu, près de cinquante ans plus tard, en Maine-et-Loire, et quelle ne fut pas ma surprise, en fin de meeting, de voir un participant me tomber dans les bras en s'exclamant : « Alain, tu te souviens ! Nous, on ne t'a pas oublié ! » Mystère, miracle de la mémoire : sans une hésitation, je me revis soulevant, auprès de lui, les bottes de foin sous le soleil de la campagne angevine.

L'Aquitaine est terre de sensibilité radicale-socialiste. En Anjou, demandant ma route à des paysans, il m'est arrivé de m'entendre répondre : « Nous appartenons à M. de... » Suivait le nom du seigneur et du château, qui me permettait de trouver mon chemin. Bien des élus portaient fièrement leur particule et leur titre nobiliaire. Poids de l'histoire dans nos terroirs !

Le stage de préfecture m'a marqué. Autant qu'un apprentissage du fonctionnement de l'administration, ce fut pour moi une expérience humaine tant il m'a permis de rencontrer d'hommes et de femmes qui n'étaient pas tous des notables, loin de là. Et cela dans une position qui facilite le dialogue et l'échange : pas tout à fait dans l'anonymat, pas tout à fait dans la hiérarchie.

Je ne peux pas en dire autant de la scolarité proprement dite à l'ENA. Je n'ai pas le souvenir d'y avoir appris grand-chose de nouveau, sauf à rédiger des notes administratives. Apprentissage utile sans aucun doute pour l'exercice de futures fonctions publiques mais assez peu enrichissant sur le plan intellectuel. Mais après tout, l'ENA se veut école d'application ; et je sais que, depuis les temps anciens où j'ai fréquenté ses salles de cours, sous l'impulsion de ses directeurs (et directrices) successifs, elle a connu bien des changements, pas seulement géographiques mais aussi pédagogiques.

Ma promotion portait le nom de « Charles-de-Gaulle ». Il s'en est fallu de quelques voix pour qu'elle s'appelât « Commune de Paris ». Le vote de l'amphi garnison, en janvier 1970 – c'était à Font-Romeu où nous étions en stage d'intégration –, fut disputé ; ce fut pour moi la première occasion de mener un combat qu'il faut bien qualifier de politique. Inutile de préciser dans quel camp je m'engageai…

Nous nous illustrâmes à nouveau lors de l'amphi de sortie, au printemps 1972. Une pétition fut mise en circulation, dont les signataires s'engageaient à ne pas choisir une affectation dans « un grand corps », quel que soit leur classement de sortie. Le directeur, le très respecté Pierre Racine, manifesta une certaine compréhension vis-à-vis de cette initiative que, pour ma part, je critiquai avec véhémence. Elle me paraissait d'abord assez hypocrite dans la mesure où, à ce moment de la scolarité, le classement était pratiquement figé : renoncer à un « grand corps » quand on savait qu'on ne pourrait pas y accéder ne me semblait pas une preuve éclatante de courage ; seuls deux ou trois camarades, parmi les signataires, étaient en réalité concernés. Et puis, je proclamai sans précaution oratoire que si j'étais venu de l'École normale à l'ENA, c'était précisément pour entrer dans un « grand corps » ; à défaut l'université pouvait rester mon *alma mater*. On me taxa de cynisme…

On le voit, la mise en cause de l'ENA est, en France, un sport récurrent. L'une des premières salves fut tirée par Jean-Pierre Chevènement, dans son livre publié en 1967 sous le pseudonyme de Jacques Mandrin ; son titre est éloquent : *L'Énarchie ou les Mandarins de la société bourgeoise*[1] ! Les détracteurs de l'École ont fini par obtenir sa disparition. Soit. Ni le conservatisme ni l'immobilisme ne me sont sympathiques. J'espère seulement que la réforme ne se limitera pas à un changement de nom. Le défi à relever n'est pas mince. Car l'ENA a réussi. Elle a formé des générations de hauts fonctionnaires compétents, dévoués au bien public et honnêtes. Son rayonnement international est incontesté et elle a servi de modèle dans plusieurs pays.

Que lui reproche-t-on ? Un insuffisant brassage social ? Pour ma part, sans l'ENA, je ne serais jamais devenu inspecteur des finances ; avant elle, régnait dans ce corps une forme de cooptation à peine déguisée, comme ailleurs dans la haute fonction publique en général ; mon papa n'était pas inspecteur des finances, ni conseiller d'État ni ambassadeur, et le concours m'a donné ma chance. Bien sûr, l'exception ne fait pas la règle et l'on connaît les chiffres : l'ascenseur social est en panne dans notre société. Pas seulement à l'ENA ! J'aimerais que l'on publie les chiffres de Polytechnique ou d'HEC. Le problème se

1. Jacques Mandrin, *L'Énarchie ou les Mandarins de la société bourgeoise*, Paris, La Table ronde, 1967.

pose en amont de l'ENA, à Sciences Po notamment, malgré les efforts récents d'ouverture à des étudiants venus de milieux différents, et dans toutes les filières d'excellence.

Deuxième critique : l'ENA fabrique des technocrates, tous formatés selon le même modèle et coupés des réalités. Ce grief tombe dans la caricature. La diversité des personnalités et des carrières, quand on examine d'un peu près la composition de chaque promotion, suffit à y répondre. Les énarques, ce ne sont pas seulement Fabius, Hollande, Jospin, Villepin, Juppé... L'arbre ne doit pas cacher la forêt.

Troisième critique : le rang de sortie et l'entrée dans un « grand corps » donnent un privilège pour la vie. C'est vrai, mais tous les inspecteurs des finances (je m'acharne décidément sur ce corps...) ne font pas des carrières fulgurantes et l'on peut citer des administrateurs civils tout aussi brillants. En tout état de cause, si l'on veut changer les choses, c'est à la structure même de l'administration qu'il faut toucher, pas à la seule ENA. La plus récente réforme prétend s'y attaquer. Dans dix ans, on jugera de sa pertinence.

IV

La technocratie, engeance honnie

La tournée

En juillet 1972, j'entrai dans la vie active en intégrant le corps prestigieux de l'Inspection générale des finances. Mon classement à la sortie de l'ENA (contrairement à la légende, je n'étais pas le major de la promotion) me permettait de choisir entre le Conseil d'État, « l'autre » corps de prestige à la sortie de l'ENA, et l'IGF, ou encore la Cour des comptes. J'hésitai. Je rencontrai des membres de chacune de ces institutions qui se chargeaient de faire la promotion de leur maison. Finalement j'optai pour l'Inspection qui me paraissait plus ouverte sur la vie économique de notre pays.

À l'Inspection, tout commence par la « tournée » : les jeunes recrues de la nouvelle promotion sont envoyées sur le terrain, avec mission de vérifier la régularité des opérations des services extérieurs du ministère des Finances ; on commence en général par ceux de la direction générale de la comptabilité publique, comme on l'appelait à l'époque, c'est-à-dire les trésoreries générales et les perceptions ; les premières sont réservées aux « anciens » de la promotion précédente, les secondes vont aux bizuths, le tout sous l'autorité d'un chef de brigade. Le vocabulaire est quasiment militaire, mais l'ambiance, plutôt potache.

Nous étions quatre mousquetaires dans ma promotion : Jean-Paul Cluzel, Xavier de Verdelon, Philippe Toussaint et moi. Nous débarquâmes en une fin d'après-midi de juin, dans les postes comptables du département du Cantal où nous allions passer plusieurs semaines : Saint-Flour 1 et 2, Riom-es-Montagnes et Murat. L'opération est une épreuve d'abord pour le comptable vérifié : au terme d'une paisible journée de travail, le malheureux voit arriver dans ses bureaux un inconnu qui exhibe sa carte d'inspecteur des finances et lui demande sans ménagement de lui présenter sa caisse. La surprise a été bien gardée, elle est inhérente à l'exercice ; mais le pire est à venir : pas question, bien sûr, pour lui de partir en vacances avant la fin de la vérification qui va durer trois ou quatre longues semaines !

Mais l'épreuve est rude aussi, quoique de nature différente, pour le vérificateur. Compter la caisse, passe encore ; mais pointer les registres pour s'assurer de leur bonne tenue est une autre affaire. Certes, la comptabilité publique n'a, en principe, aucun secret pour un énarque ; mais nous avons tous quatre mesuré l'ampleur du fossé qui sépare le savoir théorique et la pratique quotidienne. Pas question bien sûr de laisser transparaître la moindre hésitation aux yeux de l'agent vérifié. Il faut inspirer la crainte et le respect. J'ai le souvenir de quelques sueurs froides (ou chaudes) et d'intenses moments de panique dans ma recherche de concordance entre deux écritures comptables ! Le soir, au terme d'une journée de travail anormalement longue pour les fonctionnaires en poste, nous nous retrouvions tous les quatre pour échanger nos perplexités et nos tâtonnements. Nous nous rassurions mutuellement tout en prenant des forces autour d'une bonne table : la gastronomie auvergnate nous ménageait d'agréables moments ; j'ai gardé le souvenir du pounti de l'hôtel de Saint-Flour qui m'hébergeait : viande de porc, lard gras, blettes, persil, œufs, lait, farine, pruneaux d'Agen… selon une recette que j'ai retrouvée sur

Internet ; bref une sorte de far dont la principale qualité n'était pas la légèreté.

Nous avons terminé notre mission à la trésorerie générale d'Aurillac, heureux d'avoir franchi notre première épreuve professionnelle, frustrés de n'avoir pu jouir des beautés de la planèze de Saint-Flour au cœur des monts du Cantal dont la splendeur, sous l'éclatant soleil de juillet, nous invitait pourtant à la randonnée.

C'est ainsi que la « tournée » de l'Inspection des finances forge des amitiés durables. C'est aussi une excellente école de formation pratique et de rigueur professionnelle. Le contrôle sur place se termine par la rédaction d'un rapport dont les observations, dites de « première colonne », sont soumises à l'examen contradictoire de l'agent vérifié, lequel a tout loisir de pointer, dans la « deuxième colonne » qui lui est réservée, les erreurs du vérificateur. Gare aux « claquages », selon le vocabulaire du corps, c'est-à-dire à la bourde avérée qui laisse sans argument et sans voix en « troisième colonne », l'inspecteur approximatif. La multiplication des « claquages » nuit à la bonne réputation dans les couloirs du service et le bureau de son chef.

Pendant quatre années, j'ai donc enchaîné les missions et vérifié la gestion de services des douanes à Lille et à Marseille (la panique à Marseille quand nous fîmes irruption dans les bureaux vers cinq heures de l'après-midi, heure indue pour les agents du poste, déjà aux marques du départ pour la maison !), d'hôpitaux à Amiens et Toulouse, de postes comptables à nouveau dans l'Aude ou d'offices d'HLM je ne sais plus où.

Ce travail n'est guère propice à l'épanouissement d'une riche vie familiale. Quatre soirs par semaine, quatre semaines tous les deux mois, j'étais absent de Paris, loin de Christine et de Laurent. J'apaisais ma mauvaise conscience en me disant qu'ils vivaient dans un cadre agréable. Après la rue des Volontaires à Paris, nous avions déménagé à Fontenay-aux-Roses, en banlieue sud, où Laurent pourrait respirer un air plus pur que celui du centre de la capitale. Mon traitement d'inspecteur des finances et celui de professeur certifié de Christine nous permettaient désormais d'investir sur la durée. Nous nous endettâmes (au taux d'intérêt de 11 % ! rogné, il est vrai, par une inflation de même niveau) pour acheter un appartement dans la commune plus cossue de Vaucresson. Mes beaux-parents se réjouirent que je puisse enfin assurer une vie digne de leur standing à ma famille qui allait d'ailleurs s'agrandir avec la venue de Marion en 1973.

Au printemps 1974, ma « tournée » prit une forme inattendue. Je fus choisi, avec mon collègue qui allait devenir un ami, Michel Bon, pour ce que nos camarades considérèrent comme la mission du siècle. Michel Jobert était ministre des Affaires étrangères dans le gouvernement de Pierre Mesmer, sous la présidence de Georges Pompidou. Un de nos anciens, Pierre Mayer, qui appartenait au cabinet de Jobert, avait suggéré à son ministre de confier à l'Inspection des finances une mission d'évaluation de notre politique de coopération culturelle, scientifique et technique à l'étranger. Il s'agissait d'aller enquêter dans les services culturels de nos ambassades. C'est ainsi que, durant six mois, nous avons alterné séjours à l'étranger et retours en France pour rédiger nos rapports, successivement en Algérie, en Égypte, en Syrie, au Liban, puis au Brésil, au Canada, et enfin au Vietnam, au Laos et en Indonésie. À elle seule cette liste fait rêver. Fidèles à la réputation et aux méthodes de l'Inspection, nous avons beaucoup travaillé. L'étonnement de nos « culturels », voire des ambassadeurs eux-mêmes, quand ils nous voyaient encore à la tâche, et eux avec nous, jusqu'à vingt heures, voire vingt et une chaque soir, nous amusait.

De chaque étape, ou presque, me reviennent des moments forts. Le 2 avril, à Alger, alors que nous dînions chez le premier conseiller de l'ambassade, nous apprîmes à la télévision la mort de Georges Pompidou. Le président qui lui succéderait changerait à coup sûr le titulaire du Quai d'Orsay ; le futur ministre ne porterait peut-être pas à l'action culturelle de la France à l'étranger le même intérêt que Michel Jobert qui avait « commandé » notre mission. Nous poursuivîmes néanmoins notre travail.

À Beyrouth, nous interrogeâmes nos diplomates sur la stabilité du régime et de la société libanaise ; ils nous rassurèrent ; une longue guerre civile allait se déclencher l'année suivante et dévaster le pays.

À Rio de Janeiro, nos services culturels faisaient de la résistance pour ne pas rejoindre Brasilia, la nouvelle capitale politique du pays du Brésil où les administrations fédérales et les ambassades étrangères essuyaient encore les plâtres.

Au Vietnam, une fois nos investigations terminées, nous voulûmes profiter de la fin de semaine pour aller nous baigner au cap Saint-Jacques dont on nous avait vanté la plage ; soudain nous vîmes un soldat en armes nous barrer la route en hurlant : « Viet minh, Viet minh ! », le bras tendu en direction de la forêt voisine ; nous rebroussâmes chemin ; quelques mois plus tard, c'était la chute de Saïgon.

À Djakarta, une fois encaissé le choc de la foule asiatique que je rencontrais pour la première fois de ma vie, nous comprîmes assez vite que l'étude attentive du travail de nos services culturels ne nous occuperait pas tout au long de la semaine que nous avions prévu d'y consacrer ; leurs activités et les moyens que la France engageait dans le pays ne le justifiaient pas, de l'avis même de notre ambassadeur. Nous prîmes alors la décision de réserver un vol pour Bali où nous rejoignit la femme de Michel, Catherine. Nous y passâmes, à nos frais, quelques jours de rêve ; c'était avant la déferlante touristique et seuls quelques surfeurs australiens hantaient la plage de Kuta Beach. Nous acquîmes, Michel et moi, notre permis moto au commissariat de Denpasar, les épreuves se limitant à verser une certaine quantité de roupies à la police locale, et nous partîmes à la découverte de l'île, allant d'émerveillement en émerveillement.

Les paysages de rizière, les cortèges de fidèles apportant leurs offrandes fleuries dans les innombrables temples le long des routes, les danses au son du gamelang, et même les cérémonies de crémation me ravirent au point que je résolus de refaire le voyage avec Christine l'année suivante. Promesse tenue et même un peu plus puisque nous poussâmes alors jusqu'aux Célèbes, au pays Toradja où les cérémonies religieuses, accompagnées, dès le lever du jour, du sacrifice d'un nombre élevé de buffles, nous procurèrent des émotions fortes.

À chacune de nos escales à Paris, Michel Bon et moi nous mettions à la rédaction de nos rapports. Leur volume finit par être impressionnant. Las ! comme nous le redoutions, le changement de gouvernement et de ministre des Affaires étrangères leur fut fatal. Ils finirent, comme trop de rapports administratifs, au fond d'un tiroir. Nous avions mis pourtant beaucoup de cœur à l'ouvrage et je ne doute pas que la mise en œuvre de nos propositions eût donné une impulsion décisive à notre coopération culturelle qui bénéficiait encore à l'époque de crédits substantiels. Je me souviens que j'avais porté un jugement particulièrement favorable sur le réseau de nos lycées français à l'étranger et sur l'AEFE (Agence pour l'enseignement français à l'étranger) ; grâce à nos lycées que fréquentaient non seulement les enfants de nos expatriés mais aussi ceux de nombreux responsables du pays et de diplomates étrangers, la langue française continuait à rayonner au-delà de nos frontières. Bercy bien sûr ne rêvait que de leur couper les vivres, en laissant aux familles la charge de les financer. Exemple parmi d'autres de l'abîme qui se creuse souvent entre nos déclarations et nos ambitions d'un côté, nos comportements et nos moyens concrets de l'autre.

J'eus la chance d'être nommé, pour ma quatrième année à l'Inspection, au poste d'adjoint au chef du service, ce qui m'assurait une résidence stable à Paris. Mon travail sous l'autorité de Daniel Dommel, homme intègre, qui présida plus tard la section française de Transparency International, n'était guère écrasant, d'autant que j'étais efficacement secondé par le responsable du petit service administratif qui gérait le corps : l'inaltérable M. Poirier, mémoire infaillible de la carrière de générations d'inspecteurs. Ma tâche la plus délicate et la plus amusante à la fois consistait à proposer la répartition des primes de fin d'année. L'un des secrets les mieux gardés des administrations centrales de l'État a longtemps été le régime des primes du ministère des Finances ; on savait qu'elles étaient les plus généreuses de toute la fonction publique, ce qui expliquait en partie l'attractivité des postes qu'il offrait, sans sous-estimer, pour être juste, l'intérêt du travail qu'on y faisait. L'exercice pour moi consistait à redistribuer une partie des primes destinées aux inspecteurs généraux blanchis sous le harnois, les plus élevées bien sûr, au profit des jeunes « camarades » de la tournée qu'il convenait de récompenser de leur ardeur à la tâche... mais aussi d'attirer au moment de la sortie de l'ENA et du choix d'une carrière. J'y allais gaiement car l'activité des inspecteurs généraux ne me paraissait pas également débordante. Le plus difficile était de moduler les primes de mes jeunes camarades en fonction de la qualité de leurs rapports ; on dit souvent que la rémunération au mérite est peu répandue dans la fonction publique ; ce n'est pas tout à fait vrai.

Changer d'air

Dans les premiers mois de 1976, je commençai à penser à ma « sortie ».

La « tournée » n'est pas le bagne mais se consacrer pendant de longues années à la vérification des services extérieurs du ministère des Finances n'est pas la motivation première des jeunes énarques qui entrent à l'Inspection. L'objectif est plutôt d'en sortir car l'on considère la « tournée » comme une sorte d'école d'application qui prépare à l'exercice de responsabilités plus opérationnelles.

Traditionnellement, les grandes directions du ministère des Finances « chassent » les jeunes inspecteurs pour les attirer dans leurs bureaux. Une hiérarchie implicite s'est établie : le « top », c'est le Trésor comme on disait alors, puis vient le Budget et ainsi de suite. Dans la liste des postes ouverts à ma promotion – nous étions quatre –, le Trésor ne figurait pas, soit que la direction n'ait pas de besoin de recrutement cette année-là, soit que notre réputation ait été quelque peu écornée par les conditions dans lesquelles s'était opéré notre choix à la sortie de l'ENA : le boycott des grands corps avait eu pour conséquence d'élargir la « botte » habituelle des dix premiers jusqu'au quinzième rang, voire au-delà. Illustration de l'absurdité d'un système de sélection exagérément élitiste, j'en conviens.

J'allais donc entamer une carrière dans la direction du Budget qui, elle, proposait d'accueillir l'un d'entre nous. C'était mon tour. Je connaissais son rôle et sa puissance dans l'État : ses fonctionnaires étaient réputés pour leur compétence mais aussi leur rigidité face aux ministères « dépensiers » ; ils se considéraient comme les ultimes garants des grands équilibres des finances publiques, le dernier rempart contre le laxisme, le gaspillage et la démagogie ; ils ne se privaient pas d'aller chercher dans les budgets de chaque administration quelques mines d'économies et ne répugnaient pas à présenter à l'arbitrage de leur ministre puis du Premier ministre les coupes claires les plus provocatrices, les moins réalistes, les plus inacceptables politiquement parlant. Il est vrai que leur tâche était impossible car ils recevaient souvent du gouvernement des instructions inconciliables : satisfaire les demandes d'augmentation de crédits, toutes prioritaires, et réduire le déficit global… *Nihil novi sub sole.*

Avant de m'affecter à l'un des bureaux spécialisés de la direction, on me proposa de prendre la responsabilité du « Comité interministériel pour la promotion de l'emploi » qui venait d'être créé par un arrêté du 3 mars 1976. La progression du chômage inquiétait le gouvernement qui cherchait la parade et voulait mobiliser l'ensemble des administrations pour faciliter la création d'emplois nouveaux et « préparer les mesures de nature à rendre les procédures plus rapides et plus efficaces ». Déjà ! Je me mis donc à la tâche, aidé par une secrétaire, avec pour premier objectif la mise en place des comités départementaux sur lesquels devait s'appuyer le comité interministériel. Tout cela était bel et bon. Je me sentais pourtant un peu perdu. Je comprenais que, pour les caciques de la direction, l'initiative n'était pas vraiment prise au sérieux. Un comité de plus… J'étais néanmoins prêt à jouer le jeu et à faire mes preuves.

La déesse de la Fortune en décida autrement.

V

Mon Chirac

J'ai raconté, dans *Mon Chirac*[1], les circonstances de ma rencontre, en 1976, avec le Premier ministre en exercice. Hasard ou nécessité ? Sans doute un peu les deux, comme souvent. L'instrument du hasard fut Jacques Friedmann. Ami intime de Jacques Chirac, son compagnon d'études dès le lycée Carnot, il avait été directeur de son cabinet au ministère de l'Économie et des Finances, puis aux Relations avec le Parlement ; de 1971 à 1972, il avait été chef du service de l'Inspection générale des finances avant de reprendre la direction du cabinet de Jacques Chirac en 1974, cette fois à Matignon. C'est lui qui m'accueillit à l'Inspection quand j'entrai dans le corps en 1972, et c'est lui qui, en 1976, au moment où j'allais en sortir, murmura mon nom à l'oreille de Jérôme Monod qui lui avait succédé à la tête du cabinet du Premier ministre ! Extraordinaire concours de circonstances ! Pourquoi cette « recommandation » ? Aussi étrange que cela puisse paraître, nous n'en avons jamais parlé. Dans l'action, les confidences ont peu de place. Avais-je fait bonne impression ? Je ne m'interdis pas de le penser. Avais-je déjà la réputation de pencher plutôt à droite qu'à gauche, ce qui à l'époque était assez original dans la haute fonction publique ? En tout cas, je fus convoqué un samedi du printemps 1976

1. Alain Juppé, *Mon Chirac*, Paris, Tallandier, 2020.

dans le bureau du directeur de cabinet du Premier ministre ; Jacques Chirac y fit irruption ; d'emblée le courant passa entre nous ; il me proposa de rejoindre son équipe ; on comprend pourquoi, dans nos débuts, nous nous sommes voussoyés, lui chef du gouvernement, moi modeste conseiller technique ; nous avons gardé cette habitude.

Quant à la nécessité, elle a sa logique profonde. Dès le choix que j'ai fait de préparer l'ENA, j'entendais dans ma tête la petite musique de l'ambition et de la tentation du pouvoir. Je n'avais pas d'idée précise de la réalité qui se cachait derrière ces mots. Je ne savais pas comment m'y prendre. Je m'étais tenu à l'écart des partis politiques. Je n'avais aucune relation dans les cercles parisiens. Mais la perspective de besogner pendant dix ans dans une direction du ministère des Finances, fût-elle prestigieuse, me laissait insatisfait au plus profond de moi-même. Sans doute, volontairement ou sans m'en rendre compte, avais-je envoyé quelques signaux. Il faut aider la nécessité qui ne se suffit pas toujours à elle-même. J'ai fait semblant de demander, à Jérôme Monod, un délai de réflexion... par souci des convenances ou par coquetterie ? Mais je n'ai pas vraiment hésité à sauter le pas. Ma vie prenait un nouvel élan.

En avais-je bien mesuré toutes les conséquences sur ma vie familiale ? En avais-je débattu avec Christine ou l'avais-je placée devant le fait accompli ? Cela m'arrange de ne pas en avoir de souvenir précis. Notre couple allait bien. Il n'avait pas trop souffert de mes absences répétées pendant ma période de « tournée » à l'Inspection. Christine avait noué des liens d'amitié très étroits avec une voisine de palier, son mari et leurs enfants. Les deux familles vivaient un peu en communauté... ce qui me pesait parfois. Mais Christine s'épanouissait au sein de cette petite tribu où elle chérissait nos propres enfants, Laurent et Marion. Certes l'Éducation nationale n'avait pas été tout à fait bonne fille avec elle et l'avait affectée dans un collège des Mureaux, à une bonne demi-heure d'autoroute de la maison.

Mais la situation était gérable. Je n'éprouvais aucune tentation de vagabondage amoureux. Matériellement, avec deux salaires de fonctionnaires, nous vivions bien. Bref, calme plat.

L'entrée en politique

Quand je discute avec certains de mes amis venus d'un autre bord politique comme Louis Gallois ou Jérôme Clément, ils s'étonnent que je me sois engagé à droite ; à leurs yeux, ni socialement, ni idéologiquement, je n'étais voué à ce choix.

Il m'est arrivé de me poser la question : pourquoi la droite ? pourquoi le RPR ?

Dans la famille, où l'on parlait peu de politique, je sentais bien le clivage entre mon père qui s'affirmait gaulliste et l'entourage de ma sœur aînée qui penchait plutôt vers le centre gauche et un radicalisme de bon ton dans notre région. Ma mère mettait un point d'honneur à afficher ses bonnes relations avec le maire socialiste de Mont-de-Marsan, Charles Lamarque-Cando, qui pourtant, dans sa jeunesse, du temps du Front populaire, n'avait pas ménagé ses attaques contre les « propriétaires ». Il avait mis beaucoup d'eau dans son vin après la guerre, jusqu'à quitter plus tard le PS, lors de l'adoption du programme commun avec les communistes. Mes parents partaient parfois en voyage de groupe avec le couple Lamarque-Cando et ma mère ne manquait pas une occasion de me rapporter tout le bien que le maire de Mont-de-Marsan lui disait de moi. Habile homme ! Mais, de la part de mes parents, ce n'était en rien une allégeance politique, juste de la courtoisie de bon voisinage.

J'ai toujours eu de la fascination pour les grands hommes, à commencer par de Gaulle, au fur et à mesure que je découvrais le rôle historique qu'il avait joué. Ce n'est pas à l'école que j'ai fait cette découverte. Curieusement, je n'ai pas le souvenir que mes professeurs d'histoire m'en aient beaucoup parlé. Leurs cours, faute de temps, s'arrêtaient le plus souvent à la fin de la Troisième République. Ou même avant ! En terminale, au concours général d'histoire, la question posée aux candidats, dont j'étais, portait sur les conséquences de la guerre de 1914-1918 ; moins chanceux qu'aux épreuves de latin-grec l'année précédente, j'avais rendu copie blanche... C'est pendant la guerre d'Algérie que de Gaulle est vraiment apparu dans mon radar. En 1958, je n'avais que treize ans mais mon frère aîné avait été appelé à servir en Algérie et ma mère, dévorée d'inquiétude sur son sort, associait toute la famille à sa veille anxieuse. L'appel au Général en mai 1958 fut vécu, parmi nous, comme une délivrance et une promesse de paix.

Je n'ai pas tout de suite compris par quel processus psychologique un général de brigade à titre temporaire, secrétaire d'État dans le gouvernement de Paul Raynaud mais quasiment inconnu de l'opinion publique, avait pu s'envoler de Bordeaux, un 18 juin de l'an 1940, alors que la France était en pleine débâcle, pour se rendre à Londres et y proclamer sur les ondes : « Moi, général de Gaulle... » Je résume son appel à ma façon : « Je suis la France. » Quel culot ! Quelle audace ! Et quelle ténacité face à Churchill qui piquait des colères contre lui, à Roosevelt qui le considérait comme un dictateur en herbe, à la Résistance intérieure qui mit du temps à le reconnaître comme son chef. J'aime le portrait qu'en dessine Denis Tillinac dans son *Dictionnaire amoureux* : « Aventurier shakespearien aux prises avec des ennemis innombrables, de Gaulle a imaginé le roman de sa vie et l'a imposé au théâtre tragique de l'Histoire en amoureux d'une France qui aujourd'hui encore lui doit presque tout. Il fut un héros aux frontières de la folie[1]. » L'auteur rappelle qu'il arrivait au Général de déprimer, comme après l'échec du débarquement au Sénégal en 1941 où il est

1. Denis Tillinac, *Dictionnaire amoureux du Général*, Paris, Plon, 2020.

tenté de tout laisser tomber, ou comme en Mai 68, lors de sa mystérieuse escapade à Baden-Baden où il va chercher auprès de Massu des raisons de tenir bon face à la rue.

Je me suis efforcé de définir ce que signifiait pour moi le gaullisme en politique, dix ou vingt ans après la disparition du Général. Pas une doctrine ni une idéologie, lui-même s'en défendait. Mais pas non plus un simple pragmatisme ni un réalisme sans âme. Certes il fit preuve d'un grand cynisme dans le règlement du problème algérien et je comprends les « pieds noirs » qui se sentirent trahis. L'abandon des harkis, qui avaient cru dans la France, aux mains du FLN qui les massacra par milliers, le traitement indigne qui fut réservé si longtemps à ceux qui purent regagner le sol de France, voilà une tache déshonorante sur le livre de la geste gaulliste. Le président Macron a eu raison d'en demander pardon au nom de la France.

Mais il y a aussi dans le gaullisme une part d'idéal que je comprends comme la rencontre d'un patriotisme exigeant et d'un humanisme sincère. Une certaine idée de la France qui « ne peut être la France sans la grandeur », une certaine idée de l'homme, « la seule querelle qui vaille », pour reprendre deux formules qu'on trouve sous la plume du général. L'amour d'une France incarnée dont il parle comme d'une personne de chair et de sang, en distinguant bien, comme le dit Romain Gary, « le patriotisme qui est l'amour des siens et le nationalisme qui est la haine des autres[1] ». La dimension sociale, humaniste, d'une vision politique qui, du programme du Conseil national de la Résistance jusqu'à son combat pour la participation des travailleurs aux résultats mais aussi à la gestion des entreprises, a souvent choqué les plus conservateurs de ses soutiens. Sa volonté par-dessus tout de surmonter les antagonismes politiciens et de rassembler tout un peuple : « La France, ce n'est

1. Romain Gary, *Éducation européenne*, Paris, Gallimard, 1945.

pas la gauche ; la France, ce n'est pas la droite ; la France, c'est tous les Français. » En même temps, déjà !

C'est donc tout naturellement qu'en 1974, lors de l'élection présidentielle, je n'eus pas d'hésitation : j'apportai ma voix dès le premier tour au candidat gaulliste, Jacques Chaban-Delmas, qui était aussi pour moi le « duc d'Aquitaine ». Au deuxième tour, je n'hésitai pas davantage : je votai pour VGE ; je pressentais déjà que seule l'union de la droite et du centre pouvait nous apporter la victoire.

J'ai expliqué dans *Mon Chirac* pourquoi celui-ci, en lançant l'appel de quarante-trois députés gaullistes à voter Giscard dès le premier tour, n'avait pas, selon moi, trahi Chaban. Chirac n'était pas des fidèles de Chaban qui n'était pas son mentor... La filiation de Jacques Chirac au sein de la famille gaulliste, c'est Pompidou, ce n'est pas Chaban. Et l'on se souvient que l'entourage de Pompidou ne tenait pas Chaban en haute estime.

Cela dit, je n'ai jamais partagé l'hostilité ni le mépris de certains gaullistes pour les centristes qu'ils taxaient volontiers de mollesse, de manque d'ambition, voire de lâcheté. Tout au contraire, l'une des constantes de mon action politique a été de réunir gaullistes, libéraux et centristes tant les clivages idéologiques entre eux me paraissaient artificiels, et de plus en plus artificiels au fil du temps. Certes, il y avait l'Europe ! Mais j'ai toujours considéré de Gaulle comme un authentique européen. Pas d'une Europe aux ordres des Américains, ce qui le poussa à combattre le projet de Communauté européenne de défense (CED), à bloquer l'adhésion des Britanniques en qui ils voyaient le cheval de Troie d'une Europe atlantiste, et à quitter, non pas l'Alliance atlantique, mais les structures militaires intégrées de l'Otan. Son Europe, c'était celle de la réconciliation franco-allemande, socle d'une paix durable et d'une prospérité partagée. En 1958, quand il revint au pouvoir, il honora la signature des dirigeants de la Quatrième République au bas du traité de Rome, malgré les réticences de nombreux chefs d'entreprise français qui craignaient les effets de la concurrence allemande. Plutôt que de différer le choc, il choisit d'engager des réformes de fond, celles du plan Rueff-Armand qui visait à lever les obstacles structurels, notamment réglementaires, au développement de notre économie et de notre industrie.

Somme toute, fidèle à mes convictions européennes, je me sentais à l'aise dans le mouvement gaulliste où coexistaient Debré et Chaban. Dans les années qui suivirent, je me rendis compte que cette coexistence pouvait se transformer en confrontation mais, en 1976, la grande affaire, c'était le combat contre la coalition socialo-communiste qui fédérait nos troupes et dont Chirac voulait se faire le champion. Je me rangeai sans hésitation, sous sa houlette, dans les rangs des gaullistes chiraquiens et je le suis resté tout au long de ma vie politique.

Quels furent les ressorts de cette « amitié singulière », pour reprendre le sous-titre de mon livre, qui nous unit lui et moi pendant plus de quatre décennies ?

Elle n'allait pas de soi. Nos origines familiales n'étaient pas les mêmes, moi d'une famille de petite bourgeoisie provinciale, lui d'ascendance certes limousine mais né à Paris et allié, par son mariage avec Bernadette, à une lignée aristocratique. Nous n'avions pas les mêmes affinités culturelles, moi formé aux humanités gréco-latines, lui passionné des arts asiatiques, africains, précolombiens… « premiers » en général. Nos caractères étaient, en apparence, bien différents, moi réservé, « froid » selon le propre entourage de Chirac, lui chaleureux, porté vers autrui encore que je lui aie connu une forme de pudeur, voire de timidité…

Alors, pourquoi cette alchimie ?

Il y a de ma part une bonne dose de fascination devant l'animal politique tel qu'il m'est apparu dès notre première rencontre à Matignon. Par sa taille, sa stature, il occupe l'espace. La vigueur de sa poignée de main est légendaire et il la distribue généreusement. Il ne marmonne pas, il parle clair et franc. J'ai admiré sa puissance de travail, sa capacité à décider, son intelligence des situations. Car la force n'est pas sa seule qualité. Il sait déployer de la séduction pour surmonter les oppositions, de l'habileté pour concilier les points de vue. Au demeurant d'un commerce agréable : je ne l'ai jamais vu piquer de colère, et dans les situations les plus dramatiques il gardait son sang-froid. Il était facile certes de tirer à la caricature ses traits de comportement et, dans les débuts, la marionnette des *Guignols* ne s'en est pas privée avant de lui donner une image sympathique de père de la Nation. Car, au-delà de l'homme politique, on perçoit vite l'homme tout court, généreux, attentif aux plus faibles, marqué par les épreuves de la vie familiale. J'ai souvent dit, au risque de surprendre, que je n'appartenais pas au cercle de ses intimes, car il y a chez lui comme chez moi une retenue, une distance qui ne favorisent pas les confidences ni les effusions. Mais sont-elles toujours nécessaires pour bien se comprendre ?

J'ai naturellement partagé les convictions politiques de Jacques Chirac, son attachement aux valeurs républicaines ; sa détestation de l'antisémitisme, du racisme, des extrémismes en général ; ses convictions européennes – et j'ai expliqué, dans *Mon Chirac*, pourquoi l'« appel de Cochin » qu'on lui a tant reproché n'obérait pas, à mes yeux, son engagement européen, à commencer par la mise en œuvre effective de la monnaie unique – sa proximité avec l'Afrique et les Africains ; sa compréhension du monde arabe – on l'a vu quand il refusa de soutenir la guerre américaine en Irak... je ne vais pas ici dresser un bilan exhaustif de son œuvre.

Je ne me risquerai pas à analyser les raisons de l'affection qu'il me portait. Il les a sans doute résumées en une formule lapidaire qui m'a attiré plus de jalousies que de sympathies : j'étais, disait-il à ses compagnons, « le meilleur d'entre nous » !

Pour moi, le ciment de notre amitié se résume en un mot : la confiance. Il existait entre nous un lien de confiance qui ne s'est jamais distendu. Je savais que, dans l'exercice des responsabilités successives qu'il me confiait, au sein du parti, à Paris ou au gouvernement, je pouvais compter sur son soutien indéfectible. Il n'était pas homme à se défausser sur autrui. Moi non plus, et je crois l'avoir prouvé, notamment à son égard, même dans la tourmente.

Dans les cercles du pouvoir

Au printemps 1976, je me retrouvai donc, du jour au lendemain, propulsé, par Jacques Chirac, des locaux feutrés de la direction du Budget au cœur du réacteur des services du Premier ministre. J'avais hérité d'un petit bureau sous les combles de l'immeuble qui, au 58 rue de Varenne, fait face à l'hôtel de Matignon. C'était l'été de la canicule et les conditions de travail n'étaient guère supportables ; mais chaque collaborateur du Premier ministre avait une haute conscience de sa mission et faisait preuve d'une fière endurance.

Je ne me sentais pas très à l'aise dans cette équipe bien rodée depuis deux ans. Ma tâche n'était pas clairement définie. Le directeur de cabinet, Jérôme Monod, qui incarnait à mes yeux l'exemple même du « grand commis de l'État », comme on disait alors, et qui était mon interlocuteur direct, m'avait commandé un travail sur les voies et moyens d'une politique plus efficace de lutte contre l'inflation. C'était alors la préoccupation numéro un du gouvernement. J'eus la mauvaise idée de me plonger dans les manuels d'économie où je pensais trouver des réponses innovantes. Je me perdis dans la théorie. Je vis que la lecture de mes notes suscitait l'ironie du conseiller chargé des questions économiques. Il me fit comprendre qu'il ne comprenait pas très bien quelle pouvait être ma valeur ajoutée.

Je me concentrai donc sur l'autre aspect de ma mission : la préparation des discours du Premier ministre. J'avais été recruté comme « le normalien sachant écrire », pour reprendre la formule que le général de Gaulle avait employée, en 1944, à propos de Georges Pompidou. Dans l'ancien temps, on aurait dit un « nègre », mais aujourd'hui gare aux militants de la culture « *woke* », cela ferait plus chic de parler d'un *speach writer*. Plus modestement, je préfère le titre de « plume ». La première commande que me passa le Premier ministre portait sur les questions de défense. J'étais loin d'en être un spécialiste. Mais lorsque je contactai les bons experts, je fus accueilli avec bienveillance ; la qualité de conseiller technique au cabinet du Premier ministre est un sésame très efficace. Je fis donc l'investissement intellectuel qui s'imposait. Mon texte plut. Sans doute mon style, plutôt sobre et concis, le rythme ternaire de mes phrases hérité de ma formation universitaire, convenaient-ils à l'éloquence du Premier ministre qui n'était pas connue pour un excès de lyrisme. Bientôt, pour les grands discours politiques destinés à soulever les foules, on me demanderait plus d'emphase. Je m'y essayai pour un deuxième discours destiné aux jeunes gaullistes de l'UJP, l'Union des jeunes pour le progrès. Une fois encore, le sujet ne m'était pas familier ni l'auditoire habituel. Je m'en ouvris à Jacques Chirac qui me rassura : il allait me mettre en relation avec l'équipe organisatrice de la manifestation et je pourrai avec eux me mettre « dans le bain ». C'est ainsi que je fis la connaissance de mes premiers militants politiques ; l'un d'entre eux m'impressionna dès l'abord ; il était volubile, sûr de lui, d'un enthousiasme communicatif ; je me demandai si je ne ferais pas mieux de lui passer la plume car, visiblement, il avait déjà le discours tout prêt dans la tête. Il s'appelait Nicolas Sarkozy.

Fin juillet 1976, je partis en vacances, l'esprit léger, heureux de consacrer du temps à ma famille, à Christine, à nos enfants Laurent et Marion qui aimaient sauter entre mes bras dans les vagues d'Hossegor. Le 24 août, coup de tonnerre dans un ciel sans nuages, Jacques Chirac annonce son départ de

Matignon dans un communiqué inédit sous la plume d'un Premier ministre : « Je ne dispose pas des moyens que j'estime nécessaires pour assumer efficacement les fonctions de Premier ministre et, dans ces conditions, j'ai décidé d'y mettre fin. » L'insolence des termes choisis en dit long sur l'extrême tension qui régnait depuis des mois entre le président et le chef du gouvernement. Mon inexpérience politique ne m'avait pas permis d'en mesurer l'intensité. Certes, en ma qualité de rédacteur, j'étais convié aux réunions de relecture des discours de Jacques Chirac, devant l'aréopage de ses conseillers politiques les plus proches : Pierre Juillet, Marie-France Garaud, Charles Pasqua, Jérôme Monod. L'exercice était, pour moi, une épreuve qui se prolongeait souvent pendant des heures. Mon projet était soumis à l'examen critique des participants qui ne se privaient pas d'« améliorer » mon texte par des coupes ou des ajouts qui, selon moi, le dénaturaient. J'argumentais, puis m'inclinais ; Chirac annotait au feutre rouge ce qui allait devenir « son » discours. L'intérêt pour moi était d'écouter les digressions des uns et des autres qui nous éloignaient du sujet mais me plongeaient dans le bain de l'actualité politique. Quand Jacques Chirac évoquait sa dernière entrevue à l'Élysée, j'entendais fuser les attaques contre le président qui, selon les participants, maltraitait son Premier ministre et n'avait pour objectif que de réduire le parti gaulliste à la portion congrue. J'aurais dû comprendre plus tôt que le tandem ne pouvait durer longtemps. J'en eus la confirmation au plus fort de l'été. J'encaissai stoïquement le choc qui provoquait d'abord un séisme politique et qui, d'un point de vue plus égoïste, bouleversait mes plans de carrière.

Ma première préoccupation, dès mon retour à Paris, fut d'assurer ma reconversion professionnelle. Je n'avais guère envie de réintégrer l'administration du Budget au ministère des Finances. J'avais goûté de l'ambiance des cercles du pouvoir et l'addiction me guettait. L'une des qualités de Jacques Chirac, dans tous les postes qu'il a occupés, a toujours été de ne pas laisser tomber ses collaborateurs et de s'employer à les « recaser ». Jérôme Monod était dans la même disposition d'esprit. Tous deux m'interrogèrent sur mes souhaits et comprirent que je n'avais pas l'idée de m'éloigner d'eux. Je crois que, de leur côté, ils considéraient qu'ils avaient fait « bonne pêche » et voulaient me garder dans leurs équipes. Ils me mirent en relation avec Robert Galley qui, dans le nouveau gouvernement de Raymond Barre, venait d'être nommé ministre de la Coopération.

Je ne connaissais de Robert Galley que son héroïque parcours dans les Forces françaises libres qui lui avait valu le titre de Compagnon de la Libération, puis sa brillante carrière ministérielle dans les gouvernements gaullistes. L'homme m'accueillit simplement et chaleureusement ; il me proposa le poste de conseiller budgétaire dans son cabinet ; j'acceptai sans hésiter.

De 1976 à 1978, l'exercice de cette responsabilité m'a beaucoup appris. L'ambiance du cabinet était sympathique. La discussion budgétaire avec Bercy me plaçait cette fois de l'autre côté de la barrière, celui du ministère « dépensier ». Je défendais vigoureusement nos demandes de crédit, tout en étant conscient des marges d'économies que nous pouvions réaliser. Je compris aussi que la réalité du pouvoir dans un ministère n'appartient pas toujours au ministre ni à sa garde rapprochée, « le cabinet », mais aux tout-puissants patrons des grandes directions de l'administration qui ont, eux, le privilège de la durée ; il fallait marquer notre autorité, celle des « politiques » ; un beau jour, je convainquis le directeur du cabinet de tenter une opération « coup de poing » en fermant les entrées dans les locaux du ministère, rue Monsieur... à neuf heures, l'heure règlementaire de prise du travail. « Allons, ne tombons pas dans un excès de rigueur, m'objecta le directeur... Disons neuf heures et demie. » Je pris un malin plaisir à constater, *de visu*, la stupeur des fonctionnaires qui, fidèles à leurs habitudes, se pointèrent vers dix heures et se heurtèrent à porte close. L'opération ne contribua pas à notre popularité dans la maison ; mais le signal fut reçu cinq sur cinq.

J'appris surtout à découvrir l'Afrique. Robert Galley me donna la chance de l'accompagner dans plusieurs de ses déplacements, je garde le souvenir d'un voyage au Mali et d'une soirée à Tombouctou où le ministre me donna une leçon d'astronomie sous le ciel africain constellé. Je suis souvent revenu en Afrique et, dans tous mes déplacements, j'ai éprouvé le même sentiment d'estime et d'affection pour ses hommes et pour ses femmes avec qui je me sentais d'emblée en confiance. Je n'ai pas la profonde connaissance des cultures et des arts africains que Jacques Chirac possédait si authentiquement, mais j'aime découvrir les œuvres qu'expose le musée du Quai Branly qui porte désormais le nom de son inventeur, Jacques Chirac.

Travailler avec Robert Galley m'était bonheur. Je sentais qu'il m'accordait sa confiance et je m'efforçais de la mériter. C'était un temps où l'on pouvait être ministre et maire d'une grande ville. Il était passionnément attaché à sa ville de Troyes, il y faisait de fréquents allers-retours au volant de sa voiture qu'il mettait un point d'honneur à conduire lui-même. Il m'invita à l'accompagner à plusieurs reprises pour me montrer avec fierté ses dernières réalisations. C'est une bien grande sottise que d'avoir interdit le cumul de mandats nationaux et locaux. Il y eut certes des abus ; comme Jacques Chaban-Delmas, Pierre Mauroy ou Jacques Chirac, j'ai sans doute donné le mauvais exemple d'un Premier ministre qui restait maire d'une métropole ; des garde-fous étaient nécessaires. Mais on voit aujourd'hui les dégâts que fait l'incompatibilité quasi absolue à laquelle on est arrivé : nos parlementaires sont souvent des élus hors sol au moment où l'on exige d'eux toujours plus de proximité avec les réalités du terrain.

Robert Galley se montra aussi très tolérant vis-à-vis de mon engagement politique. Il était membre du gouvernement de Raymond Barre, et donc catalogué, comme d'autres ministres de la famille gaulliste, comme plus giscardien que chiraquien. J'avais pris, pour ma part, des fonctions officielles dans le mouvement que venait de créer Jacques Chirac et dont chacun comprenait qu'il serait son instrument de conquête du pouvoir. Robert Galley n'émit jamais aucune critique et ne mit aucun frein au choix que j'avais fait.

Le RPR

Dès son départ de Matignon, Jacques Chirac se lança dans la transformation du mouvement gaulliste qui, depuis 1968, était devenu l'Union des démocrates pour la république, l'UDR. Je n'en étais pas membre ; je n'en connaissais ni les responsables ni les instances. Et je n'ai assisté que de loin aux grandes manœuvres qui permirent à Jacques Chirac d'en prendre le contrôle avant de lui substituer le Rassemblement pour la république, le RPR.

Dès septembre 1976, Jacques Chirac et ses proches s'étaient mis en ordre de bataille. Le trio Juillet-Garaud-Pasqua était aux manettes. J'avais du mal à déchiffrer les sentences du premier, volontiers mystérieux dans son rôle d'éminence grise, partagé entre sa nostalgie du pompidolisme et l'impatience de retrouver ses moutons en Corrèze. La seconde jouait habilement de son charme et portait à tout propos des jugements définitifs. Quant au « terrible » M. Pasqua, je le trouvais alternativement bourru et truculent, toujours malin. Je me sentais peu d'atomes crochus avec ces grands stratèges de la manœuvre politique qui observaient avec une condescendance plus ou moins bienveillante les débuts du jeune technocrate, ignorant des choses de la politique, que j'étais à leurs yeux. Tout autre était ma relation, faite d'estime et de confiance, avec Jérôme Monod qui fut choisi pour conduire la mise en œuvre opérationnelle.

J'eus la surprise de recevoir, néanmoins, une invitation à déjeuner de Marie-France Garaud qui, jusque-là, ne m'avait pas manifesté d'intérêt particulier ; la rencontre (s'agissait-il d'un entretien d'embauche ?) fut agréable ; je fus naturellement sensible au pouvoir de séduction de ma convive et j'acceptai la proposition qu'elle me fit : devenir « délégué national aux études » du mouvement en cours de création. Je n'eus pas la prudence de demander en quoi consisterait concrètement ma mission ni les moyens dont je disposerais. J'imagine qu'elle n'en avait aucune idée et qu'il incomberait à Jérôme Monod de s'occuper des « détails ». Ce qu'il fit rapidement.

L'état-major du nouveau parti s'installa dans la tour Montparnasse. Choix symbolique : renouveau et modernité. Nous dominions Paris ! Je connaissais la puissance de travail de Jérôme Monod et ne fus pas étonné quand il me mit la pression pour entrer dans le vif du sujet. Il attendait de moi que j'anime des groupes de travail, ouverts à nos élus mais aussi à des experts venus de l'administration ou des entreprises, pour « produire » des propositions dans à peu près tous les domaines de l'action publique : institutions, économie, questions sociales, défense, etc. Je me mis au travail. Les bonnes volontés ne manquaient pas, notamment du côté de la haute administration où les jeunes ambitieux mettent volontiers leurs talents au service d'une cause qu'ils estiment prometteuse. Tout reposait sur le bénévolat, ce qui présente l'immense avantage d'être entouré de personnes très motivées, mais l'inconvénient d'un déficit de disponibilité et de professionnalisme. Moi-même je devais concilier mes responsabilités au cabinet du ministre de la Coopération qu'il n'était pas question de sacrifier, et ce nouveau travail d'animation au sein d'un parti politique. Je découvris les joies des réunions tardives qui empiétèrent de plus en plus sur ma vie de famille. Ce n'était que le début d'une longue dérive. Mais le rôle qui m'était assigné m'excitait. Nous brassions des idées en toute liberté. Je m'imaginais chef d'orchestre, sans toujours mesurer les limites de ma partition. Une fois les idées décantées, il me fallait soumettre nos propositions à la validation politique, d'abord celle de Jérôme Monod, lecteur attentif et exigeant, puis celle de la « garde rapprochée » chez qui je sentais une légère méfiance vis-à-vis de la créativité de mes groupes de travail. Je parvins néanmoins à lancer une collection de petites brochures qui pourraient constituer la trame ou le socle d'un programme politique. Je n'en ai malheureusement pas conservé d'exemplaires ; deux au moins me sont restées en mémoire : l'une sur la fiscalité où l'on évoque la possibilité d'une taxation de la fortune, « *horresco referens* » ! mais l'idée avait franchi les filtres du contrôle politique des caciques du parti, plus soucieux que moi de ne pas choquer leur électorat ; l'autre dont je suis encore très fier et qui s'intitulait « La démocratie du quotidien » : c'était déjà une tentative pour s'attaquer à la crise de la démocratie représentative et explorer les voies d'une démocratie plus participative…

J'avais l'illusion que tout ce travail allait donner un élan décisif à notre nouveau mouvement ; quand je me lançai dans la rédaction d'un livre-programme de synthèse, on me fit comprendre qu'un parti politique n'est pas un club de réflexion et que l'essentiel se passait ailleurs.

L'essentiel, c'était évidemment, tradition gaulliste oblige, la parole du chef. Je continuais à participer à l'élaboration des grands discours de Jacques Chirac qui rythmaient le calendrier politique. Celui d'Egletons le 3 octobre 1976 qui, de son fief corrézien, lançait l'appel au sursaut, l'appel au combat « jusqu'à la victoire en 1978 » ; celui de la porte de Versailles le 5 décembre qui clôturait les premières assises nationales du RPR ; celui du 10 février 1977 qui, devant cent mille militants, ouvrait déjà la campagne des élections législatives de l'année suivante. L'une des raisons qui avaient poussé Chirac à rompre avec Giscard, c'était la mollesse qu'il reprochait au président de la République dans l'affrontement programmé avec la coalition socialo-communiste. La raison d'être du RPR et de son chef était de prendre la tête du combat, de mobiliser les troupes de droite, de soutenir nos candidats dans chacune des circonscriptions législatives. Chirac se lança avec une énergie qui fit mon admiration. Pendant des mois, il sillonna la France, ses villes et ses campagnes, de meeting en meeting, attendu comme le sauveur par des candidats du RPR – j'en étais – mais aussi par ceux qui portaient les couleurs d'autres formations de la majorité.

J'avais décidé, en effet, de sauter le pas. J'avais pris goût au militantisme, aux grands-messes dont raffolaient les gaullistes, au sentiment de fraternité qui en émanait. Il est de bon ton, dans les milieux intellectuels, de brocarder les militants, ces « godillots » qui suivent sans sourciller les consignes du chef en renonçant à leur libre arbitre. C'est une vision fausse et injuste. Les militants ont des convictions, ils y sacrifient une grande partie de leur temps libre, ils n'attendent rien pour eux-mêmes sinon la victoire de leurs idées. Même si j'enjolive un peu la réalité, j'éprouve pour eux du respect et de la reconnaissance.

Premières batailles

Jacques Chirac m'avait fait comprendre que l'engagement politique ne se résumait pas à écrire de beaux discours mais qu'il me faudrait aussi aller au charbon. C'était ce qu'il avait fait en mars 1967 dans la troisième circonscription de la Corrèze, sur les terres *a priori* hostiles du Limousin et du Quercy où les jeunes loups gaullistes, tels Pierre Mazeaud, Bernard Pons, Jean Charbonnel allèrent tenter leur chance avec des bonheurs divers.

Une fois encore, un choix de vie s'offrait à moi. Pour fréquenter de nombreux élus, nationaux ou locaux, au sein du parti, j'étais conscient des contraintes que leur imposait leur mandat, surtout dans des territoires éloignés de la capitale. Je n'avais aucun ancrage personnel ni politique à Vaucresson, en banlieue parisienne, où je m'étais installé avec ma famille. Tout naturellement, pour faire mes premières armes, je pensais à ma terre natale, mes Landes du fin fond de l'Aquitaine que le TGV ne desservait pas encore, tant s'en fallait. Ai-je vraiment pesé le pour et le contre avec ma femme ? Sans la mettre devant le fait accompli, j'ai dû lui montrer tant d'intime détermination qu'elle ne livra pas bataille, à supposer qu'elle en ait eu envie. Laurent avait dix ans et Marion, quatre. En ce temps-là, les jeunes enfants n'étaient pas encore conviés à la table des délibérations familiales. J'annonçai donc ma candidature dans la première circonscription des Landes, celle de Mont-de-Marsan, ma ville natale, et de la Haute Lande, jusqu'aux confins de la Gironde. Mon père se mit immédiatement en ordre de marche en rejoignant le secrétariat départemental du RPR ; ma mère, toujours optimiste, ne manqua pas de me mettre en garde contre le risque que je prenais. Il est vrai que le défi n'était pas mince. Les Landes étaient terre socialiste et le sont restées longtemps. Certes, en 1968, dans la vague gaulliste d'après Mai, le maire de la commune de Parentis, le docteur André Mirtin, avait gagné la circonscription. Mais il avait été battu lors du renouvellement de 1973 et le député sortant, socialiste, Roger Duroure, s'était solidement implanté. Je pensais néanmoins avoir ma chance et je me mis au travail. J'arrivais chaque fin de semaine à Mont-de-Marsan après de longues heures de train, mes parents m'accueillaient à bras ouverts, je retrouvais ma chambre d'adolescent. Je me précipitais à la permanence du RPR, place de la mairie, où mes équipes m'attendaient, prêtes à l'action. Les responsables en place lors de mon annonce de candidature avaient un peu tordu le nez. Mon arrivée bousculait leurs plans. Sans trop de ménagement et avec la bénédiction de Paris, j'avais mis aux commandes des hommes acquis à ma cause. La machine s'était mise à tourner. Bon à tirer de mon journal de circonscription que j'avais baptisé *Le Landais républicain*, programme des visites de terrain, rendez-vous prioritaires… le rituel ne changeait guère de semaine en semaine. Je passais le plus clair de mon temps sur la route, en compagnie d'André Mirtin qui avait accepté d'être mon suppléant et avec qui je nouai vite de solides liens d'amitié. Au bout de longs kilomètres de lignes rectilignes, nous débarquions dans la salle des fêtes des plus petites communes où électeurs et électrices étaient conviés à rencontrer le candidat. Enfin, les électeurs, je ne me souviens pas avoir vu d'électrices… J'avouais ma déconvenue à André quand l'auditoire ne dépassait pas cinq à six personnes, bonnes têtes de paysan, béret vissé sur le chef. Mon suppléant, fin connaisseur de la circonscription, me rassurait : « Alain, c'est la moitié du corps électoral ! » La densité de population, en effet, dans la Haute Lande, ne dépassait pas un habitant au kilomètre carré. J'exposais mon programme, aussi simplement et pédagogiquement que je le pouvais. Je parlais beaucoup de la filière bois et de sa nécessaire structuration, de la culture du maïs et de la Politique agricole commune, des chasses traditionnelles que je m'engageais à défendre… Peut-être me berçais-je d'illusion mais j'avais l'impression qu'on m'écoutait avec attention. Je n'étais pas sûr, pour être franc, de gommer tout à fait l'image du haut fonctionnaire parisien parachuté en terre inconnue que mon adversaire et tous les pontes locaux du PS me collaient, comme il se doit. Dans les réunions plus nombreuses où se pressaient, en ville, les militants et sympathisants du RPR, mes parents s'asseyaient souvent au premier rang. Je sentais sur moi le regard inquiet de ma mère qui se demandait visiblement si j'avais la rondeur nécessaire pour séduire mon auditoire. J'ai aimé cette campagne. Elle était fatigante, voire épuisante. Les journées passées dans les cantons limitrophes du Gers où chaque maire était producteur d'armagnac et avait à cœur de me faire goûter son meilleur millésime étaient particulièrement éprouvantes pour mon foie. Mais j'ai souvent constaté qu'en campagne, le candidat fait preuve d'une résistance inhabituelle, porté par l'énergie de l'engagement.

Jacques Chirac est venu me soutenir personnellement à deux reprises, lors d'un grand meeting à Mont-de-Marsan, puis à Biscarosse, dans le nord de la circonscription. J'ai raconté, dans *Mon Chirac*, les détails de sa venue qui donna, bien sûr, une précieuse impulsion à ma campagne. On dit parfois que les meetings ne servent à rien car on n'y rencontre que des convaincus. C'est méconnaître les réalités du terrain : si on ne mobilise pas ses propres troupes, si on ne leur donne pas de raison de croire en la victoire, il y a peu de chances qu'elles aillent porter la bonne parole tout autour d'elles.

J'ai retrouvé, dans *Le Landais républicain*, le texte que j'ai prononcé le 7 octobre 1977, en présence de Jacques Chirac, lors du meeting de Mont-de-Marsan. C'est mon premier grand discours, devant une foule nombreuse. Je l'ai intitulé, sans grande imagination, « Demain nos Landes ! ». Je commence par saluer mes supporteurs d'un vigoureux « Compagnons, mes amis ! » et j'évoque la mémoire du général de Gaulle : points de passage obligés dans toute réunion du RPR. Puis je parle d'avenir, je décline les raisons d'espérer, je fais l'éloge du courage en politique, je m'engage à lutter contre les privilèges, à donner du travail par une nouvelle politique économique, à promouvoir la participation pour « mettre chacun en mesure de choisir sa vie, d'être plus libre, concrètement, dans ses décisions familiales, professionnelles, culturelles » ; je décline mon « plan landais », et je termine, bien sûr, par un appel au rassemblement : « Dans les mois qui viennent, quelles que soient les provocations des uns ou des autres, de ceux qui disent concevoir le débat politique comme une corrida (je n'ai plus en tête quelle était la cible de cette allusion à la corrida…), nous continuerons ici, à Mont-de-Marsan et dans les Landes, d'être des rassembleurs. »

Ai-je soulevé l'enthousiasme de l'auditoire ? Moins sans doute que Jacques Chirac qui me succéda à la tribune. Je n'ai pas la réputation de maîtriser magistralement l'art oratoire ; lui non plus d'ailleurs. Je trouve cette critique injuste. J'aime me faire applaudir et je me flatte de l'avoir été souvent. Sans délire, mais avec chaleur. Un peu de forfanterie sans doute.

Je n'ai pas gagné. Mais au soir du deuxième tour, avec 48,5 % des suffrages contre 51,5 % à mon adversaire victorieux, je trouvai que mon score n'était pas déshonorant. Petite anecdote : en écrivant ces lignes, je suis allé vérifier les résultats du scrutin sur Wikipédia ; les chiffres y figurent ainsi que la mention des partis ; mais dans la fenêtre « candidat », j'ai lu, aussi bien pour le député socialiste élu que pour moi, le mot « inconnu » !!! Leçon de modestie.

Je notai que, dans les cantons de Mont-de-Marsan, parmi les plus peuplés de la circonscription, j'arrivais largement en tête. Je décidai donc sur-le-champ de persévérer et m'employai à remobiliser mes troupes.

Des élections cantonales étaient programmées pour les 18 et 25 mars 1979. J'annonçai ma candidature dans celui des cantons de Mont-de-Marsan où j'avais obtenu le meilleur score. Je me remis à la tâche. Paris-Mont-de-Marsan-Paris : ma vie resta ferroviaire une année encore.

À Paris, j'avais changé d'existence. Professionnellement s'entend. Les relations entre chiraquiens et giscardiens n'avaient pas cessé de se tendre. Elles avaient même pris un tour carrément conflictuel, en 1977, avec la campagne pour la mairie de Paris. Jacques Chirac défiait le candidat de VGE, Michel d'Ornano. Accaparé par mon travail au cabinet du ministre de la Coopération et par ma campagne législative dans les Landes, j'étais resté à l'écart de la compétition municipale parisienne. Cependant ma position de chiraquien notoire auprès du ministre d'un gouvernement par construction giscardien devenait de moins en moins tenable. Une fois les élections législatives passées, il me fallait changer de métier. J'avais bien sûr la possibilité de retourner au service de l'Inspection des finances, filet de sécurité somme toute confortable. Privilège des « grands corps »... Mais j'avais contracté le virus de la politique. Jacques Chirac qui, élu maire de Paris, avait installé son équipe à l'Hôtel de Ville me proposa de la rejoindre. Je n'hésitai pas longtemps car ma carrière dans les Landes ne se présentait pas sous de bons auspices.

Aux élections cantonales de 1979, je connus en effet ma première expérience de la trahison en politique. J'étais confiant dans mes chances de succès. Dans le canton où je me présentais, j'avais obtenu l'année précédente, lors des élections législatives, 55 % des suffrages. Je pensais repartir au combat sur un socle solide. Je comptais sur la neutralité bienveillante du maire de Mont-de-Marsan qui, bien que socialiste historique mais en rupture de ban avec son parti, m'avait envoyé des ondes positives.

Las ! Son premier adjoint, ami de longue date de ma famille, qui m'avait assuré de son soutien, annonça au dernier moment sa candidature. Il avait de bons atouts : membre du conseil municipal en place, dirigeant du club de rugby, ce qui pesait plus encore dans une ville dont ce sport était la passion, ancien officier ayant servi en Algérie, ce qui lui donnait une sorte de brevet de confiance auprès des parachutistes du régiment en résidence à Mont-de-Marsan... bref, c'était un concurrent sérieux. Au premier tour de l'élection, je le devançai nettement : 35 % contre 20 %, je cite de mémoire ; à nous deux nous retrouvions donc mon potentiel de l'année précédente. Mais, au deuxième tour, comme souvent, l'addition ne se fit pas et le candidat investi par le Parti socialiste l'emporta à la surprise générale.

Cet échec m'affecta. Mes équipes, qui m'avaient apporté un soutien sans faille après le scrutin législatif de 1978, commençaient à douter. Ma mère, toujours soucieuse de me protéger, me rappela éloquemment que « nul n'est prophète... ». Je me résignai donc à tourner ma page landaise. Ce ne fut pas sans chagrin. J'avais aimé replonger dans la vie de « mon pays », terroir si attachant, fidèle à ses traditions, éloigné des sophistications parisiennes mais plus subtil que d'aucuns pensent, politiquement républicain dans l'âme. J'en ai gardé l'empreinte. J'étais aussi plein de gratitude pour les hommes et les femmes qui m'avaient apporté leur soutien ; le lien que j'avais tissé avec beaucoup d'entre eux n'était pas seulement politique ; un respect mutuel, une amitié discrète mais durable nous rapprochaient. Je n'ai pas voulu les laisser tomber ; j'ai conservé pendant plusieurs années la présidence de la fédération départementale du RPR ; je me suis même mêlé de certaines investitures, par exemple aux élections municipales de mars 2008. À Mont-de-Marsan, nous n'avions pas de bon candidat, capable de battre le socialiste sortant ; j'ai donc pesé de tout mon poids pour que nous soutenions la candidate centriste, Geneviève Darrieussecq, qui avait de réelles chances de l'emporter ; l'union se fit ; elle prit sur sa liste des membres du RPR ; elle gagna ; j'en fus heureux. Tardive revanche sur le PS montois !

VI

La Ville de Paris

Fonctionnaire municipal

À Paris, il me fallut trouver ma place au sein du cabinet du nouveau maire. Le contexte n'était pas simple. Les notables en place, dont certains tenaient solidement « leur » arrondissement depuis des années, ne contestaient certes pas l'autorité de Jacques Chirac ; mais ils voulaient continuer à exister. Il fallait beaucoup de talent à Chirac pour apaiser les jalousies épidermiques et calmer les rivalités politiques entre gaullistes, libéraux et centristes. Deux de ses plus fidèles adjoints, Jean Tiberi et Roger Romani, étaient à la manœuvre. Leur commune origine corse mais aussi un tempérament porté à la conciliation et à la recherche du compromis faisaient de leur duo une équipe soudée, redoutablement efficace pour prévenir ou démêler les intrigues inévitables dans l'entourage du Prince. Jacques Dominati assurait dans le même esprit la liaison avec l'UDF. Le cabinet, sous la direction du préfet Maurice Doublet, veillait au grain. Mon arrivée ne parut pas susciter d'hostilité. On connaissait ma proximité avec Jacques Chirac, ce qui me facilitait les contacts. On me prêtait sans doute des ambitions politiques, mais, dans l'instant je ne menaçais aucun fief constitué.

Le maire me confia deux missions : primo, proposer un plan opérationnel pour améliorer la propreté de la capitale qui, de l'avis général, laissait à désirer. Déjà ! Je fis la connaissance des directeurs des grands services parisiens, habitués à l'autorité des préfets qui administraient la ville jusqu'à l'élection du premier maire des temps modernes en 1977. Avantage : la compétence de bons techniciens. Inconvénient corollaire : la rigidité de ceux qui détiennent la vérité. Grâce à l'effort budgétaire décidé par le maire, je pus néanmoins enclencher des changements de fond dans l'organisation des services et, de l'avis général, l'amélioration suivit. Je n'étais pas encore chargé du budget de la ville et je ne rechignais pas à la dépense. Nous fîmes aussi le pari de l'innovation avec le concours de l'ingénieux Jean-Claude Decaux qui inventa les « caninettes », autrement dénommées « chiraclettes » ; dans l'action municipale, il ne faut pas hésiter parfois à descendre au ras des pâquerettes !

Deuxième mission que me donna le maire : préparer, faciliter le rapprochement des deux principaux clubs parisiens de football, le PSG et le PFC, pour créer un grand club de rayonnement national et international. Je n'y connaissais rien : ni le sport lui-même car, à Mont-de-Marsan, c'était évidemment le match de rugby dominical qui avait bercé ma jeunesse ; ni les dirigeants dont la personnalité ne manqua pas de me déconcerter. Chacun, Francis Borelli au PSG, Roger Zeppellini au PFC, voulait naturellement préserver son pré carré. Chirac appela Jean-Luc Lagardère à la rescousse, qui rêvait de mettre sa marque sur un futur « Paris 1 ». Je fis ainsi la connaissance d'un capitaine d'industrie dont l'énergie, l'habileté, l'humanité aussi me séduisirent durablement. Mais, malgré l'addition de nos efforts, ce fut un bide dont Jacques Chirac ne me tint pas rigueur. Il comprit que je devais passer à autre chose.

Je quittai donc le cabinet du maire et l'Hôtel de Ville pour rejoindre la direction des finances et des affaires économiques de la ville, installée dans un immeuble moderne du quatrième arrondissement de Paris, boulevard Morland. Le directeur en exercice, Paul Reverdy, inspecteur général des finances en fin de carrière, m'accueillit avec la meilleure volonté, d'autant qu'il se préparait à prendre sa retraite l'année suivante. Il connaissait l'intention du maire de me confier sa succession. La direction était peu nombreuse ; c'était une sorte d'administration de mission qui regroupait des fonctionnaires compétents et motivés, un bureau du budget de fonctionnement dirigé par Jean Pistiaux et un bureau du budget d'investissement confié à Pierre Cheval. Tous deux, techniciens chevronnés, et leurs collaborateurs me manifestèrent d'emblée leur confiance, ce qui n'est pas toujours le cas dans la bureaucratie, qu'elle soit nationale ou locale. Leur aide me fut précieuse. Très vite des liens amicaux se tissèrent entre nous et, pour moi, ce fut un bonheur de travailler avec eux, d'abord à la tête de la direction, puis, après 1983, en ma qualité d'adjoint au maire chargé des finances. Sous la férule préfectorale pendant des décennies, la Ville de Paris avait été bien gérée. Il est plus facile à un préfet qu'à un maire élu de résister à la tentation de la dépense « quoi qu'il en coûte » et aux demandes récurrentes de ses collègues prompts à multiplier les promesses dans leurs arrondissements respectifs. Christian de La Malène, l'un des piliers de la majorité municipale depuis des années, gaulliste fervent devenu chiraquien actif, avait aussi tenu serrés les cordons de la bourse. Je trouvai donc une ville « à l'aise », je dirais même riche, avec d'abondantes ressources fiscales, notamment celles que lui procuraient les droits de mutation sur toutes les transactions immobilières dans la capitale. Véritable poule aux œufs d'or dont le produit dépassait régulièrement les prévisions les plus optimistes ! Je n'avais donc pas de mal à présenter au maire et au conseil municipal des budgets à l'équilibre. Chirac le savait. Dans les réunions d'arbitrage qu'il présidait, j'observais son petit jeu : soucieux de se concilier leurs bonnes grâces, il cédait facilement aux revendications des ténors de sa majorité ; mon rôle était évidemment d'en rajouter dans les mises en garde apocalyptiques sur les risques de catastrophe financière qui nous guettaient si nous ouvrions les vannes de la dépense publique. Chirac m'écoutait et comprenait très vite jusqu'où il pouvait « aller trop loin », pour reprendre une formule usuelle. Il ne voulait pas me désavouer trop frontalement car il avait besoin que je conserve ma crédibilité face à mes services financiers. J'avais souvent le soutien du secrétaire général, Camille Cabana, venu du corps préfectoral, ce qui l'inclinait à défendre « son » administration face à des élus toujours présumés laxistes. Je fus donc, de 1980 à 1982, un directeur des finances épanoui. J'avais aussi dans mon escarcelle la responsabilité des affaires économiques et, à ce titre, j'eus à m'occuper de la reconversion du secteur de Bercy que les « pinardiers » qui l'occupaient devaient quitter pour laisser la place à une grande opération d'aménagement urbain. Je dus me frotter à des professionnels rugueux qu'il me fallut traiter avec diplomatie ; j'en garde au total un excellent souvenir... gustatif et politico-administratif.

Notre famille était heureuse à Vaucresson, les enfants s'y étaient fait des amis. Laurent nous avait convaincus de le laisser traverser chaque matin à moto le bois de Saint-Cucufa pour rejoindre le lycée de Passy-Buzenval à Rueil-Malmaison. Il avait de bons résultats scolaires, une bande de copains sympathiques qui partageaient sa passion pour la musique... et conciliait assez bien le temps qu'il donnait aux études et celui qu'il consacrait à son orchestre amateur. C'était un adolescent joyeux et ouvert. Je n'ai pas le souvenir d'une adolescence difficile. Marion venait de franchir le cap des dix ans et nous comblait d'une tendresse que nous lui rendions bien.

Seule ombre au tableau : nos déplacements quotidiens. Christine devait, tous les matins, rejoindre son collège des Mureaux, au volant de sa Fiat 500, sur une autoroute encombrée. Quant à moi, le trajet matinal de Vaucresson au boulevard Morland me devint peu à peu un calvaire. Pare-chocs contre pare-chocs sur ce qu'on appelait encore l'autoroute de l'ouest, devenue A 13, puis le tunnel de Saint-Cloud, la voie Georges-Pompidou, les quais jusqu'au-delà de l'Hôtel de Ville… une heure, souvent plus, d'énervement. Je suis connu, dans la famille, pour n'être pas spécialement zen au volant. C'est ainsi que surgit dans ma tête l'idée de revenir habiter à Paris.

En 1986, grâce à mes relations parisiennes, nous trouvâmes à louer rue de Castiglione, dans le deuxième arrondissement de la capitale, un appartement original, sous les toits, joliment aménagé. Je n'y étais pas parfaitement à l'aise car il était difficile d'accès : après cinq ou six étages en ascenseur, il fallait prendre un escalier étroit et raide, ce qui nourrissait mes fantasmes ; je cauchemardais parfois sur la meilleure façon d'évacuer les lieux en cas d'incendie, au point d'avoir envisagé l'achat d'une « manche » ou « chaussette » comme en utilisent, paraît-il, les pompiers.

Mais chaque soir, j'avais plaisir à traverser la cour du rez-de-chaussée de l'immeuble au fond de laquelle ouvrait Le Carré des feuillants, le restaurant étoilé de mon compatriote landais Alain Dutournier. Parfois, quand je rentrais tard à la maison et que je craignais de trouver un frigo vide, je poussais la porte de sa cuisine où m'attendait un viatique gourmand pour la montée dans les étages.

Ce déménagement facilita grandement notre vie quotidienne : la mienne d'abord – fini les embouteillages matinaux pour rejoindre l'Hôtel de Ville –, celle de Christine aussi qui prit alors la direction de la Maison du geste et de l'image, créée sur son idée par la Ville de Paris dans le cadre de sa politique d'encouragement aux enseignements artistiques. Installée dans le quartier des Halles, la MGI initiait collégiens et lycéens à la pratique du théâtre, de la vidéo, de la photographie et du multimédia en les mettant en contact direct avec les artistes et les créateurs. Christine s'investit tout entière dans ce nouveau travail.

Les soirées en famille devinrent rares. Nos enfants en souffrirent. Laurent sans doute qui était entré en classe préparatoire scientifique au lycée Pasteur à Neuilly. Marion, elle, se trouva brusquement propulsée, en classe de quatrième, dans un collège du centre de la capitale où elle n'avait aucune connaissance ; elle dût se sentir arrachée au cocon douillet de la banlieue paisible de l'ouest parisien. L'année suivante, nous l'inscrivîmes à l'École alsacienne dont les méthodes pédagogiques moins rigides, pensions-nous, lui conviendraient mieux. Elle fut néanmoins durablement perturbée par ce déracinement à l'âge crucial de l'adolescence ; nous n'en prîmes pas conscience aussi vite que nous l'aurions dû. Nous avons mis du temps à comprendre qu'elle avait terriblement besoin de nous. Nous ne lui avons pas donné tout ce qui aurait pu l'aider dans son cheminement ; je ne mesurais pas la distance qui, peu à peu, se créait entre nous et avec les enfants.

Pour ne rien arranger, au milieu de cette décennie 1980, j'avais la tête ailleurs.

Le démon de midi m'avait saisi au tournant de la quarantaine. J'avais toujours été sensible à la beauté des femmes. La politique multiplie les tentations. J'eus donc des aventures, la plupart sans lendemain.

Et c'est ainsi qu'après plus de vingt ans de vie commune, si riche en moments de bonheur et de partage, insensiblement, Christine et moi nous éloignèrent l'un de l'autre, sans drame ni violence.

J'avais la tête ailleurs, aussi, sur le plan professionnel. En 1982, j'avais quitté la direction des finances de la Ville de Paris pour regagner l'Inspection générale des finances, mon administration d'origine. J'étais bien décidé en effet à me présenter aux élections municipales dans la capitale en 1983 et, pour être éligible, je ne pouvais rester fonctionnaire territorial.

L'Inspection m'accueillit chaleureusement, comme c'est la tradition, et me mit tout de suite au travail en me confiant une enquête sur le financement des PME. On me prêta le concours d'un jeune inspecteur à la tournée, il s'appelait Henri de Castries, il a fait depuis le chemin qu'on sait. Nous rédigeâmes un rapport qui, pour une fois, ne resta pas sans suite : la création de la Banque de développement des PME (BDPME), qui devint plus tard Oséo, en fut issue.

Ce travail ne me détourna pas de mon projet politique : être élu à Paris en 1983.

J'avais été échaudé par l'expérience de 1981. Je m'étais engagé à fond dans la campagne présidentielle de Jacques Chirac. J'avais même joué le rôle du journaliste interrogeant le candidat dans les émissions officielles à la télévision. C'était Pasqua qui avait eu cette idée saugrenue, pour mettre en confiance un Chirac souvent crispé sur le petit écran. Tout l'enjeu pour lui était de se démarquer de Giscard sans l'attaquer bille en tête. Équilibre subtil. Il prônait « le renouveau dans la sécurité », adaptation du slogan pompidolien du « changement dans la continuité » de 1969. Quel fut l'impact de ces émissions ? Faible pour notre candidat qui finit la course du premier tour loin derrière Giscard et Mitterrand ; pour moi, ce fut le début d'une petite notoriété qui fit la fierté de mes proches.

Chirac assuma sa défaite avec panache… non sans imputer une lourde part de responsabilité « à celui qui s'était employé d'un bout à l'autre de son septennat à diviser sa majorité au lieu de la rassembler, et à gouverner sans tenir le moindre compte de l'opinion de ses alliés ». Entendez Giscard bien sûr. Cette rancœur mal dissimulée ne le poussa pas, toutefois, à pratiquer la politique du pire en appelant à voter Mitterrand au second tour. Le procès lui en a été fait. Je m'en tiens, pour ma part, à la lettre à ce qu'il a écrit dans ses *Mémoires* : « Je ne souhaite pas la victoire de François Mitterrand et le fais savoir on ne peut plus clairement dans un texte que je publie le 6 mai 1981, appelant à faire barrage au candidat socialiste. » En eût-il été autrement que, pour une fois, je n'aurais pas suivi la consigne du chef : sans états d'âme, j'ai voté Giscard le 10 mai.

Sans attendre, le RPR se remit en état de marche. L'objectif était clairement désigné : limiter la casse aux élections législatives qui allaient suivre. En récompense de ma participation active à la campagne présidentielle, j'avais reçu la promesse d'une « bonne » circonscription, c'est-à-dire d'une circonscription bien à droite où mes chances de réussite seraient plus élevées que dans les Landes. Promesse tenue : au lendemain de son échec, déjà remonté sur son cheval, Chirac me reçut pour m'annoncer que le RPR allait m'investir dans le dix-septième arrondissement de Paris. Je préparai mon paquetage de campagne. Las ! Quelques jours plus tard, nouvelle rencontre avec le chef qui me demanda si j'acceptais de me désister au profit du secrétaire général du mouvement, Bernard Pons, menacé dans sa propre circonscription de l'Essonne. Bon soldat, je m'étais exécuté sans barguigner. J'étais rentré sous ma tente… à la mairie. Je n'ai donc pas siégé dans l'Assemblée nationale élue en 1981. On a célébré récemment le trentième anniversaire de la loi du 9 octobre 1981 « proclamant l'abolition de la peine de mort ». Isabelle m'a demandé si je l'avais votée. Je n'ai hélas ! pas eu cette chance puisque je n'étais pas parlementaire.

Le Club 89

Ce qui ne m'a pas empêché de continuer à « faire de la politique ». J'exerçais toujours des responsabilités au RPR. Et, avec quelques amis, j'avais lancé l'idée d'un cercle de réflexion pour attirer des Français qui ne se résignaient pas à la domination intellectuelle de la gauche sans pour autant être prêts à adhérer à un parti politique. Ce fut la belle aventure du Club 89 que j'animai avec Michel Aurillac et Nicole Catala, tous deux chiraquiens engagés et promis à des fonctions ministérielles entre

1986 et 1988. Tout comme moi. Belle pépinière dont Jacques Toubon prit en 1993 la présidence ! J'ai conservé dans ma bibliothèque notre première publication, datée de 1983 ; c'était le fruit des travaux des groupes d'experts que j'animais le soir venu, issus de l'administration et des cabinets ministériels mais aussi des entreprises privées qui souhaitaient déjà l'alternance. Édité par Economica, sous le titre *La Double Rupture*, signé de mon nom en tant que « président de la Commission économique du Club 89 », ce fut mon premier livre ; il proclamait, dès la première de couverture, de fortes ambitions : « Redressement de l'économie, responsabilité pour chaque Français, liberté pour l'entreprise, confiance pour la France ». Jacques Chirac, dans sa présentation, en expliquait le titre : « Rupture avec les politiques contradictoires mais également dangereuses que conduit, depuis bientôt deux ans, le gouvernement socialo-communiste. Mais aussi rupture avec l'évolution plus ou moins voulue, plus ou moins subie, des années 1970 qui nous a menés à une forme de socialisation à peine déguisée de l'économie et de la société française. » Un coup à gauche pour Mitterrand ; un coup à droite pour Giscard. J'ai toujours conçu la politique comme un combat d'idées au sens le plus noble du terme… mais les idées peuvent aussi devenir les armes d'affrontements très politiciens.

À l'approche des élections municipales de 1983, j'étais bien décidé à revenir devant le suffrage universel et, cette fois, à ne pas me laisser mener en bateau. J'étudiai la situation politique des vingt arrondissements de la capitale. Pas question bien sûr d'aller défier, dans leurs fiefs, les équipes sortantes de la majorité municipale. Je devais conquérir un arrondissement de gauche. Mais pas me rendre au casse-pipe pour autant ! Je jetai mon dévolu sur le dix-huitième arrondissement, tenu certes par la gauche depuis vingt ans, mais qui, par le passé, avait élu des députés de droite. Les premiers noms qui figuraient sur la liste sortante avaient de quoi impressionner : Jospin, Estier, Delanoë, Vaillant… suivis de leurs amis socialistes et communistes. Mais j'étais prêt à relever le défi et je pensais que ma candidature, sur ce terrain, ne dérangerait personne. Mal m'en prit ! Je vis bientôt arriver dans mon bureau, la mine déconfite, le cher Roger Romani, que Chirac avait l'habitude de charger des médiations délicates ; il s'efforça de me raisonner : « Roger Chinaud a été, pendant huit ans de 1973 à 1981, le député de la circonscription des Grandes Carrières, me dit-il, l'une des trois du dix-huitième arrondissement ; il revendique donc la tête de liste ; et nous sommes bien obligés de faire de la place à nos alliés de l'UDF ; le RPR ne peut pas accaparer tous les postes ! » Je gardai mon sang-froid et lui répondis calmement mais fermement : « Faites votre tambouille comme vous le souhaitez ; quant à moi, je conduirai une liste dans le dix-huitième quoi qu'il arrive et même sans votre accord. » Je faisais évidemment des moulinets avec un sabre de bois, ma menace n'était pas crédible car, sans le soutien de Jacques Chirac, je n'avais pas la moindre chance de gagner. Mais j'étais fier de ma détermination. Elle fit son effet. Quelques jours plus tard, un compromis fut trouvé : je conduirais la liste, avec Roger Chinaud en deuxième position ; en cas de victoire, je deviendrais adjoint au maire de Paris à l'Hôtel de Ville et mon colistier, maire de l'arrondissement, place Jules-Joffrin.

Il ne nous restait plus qu'à gagner.

Le dix-huitième

Je ne connaissais pas l'arrondissement. Je savais qu'avec ses deux cent mille habitants, c'était un des plus peuplés de Paris. Je découvris vite la grande diversité de ses quartiers : pour simplifier, sur la butte Montmartre, les artistes, qu'ils soient inconnus comme ceux de la place du Tertre ou célèbres tout autour, avenue Junot ou dans quelques discrètes et rares maisons : Michèle Morgan et Gérard Oury, Jean Marais, Anouk

Aimée, Jean-Pierre Cassel, Dalida… ; le quartier des Grandes Carrières, du cimetière Montmartre au dix-septième arrondissement, le fief de Roger Chinaud, accueillant pour les classes moyennes ; sur les boulevards, entre la porte de Saint-Ouen et celle de Clignancourt, les barres d'immeubles HLM du boulevard Ney, jusqu'au secteur encore ouvrier de La Chapelle ; et la Goutte-d'Or entre Barbès et le dix-neuvième arrondissement, un monde de plus de cinquante nationalités où prospéraient, me disait-on, le trafic de drogue et le marché aux voleurs. En partant de la place Clichy, j'avais, pour mes itinéraires de campagne, le choix entre l'interminable avenue de Clichy qui marquait la frontière avec les terres de Françoise de Panafieu dans le dix-septième arrondissement limitrophe, et le boulevard de Clichy qui m'amenait, lui, à Pigalle où j'évitais d'entrer dans les sex-shops.

J'ai toujours aimé les campagnes électorales, à la manière aquitaine, ou à Paris. On y puise une énergie inhabituelle. C'est une sorte d'état de grâce et une abondante source d'adrénaline. J'avais pourtant en débarquant peu ou pas de relais personnels sur le terrain. Les responsables locaux du RPR se mirent tout de suite à ma disposition, avec une loyauté et une disponibilité qui firent mon admiration. Roland et Mauricette Coche, Claude Debrion, Béatrice et Robert Rivière, Jean-Pierre Nicol, Marie-Josée Sainte-Rose-Rosemond, Anne-France Chantalat, Claude Devers… à la seule citation de leur nom, je ressens un pincement au cœur. J'en oublie, qui me pardonneront ; tous rêvaient depuis longtemps de victoire ; Jacques Chirac, leur chef incontesté, leur envoyait un de ses proches pour engager la reconquête d'un arrondissement où la gauche socialo-communiste régnait sans partage depuis des années. Ils n'hésitèrent pas. Ce fut plus difficile avec les équipes de Roger Chinaud dont le tropisme était plus giscardien que chiraquien. Je m'employai à arrondir les angles et à calmer les susceptibilités. La rue Lepic était, de ce point de vue, un territoire sensible. Le bistro de La Pomponette y était le quartier général incontesté des « amis de Roger » ; j'appris à boire à la santé du patron et finis par m'y faire accepter. Il fallut aussi que je trouve un *modus vivendi* avec Jean-Pierre Pierre-Bloch qui avait affronté avec des bonheurs divers Jospin et Vaillant dans la circonscription la plus à gauche de l'arrondissement. Fils de Jean Pierre-Bloch, ancien député socialiste de l'Aisne et président fondateur de la Licra, la Ligue internationale contre le racisme et l'antisémitisme, il avait été secrétaire de Johnny Hallyday avant de se lancer dans le journalisme à *France-Soir*, puis dans la politique ; c'était un personnage incontrôlable mais j'aimais bien sa gouaille un peu démago et il me fut d'une grande fidélité.

Mon premier défi était de me faire connaître et pour cela une seule méthode : « ratisser » le terrain. Ce fut pour moi une expérience radicalement différente de celle que j'avais connue dans les Landes mais, très vite, je me lançai sans ménager mes forces. J'ouvris une petite permanence rue du Mont-Cenis, tout près de la mairie de l'arrondissement ; les premiers « clients » ne se bousculèrent pas, mais peu à peu l'information circula et mes fins de journée se remplirent. Il ne fallait évidemment pas que je me borne à attendre l'électeur mais que j'aille à sa rencontre. Je me mis donc à quadriller tous les secteurs de l'arrondissement sans négliger aucune de ses rues, toujours accompagné de quelques militants chargés de distribuer mes tracts. Je garde tout particulièrement le souvenir des cages d'escalier des grands immeubles du boulevard Ney ; tous n'étaient pas équipés d'ascenseurs ; en gravir les escaliers fut une gymnastique salutaire ; j'allais sonner à chaque porte, souvent sans succès car les locataires n'étaient pas toujours rentrés du travail ; je me présentais sobrement : « Alain Juppé, le candidat de Jacques Chirac pour notre dix-huitième » ; parfois la porte claquait avant la fin de la phrase ; je fus pris un beau jour, Dieu sait pourquoi, pour un vendeur d'aspirateur dont la marchandise ne correspondait visiblement à aucun besoin de mon interlocutrice de l'instant.

La rencontre fut plus animée avec une autre citoyenne qui me menaça d'une poêle à frire contondante ; je pris illico la fuite avec la militante qui m'accompagnait et que je ne voulais pas mettre en danger ; le samedi suivant, je reconnus mon agresseuse qui tenait le stand de la section dix-huitième du Parti communiste, porte de Clignancourt.

Parcours des rues commerçantes, réunions d'appartements, meetings à L'Élysée-Montmartre ou à La Cigale… tout y passa, sans oublier les campagnes d'affichage encore très denses à l'époque.

Jacques Chirac et son épouse Bernadette ne me comptèrent pas leur soutien. Le maire de Paris, au terme de son premier mandat, était populaire, y compris dans les arrondissements réputés à gauche. Bien que je l'aie déjà vu souvent à l'œuvre sur le terrain, je ne lassai pas d'être admiratif de son aisance, de la chaleur humaine qui se dégageait de sa personne, bref de son charisme lorsqu'il allait de commerce en commerce pour d'interminables exercices de « serre-pougnette » comme on disait dans mon Sud-Ouest. On peut estimer que c'est « du cinéma », ou de « la com ». Peut-être. Pour ma part, j'ai toujours perçu une sorte de vibration réciproque entre le personnage politique et « les gens » qu'il rencontre, de moindre intensité qu'entre une star du spectacle et ses fans mais, finalement, de même nature. Échange furtif mais sincère. J'ai si souvent entendu les journalistes diagnostiquer chez moi distance et froideur que j'ai fini par me résigner à subir cette désagréable réputation. Pourtant, si j'ai été constamment réélu dans ce quartier au total très populaire pendant douze ans, à cinq reprises lors d'élections municipales ou législatives (sans compter deux européennes), c'est que les sentiments d'affection pouvaient être partagés.

Au soir du deuxième tour, le 13 mars 1983, ce fut le « grand chelem » à Paris. Les listes de Jacques Chirac l'emportaient dans les vingt arrondissements de la capitale, y compris dans celui qui était devenu le mien. J'ai confié ma déception quand j'ai lu dans les *Mémoires* de Jacques Chirac cette phrase : « Cette victoire est pour moi d'autant plus satisfaisante qu'elle me permet de faire émerger, dans les fiefs traditionnels de la gauche, une nouvelle génération de responsables politiques parmi lesquels Alain Devaquet, Jacques Toubon et Didier Bariani dans le onzième, le treizième et le vingtième arrondissement. » Et le dix-huitième ? Je n'étais pas encore « le meilleur d'entre nous »...

Dès lors je me suis consacré à temps plein à mon mandat d'élu de Paris et de membre de l'équipe nationale du RPR.

Ma feuille de route à Paris était claire : Jacques Chirac voulait que les arrondissements de l'est parisien jouissent de la même qualité de vie que ceux de l'ouest. Il y avait à faire ! Très vite, je trouvai le chemin d'une efficace collaboration avec Roger Chinaud ; il était le maire de l'arrondissement, j'allais bientôt en devenir le député et ma position à l'Hôtel de Ville auprès de Jacques Chirac me donnait des moyens d'action. Nous eûmes l'intelligence de ne pas entrer en compétition et nos équipes constatèrent rapidement qu'il était vain de tenter mettre un coin entre nous.

Je lançai quelques grandes opérations d'aménagement : la ZAC de l'Évangile au nord de l'arrondissement, le secteur des Abbesses sur le flanc sud de la Butte qui fut doté de logements neufs, d'une crèche et d'un théâtre accueillant ; et surtout la mise en valeur de la Goutte-d'Or où, en collaboration avec l'État, nous pûmes rénover l'habitat dégradé et construire des équipements de proximité, école, crèche, espaces verts...

Mais ce qui prenait l'essentiel de mon temps, c'était le travail d'amélioration de la vie quotidienne des quartiers : propreté (encore !), sécurité (toujours !), vie culturelle et associative, c'est-à-dire un contact régulier et direct avec les habitants. Chaque samedi, dans ma permanence politique désormais installée rue Caulaincourt, je passais de longues heures à recevoir mes électeurs et électrices, des familles le plus souvent à la recherche d'un logement. Pour m'attendrir, les mères d'origine africaine venaient avec leurs jeunes enfants dont les rires résonnaient clair dans mon bureau. Consciencieusement, je remplissais des fiches d'entretien sans donner l'espoir d'une prochaine réponse positive, tant les listes d'attente s'allongeaient. Je n'ai jamais eu la mémoire des noms propres ; à la deuxième ou troisième visite, j'aurais dû identifier chaque visage ; j'avais trouvé l'astuce, en cas de défaillance, d'interroger mon interlocuteur : « Rappelez-moi donc l'orthographe de votre nom ? » Quand la réponse était « Martin » ou « Dupont », la difficulté orthographique n'était pas évidente et je me sentais mal à l'aise.

Périodiquement, je rendais compte de mes faits et gestes dans mon journal *Espoir 18* ; j'en rédigeais jalousement l'éditorial ; Claude Lambert, journaliste et militant dévoué, rassemblait les articles et les mettait en pages, bénévolement cela va sans dire ; et mes équipes le portaient dans les boîtes aux lettres. En ce temps-là, point de tweets ni de pages Facebook, les réseaux sociaux n'avaient pas encore étendu leur toile. L'information circulait pourtant, le lien se tissait avec les habitants de chacun des villages qui composaient l'arrondissement. Nous étions montmartrois avant d'être parisiens ; en franchissant le pont Caulaincourt, « nous allions à Paris ».

J'aimais aussi mes longues palabres avec les responsables associatifs qui n'étaient pas tous, tant s'en fallait, de mon bord politique. Une de mes plus grandes satisfactions fut d'entendre, plusieurs années après mon départ de Paris, à l'occasion d'une rencontre à la Goutte-d'Or, le coordonnateur des associations, par ailleurs militant socialiste, rendre publiquement hommage à la concertation menée sous mon égide. J'ai toujours entretenu avec Daniel Vaillant, député de la circonscription, des relations courtoises. Ce n'était pas le cas avec Bertrand Delanoë dont j'appréciais peu le sectarisme et l'arrogance. En 1986, aux élections législatives dont Mitterrand avait voulu qu'elles se fassent au scrutin proportionnel intégral, il tenta un parachutage en Avignon mais les militants socialistes n'en voulurent pas. En

1988, aux législatives qui suivirent la réélection de François Mitterrand à la présidence de la République, il réapparut à Paris dans le dix-huitième arrondissement. Ce fut une rude bataille électorale. Nos colleurs d'affiches se marquaient à la culotte, comme on dit. Les trottoirs du pont Caulaincourt, au-dessus du cimetière Montmartre, étaient jonchés de papiers collés et décollés à toute heure du jour et de la nuit. Mon implantation sur le terrain fut payante et ma victoire, au rendez-vous.

Je poursuivis mon travail pour un nouveau mandat municipal de six ans après 1989. J'avais vraiment pris racine. Je nouai des liens de confiance avec les peintres de la place du Tertre, pourtant rebelles à toute organisation mais dont le président Midani M'Barki était un interlocuteur constructif ; avec la « République de Montmartre », son infatigable président, mon ami Maurice His et ses « Petits Poulbots » qui ouvraient chaque automne le défilé des « Vendanges de Montmartre » ; avec le patro du père Dominique Chéreau, curé de Notre-Dame-du-Bon-Conseil au cœur de la Chapelle ; avec Édouard Carlier qui m'accueillait dans son restaurant Le Beauvilliers où je venais reprendre des forces au terme d'une épuisante journée de campagne. J'y retrouvais souvent le cher Michou, tout de bleu vêtu, coupe de champagne en main, venu en voisin de son célébrissime cabaret de la rue des Martyrs. C'était un gaulliste convaincu et fidèle qui n'hésitait pas à afficher son soutien enthousiaste à chacune de mes candidatures. Il s'installait à la terrasse d'un café, place des Abbesses par exemple, en brandissant une pancarte : « Votez Juppé ! »

Beaucoup d'autres amis me pardonneront de ne pas les citer. Je ne les ai pas oubliés. Eux non plus : je reçois aujourd'hui, avec une émouvante dédicace, un livre intitulé *Si Montmartre et la Bonne Franquette m'étaient contés…* C'est dans ce restaurant proche de la place du Tertre que j'avais l'habitude de réunir mes militants.

En 1995 je vis avec tristesse l'arrondissement échapper à la majorité municipale. Jean-Louis Debré que Chirac et Tiberi avaient envoyé en mission pour me succéder fut battu de peu par Daniel Vaillant. Ce dernier conserva son siège en 2001 en écrasant la liste de Philippe Séguin dont la désastreuse campagne lui avait facilité la tâche. Le dix-huitième arrondissement est resté un fief de la gauche parisienne jusqu'à l'élection, en 2017, de Pierre-Yves Bournazel à l'Assemblée nationale dans la dix-huitième circonscription de la capitale. J'ai été heureux de lui apporter mon soutien et je lui suis reconnaissant de son engagement à mes côtés lors de la « primaire » de 2016.

Présent pendant douze ans à Montmartre, j'étais aussi actif à l'Hôtel de Ville. Les débats budgétaires que j'animais en tant qu'adjoint au maire chargé des finances étaient, chaque fin d'année, mon morceau de bravoure. Je croisais le fer avec nos opposants dont le chef de file était le socialiste Georges Sarre, maire du onzième arrondissement. J'avais à cœur de montrer à tous ma bonne connaissance des dossiers mais aussi, à mes collègues de la majorité, ma combativité contre la gauche « socialo-communiste ». Ce qui m'entraînait parfois à quelques dérapages verbaux. Les noms d'oiseau volaient. J'ai souvent eu du mal à garder mon calme à la tribune face aux attaques de mauvaise foi de l'opposition. Il m'est arrivé d'avoir le sang chaud à Bordeaux comme à Paris.

Du Parlement européen à l'Assemblée nationale

Mon mandat d'élu local ne suffisait sans doute pas à asseoir ma légitimité démocratique, vis-à-vis des caciques du parti en tout cas. En 1984, l'occasion se présenta : je fus inscrit en position éligible sur la liste Veil-Pons aux élections européennes. Je ne garde pas un souvenir très précis de la campagne. Sauf celui des attaques honteuses contre Simone Veil qui, stoïque, supportait sans broncher les pleurs de bébés que quelques militants anti IVG diffusaient dans les salles de nos meetings. Son courage, sa dignité m'impressionnaient. J'étais fier d'être à ses côtés. Par la suite, nos choix politiques n'ont pas toujours été les mêmes ; mais je lui ai toujours voué le même respect et la même admiration. Les femmes françaises lui doivent la conquête d'une de leurs libertés les plus fondamentales. J'ai tenu à ce que l'un des sites prestigieux de Bordeaux porte son nom.

Une fois élu au Parlement européen, je pris, chaque mois, pendant deux ans, le chemin de Strasbourg pour y siéger. Je ne fus pas un parlementaire exemplaire. J'étais certes assidu à la réunion du groupe auquel j'appartenais. Présidé par Christian de La Malène, ce groupe réunissait les députés gaullistes de la liste Veil-Pons... et les députés irlandais du Fianna Fáil, ainsi qu'un nationaliste écossais, si je me souviens bien. Curieux assemblage, positionné au centre droit de l'assemblée où son influence restait à la mesure de son faible effectif. J'intervenais peu en séance. Au moment des votes, je levais le bras selon les consignes reçues de mon groupe. J'assistais aux travaux de commission à Bruxelles et je regagnais vite Paris, mon bureau de l'Hôtel de Ville et la mairie de mon cher dix-huitième. À ma décharge, je peux dire que les pouvoirs du Parlement européen n'étaient pas à l'époque ce qu'ils sont devenus aujourd'hui où il partage la compétence législative et budgétaire avec le Conseil.

La grande affaire au RPR dont j'étais depuis 1984 le secrétaire national chargé du redressement économique et social, c'était la préparation des élections législatives de 1986. Nous étions confiants dans nos chances de victoire. Le virage de la rigueur économique auquel avait été contraint Mitterrand sous la pression des marchés, après deux années de laxisme budgétaire démagogique, avait douché l'enthousiasme des électeurs de gauche. Le pouvoir socialiste avait été ébranlé par la mobilisation populaire contre la loi Savary qui prétendait créer « un grand service public unifié et laïc de l'Éducation nationale ». C'était l'une des « 110 propositions » du candidat François Mitterrand en 1981. Non sans hésitation, la hiérarchie catholique s'était décidée à combattre le projet qui menaçait l'école libre, c'est-à-dire pour l'essentiel les établissements catholiques. L'opposition, et notamment le RPR, par attachement sincère au pluralisme scolaire mais aussi par tactique politique, s'engagèrent à fond. Le 4 mars 1984, cinq cent mille manifestants défilèrent dans les rues de Versailles ; j'en étais. Le 24 juin à Paris, nous étions sans doute plus d'un million.

Mitterrand, pour limiter la casse électorale aux élections législatives qui se profilaient à l'horizon de mars 1986, fit adopter, par la loi du 10 juillet 1985, une autre de ses « 110 propositions », à savoir l'instauration de la proportionnelle intégrale. Depuis l'origine, et bien que le général de Gaulle n'ait pas eu de doctrine arrêtée sur le mode de scrutin, la Cinquième République était restée fidèle au scrutin uninominal majoritaire à deux tours. Il est moins brutal que le scrutin à un tour en usage en Grande-Bretagne qu'on présente souvent comme la mère des démocraties. Il permet cependant de dégager des majorités claires de gouvernement. Pas toujours, c'est vrai, on l'a récemment constaté. On lui reproche d'écarter les « petits partis » de la représentation nationale. Mais l'enjeu d'une élection générale est-il de reproduire à l'Assemblée le kaléidoscope de toutes les opinions ? Comme la question est à nouveau à l'ordre du jour au moment où j'écris, dans le cadre d'une réflexion plus globale sur la réforme de nos institutions, je n'en dis pas plus… et n'en pense pas moins.

En mars 1986, la manœuvre de François Mitterrand échoua : malgré l'instauration de la proportionnelle départementale intégrale, la droite remporta une courte majorité absolue ; j'en fus, sur la liste parisienne, et entrai donc à l'Assemblée nationale. Le président de la République n'eut d'autre choix que d'appeler le chef incontesté de cette majorité à constituer le gouvernement. Il nomma donc Jacques Chirac au poste de Premier ministre. Je jubilais.

VII

Ministre

François Mitterrand à l'Élysée, Jacques Chirac à Matignon… la Cinquième République vivait une expérience inédite, celle de la cohabitation.

Depuis plusieurs années, la majorité socialiste essuyait des échecs répétés : aux élections municipales de 1983, aux européennes de 1984, aux cantonales de 1985. La probabilité de sa défaite aux élections législatives de 1986 apparaissait de plus en plus forte. Malgré l'instauration du scrutin proportionnel, l'hypothèse d'une victoire de la droite ne pouvait être écartée. Quelle attitude fallait-il dès lors adopter face à une possible cohabitation entre un président socialiste et un gouvernement soutenu par une majorité parlementaire hostile à ce président ?

Le débat agitait ce qui était encore l'opposition. Dès 1983, Édouard Balladur avait affiché la couleur en déclarant dans une interview au *Monde* : « Rien ne s'oppose dans la Constitution à ce qu'un président de la République et une assemblée de tendance opposée cohabitent. » Valéry Giscard d'Estaing partageait ce point de vue. En revanche Raymond Barre le combattait et soulignait le risque de dénaturation, voire de blocage des institutions. Au sein du RPR, on retrouvait le clivage entre les gaullistes purs et durs qui invoquaient l'exemple de la démission du Général au lendemain de l'échec du référendum de 1969 – « Désavoué par le suffrage universel, un vrai gaulliste ne se cramponne pas au pouvoir ! » – et les modernistes qui plaidaient pour le réalisme, qualité elle aussi éminemment gaulliste, et une application stricte de la Constitution qui n'interdisait nullement une possible cohabitation : « La Constitution, rien que la Constitution, toute la Constitution ! », c'était leur slogan.

J'étais pour ma part hésitant. Le panache de la réaction du général de Gaulle en 1969 me séduisait. Encore tout feu tout flamme, je comprenais mal qu'on pût poursuivre une action politique d'envergure après avoir été désavoué par le peuple. Mais après tout, c'était le problème de François Mitterrand. Comment pouvions-nous le contraindre au départ sans faire un véritable coup de force ? L'intéressé, comme à son habitude, cultivait l'ambiguïté : tantôt il rappelait que « le président de la République est élu par le peuple pour une durée déterminée, en la circonstance, c'est sept ans » ; tantôt il déclarait qu'il n'était « pas question pour [lui] d'être un président au rabais ».

Et Jacques Chirac ? Tout en ménageant ses troupes, il n'hésitait guère en réalité. En ce temps-là, l'influence que Balladur exerçait sur lui était déterminante. Et puis sans doute éprouvait-il l'envie de faire à nouveau ses preuves. Il avait dans l'idée que sa réussite au gouvernement le qualifierait pour l'élection présidentielle de 1988, deux ans plus tard à peine. L'expérience lui apprit que l'usure du pouvoir, savamment entretenue par l'Élysée, pouvait jouer plus sûrement que le succès incertain d'ambitieuses réformes. Quelques années après, en 1993, retenant la leçon, il refusa de s'engager dans une nouvelle cohabitation et propulsa Balladur à Matignon. Un choix qui n'alla pas sans d'autres inconvénients…

Le Budget

Mes réticences à jouer le jeu inédit de la cohabitation cédèrent vite à la tentation du pouvoir. Une fois installé à

Matignon, Jacques Chirac me proposa le poste de ministre délégué auprès d'Édouard Balladur, intronisé ministre d'État, ministre de l'Économie, des Finances et de la Privatisation, véritable numéro deux du gouvernement. J'avais tout juste quarante et un ans. J'étais entré en politique, comme on entre dans les ordres, depuis dix ans déjà. J'avais plus que jamais la foi, j'étais toujours plein d'enthousiasme et d'ambition. Jacques Chirac me vantait l'intérêt du ministère du Budget où l'on apprend tout sur les rouages du gouvernement et de l'État. Il me rappelait qu'il y avait, lui aussi, fait ses classes. J'imaginais le bonheur, la fierté de mes parents de voir leur rejeton accéder au gouvernement de la France. Christine mesurait mieux le prix à payer pour elle, nos enfants, notre vie de famille.

La première embuscade dont je fus la cible ne tarda guère. En juillet, j'avais pris quelques jours de vacances à Hossegor. Un mardi soir, mon cabinet m'avertit que le *Canard enchaîné* du lendemain sortait un brûlot contre moi : j'aurais, à en croire l'hebdomadaire, fait financer illégalement par une entreprise mes affiches de campagne. Mobilisation générale ! Mes archives étaient à Paris mais il fallait réagir dans l'instant ; mes collaborateurs firent preuve d'une remarquable efficacité : très vite je pus envoyer au *Canard* les factures acquittées en toute transparence par mon compte de campagne, le journal en prit acte et laissa tomber l'affaire. Mais mes courtes vacances en furent gâchées ; les chaînes de télévision avaient diffusé largement la nouvelle ; dans un gymnase d'Hossegor où j'avais été invité à remettre une médaille, je fus copieusement sifflé par le public qui ne connaissait pas encore la fin de l'histoire. J'étais blessé. Mais j'avais déjà appris à me durcir le cuir.

L'ambiance du premier Conseil des ministres fut glaciale. Mitterrand, ostensiblement, s'abstint de nous serrer la main et s'assit à sa place, marmoréen. Je crois me souvenir qu'il refusa même la traditionnelle photo de famille, sur le perron de l'Élysée. La presse releva que la séance avait duré vingt-cinq minutes. À la sortie, tous les ministres respectèrent la consigne de mutisme qui leur avait été donnée par le chef du gouvernement. Lors des conseils suivants, l'atmosphère ne se réchauffa pas vraiment. À ma grande surprise, les points inscrits à l'ordre du jour ne donnaient lieu à aucun débat. Le Premier ministre ou le ministre compétent faisait preuve d'une remarquable concision dans la présentation du texte qu'il rapportait, ce qui abrégeait la réunion. En fait, les questions sensibles avaient été traitées en amont, lors de la rencontre habituelle entre le président et le Premier ministre.

J'avais, pour ma part, peu d'occasions d'approcher le président ; tout passait par le Premier ministre, comme il se doit, et par le ministre d'État. Mon inexpérience des choses gouvernementales me fit commettre une peu glorieuse erreur de jeunesse : je regimbai contre le joug que m'imposait Édouard Balladur, jusqu'à chipoter sur l'autorisation que je devais solliciter de son cabinet pour utiliser la salle à manger de l'entresol du ministère… J'avais travaillé depuis 1981 en bonne intelligence avec celui qui s'était imposé comme le mentor incontournable de Jacques Chirac ; j'appréciais son exquise courtoisie, sa rapide intelligence, son goût pour les grands auteurs classiques ; il me manifestait une réelle considération jusqu'à m'appeler amicalement par mon prénom ; je ne me risquai évidemment pas à lui servir du « cher Édouard » ; il était désormais vigilant sur l'usage de son titre de « ministre d'État ». Je me rendis vite compte que son accession à de hautes responsabilités lui tournait un peu la tête ; il exigea que le ministère, dont le déménagement à Bercy avait été programmé par son prédécesseur, revienne s'installer au Louvre. J'y gagnai un bureau bien plus vaste que celui de ma première adresse provisoire rue de Montalembert, avec vue imprenable sur la pyramide de Pei.

La rumeur de nos frictions épidermiques parvint à Matignon, d'autant que je n'étais pas le seul à supporter avec quelque impatience les exigences, souvent protocolaires voire ancillaires, du ministre d'État. Camille Cabana, son ministre délégué chargé des privatisations, craqua le premier et fut directement rattaché au Premier ministre ; l'excellent Georges Chavannes, au Commerce, à l'Artisanat et aux Services, fit preuve d'une plus grande souplesse et en somme d'une plus fine intelligence. Jacques Chirac me convoqua pour me tenir un langage très direct : « Si la situation vous pèse trop, je veux bien vous changer de poste, je pense à l'Éducation par exemple ; mais vous feriez une connerie, c'est au Budget qu'on apprend le mieux le métier. » Je me rendis compte qu'il avait raison et que je me comportais en gamin capricieux. Je fournis les efforts nécessaires et l'harmonie revint au Louvre.

Nous avions autre chose à faire qu'à nous quereller sur des broutilles. Je me lançai à fond dans mon travail de remise en ordre du budget du pays. J'avais pour m'aider un cabinet de choc, dirigé par un haut fonctionnaire venu de la direction du Budget, Daniel Bouton, que j'avais connu à l'Inspection des finances et dont j'avais repéré le talent : brillant, mais aussi travailleur, courageux, il tranchait sur ses collègues par une tendance sympathique à la provocation intellectuelle ; esprit fécond en solutions originales pour maîtriser la dépense publique, il n'en était pas moins solide dans sa connaissance des dossiers ; bon vivant au surplus et grand amateur de grands vins, bourgogne de préférence, personne n'est parfait…

Édouard Balladur, la bonne entente revenue entre nous, me déléguait largement la préparation des arbitrages budgétaires avec mes collègues dits « dépensiers » et n'évoquait à son niveau que les questions les plus sensibles, celles du budget de la Défense par exemple – André Giraud, le titulaire du portefeuille, n'acceptant de traiter qu'avec le ministre d'État. Je garde un bon souvenir de mes discussions avec le ministre de l'Éducation nationale René Monory dont la bonhommie provinciale, non dépourvue de finesse, tranchait avec l'assurance à toute épreuve des technocrates qui m'entouraient. Il réclamait, avec énergie, une forte (et légitime, pensais-je en moi-même) augmentation de la rémunération des enseignants mais acceptait, en contrepartie, de leur demander une présence accrue auprès des élèves. J'appréciais cette démarche courageuse… et rare. Sans lendemain, hélas !

Quant à la discussion budgétaire à l'Assemblée nationale et au Sénat, Balladur, une fois prononcé son discours d'ouverture, me laissait ferrailler en première ligne, notamment lors des séances de nuit. Fin 1986, la discussion s'éternisa à l'Assemblée et j'en vins à la conclusion que seule l'utilisation de l'article 44-3 de la Constitution qui autorise l'exécutif à demander un vote bloqué sur tout ou partie d'un texte en ne retenant que les amendements proposés ou acceptés par le gouvernement nous permettrait de sortir de l'impasse. Mais pour utiliser cette arme de procédure, il me fallait le secours du ministre lui-même ; je pris donc le risque, à la fin de la nuit, de réveiller Balladur ; une heure plus tard, dans l'hémicycle où j'avais occupé le banc pendant plus de douze heures d'horloge, je le vis arriver rasé de frais, élégamment vêtu comme à l'habitude, et me vantant la beauté des rues de Paris au petit matin ; je ne pus m'empêcher de fredonner en moi-même la chanson de Jacques Dutronc : « Il est cinq heures, Paris s'éveille, il est cinq heures, et je n'ai pas sommeil. »

Ensemble, nous avons bien travaillé. L'économie française sortait affaiblie de cinq années de régime socialiste. Certes, en 1983, devant l'échec de la politique de relance à tout-va promise dans le « programme commun », Jacques Delors avait obtenu du président Mitterrand qu'il accepte « le tournant de la rigueur » ; mais la détérioration des finances publiques, la fuite des capitaux, trois dévaluations du franc en trois ans avaient durablement fragilisé le pays. Nous nous sommes donc attelés à son redressement.

La priorité de la politique économique du gouvernement était bien résumée dans le titre du rapport que Balladur publia en décembre 1986 : « Vers la liberté ». Liberté des prix définitivement acquise par l'ordonnance du 1er décembre 1986, renforcement des règles de concurrence, suppression du contrôle des changes, modernisation des marchés financiers et du système bancaire... un vent de liberté soufflait sur l'économie française. Un ambitieux programme de privatisations fut la pièce maîtresse de l'ouvrage : quarante-deux banques (dont trente-neuf nationalisées en 1981), deux compagnies financières (Paribas et Suez), trois compagnies d'assurances (UAP, GAN, AGF), l'agence de presse Havas, neuf groupes industriels... et la première chaîne de télévision furent rendues au secteur privé. Édouard Balladur veilla jalousement à la mise en œuvre de ce programme qui resta son domaine réservé. Il est vrai qu'au gouvernement, j'avais à m'occuper du budget et la tâche n'était pas mince. Dès juillet 1986, je présentai au Parlement un projet de loi de finances rectificative qui comprenait notamment la suppression de l'impôt sur les grandes fortunes dont quelque cent mille foyers fiscaux furent exonérés ainsi que l'amnistie fiscale pour les capitaux placés à l'étranger jusqu'au printemps 1986. L'objectif de ces mesures était clair : inverser le mouvement de fuite des capitaux que la politique socialiste avait provoqué et attirer en France le maximum d'investissements directs étrangers. J'étais convaincu de la pertinence de ces réformes. S'agissant de l'IGF, on peut rétrospectivement me reprocher un manque de constance. J'accepte ce reproche : je l'ai supprimé en 1986 et rétabli en 1995... mais j'expliquerai pourquoi.

Les deux budgets que j'ai ensuite préparés et fait voter pour 1987 et 1988 ont suivi une même logique : réduire le déficit budgétaire et baisser les impôts pour contribuer au rétablissement de la confiance et à la restauration de la compétitivité de nos entreprises. En 1987, pour la première fois depuis longtemps, l'ensemble des dépenses devait progresser moins vite que le PIB (1,8 % *versus* 2,8 %). Néanmoins, un effort significatif était prévu pour les budgets prioritaires : emploi et formation professionnelle, sécurité, défense. L'allègement de la pression fiscale a concerné tous les contribuables grâce à l'abaissement des taux de TVA et au relèvement du seuil d'exonération de l'impôt sur le revenu ; les familles ont été favorisées par plusieurs dispositions nouvelles (une demi-part supplémentaire à compter du quatrième enfant par exemple ou le doublement du plafond de déduction des frais de garde). Mais les entreprises n'ont pas été oubliées : elles ont bénéficié de la réduction du taux de l'impôt sur les sociétés (de 50 à 45/42 %), de l'allègement de 5 milliards de francs de la taxe professionnelle, de la suppression de la taxe sur les frais généraux, de la mise au point d'une fiscalité de groupe… Une catégorie d'entreprises a fait l'objet d'une attention particulière : les entreprises agricoles dont les obligations comptables ont été allégées par la création d'un régime dit super-simplifié. Il y avait au Sénat un spécialiste éminent de la fiscalité agricole, le sénateur Geoffroy de Montalembert ; il était octogénaire mais, après sa sieste postprandiale de l'après-midi, il était dans une forme éblouissante pour les séances de nuit ; il n'hésitait pas à me malmener en faisant étalage de sa connaissance minutieuse d'une matière que je maîtrisais à l'évidence moins bien que lui. Je me souviens d'être resté sans voix quand il m'interrogea sur les atteintes du « feu bactérien » aux cultures de sa région normande et les mesures que je comptais proposer pour y remédier. Les conseillers techniques de mon cabinet ne me furent d'aucun secours. Jacques Chirac avait raison : le ministère du Budget est une école de formation inégalée.

Édouard Balladur et moi tenions aussi à clarifier les procédures du contrôle fiscal et douanier avec l'objectif d'offrir aux contribuables, sans affaiblir pour autant la lutte contre la fraude, de nouvelles garanties juridiques envers ce qui était parfois ressenti comme l'arbitraire de l'administration : c'est ainsi que la loi du 8 juillet 1987 (dite Aicardi) a prévu l'élaboration d'une charte des droits et obligations du contribuable vérifié, inversé la charge de la preuve, limité la durée des vérifications et le délai de reprise de l'impôt.

J'étais finalement à l'aise dans mon nouveau métier de ministre. Les « finances », comme on dit, étaient la Rolls de l'administration. Des fonctionnaires chevronnés y travaillaient d'arrache-pied. Leur approche des arbitrages budgétaires était parfois un peu… technocratique. Ils avaient l'habitude de ressortir de leurs cartons des propositions d'économie plus ou moins invendables ; le rôle du ministre était justement de les passer au tamis de l'acceptabilité politique ; peut-être ma vigilance a-t-elle été parfois surprise ; mais je n'ai jamais fait porter à mes collaborateurs la responsabilité de décisions que j'avais prises. Mon cabinet fonctionnait en bonne harmonie avec celui du ministre d'État ; l'omniprésence des inspecteurs des finances aux manettes dans l'une et l'autre équipe facilitait la compréhension. Force et faiblesse de nos rouages gouvernementaux !

Avec mes collègues du gouvernement, j'étais dans une position confortable : le ministre du Budget est respecté ou craint, à la mesure de sa compétence. J'avais la réputation de connaître mes dossiers et je préférais trouver des compromis à mon niveau plutôt que de faire remonter les arbitrages à l'étage supérieur. Et puis ma proximité avec le Premier ministre me conférait un supplément d'autorité.

Il en était de même avec les parlementaires, celles et ceux du RPR bien sûr, mais aussi des autres groupes de la majorité, voire de l'opposition ; je veillais à éviter l'accusation de favoritisme ou de sectarisme. Je m'armais de patience pour affronter la longueur des débats dans l'hémicycle, les batailles d'amendement qui n'avaient d'autre but que de ralentir l'action du gouvernement. Je n'ai jamais été un parlementaire accompli ;

j'ai gagné cinq élections législatives, trois à Paris (1986, 1988, 1993) et deux à Bordeaux (1997, 2002) ; mais sur vingt ans de mandat, j'ai été membre du gouvernement pendant six ans ; durant la période de quatorze années où j'ai effectivement siégé à l'Assemblée, j'ai été constamment chef de parti, et à ce titre dispensé des tâches parlementaires les plus ingrates, à commencer par les séances de nuit, fréquentes et longues en ce temps-là. Du banc du gouvernement, j'observais les comportements des élus, des forts en gueule dont la voix faisait vibrer l'hémicycle – Robert-André Vivien, député du Val-de-Marne, naguère engagé volontaire dans le bataillon français de l'ONU en Corée, toujours fidèle grognard des troupes gaullistes, excellait dans cet exercice – des besogneux qui débitaient leurs discours sans aucun talent oratoire, des brillants capables de parler sans note, des transparents qui venaient faire acte de présence tout en signant leur courrier de circonscription. Dans l'ensemble, j'éprouvais considération et respect pour ces hommes et ces femmes tous dévoués, chacun à leur manière, au bien public.

Je ne négligeais pas « mon » dix-huitième arrondissement ; le privilège de l'élu parisien est de pouvoir se rendre du Parlement dans sa circonscription sans délai de route ; j'allais donc régulièrement mettre sous tension mes équipes. Et j'allais aussi souvent que possible à la rencontre de mes électeurs en organisant des réunions de quartier qui me demandaient beaucoup d'énergie mais m'en apportaient tout autant. L'apprentissage de la proximité, la connaissance du terrain sont un guide précieux, un utile garde-fou pour les gouvernants.

Cohabiter au quotidien

Il me restait peu de temps pour militer au RPR. Je ne pouvais cependant me désintéresser du contexte politique d'autant que Jacques Chirac m'avait confié la fonction de porte-parole du gouvernement, ce qui m'amenait à rencontrer la presse chaque mercredi après le Conseil des ministres. Ce qui excitait le plus les journalistes, c'était la cohabitation, l'ambiance de nos réunions, les piques de Mitterrand qui ne manquait jamais de remettre le Premier ministre à sa place dès qu'il faisait mine d'empiéter sur le domaine réservé de la politique étrangère, l'attitude résiliente de Chirac face aux attaques présidentielles, toujours à fleuret moucheté. J'avais pour consigne d'éviter d'entretenir les tensions, d'atténuer les différends, de calmer le jeu. J'eus quelque mal à jouer le rôle quand, le 14 juillet 1986, le président de la République annonça qu'il refusait de signer l'ordonnance sur les privatisations. Allait-on vers la crise de régime ? Certains responsables de la majorité voulaient en découdre et dénoncer un coup de force de Mitterrand. Comme à l'habitude, Balladur préconisa d'éviter la confrontation dont l'issue paraissait incertaine. Le Premier ministre prit acte de la décision présidentielle et décida de transformer le projet d'ordonnance en un projet de loi soumis au Parlement. Ce qui fut fait, sans grande perte de temps puisque la loi fut publiée au *Journal officiel* le 7 août. J'avais donc ma feuille de route.

Dans les derniers mois de 1986, l'affrontement des deux têtes de l'exécutif prit un tour plus violent. Le ministre délégué à la recherche et à l'enseignement supérieur, mon ami Alain Devaquet, avait préparé, et fait adopter par le gouvernement, une réforme qui se fixait deux objectifs principaux : engager un processus de sélection à l'entrée de l'université, développer l'autonomie et la concurrence des établissements. Il s'attaquait ainsi à deux tabous et agitait deux chiffons rouges. La réaction ne se fit pas attendre : les syndicats d'étudiants, soutenus par une grande partie du corps professoral, déclenchèrent un mouvement de grèves dans lequel ils entraînèrent les lycéens. Des centaines de milliers de jeunes envahirent les rues de Paris et des grandes villes. Hélas ! dans la confrontation avec les forces de l'ordre, le drame advint : le jeune Malik Oussekine, poursuivi par des motocyclistes de la Préfecture de police, perdit la vie le 8 décembre. La crise prit une dimension politique majeure et le président ne se fit pas faute de l'exploiter en déclarant à la radio dès le lendemain qu'il était « sur la même longueur d'onde que les étudiants grévistes » dont il reçut une délégation quelques jours plus tard. Le gouvernement n'eut d'autre choix que de retirer la réforme. Alain Devaquet en conçut une grande amertume et fit savoir qu'il décidait de démissionner. Jacques Chirac, qui éprouvait une réelle affection pour lui, tenta d'éviter la crise et, connaissant les liens d'amitié que j'avais avec l'élu du onzième arrondissement de Paris, voisin du mien, me demanda d'aller le convaincre de rester. Devaquet me reçut dans ce qui était encore son bureau ministériel, rue Descartes. Je compris très vite que mon plaidoyer serait vain. Alain était le prototype même de l'intellectuel, du chercheur égaré en politique, tout dévoué à l'intérêt général mais exempt de véritable ambition personnelle. Il resta inflexible. Jacques Chirac lui garda sa confiance et continua à prendre son conseil sur les questions de recherche, qui étaient son vrai domaine de compétence. La disparition d'Alain, frappé par le cancer en 2018, m'a peiné. C'était un homme de qualité. Rétrospectivement, l'évolution de notre enseignement supérieur lui a donné raison : nos universités assument pleinement aujourd'hui leur autonomie et en redemandent même ; la sélection reste certes un tabou pour les syndicats étudiants mais on la pratique de plus en plus ouvertement dans la plupart des cursus universitaires.

Dans les derniers mois de la cohabitation, à l'approche de l'élection présidentielle du printemps 1988, un nouveau drame vint tendre les relations entre le président et le gouvernement. Depuis plusieurs années, la situation politique en Nouvelle-Calédonie tournait à l'affrontement violent entre indépendantistes et loyalistes. Le vendredi 22 avril 1988, deux jours avant le premier tour de l'élection présidentielle, une soixantaine de membres du Front de libération nationale kanak et socialiste, le FLNKS, attaquent la gendarmerie de Fayaoué, sur l'île d'Ouvéa. Ils tuent quatre gendarmes et en font prisonniers vingt-six. Onze sont libérés trois jours plus tard. Un groupe de quinze est emmené en otages dans une grotte située au nord de l'île. C'est entre l'Élysée, Matignon et le ministère de Bernard Pons, chargé des départements et territoires d'outre-mer, que se déroulent d'intenses négociations pour arrêter la riposte gouvernementale. Mon propos n'est pas ici d'en rendre compte, d'autant que, malgré mon rôle de porte-parole du gouvernement, je n'étais pas associé au processus de décision. Je sais seulement que les conséquences de l'assaut donné à la grotte, qui a permis de libérer tous les gendarmes mais s'est soldé par la mort de deux membres des forces d'intervention et de dix-neuf Kanaks, a fait peser le poids de la tragédie sur la fin de la campagne et le face-à-face entre Mitterrand et Chirac. À la télévision, le jeudi 28 avril 1988, les deux candidats en lice pour le deuxième tour ne se ménagent pas sur la situation en Nouvelle-Calédonie. Tout en affirmant que « ce qui compte tout de suite, c'est de libérer [les otages] », le président passe à l'attaque et dénonce la « brutalité d'un gouvernement qui a choisi d'ignorer la moitié à peu près de la population ». Le ton est donné. On se souvient de l'intensité dramatique de l'échange, quelques instants plus tard, sur le renvoi en Iran du terroriste Gordji impliqué dans les attentats qui avaient ensanglanté Paris à la fin de 1986. Jacques Chirac interroge : « Est-ce que vous pouvez dire, monsieur Mitterrand, en me regardant dans les yeux, que je vous ai dit que nous avions les preuves que Gordji était coupable ? » Et de répéter : « Pouvez-vous vraiment contester ma version des choses en me regardant dans les yeux ? » Mitterrand, impassible, rétorque : « Dans les yeux, je la conteste. » Chirac est sonné. Il lâche simplement : « Passons ! Je ne joue pas au poker. » Sans doute voulait-il dire « au poker menteur ».

Mitterrand pousse son avantage en maniant l'ironie. Face à Jacques Chirac qui lui fait remarquer : « Ce soir, je ne suis pas le Premier ministre et vous n'êtes pas le président de la République, nous sommes deux candidats à égalité... vous me permettrez donc de vous appeler monsieur Mitterrand », ce dernier a cette repartie vacharde : « Mais vous avez tout à fait raison, monsieur le Premier ministre. » Devant mon écran de télévision, j'ai souffert pour mon champion.

En campagne

J'étais, en effet, toujours porte-parole du gouvernement mais j'étais aussi devenu porte-parole du candidat Chirac. Ce qui obsédait les journalistes dans les points de presse réguliers que je tenais en cette qualité, c'était plus prosaïquement la compétition entre Chirac et Barre, et la division de la majorité face à la candidature de François Mitterrand. J'avais toujours eu du respect pour la personnalité de Raymond Barre ; étudiant à Sciences Po, je m'étais initié à la science économique en bûchant consciencieusement son cours magistral ; devenu Premier ministre, l'homme continuait à s'exprimer sur un ton professoral, voire pontifiant ; mais il gérait avec sérieux les finances du pays et je ne pouvais pas être insensible au courage qu'il y fallait. Mais il était désormais le candidat centriste qui ne nous épargnait pas ; il aimait lancer des flèches empoisonnées contre Chirac. Je cherchais à calmer le jeu ; je croyais avoir trouvé la parade pour ne pas envenimer la querelle : « Ces attaques glissent sur nous comme l'eau sur les plumes du canard », aimais-je répéter. Avec le recul, je concède que ce n'était pas très malin, et surtout peu efficace. Certes, mon candidat fut qualifié pour le deuxième tour mais on connaît la suite. Chirac payait le prix de réformes souvent impopulaires que Mitterrand avait su subtilement miner de ses critiques insidieuses. Le cumul des voix que Jacques Chirac avait obtenues au premier tour (19,95 %) et de celles de Raymond Barre (16,55 %), quelque contestable que soit leur addition, dépassait cependant celles de François Mitterrand (34,10 %). La montée du Front national à plus de 14 % commençait déjà à changer la donne. J'étais dès lors renforcé dans ma conviction que, hors l'union des forces de la droite et du centre, il n'y avait pas de victoire électorale possible.

VIII

Turbulences politiques et personnelles

Je n'ai toujours pas tiré au clair les conditions dans lesquelles je fis, pendant mes réunions de presse, une rencontre qui allait changer ma vie. Je reste convaincu que la jeune et jolie journaliste qui attira mon regard portait une jupe d'une vive couleur verte. Isabelle, la journaliste en question, soutient fermement, encore aujourd'hui, que cette vision est l'œuvre de mon imagination et qu'elle n'a jamais porté de jupe verte. Je persiste et signe. Peu importe. « Je tombai en amour », comme disent mes amis québécois. C'étaient la jeunesse, la grâce, la séduction sous la timidité apparente qui faisaient irruption dans ma vie. Mes liens avec Christine s'étaient distendus depuis quelques années. Je me sentais disponible. Je m'abandonnai donc à mon coup de foudre… qui ne fut pas réciproque. Mais je me dis que la forteresse n'était pas imprenable et j'entrepris d'en faire le siège. Il dura…

Secrétaire général

En attendant, la politique ne me lâchait pas. Le nouvel échec de Jacques Chirac nous affecta plus profondément que celui de 1981. Au gouvernement, de 1986 à 1988, nous avions la fierté d'avoir bien travaillé. En guise de bilan de notre politique économique et sociale, *Le Figaro* du 13 avril 1988 avait titré : « Le grand air de la liberté ». C'était certes *Le Figaro*, mais une réalité s'imposait à tous un peu tard : les indicateurs économiques étaient repassés au vert et nous allions léguer à nos successeurs un pays en bien meilleure forme que celui que nous avions trouvé en 1986. Daniel Bouton et moi, nous nous sommes parfois reproché de n'avoir pas vu venir la reprise et de n'avoir pas desserré plus tôt les contraintes budgétaires. Le gouvernement Rocard allait en profiter habilement.

J'avais besoin de souffler.

Je choisis de fuguer dans une île grecque ; au fil des décennies ma fascination pour la Grèce n'a jamais faibli, même quand, plus tard, la tentation de Venise m'a saisi. Émotions adolescentes, immersion khâgneuse, sensualité solaire et salée, *rebetiko* et *bouzouki*... des bouffées de bonheur et d'envie me viennent à la seule évocation des lieux et des mots grecs. Je pris l'avion pour Athènes, puis le bateau pour Spetsai. Pourquoi Spetsai ? La proximité sans doute, j'avais peu de temps ; et peut-être une réminiscence littéraire : j'appréciais les romans de Michel Déon, le *Balcon de Spetsai* parmi d'autres, et je savais qu'il possédait là une maison. L'arrivée au port, quelle que soit l'île grecque, est toujours une fête ; les couleurs blanc et bleu mettent en joie ; le quai est toujours fraîchement lavé ; l'accostage se fait en lenteur et douceur ; les familles venues accueillir les parents du continent sont impatientes et bruyantes ; les terrasses des cafés les attendent, le temps des retrouvailles. Personne, bien sûr, ne m'attendait à Spetsai. J'avais retenu une chambre dans la pension de famille la plus proche du port. Mal m'en prit. Ma première nuit fut un enfer : je perdis la bataille contre les nuées de moustiques qui m'assaillirent et quand, au petit matin, je me regardai dans la glace de la salle de bains, je découvris un visage tuméfié par les piqûres. Je me mis à la recherche d'un havre plus paisible et me retrouvai à l'autre bout de l'île dans une maison de pierre, isolée et trapue.

Ses murs épais protégeaient de la chaleur et des intrusions de diptères. Une vaste terrasse donnait sur la mer. J'y savourai ma solitude dans le silence et la beauté de la fin du jour. La nuit fut réparatrice.

Pour moi, le petit déjeuner est un rite quasi sacré ; dès que j'ouvre l'œil, la faim me tenaille ; je fis honneur au généreux plateau que m'apporta le patron, y compris au café grec où, comme on sait, il y a plus à manger qu'à boire. Et je m'abandonnai à la volupté d'un lever de soleil glorieux. Las ! le répit fut de courte durée. J'entendis la sonnerie stridente d'un téléphone. Faute de portable en ce temps-là, je dus me déplacer jusqu'à la réception de l'hôtel pour prendre le combiné. Au bout du fil, je reconnus la voix de Roger Romani qui, après les congratulations d'usage, me délivra un message comminatoire : « Alain, Jacques Chirac a besoin de te voir toutes affaires cessantes. »

Comment avait-on retrouvé ma trace ? Je n'ai jamais élucidé le mystère. J'avais quitté Paris sans dire à personne où j'allais. Pas même à ma femme Christine qui dut soupçonner quelque fugue inavouable. Je n'ai pas enquêté. Je me suis exécuté : écourtant mon séjour, le temps de regagner Athènes, je pris l'avion dès le lendemain pour Paris.

Ce que Jacques Chirac avait à me dire tenait en quelques mots : « Je souhaite vous nommer au poste de secrétaire général du RPR. » Comme il se doit, le temps de réflexion qui m'était laissé se comptait en quelques heures. Je fis semblant de le mettre à profit pour prendre conseil. En fait je n'eus guère d'hésitation. Et, sauf une brève conversation avec Christine, je ne consultai personne. J'étais désormais engagé corps et âme dans l'aventure politique et la logique de cet engagement me poussait tout naturellement à monter en grade.

Pourquoi le président du RPR voulait-il changer de second ? Jacques Toubon, secrétaire général en titre, lui était totalement dévoué et n'avait pas démérité. Sans doute, après le choc de l'élection présidentielle, Jacques Chirac pressentait-il que son autorité à la tête du mouvement allait être ébranlée et qu'il lui fallait une équipe renouvelée pour affronter les tempêtes. Balladur avait-il suggéré ou appuyé ma nomination ? Je n'en sais rien.

Je m'installai sans tarder rue de Lille et constituai mon cabinet. Pour le diriger, je choisis Yves Cabana qui me semblait réunir les mêmes qualités que son père, secrétaire général de la mairie de Paris : puissance de travail sans limite, pugnacité et ténacité… et, en contrepoint, léger déficit de souplesse diplomatique. Je m'entourai d'une équipe de secrétaires nationaux qui formaient en quelque sorte « mon » gouvernement : Michèle Alliot-Marie, Dominique Perben, Michèle Barzach, François Fillon, sans oublier Nicolas Sarkozy… et quelques autres. Je les réunissais chaque semaine en formation de « commission exécutive », conformément à nos statuts. Nous délibérions dans une ambiance amicale mais les jalousies ne tardèrent pas à s'aiguiser ; lors d'une de nos réunions, une secrétaire nationale se plaignit d'avoir moins accès aux médias que certains de ses « compagnons » ; ce à quoi Sarkozy répliqua fièrement : « Alain nous a tous mis sur la même ligne de départ ; si certains (suivez mon regard…) se détachent aujourd'hui, ils le doivent à leurs mérites. » Fermez le ban !

Outre l'inévitable esprit de compétition, les tensions proprement politiques se durcirent avec le temps. Les élections législatives de juin 1988 et les municipales de mars 1989 nous obligèrent à serrer les rangs. Je sauvai mon siège de député à la suite de la dissolution qui suivit la réélection de François Mitterrand et je confirmai mon implantation l'année suivante, aux élections municipales, dans le dix-huitième arrondissement.

Une fois les échéances électorales passées, le gros temps se leva à droite. Ce fut d'abord l'initiative de douze parlementaires RPR (Séguin, Noir, Carignon, Pinte, Barnier, Fillon) et UDF (Baudis, Bayrou, Millon, d'Aubert, Villiers, Bosson) qui se baptisèrent « rénovateurs ». Ils partirent en guerre contre « la machine à perdre », c'est-à-dire les chefs qui nous avaient, selon eux, menés à la déroute électorale. Pour être clair, VGE mais surtout Chirac. J'étais pris entre deux feux : d'un côté, les frondeurs dont la volonté de changement ne pouvait me laisser indifférent : ils étaient de ma génération, ils exprimaient une attente d'une bonne partie de nos électeurs et plus généralement des Français ; de l'autre, Chirac bien sûr vis-à-vis duquel ma fidélité était entière mais que je voyais entouré de quelques dinosaures bardés de certitudes. Je persuadai Chirac que nous ne pouvions traiter le mouvement par le mépris et que je devais donc parler avec les « rénovateurs » pour voir « ce qu'ils avaient dans le ventre ». Malgré l'opposition de Claude Labbé, président du groupe à l'Assemblée nationale, ou de Bernard Pons, en pointe dans la contre-offensive conservatrice, je pris donc le chemin de la Grande Chartreuse au-dessus de Grenoble où Carignon, alors maire de la ville, invitait ses partenaires. L'endroit était magique. La conversation le fut moins. Je mesurai vite l'état d'impréparation des conjurés et surtout leurs divergences de fond : l'inclination de Bayrou pour une Europe fédérale était évidemment incompatible avec les positions souverainistes de Séguin. Je compris que rien de constructif ni d'opérationnel ne sortirait de ces palabres. Séguin s'empressa d'ailleurs de s'en désolidariser. Les plus « modernes » de mes coéquipiers cédèrent un peu plus longtemps au mirage médiatique que la presse entretenait autour du mouvement. Je manquai me brouiller avec Michèle Barzach qui, malgré la consigne que j'avais donnée, se précipita à Lyon pour participer à la deuxième rencontre des « Rénovateurs ». Je ne me souviens plus s'il y en eut d'autres…

Pour entamer la reconquête, une évidence s'imposa vite à moi : il fallait réconcilier le RPR et l'UDF. J'avais toujours pensé que la « droite » ne pourrait reprendre et garder le pouvoir en France qu'en s'unissant au « centre ». Simple question d'arithmétique électorale. L'échec de 1988, en partie dû à l'affrontement Chirac-Barre, me renforça dans ma conviction. Il fallait maintenant passer à l'acte et bien identifier les obstacles à franchir. Les querelles de personnes et, principalement, l'allergie réciproque entre Chirac et Giscard… bien sûr. Je n'avais aucune raison d'entrer dans ce jeu. J'avais choisi mon champion et c'était Chirac. Mais j'avais pour Giscard, pour sa mécanique intellectuelle si parfaitement rodée, pour sa vision de l'Europe, mais aussi pour sa volonté de rassembler « deux Français sur trois » une réelle estime. Était-il viscéralement antigaulliste ? C'était une certitude pour nombre de nos « compagnons ». Mais n'avait-il pas été ministre du Général, dans les gouvernements Debré et Pompidou pendant près de quatre ans, de janvier 1962 à janvier 1966 ? Plusieurs grands barons du gaullisme avaient continué à l'accompagner après 1976 et la rupture avec Chirac. À commencer par Robert Galley au cabinet duquel j'avais appartenu pendant deux ans. Comme je me rangeais dans l'aile européenne du mouvement gaulliste, je n'eus donc aucun mal à accepter de figurer en numéro deux de la liste que conduisit Giscard aux élections européennes de juin 1989. Ce ne fut pas, hélas ! une liste d'union de la droite et du centre puisque Simone Veil prit la tête d'une liste centriste concurrente. Elle militait pour une Europe plus intégrée et plus sociale ; ses colistiers s'engageaient à siéger effectivement à Strasbourg une fois élus alors que nombre de nos parlementaires pratiquaient un absentéisme sans complexe. Mais une fois encore, l'essentiel était le choc des personnalités.

J'ai bien aimé faire campagne avec Giscard. Je n'avais pas envers lui la même empathie que celle que j'éprouvais pour Chirac. Je mesurais les efforts qu'il faisait pour se montrer simple et affable. Mais je percevais, dans chacune de ses initiatives et de ses gestes, comme un soupçon d'artifice. Il tenait évidemment la vedette dans la campagne, notamment dans les médias, mais il me laissait un espace de respiration. Nous tenions parfois meeting ensemble ; le plus souvent nous nous répartissions la tâche en des lieux différents. J'ai raconté sa première conférence de presse au Futuroscope de Poitiers et la surprise qu'il créa en se mettant tout d'un coup à s'exprimer en… chinois. Il se déplaçait avec, en poche, une méthode Assimil de mandarin, pour signifier sans doute son ouverture au monde qui était en train de changer. Ce qui n'était pas incompatible avec son – notre – intérêt pour la France traditionnelle que nous manifestions en prenant, par exemple, la ligne SNCF de Tende pour relier Nice à Vintimille, *via* Coni. Ce fut un moment champêtre…

Le soir des élections, il me donna une leçon de sang-froid. Les premiers sondages « sortie des urnes » étaient, à mes yeux, inquiétants, car ils donnaient un écart étroit entre la liste centriste et la nôtre. Les équipes de Simone Veil se précipitèrent dans les médias pour crier victoire. Giscard me conseilla d'attendre. Sage précaution : en fin de soirée, notre liste frisait les 29 %, ce qui la plaçait en tête de toutes les listes, et la liste Veil du « Centre pour l'Europe » finissait en queue de peloton avec à peine plus de 8 %.

Pendant la campagne, nous nous étions engagés, nous aussi et tous nos colistiers, à siéger effectivement au Parlement de Strasbourg si nous étions élus. Giscard et quelques autres ont tenu cette promesse. Je ne l'ai pas fait et je n'en suis pas fier. L'une des faiblesses françaises au sein des institutions européennes, c'est de ne pas pratiquer réellement l'entrisme. Les Britanniques, avant le Brexit, savaient pousser leurs pions aux postes clés, notamment dans l'administration de la Commission. Au Parlement, les partis politiques français n'ont longtemps envoyé que des seconds couteaux, sauf exception (Giscard bien sûr ! et quelques autres). Les Allemands tout au contraire pesaient, aussi bien chez les socialistes qu'à droite, du poids de leurs ténors qui y faisaient carrière.

L'appel de la politique nationale fut, pour moi, le plus fort. Je ne pouvais donner ma mesure au secrétariat général du RPR en siégeant à Strasbourg plutôt qu'au palais Bourbon, puisqu'il fallait choisir. Et à Paris, la tâche était prenante.

Et Isabelle fut

La page de l'élection présidentielle était tournée mais mes contacts avec la presse politique restaient quotidiens. Je n'avais pas perdu de vue la « jupe verte » de la jeune et jolie journaliste qui m'avait tapé dans l'œil. À vrai dire, seule comptait pour moi, désormais, la conquête d'Isabelle.

Elle hésitait. Son ménage était tranquille, sans doute heureux ; son métier la passionnait ; j'avais quinze ans de plus qu'elle... Il me fallut une grande force de conviction ! Je lui écrivis de longues et fougueuses lettres qui l'émurent. Je parvins à la convaincre de partir pour quelques secrètes escapades. À Venise, bien sûr.

Jamais ne s'effacera de ma mémoire et de mon cœur la traversée que nous fîmes, un soir, de l'aéroport Marco Polo jusqu'au Grand Canal à travers la lagune. La barque, rapide, tapait fort sur les vagues que soulevaient les vaporettos que nous croisions. Debout, nous recevions à plein visage les embruns salés. Et peu à peu se dessinaient à nos yeux les quais des *fondamente nuove*. Passé l'île de San Michele et son cimetière, le pilote réduisit les gaz. Le silence s'installa. Nous avancions entre les façades délabrées, sous les cordes à linge tendues. Par un mouvement réflexe, je courbais la tête à l'approche des ponts comme si mon crâne allait heurter la pierre. Et soudain, éblouissement de beauté et de bonheur partagé, nous débouchâmes sur le Grand Canal, « la plus belle rue que je croy que soit en tout le monde et la mieux bâtie » selon Philippe de Commynes.

Nous revenons souvent à Venise et chaque fois mon cœur se fend. Je n'en veux pas à Régis Debray d'avoir écrit un petit ouvrage sobrement intitulé : *Contre Venise*. Il lui préfère Naples, une vraie ville, pour lui, toute bourdonnante de l'activité sans repos d'un peuple gouailleur... Alors que Venise n'est, à ses yeux, qu'un décor de théâtre, sans habitants ou presque, livré à des touristes grégaires. Mais justement, c'est ce décor que j'aime, dans cette ville d'artifice total, en rupture avec la vraie vie, authentique théâtre d'une pièce millénaire que peuple à loisir notre imagination. Et puis il n'est pas vrai que les touristes aient chassé tous les Vénitien(ne)s. Il suffit de quitter la *piazza* San Marco et la *calle* Merceria jusqu'au pont du Rialto pour se perdre au fin fond du Dorsoduro ou de la Giudecca, y trouver la solitude et la paix. Se perdre est le mot juste ! Malgré nos fréquents séjours et nos déambulations sans fin, je ne trouve jamais mon chemin du premier coup. Le promeneur revient souvent sur ses pas, sans le vouloir, à Venise, dans le labyrinthe des *calle*, *corte*, *sottoportegi*, *campi* et *campielli*, *fondamente* et *piazze*...

Pourquoi cette fascination pour la Sérénissime que je partage avec Isabelle et qui, chez nous, devient obsession après une trop longue absence ? Ville des émotions amoureuses bien sûr. Mais aussi fuite hors du temps, histoire d'une grande puissance maritime, arrêtée brutalement par la volonté de Napoléon ; hors de l'espace aussi, pas de voiture, l'eau pour toutes routes. Étrangeté absolue, amodernité totale. Le silence que seules brisent les voix humaines et le clapot des canaux. J'ai écrit un livre dont le titre a prêté bien des fois à confusion : *La Tentation de Venise*. Parfois un admirateur anonyme me confiait : « Je pars à Venise, j'ai acheté votre livre. » J'hésitais à le détromper, à lui dire que ce n'était en rien un guide de voyage, qu'il n'y trouverait que quelques lignes sur Venise : « Un jour à Venise, dans les jardins de la Fondation Cini qui font face à la Giudecca, je suis tombé en arrêt devant une petite maison délabrée, couverte de ronces. J'ai imaginé y faire retraite, fût-ce comme gardien. [...] À moins que le bedeau de Santa Maria Assunta, à Torcello, ne cherche à passer la main... Je suis candidat. » C'était en 1993. Me suis-je rapproché du but ? Pas vraiment ! Mais était-ce réellement mon but ?

Depuis plusieurs années, nous nous étions éloignés l'un de l'autre, Christine et moi. Mais le jour de 1992 où je lui ai parlé de divorce, ce fut une blessure. Mon cœur se serre encore quand je la revois, derrière la vitre de l'appartement où elle s'était installée dans le village Saint-Paul, me regarder traverser, en la quittant, la petite place déserte qui donnait accès à son immeuble. On ne met pas, sans douleur, un point final à une vie commune de vingt-sept ans qui fut une belle histoire.

Vers l'Union

Fin 1989, début 1990, nouveau coup de torchon au RPR. Depuis l'élection présidentielle de 1988, l'autorité de Jacques Chirac restait contestée. Certains dirigeants du parti n'avaient pas renoncé à l'idée de l'évincer. Mais l'affronter directement au sein du mouvement qu'il avait créé et dont les militants lui restaient fidèles était encore un défi téméraire. Je fus donc le bouc émissaire tout trouvé, le technocrate qui manquait de sens politique et ne savait pas donner le souffle nécessaire. Pasqua et Séguin se liguèrent contre la direction du parti. Attelage contre nature entre l'ancien ministre de l'Intérieur qui déclarait à *L'Express* le 22 décembre 1988 : « Oui, je partage avec le Front national bien des valeurs » et l'ancien ministre des Affaires sociales qui se piquait de sympathies avec les gaullistes de gauche ! Ils s'entendirent pour dénoncer la « liberomania » économique et la dérive européenne de la direction du parti. En filigrane, leur cible était aussi Balladur qui leur semblait avoir pris trop d'influence sur Chirac, au détriment de leur pouvoir présent et à venir. Convaincu ou voulant me convaincre que la crise était plus une rivalité d'egos qu'une confrontation d'idées, je proposai fin janvier d'intégrer la motion rédigée par Pasqua et Séguin dans le texte de synthèse que j'avais préparé en expliquant que je ne voyais aucune incompatibilité de fond entre les deux documents. Je reçus une fin de non-recevoir brutale : « La ligne Juppé conduit à la fusion avec l'UDF. Or nous n'en voulons pas ! », me répondit Pasqua. Pierre Juillet, soucieux comme toujours de jouer son rôle de statue du commandeur pompidolien tout en prétendant se hisser à la hauteur historique du Général, commenta d'un ton méprisant : « La pièce qui se joue devant nous n'est pas du Shakespeare mais du Feydeau. »

Il fallait donc aller au vote lors des assises du RPR qui devaient se tenir au Bourget le 11 janvier 1990. Je sentais Chirac hésitant. Il mesurait le poids des deux meneurs de la contestation auprès des militants d'un parti qu'il connaissait intimement. Balladur, conscient d'être aussi dans la cible, vint à ma rescousse en disant à Chirac : « Jacques, vous vous déshonoreriez si vous ne souteniez pas la motion de votre secrétaire général. » Ma motion devint ainsi la motion Chirac-Juppé.

Comme toujours, notre « grand-messe » attira, le 11 février 1990, beaucoup de monde au Bourget. Les orateurs, selon un cérémonial fastidieux que je ne suis jamais arrivé à modifier, se succédaient à la tribune, les seconds couteaux aux premières heures, les ténors en temps utile pour être repris au JT du soir. Nous avions battu le rappel dans toutes nos fédérations départementales mais le suspense n'était pas encore dissipé. Le vote clos, il fallut attendre les résultats. Cela prit du temps ! Chirac était assis au premier rang, j'étais à côté de lui, je le sentais nerveux, je voyais son pied battre la mesure de je ne sais quelle musique intérieure. On finit, au milieu de l'après-midi, par annoncer les scores : 68,32 % pour notre motion, 31,68 % pour celle de Pasqua-Séguin. C'était « net et sans bavure », sans être stalinien. Dans la foulée, Jacques Chirac fut triomphalement réélu président du parti.

Nous étions bien conscients de notre devoir de rassembler nos troupes pour affronter les nouveaux combats qui se profilaient à l'horizon : 1993, les élections législatives, et, deux ans plus tard, la présidentielle. Nous constituâmes donc un nouveau bureau politique de trente membres dont neuf pour les « amis » de Pasqua-Séguin… et même quatre pour ce qui restait des « Rénovateurs », les « amis » de Michel Noir et Alain Carignon. Je proposai à Jacques Chirac de nommer Nicolas Sarkozy secrétaire général adjoint et de le charger des relations avec les autres partis de l'opposition. Ce qu'il accepta. Et nous nous mîmes en ordre de bataille.

Rassembler le RPR ne suffisait pas à mes yeux. D'un côté, Chirac et moi avions construit une digue solide entre le Front national et nous ; de l'autre, la gauche restait puissante, idéologiquement, intellectuellement et socialement. Entre les deux, pouvions-nous surmonter les vieux clivages ? Gaullistes et centristes avaient-ils vraiment des visions incompatibles de la société française, de la conduite de l'économie, de l'avenir de l'Europe, de notre place dans le monde ? Étions-nous capables de construire un projet rassembleur ? Pour répondre à ces questions, il fallait se parler, travailler ensemble. Ce fut l'ambition des « états généraux » de l'opposition que le RPR et l'UDF lancèrent en janvier 1990. Leur organisation fut confiée à deux chefs de file : Nicolas Sarkozy pour le RPR et Alain Madelin pour l'UDF, tandis que Marielle de Sarnez en devenait secrétaire générale. Ils mirent sur pied, avec une grande efficacité, sept conventions qui, de janvier à décembre 1990, traitèrent successivement d'éducation, d'immigration, de décentralisation, d'environnement, d'économie, de justice et d'agriculture. Elles étaient ouvertes aux élus et aux militants des deux partis, mais aussi aux experts de diverses obédiences. Je veillais à ce qu'elles soient largement médiatisées. En juillet, sans attendre la fin du processus, je publiai avec François Bayrou, mon homologue en sa qualité de délégué général de l'UDF, un document d'une cinquantaine de pages dans lequel nous dressions le bilan de la politique socialiste « dix ans après la première élection de François Mitterrand et après deux ans de gouvernement Rocard ». Bilan sévère, on s'en doute à la seule lecture de son titre : *La France à contre-courant.* Dans son préambule, nous concédions qu'« apparemment, la situation [du pays était] satisfaisante ». Mais « à y regarder de plus près », nous dénoncions la charge des prélèvements obligatoires beaucoup plus lourds chez nous que chez nos grands partenaires, et des salaires directs en revanche moins élevés. Et de conclure : « Cette situation n'est pas saine : il faut que les salariés tirent profit de la croissance retrouvée. » Je pensais… « retrouvée grâce aux réformes menées à bien de 1986 à 1988 ! ». Dans mon commentaire, j'affichais clairement la couleur : « Le temps de la pugnacité est venu. Nous nous situons de façon résolue dans une opposition sans concession. »

La presse s'intéressait à nos travaux, surtout quand Chirac et Giscard venaient présenter leurs conclusions, comme à Saint-Maximin-la-Sainte-Baume les 15 et 16 septembre 1990. À cette occasion se tint aussi le premier bureau politique de la toute jeune UPF, l'Union pour la France, qui affichait sa volonté de rapprocher les deux grandes formations de l'opposition. Le processus aboutit le 10 avril de l'année suivante, avec l'adoption d'un manifeste qui prévoyait, sur la base du « programme commun » élaboré par nos états généraux, l'organisation d'un système de primaires pour la prochaine élection présidentielle et la présentation de candidats communs de l'opposition aux élections régionales et nationales. Il nous fallut plus de temps pour harmoniser nos positions sur l'Europe mais nos différences ne firent pas obstacle à la préparation de nos candidatures communes pour les élections législatives qui s'annonçaient à l'horizon. Nos espoirs de victoire croissaient à mesure que la popularité du gouvernement conduit par Édith Cresson, puis Pierre Bérégovoy, plongeait dans les abîmes sondagiers. La négociation des investitures législatives avec l'UDF fut pour moi une épreuve : mon interlocuteur, François Bayrou, défendit le pré carré de son parti avec une ténacité qui frisa la violence. Béarnais un jour, béarnais toujours. Mais, avec l'aide de bons connaisseurs de la carte électorale, je préservai les intérêts du RPR ; il est vrai que le grief d'impérialisme dominateur que nous adressaient nos partenaires n'était pas totalement injustifié. Nous finîmes par trouver le juste équilibre.

Parmi les conventions de l'UPF, il en est une qui a refait surface dans l'actualité quelques années plus tard : c'est la convention sur l'immigration des 31 mars et 1er avril 1990 à Villepinte. On nous reprocha d'avoir marché alors sur les plates-bandes de l'extrême droite.

J'ai relu le document de synthèse de cette convention, accessible sur le site officiel « Vie publique. Au cœur du débat public ».

Je n'y ai rien trouvé qui soit de nature à choquer mes convictions républicaines, d'hier comme d'aujourd'hui. Et, *mutatis mutandis*, celles que j'ai exprimées, en 2016, dans le livre *Pour un État fort*[1] dans le cadre de ma campagne pour la primaire de la droite et du centre.

Que disions-nous en effet à Villepinte ? Que la France ne peut plus être un pays d'immigration ouvert à tous vents, ce qui signifie qu'elle doit lutter contre les détournements du droit d'asile, mieux contrôler les entrées sur son territoire, combattre les fraudes à notre système de protection sociale, conduire des politiques efficaces d'aide au retour, réussir l'intégration par l'école, résorber les ghettos des quartiers sensibles… Plus tard, dans mon livre, je préciserai : mettre en place un système par points qui permette de déterminer le profil des étrangers dont

1. Alain Juppé, *Pour un État fort*, Paris, Jean-Claude Lattès, 2016.

nos universités ou notre économie ont besoin (c'est-à-dire instituer un système de quotas comme en ont de grandes démocraties, telle la canadienne) ; conditionner le regroupement familial à l'exercice d'un emploi ; donner valeur législative à la liste des pays sûrs dont les ressortissants ne sont pas fondés à demander l'asile, pour limiter les délais de traitement de leurs dossiers à une quinzaine de jours, etc. Bref, de 1990 à 2016, j'ai eu de la suite dans les idées.

À Villepinte, nous n'avons jamais parlé d'immigration zéro, cette promesse intenable qui est aussitôt assortie d'exceptions, à commencer par l'accueil des étudiants étrangers dans nos universités, qui nous profite autant qu'à eux ! Nous formons ainsi les futurs dirigeants de leurs pays respectifs ; leur présence chez nous renforce le rayonnement international de notre enseignement supérieur et de notre culture. Et, lors de cette convention, nous avons aussi parlé des relations entre la République et l'islam en des termes sans équivoque. Je cite quelques phrases : « la pratique religieuse doit s'exercer dans le cadre de la séparation des Églises et de l'État et ne pas porter atteinte aux principes et à l'organisation de l'État républicain » ; « un dialogue constructif et suivi entre les pouvoirs publics et les Français de confession musulmane doit se mener dans des conditions qui permettent de mettre fin à la dépendance de certains musulmans de France vis-à-vis de puissances étrangères » ; « l'intégration de l'islam passe par l'émergence d'un islam "tempéré", il revient à l'islam de s'adapter, c'est à lui seul de le faire afin d'être compatible avec nos règles républicaines » ; « l'islam comme les autres religions a droit de cité dans notre pays mais l'islam en France doit impérativement reconnaître et enseigner le respect des lois et de la laïcité »... C'est déjà la substance du code de la laïcité que je proposerai dans mon *État fort*.

Je me suis battu, tout au long de ma vie politique, pour empêcher toute forme de compromission, *a fortiori* d'alliance, avec les tenants des idées d'extrême-droite qui n'ont en commun avec nous ni une histoire, ni une culture, ni les grands hommes, ni les valeurs, ni la vision du monde, bref, rien qui permette l'exercice du pouvoir. De façon plus générale, je déteste tous les extrémismes, l'*hybris*, l'hystérie, l'appel à la haine, les fanatismes qui obscurcissent la raison et détruisent la bienveillance envers autrui et l'amour du prochain. C'était bien la ligne du RPR, telle que Chirac et moi la tenions.

Dans le même temps, outre le combat d'idées, j'avais mené à bien une profonde modernisation du parti dont j'avais professionnalisé la gestion, et un important renouvellement des cadres départementaux. Le travail de mon équipe fut payant : les nouveaux statuts que j'avais fait adopter instituait l'élection du secrétaire général du mouvement au suffrage universel ; c'était une première au RPR. Le 13 avril 1993, je fus élu avec 94,78 % des voix. Charles Pasqua déclara à la tribune : « Alain Juppé a bien tenu le coup. Aujourd'hui il nous demande quitus pour le passé et confiance pour l'avenir. Je les lui donne volontiers. » Fichtre ! Mais il ajoutait : « Ce qui n'exclut pas la vigilance. » J'ai pu le vérifier tout au long des années suivantes...

J'étais aussi soucieux d'assurer la présence du RPR sur la scène européenne et internationale. À plusieurs reprises, je conduisis des délégations du parti à l'étranger. Deux visites m'ont particulièrement marqué. Celle que nous fîmes en 1989 à Budapest au moment où les démocraties dites populaires se libéraient du joug soviétique. Nous allions apporter le soutien du RPR au Forum démocrate hongrois de Jozsef Antall qui préparait les premières élections libres de l'histoire moderne (de l'histoire tout court ?) du pays ; de la Roumanie voisine nous parvenait la rumeur de l'exécution de Ceaucescu, chassé du pouvoir après plus de vingt ans de dictature ; un peu plus tard, à Sofia, en Bulgarie, avec Michèle Alliot-Marie, nous partageâmes la ferveur de la foule qui elle aussi secouait le joug ;

une oratrice, poète de son état, chantait à la tribune la pluie qui tombait dru comme autant de « gouttes de liberté ».

Deux ans plus tard, à Pékin, nous fûmes accueillis avec tous les égards dus aux représentants d'un « parti frère ». Je fus partiellement rassuré en apprenant que le Parti socialiste français était aussi considéré comme « frère » du Parti communiste chinois. Les échanges avec nos interlocuteurs chinois étaient parfaitement cadrés : nous posions nos questions ; scrupuleusement ils prenaient note ; le lendemain ils nous apportaient les réponses… validées sans doute par la hiérarchie. L'imposante avenue, devant la résidence des hôtes où nous étions hébergés, était envahie de vélos et de motos, à l'exception de rares autobus ; quand je revins dix ans plus tard, les automobiles avaient chassé les deux-roues, et, parmi elles, les Mercedes, Porsche et Lamborghini n'étaient pas rares. Après Xian et Canton, nous finîmes notre périple à Hong Kong où flottait encore le drapeau britannique. Je n'ai jamais douté qu'une fois la rétrocession à la Chine acquise, les jours de la démocratie y seraient comptés. La mise au pas a été plus rapide encore que redouté !

J'ai vécu des moments chaleureux dans la France d'Outre-Mer, en Guyane, aux Antilles, dans l'océan Indien ou dans le Pacifique. Le RPR y avait encore des positions solides ; ses élus et ses militants nous faisaient fête et j'aimais l'authenticité de nos rencontres.

IX

Le Quai

Le 28 mars 1993, les Français élisent « l'assemblée la plus à droite qu'ait connue la France depuis plus d'un siècle », *dixit* René Rémond, autorité incontestée en la matière. La nouvelle majorité compte 488 députés, le groupe socialiste voit ses effectifs passer de 288... à 67. Bérézina pour le pouvoir en place, récompense des efforts d'unité de la droite, je jubile. Mitterrand ne bronche pas mais n'a d'autre choix que de demander au leader du parti qui vient de gagner les élections de prendre la direction du gouvernement. Quel est ce leader ? À l'évidence, Jacques Chirac. Mais le chef du RPR se dérobe ; l'expérience de 1986 lui a servi de leçon ; pour conserver les meilleures chances de gagner l'élection présidentielle de 1995, il ne veut pas se brûler les ailes à Matignon. Il est donc convenu avec son « fidèle » Balladur de lui laisser la place. Je ne suis pas dans le secret de leurs relations intimes mais, je ne sais pourquoi, je ressens d'emblée comme un malaise. Et si le dauphin se sentait pousser des ailes ?

Mais je n'ai guère le temps de gamberger. J'apprends que le nouveau Premier ministre a proposé mon nom pour le Quai d'Orsay. Poste prestigieux, mais aussi stratégique en période de cohabitation. Sans hésiter, j'accepte avec enthousiasme, d'autant que je me suis, à tout hasard, préparé en travaillant avec un petit groupe de diplomates proches de Jacques Chirac. Parmi eux Dominique de Villepin et Maurice Gourdault-Montagne avec qui j'ai créé une relation de confiance.

Comme en 1986, au temps de la première cohabitation, le premier Conseil des ministres est glacial. Ils le resteront. Les échanges y seront purement formels, y compris au moment de la communication hebdomadaire sur la situation internationale qui incombe, selon l'usage, au ministre des Affaires étrangères. Je m'acquitte scrupuleusement de ma tâche ; il est rare que mon topo suscite des réactions du président ou des membres du gouvernement.

François Mitterrand

Mon premier contact avec le président Mitterrand est également… frais. Il me déclare de but en blanc qu'il a accepté ma nomination avec réticence car il me considère comme un homme politique « sectaire ». Je lui réponds du tac au tac qu'ayant été lui-même chef de parti, il sait bien que la fonction ne porte guère à cultiver le sens de la nuance. Il sourit. Il est de notoriété publique que, pendant deux ans, nos relations auront été bonnes.

Durant la campagne de 1993, François Mitterrand avait prudemment convenu que la politique étrangère serait à l'avenir non plus le domaine réservé du président, selon la tradition de la Cinquième République, mais un domaine partagé avec le gouvernement. Et il est vrai qu'il me laissa une réelle marge de manœuvre. Dans un numéro de mars 1994, traduisant un article de *The Economist*, *Courrier international* ira même jusqu'à parler du « putsch tranquille d'Alain Juppé » et du retrait relatif du président de la République. L'analyse est excessive. D'abord, j'ai toujours pris le soin d'informer le président de toutes mes initiatives ; j'en avais l'occasion lors de l'entretien hebdomadaire qu'il m'accordait, en général le mardi soir. J'avais parfois le sentiment, en le voyant continuer à signer son courrier, qu'il ne me prêtait qu'une attention distraite. En fait il m'écoutait. Nous n'avons jamais eu de divergence sérieuse. Je pense l'avoir influencé dans son approche du drame de l'ex-Yougoslavie. Un peu prisonnier de sa parfaite connaissance de notre histoire nationale, il avait une grande indulgence envers la Serbie qui, à ses yeux, restait l'alliée de la Première Guerre mondiale. Je parvins à le convaincre que nous ne pouvions cautionner le nettoyage ethnique dont le régime de Milosevic se rendait coupable. Sur le Rwanda, c'est le gouvernement qui définit les strictes conditions de l'opération Turquoise sans qu'il y fît obstacle, j'y reviendrai. Quant aux questions européennes, c'est avec le Premier ministre que j'étais en prise directe, Édouard Balladur étant très attentif à leur impact en politique intérieure.

Mais au-delà du formalisme de nos relations de travail, une compréhension, et même un lien personnel se tissèrent entre le président et moi. Conformément à la tradition, je l'accompagnais dans ses déplacements à l'étranger et les longs voyages en avion sont propices aux contacts informels. Il m'invitait à sa table, je l'écoutais parler de ses goûts littéraires, il ne se privait pas de lancer quelques piques à certains de ses ministres ou de ses amis socialistes. Je mesurais aussi les efforts qu'il faisait pour surmonter les affres de son cancer. À Séoul, lors d'un périple qui nous conduisit non seulement en Corée mais aussi au Kazakhstan, et quelque temps plus tard à Sanaa au Yémen, au retour d'un sommet de la francophonie qu'il avait présidé à l'île Maurice, il dut s'appuyer sur mon bras pour poursuivre sa marche. À l'Élysée, il tenait à recevoir un par un les ambassadeurs étrangers qui venaient présenter leurs lettres de créance. Il écoutait debout leur compliment, parfois bavard ; il leur accordait un entretien en tête à tête (enfin presque, puisque j'y assistais) ;

comme plusieurs visiteurs se succédaient dans l'après-midi, il était obligé de prendre un temps de récupération entre deux audiences, il s'allongeait alors sur un canapé et je voyais le rictus de la fatigue et de la douleur marquer son visage. Cela crée des liens…

À mesure que l'échéance de 1995 se rapprochait, je sentis qu'il prenait ses distances avec Balladur et qu'il considérait avec une bienveillance grandissante la candidature de Jacques Chirac. Il ne croyait ni dans la volonté de Jacques Delors, ni dans les chances de Lionel Jospin et me le laissait entendre. En août 1994, il me convia à déjeuner chez l'un de ses amis dont la maison était proche de sa résidence de Latche dans les Landes. Après le repas, il me retint pour une conversation à bâtons rompus. Il conclut par cet encouragement qui ne manqua pas de m'influencer par la suite : « Après Chirac, tenez-vous prêt ! »

Je n'étais évidemment pas « mitterrandien » avant 1993 et j'ai combattu avec conviction ses candidatures successives, ses programmes, son parti. Et je ne suis pas devenu l'un de ses supporteurs après 1995. Mais quand je suis allé m'incliner devant sa dépouille en janvier 1996, ce n'était pas seulement le Premier ministre que j'étais qui sacrifiait au protocole, c'était l'homme qui témoignait de son respect pour un adversaire valeureux.

En septembre 2019, les organisateurs des Rencontres de Latche, mon ami Louis Schweitzer en tête, m'invitèrent à participer à leurs débats, patronnés par *Sud-Ouest* et le conseil régional. J'hésitai et fis remarquer que je serai sans doute le vilain petit canard au sein d'une « mitterrandie » qui n'était pas ma famille. Ils insistèrent. J'acceptai et découvris à cette occasion, sous la conduite de son fils Gilbert, la bergerie où Mitterrand aimait recevoir aussi bien ses amis que les grands de ce monde. Séquence émotion, à l'évocation des personnages qui se succédèrent en ces lieux, de Mário Soares à Shimon Peres, d'Helmut Schmidt à Mikhaïl Gorbatchev...

La réforme du « Département »

En prenant mes fonctions au Quai d'Orsay, je découvris une administration en proie au doute, voire à la déprime. Syndrome récurrent chez les diplomates qui se demandent à quoi ils servent en un temps où les chefs d'État se téléphonent pour un oui ou pour un non et court-circuitent ainsi leurs collaborateurs réputés compétents. Je me mis en tête de secouer mon ministère, le « Département » comme le désignent ses fonctionnaires, et de « redonner du lustre aux missions des affaires étrangères » ainsi que le titrèrent *Les Échos* le 3 septembre 1993. Je me dotai d'abord d'un cabinet de choc, dirigé par Dominique de Villepin, assisté de Maurice Gourdault-Montagne et d'une équipe de jeunes diplomates fortement motivés. Quand je considère aujourd'hui la brillante carrière de la plupart d'entre eux, je me dis que j'avais choisi les bonnes personnes !

La bande dessinée *Quai d'Orsay. Chroniques diplomatiques*, d'Abel Lanzac et Christophe Blain, a donné de Dominique de Villepin une image qui, de l'aveu même de l'intéressé, reste inférieure à la réalité. Son énergie, sa créativité, son impatience sont en effet sans limite. C'est en grande partie grâce à lui, à l'originalité et à l'audace de ses initiatives, à sa force de conviction et d'entraînement que j'ai pu imprimer ma marque dans ce ministère que j'ai tant aimé. À ses côtés, Maurice Gourdault-Montagne jouait le rôle du modérateur, apportant une dose de salutaire réalisme dans les visions parfois romantiques de son collègue et ami.

Il fallait d'abord redonner confiance à nos troupes. Dès avril 1993, je décidai de confier à Jean Picq une mission de réflexion sur le rôle et le fonctionnement du ministère des Affaires étrangères. Je connaissais et estimais Jean Picq, haut fonctionnaire de grande qualité qui avait une bonne connaissance de l'administration en sa qualité de magistrat de la Cour des comptes, mais aussi des cabinets ministériels, celui de la Défense, puis celui du Premier ministre, et l'expérience de l'entreprise à l'Aérospatiale notamment. Dès juillet, il me remit un rapport riche en propositions que je fis miennes et que je présentai à la première réunion des ambassadeurs qui se tint au Quai d'Orsay le 2 septembre 1993. Cette réunion était une innovation du rapport Picq ; elle se fondait sur le constat que nos chefs de poste à l'étranger travaillaient la plupart du temps en vase clos et, sauf quelques rencontres régionales, n'avaient pratiquement jamais l'occasion de se réunir pour débattre des questions d'intérêt commun, des grandes orientations de notre politique étrangère comme des conditions de fonctionnement de nos services. L'initiative fut appréciée. La conférence des ambassadeurs est devenue un point de passage obligé à l'occasion duquel les participants rencontrent chaque année, en général fin août, le président de la République, puis le Premier ministre qui fixent le cap de notre diplomatie ; la conférence a été ouverte, selon les années, à des experts extérieurs et à des chefs d'entreprise ; elle a été copiée à l'étranger, notamment en Allemagne. Un de ses mérites qui pourra paraître accessoire et qui, pour moi, était et demeure important, c'est de permettre aux conjoints des chefs de poste à l'étranger de mieux se connaître et d'échanger sur leurs expériences ; or l'implication des conjoints – en fait, la plupart du temps, des femmes d'ambassadeur, compte tenu de la très faible féminisation du corps diplomatique à l'époque – est, de fait, essentielle pour le rayonnement de nos ambassades ; leur travail est difficile et trop peu considéré.

Redonner confiance à nos diplomates, c'était aussi leur manifester de la considération, les convaincre que leur ministre lisait leurs télégrammes, les informer de ses conversations avec ses homologues, leur permettre de le rencontrer avant leur départ en poste et instaurer un processus de « rendre compte » quand ils revenaient à Paris. Je voulus réaffirmer surtout l'autorité que les textes donnaient en principe à l'ambassadeur sur l'ensemble des services français dans son pays de résidence, y compris à ceux du ministère des Finances qui ne fut pas le plus facile à convaincre. Lors d'un déplacement à l'étranger, j'avais dû assister en simple témoin à la signature d'un accord financier pour laquelle seul le chef de bureau du Trésor, présent à mes côtés, avait délégation. J'avais eu du mal à digérer l'affront. Le Premier ministre qui, au moins dans les premiers temps, cherchait à m'être agréable, avait accepté de réaffirmer le rôle prééminent du Quai d'Orsay dans la coordination de l'action extérieure de la France : un comité interministériel présidé par le ministre des Affaires étrangères fut créé pour concrétiser cette décision ; je fus un peu déçu en constatant, le jour de la parution du décret au *Journal officiel*, que la nouvelle instance avait été baptisée « Comité interministériel des moyens de l'action extérieure de la France » ; l'ambition était réduite à la coordination des moyens et pas vraiment des politiques mais je compris qu'il ne me fallait pas avoir les yeux plus gros que le ventre.

Ma réforme comporta aussi une réorganisation des directions du ministère, prévue par un décret du 4 novembre 1993. Je renforçai le rôle du secrétaire général qui devint assisté de deux adjoints, l'un pour les affaires politiques et de sécurité, l'autre pour les affaires européennes et économiques. Je musclai la capacité d'expertise du département en confiant la direction du centre d'analyse et de prévision à Bruno Racine dont je connaissais la fécondité intellectuelle. Je pris l'habitude de réunir chaque semaine l'ensemble des directeurs autour de moi pour les mettre sous tension afin d'améliorer la rapidité de réaction de notre diplomatie aux crises, mais aussi pour développer une culture de collégialité dans la maison et valoriser son encadrement supérieur. Je m'efforçai de moderniser la gestion des ressources humaines du corps et notamment des affectations à l'étranger trop souvent décidées au coup par coup sans véritables plans de carrière. Ma bagarre avec les Finances pour préserver les dotations budgétaires du ministère, rognées depuis des années, fut moins heureuse. Bercy considère peu le métier diplomatique, souvent assimilé par la direction du Budget à la participation quotidienne à des cocktails en ville. La qualité d'un corps diplomatique réellement professionnel est pourtant un atout décisif pour l'efficacité de notre politique étrangère. La réforme de l'encadrement supérieur de la fonction publique de l'État réalisée en 2021-2022 a supprimé purement et simplement ce corps. Nous serons donc la seule grande puissance à prétendre jouer un rôle sur la scène mondiale à nous être privés de cet outil indispensable. La fonction d'ambassadeur est pourtant un métier qui exige un apprentissage professionnel dans la durée et qui n'est pas conciliable avec le nomadisme « d'administrateurs de l'État » polyvalents. C'est aussi une vocation et un choix de vie.

Dans mon discours à la première réunion des ambassadeurs, le 2 septembre 1993, je présentai les détails de « ma » réforme. Puis je dégageai les grands principes qui devaient guider notre action diplomatique : d'abord affirmer la volonté de la France de jouer un rôle sur la scène internationale ; puis, en découlant, son refus de se laisser dicter sa conduite par d'autres ; en troisième lieu, sans renoncer à notre liberté d'action, la recherche sincère de solidarités, européenne, atlantique, méditerranéenne ; enfin, la conviction qu'aucun ordre mondial durable ne peut être édifié sur des inégalités et l'injustice.

Je m'efforçais bien sûr de mettre de la chair sur ce squelette en développant trois priorités : réussir l'Europe, travailler à la sécurité collective, combattre pour le développement.

Il m'arrive encore aujourd'hui de rencontrer des diplomates qui évoquent mon passage à la tête du ministère en termes élogieux. Leur témoignage me touche. Il est vrai que je me suis beaucoup investi dans cette fonction et que je garde de cette période un souvenir fait de bonheur et de fierté. Les diplomates m'ont, je crois, apprécié parce qu'ils sentaient que je les considérais. Et en effet j'éprouvais une sincère estime pour ces hommes et ces femmes qui, dans des conditions parfois difficiles et avec des moyens limités, portaient à travers la planète la voix de la France, une voix souvent attendue et respectée. Forcément, l'accomplissement de cette tâche donnait une forme de noblesse à leur vie professionnelle et, la plupart du temps, une élévation de pensée et de comportement. Dans le langage courant, être « diplomate », c'est synonyme de « souplesse d'échine », de sens du compromis, voire de l'esquive. Je peux témoigner que c'est un métier qui exige du courage et de la détermination.

Isabelle m'a beaucoup aidé à mener à bien ma tâche. Par sa seule présence, elle apportait, dans cette solennelle maison, un souffle de fraîcheur qui traverse aussi le livre qu'elle publia alors *À bicyclette. Et si vous épousiez un ministre*[1] *?...* La page de couverture qui la montre, jeune et souriante sur son vélo, devant le tapis rouge du grand escalier, est en elle-même tout un programme. Mais son rôle ne fut pas que d'apparence. Elle s'intéressa activement à la vie du département, à l'organisation des visites d'État, au déroulement de mes voyages, au sort réservé aux conjoints des diplomates en poste à l'étranger, « ces dames de la diplomatie » comme elle les appelle, trop souvent

1. Isabelle Juppé, *À bicyclette. Et si vous épousiez un ministre ?*, Paris, Grasset, 1994.

ignorées de l'administration centrale alors qu'elles participent pleinement au rayonnement de notre pays. Sa présence à mes côtés dans plusieurs de mes déplacements leur donnait une dimension humaine trop rarement perceptible dans les contacts officiels. Son récit de notre visite en Afrique du Sud en janvier 1994 en est un bel exemple. Et elle parvenait à concilier cet engagement à mes côtés avec sa responsabilité de mère de deux jeunes enfants, Quentin et Charline. Je cite avec émotion les dernières lignes d'*À bicyclette* : « Il est 4 h 15... *L'heure des mamans*, comme on dit aux tout-petits, approche. Je serai à l'heure ! »

Nous fûmes donc heureux au Quai d'Orsay. J'y étais arrivé le cœur léger. Mon premier déplacement à l'étranger, dans les jours qui suivirent ma nomination, fut tout à fait privé : je veux parler de notre voyage de noces. Isabelle et moi venions de nous marier devant le maire du dix-huitième arrondissement, mon ami Roger Chinaud ; j'avais choisi une destination proche, on ne sait jamais : ce fut Florence dans un bel hôtel qui dominait la ville et l'Arno ; et trois jours, pas plus, car déjà les dossiers s'accumulaient. C'était le bonheur fou au cœur de la beauté toscane. Mais à peine avions-nous défait nos bagages qu'on m'apporta le téléphone crypté sur lequel demandait à me parler mon homologue américain, le secrétaire d'État Warren Christopher. Il s'agissait de la situation dans l'ex-Yougoslavie qui, pendant deux ans, allait hanter mes nuits et mes jours.

Je dus affronter en effet des crises d'abord, des drames ensuite d'une exceptionnelle gravité.

Blair House

Je fis mes premières armes, dès avril, autour de la table du Conseil des ministres à Bruxelles. Édouard Balladur nous avait chargés, Gérard Longuet, ministre du Commerce extérieur, et moi, d'aller dénoncer, devant nos collègues européens, l'accord dit de « Blair House » (du nom du bâtiment officiel de Washington où cet accord avait été conclu entre les États-Unis et la Communauté européenne avec l'aval de nos prédécesseurs). Pendant la campagne électorale, dans l'opposition, nous avions critiqué cet accord qui nous paraissait contraire aux intérêts de l'agriculture française, face à la prétention ultralibérale américaine de réduire drastiquement, voire de supprimer les aides internes à la production ou les subventions à l'exportation, ce qui revenait à démanteler la Politique agricole commune. Certes des améliorations avaient été apportées au texte initial de l'accord. Mais la France exigeait mieux, en particulier pour le régime des oléagineux. Questions techniques, on le voit. Nos experts étaient mobilisés auprès des ministres. J'eus maille à partir avec le négociateur européen, le commissaire au Commerce, Sir Leon Brittan. J'ai le souvenir d'avoir jeté un froid parmi mes collègues en affirmant à ce distingué gentleman britannique que son rôle n'était pas de prendre lui-même des décisions mais d'appliquer le mandat que lui assignaient les ministres. Nous obtînmes, au bout de longues heures de discussion, une renégociation partielle de l'accord qui nous donnait en grande partie satisfaction. Mon ami Alain Lamassoure, ministre délégué aux Affaires européennes à mes côtés, m'apporta tout au long le concours de sa compétence et de ses convictions.

L'agriculture ne fut pas notre seul champ de bataille pendant ce cycle dit de « l'*Uruguay round* », commencé à Bogota, qui s'inscrivait dans le processus de libéralisation des échanges internationaux et qui aboutit à la création de l'Organisation mondiale du commerce (OMC). Nos partenaires américains prétendaient étendre l'ouverture des marchés aux biens et services culturels, entendez à la production cinématographique qui en constituait à l'époque l'enjeu principal. Les

« lobbyistes » d'Hollywood rôdaient dans les couloirs de la négociation. L'industrie américaine du secteur, déjà dominante, avait évidemment tout à gagner à démanteler les dispositifs de protection de la création européenne que nos pays avaient mis en place, notamment la France. Les Américains avaient du mal à accepter que nous prélevions une taxe sur toutes les entrées dans nos cinémas, y compris sur la diffusion des films américains, et que cette taxe finance la production de films français. Il fallut monter au créneau pour expliquer que, pour nous, les « biens culturels » n'étaient pas des marchandises comme les autres, assimilables à des kilos de pommes de terre ou à des appareils électroménagers mais incorporaient une part de notre identité artistique et intellectuelle, ce qui justifiait nos systèmes d'aide, y compris le prix unique du livre. Le coup de génie de Jacques Chirac, après 1995, a été de déplacer la discussion du terrain de l'OMC sur celui de l'Unesco et d'obtenir, au prix d'un dur combat, l'adoption, en octobre 2005, de la Convention internationale sur la protection et la promotion de la diversité des expressions culturelles. En matière diplomatique aussi, la détermination, l'obstination paient !

Si je me suis battu pour défendre les intérêts de la France, de sa culture et de son économie, ce n'est certes pas par hostilité de principe à la mondialisation. Je ne partage pas en la matière le scepticisme des Français qui demeurent l'un des peuples les plus pessimistes du monde développé. La mondialisation n'est pas autre chose que la prodigieuse aventure de l'humanité qui, sortant du rift africain, s'est répandue sur la planète. Les zélateurs de la démondialisation me paraissent pour certains ridicules et pour d'autres dangereux. Que serait un monde où chacun rentrerait sous sa tente, voire dans sa grotte pour y vivre en autarcie ? Les bienfaits de la libération des échanges entre les nations sont connus et incontestables : la production a été partout stimulée ; la concurrence a réduit les tensions inflationnistes ; les consommateurs ont profité d'une véritable aubaine et les pourfendeurs de la globalisation sont les premiers à se précipiter dans les hypermarchés pour y trouver des produits importés à bas prix ; la grande pauvreté a reculé sur la planète, plus d'un milliard d'êtres humains en sont sortis... Je ne veux pas, bien sûr, tomber dans la caricature inverse et béatement optimiste. Si elle n'est pas régulée, la mondialisation a aussi son cortège d'effets négatifs : aggravation de certaines inégalités, dégâts sur l'environnement dus par exemple à la déforestation, désindustrialisation de certaines économies avancées, dont la française ; la pandémie de Covid a mis en évidence notre dépendance dans certains domaines stratégiques, tels les médicaments de base ou les composants électroniques. Mais il ne faut pas jeter le bébé avec l'eau du bain.

Dans mon esprit, le libre-échange n'est pas la loi de la jungle. Il faut lui donner des règles du jeu. Les normes prudentielles imposées aux grandes banques mondiales au lendemain de la crise financière de 2007-2008 montrent que c'est possible. Désormais l'Union européenne doit changer de doctrine en matière de concurrence : ce ne sont plus les supposés monopoles européens qui menacent la libre concurrence mais les positions dominantes des mastodontes américains ou chinois ; il est naïf de mettre des bâtons dans les roues de futurs « champions » européens capables de rivaliser avec leurs homologues étrangers ; il arrive que ceux-ci s'affranchissent allègrement des règles du commerce international, même quand ils sont membres de l'OMC, et pratiquent le dumping social ou environnemental sans le moindre scrupule. Il est temps de réagir !

D'autres combats m'attendaient au Quai d'Orsay, qui, ceux-là, mettaient en cause la vie et la mort de nos frères humains.

Le drame dans l'ex-Yougoslavie

Rien de pire que le sentiment d'impuissance pour un responsable politique. C'est ce sentiment qui m'habita depuis ma prise de fonction en avril 1993 jusqu'à la signature des accords de Dayton et de Paris sur l'ex-Yougoslavie fin 1995. Pourtant j'ai tout fait pour que la diplomatie française soit en constante initiative et soutienne un engagement européen et international plus vigoureux pour faire cesser la guerre. Devant la commission de l'Assemblée nationale présidée par François Loncle qui m'auditionna en 2001, je distinguai deux périodes dans le déroulement de cette tragédie : « Celle de la présidence de François Mitterrand où les choses étaient moins claires, et celle de la présidence de Jacques Chirac où elles le sont devenues tout à fait. »

« Le pire, dans le communisme, c'est ce qui vient après » : ce constat d'Adam Michnik, historien et journaliste polonais, s'applique bien à la situation dans l'ex-Yougoslavie au lendemain de l'effondrement du bloc soviétique. Jusqu'à sa mort en 1980, Tito était parvenu à maintenir la coexistence pacifique des nationalités qui composaient la fédération yougoslave en jouant à la fois sur une forme de neutralité vis-à-vis de Moscou et sur une relative souplesse du fédéralisme intérieur.

L'éclatement de la fédération dans les années qui suivirent trouva une Europe divisée. Comme je le rappelai dans mon audition de 2001, « il n'a pas été facile, au sein de l'Union européenne, de définir des positions communes. À l'origine, et je formulerai les choses de manière prudente, l'Allemagne était plutôt sensible aux thèses croates et la France plutôt sensible aux thèses serbes ». Où l'on voit le poids de l'histoire, près d'un siècle plus tard !

Cette divergence apparut clairement lorsque l'Allemagne reconnut unilatéralement, dès le 23 décembre 1991, l'indépendance de la Croatie et de la Slovénie ; la France et la Grande-Bretagne, pour leur part, se montraient favorables au maintien de l'intégrité de la Yougoslavie. Mais, le 15 janvier 1992, l'ensemble des États membres de ce qui était encore la Communauté européenne, placés devant le fait accompli, finirent par reconnaître l'indépendance des deux nouveaux États. Le décor du drame était ainsi dressé.

Quand je pris mes fonctions en avril 1993, la question d'une intervention internationale pour faire cesser les affrontements entre Serbes et Croates était encore pendante bien que, dans leur déclaration de Petersberg, le 19 juin 1992, les ministres des Affaires étrangères et de la défense de l'UEO (Union de l'Europe occidentale) aient affirmé leur volonté de participer à des opérations de maintien de la paix sous l'autorité de l'ONU ou de la CSCE (Conférence sur la sécurité et la coopération en Europe).

François Mitterrand ne voulait pas « ajouter la guerre à la guerre » et, sous l'impulsion de Bernard Kouchner, n'acceptait qu'une intervention de nature humanitaire ; telle fut la mission confiée à la Forpronu (Force de protection des Nations unies). Il en résulta une permanente ambiguïté sur le rôle des casques bleus dont le commandement, assumé de juillet 1993 à janvier 1996 par un général français, Jean Cot, puis Bertrand de La Presle, et Bernard Janvier, s'en tenait, conformément aux termes de la mission, à une forme de neutralité entre les belligérants et à la seule protection des populations.

Je ne me satisfaisais pas de cette position qui conduisait nos propres soldats, engagés dans la Forpronu (dont le nombre atteint 7 100 sur 45 000 en 1995), à assister, passifs, aux exactions perpétrées contre les civils et au nettoyage ethnique auquel se livraient notamment les forces serbes. Dès avril 1993, en réponse à une question d'actualité qui m'était posée à l'Assemblée nationale, je désignai les Serbes comme les agresseurs. François Mitterrand me dit : « Vous êtes bien conscient que nous prenons une orientation différente et que nous nous engageons dans une stratégie qui peut conduire à l'affrontement. Cela dit, allez-y. » C'est alors que, sur la proposition de la France, en liaison sur place avec le général Morillon, le Conseil de sécurité de l'ONU décida de créer des « zones de sécurité » en Bosnie et d'autoriser le recours à la force aérienne pour les défendre. L'initiative a été critiquée ; dès l'origine, les autorités de Sarajevo ont rejeté ce que le président Izetbegovic qualifia de « réserves pour Indiens ». L'ONU ne se donna jamais les moyens de les faire respecter : Srebrenica était l'une d'entre elles !

Le 5 février 1994, le bombardement, par l'aviation serbe, du marché de Markale à Sarajevo fit soixante-huit morts et bouleversa l'opinion publique française, particulièrement sensible au martyre de la ville assiégée depuis des mois. Mon équipe du Quai d'Orsay et moi, nous nous dîmes que ce massacre ne pouvait nous laisser sans réaction. Je soumis alors au président Mitterrand un projet d'ultimatum adressé à la Serbie selon lequel « si les troupes serbes n'avaient pas retiré leurs armes lourdes à une certaine distance de la ville avant une certaine date, des frappes aériennes de l'Otan interviendraient ». C'était prendre le risque « d'ajouter la guerre à la guerre » et je doutais de l'accord du président. Il me le donna. Il fallait évidemment, s'agissant de l'Otan, le soutien des États-Unis. Je résistais depuis des mois, avec mes collègues européens, à leur pression pour bombarder massivement les belligérants, au risque de lourds dommages collatéraux et d'un embrasement général. Je n'eus donc pas de mal à convaincre le secrétaire d'État Warren Christopher avec lequel j'entretenais par ailleurs une relation amicale.

Le 9 février, l'Otan enjoignit donc aux Serbes de Bosnie de retirer leurs armes lourdes au-delà d'un périmètre de vingt kilomètres autour de Sarajevo ou de les placer sous contrôle de la Forpronu avant le 21 sous peine de frappes aériennes.

Le 14, lors d'un débat au Conseil de sécurité, la Russie fit savoir qu'elle ne s'opposerait pas au recours à la force contre les batteries serbes entourant Sarajevo ; cette prise de position sauva la face des Serbes de Bosnie qui prétendirent s'exécuter à la demande de la Russie et non pas de l'Otan. Quoi qu'il en soit, le 20, à l'approche de l'expiration de l'ultimatum, l'Otan et l'ONU estimèrent que le retrait des armes lourdes autour de Sarajevo était suffisamment engagé pour ne pas justifier « à ce stade » de frappes aériennes. Dans le bureau de François Mitterrand où nous suivions ensemble le décompte du temps, ce fut un soupir de soulagement.

La menace militaire ne suffisait évidemment pas à trouver la sortie de crise. Simultanément, je travaillais à la recherche d'une solution diplomatique. Conscient qu'elle ne pouvait venir de la France seule, je construisis une relation d'étroite confiance avec mes collègues européens et principalement le ministre allemand Klaus Kinkel et le ministre britannique Douglas Hurd. C'est grâce à cette collaboration entre nos équipes qu'en novembre 1993, nous pûmes proposer un schéma de règlement pacifique du conflit qu'on baptisa du nom de « plan Kinkel-Juppé ». Ce plan recommandait « le principe d'une entité bosniaque dont la souveraineté nationale serait garantie et qui serait constituée de communautés vivant dans un système confédéral assez souple, avec un partage des territoires ». Il fixait des objectifs précis, notamment la protection de couloirs humanitaires, et la mise en place de moyens logistiques et humains ambitieux.

Nous nous engageâmes activement dans sa promotion. De Bordeaux où je l'avais convié à une visite de travail, Klaus Kinkel lança avec moi l'appel « aux responsables des Serbes de Bosnie ainsi qu'au Parlement de Pale de ne pas prendre la lourde responsabilité de relancer la guerre en rejetant le plan de paix qui leur est proposé ». Nous ne reculâmes devant aucun sacrifice, notamment celui d'aller, Douglas Hurd et moi, rendre visite à Milosevic à Belgrade et à Karadzic à Pale pour plaider la cause de la paix. Nous trouvâmes devant nous des interlocuteurs bornés.

Les temps n'étaient pas mûrs. Certes le groupe de contact créé en avril 1994, composé de cinq pays - Allemagne, France, Grande-Bretagne, Russie, États-Unis -, s'efforçait d'exercer la pression maximale sur les belligérants. Mais il manquait encore une démonstration de force, et l'engagement réel des États-Unis ; leur représentant, le brillant diplomate Richard Holbrooke, très présent sur le terrain, attendait le moment opportun.

Le tournant français

En mai 1995, Jacques Chirac venait de succéder à François Mitterrand. Le nouveau président est informé que des casques bleus français de la Forpronu ont été pris en otages par l'armée de la république serbe de Bosnie. Rompant avec la doctrine de non-intervention qui prévalait depuis le début de l'opération de l'ONU, il décide que, désormais, aucune attaque de soldats français ne sera laissée sans riposte ; il ordonne le déploiement de l'artillerie nécessaire à l'appui de nos troupes et l'assaut d'une section du 3e régiment d'infanterie de marine, sous les ordres du capitaine Lecointre. Deux soldats français sont tués au cours de l'opération et dix-sept sont blessés, mais nos otages sont libérés et le message envoyé aux forces serbes est clair : lors des obsèques de nos deux marsouins à Vannes le 1er juin, Jacques Chirac déclare que « la France refuse de s'abandonner à la fatalité et à l'irresponsabilité ».

Dans la foulée, le 3 juin, les quinze ministres de la Défense des pays membres de l'Otan et de l'Union européenne approuvent la constitution d'une FFR (Force de réaction rapide) dont le rôle sera de protéger les casques bleus de la Forpronu et d'aider cette dernière à accomplir sa mission de maintien de la paix. Le 16 juin, le Conseil de sécurité, à l'initiative de la France, vote la résolution 998 qui approuve à son tour la création de la FFR, malgré l'abstention de la Russie et de la Chine. Fin juin, la FFR déploie en Bosnie deux mille soldats français, mille cinq cents britanniques et cinq cents néerlandais. Elle installe ses batteries sur le mont Igman, situé à l'ouest de Sarajevo. Je plaide pour qu'elle s'engage dans la levée du blocus qui étrangle la ville depuis des mois. Lors d'un conseil restreint présidé par le président de la République le 4 juillet, nos autorités militaires invoquent la vulnérabilité de nos troupes et plusieurs options de désenclavement restent à l'étude.

Le massacre de Srebrenica, à la mi-juillet, provoque un nouveau choc dans nos opinions publiques. Le périmètre autour de cette ville de Bosnie avait été érigé en zone de sécurité par l'ONU. Un contingent néerlandais en assurait la protection. Le 7 juillet, les forces serbes, environ trois mille hommes, commencent leur avancée à l'intérieur de la zone où sont encerclés plus de dix mille militaires et civils bosniaques. L'appui aérien est refusé au commandement local de la Forpronu au motif des risques d'escalade qui, de bout en bout de la tragédie de l'ex-Yougoslavie, aura été l'obsession du commandement onusien. Dans la nuit du 12 au 13 juillet, l'armée de la république serbe de Bosnie, sous les ordres du général Ratko Mladic, entre dans Srebrenica et y massacre dans les jours qui suivent plus de huit mille hommes et adolescents bosniaques. Le tribunal pénal international pour l'ex-Yougoslavie et la Cour internationale de justice qualifieront à plusieurs reprises ces massacres de génocide.

Les combats entre forces croates, serbes et bosniaques vont hélas ! se poursuivre dans les semaines qui suivent.

Mais l'action diplomatique s'intensifie et les États-Unis organisent, du 1er au 21 novembre 1995, sur la base aérienne de Wright-Patterson, près de Dayton (Idaho), des négociations qui réunissent, sous la houlette de Richard Holbrooke, les présidents serbe (Milosevic), croate (Tudjman) et bosniaque (Izetbegovic). Ces négociations aboutissent à des accords qui mettent fin au conflit : la Bosnie-Herzégovine devient une confédération de deux entités, la Fédération croato-bosniaque qui regroupe 65 % de la population sur 51 % du territoire et la République serbe de Bosnie (35/49) ; un système de gouvernance tripartite est mis en place qui laisse une large autonomie aux entités croato-musulmane d'un côté, serbe de l'autre. Ces accords dits de Dayton ressemblent comme deux gouttes d'eau au plan Kinkel-Juppé. Petite concession américaine à la susceptibilité européenne : ils seront formellement signés à Paris, si bien qu'on peut aussi parler des accords de Paris...

Cette tragédie m'a profondément marqué. J'ai consacré à la recherche d'une solution de retour à la paix toute mon énergie pendant de longs mois. Au plus fort du drame, mon cabinet et mon ministère se sont mobilisés nuit et jour. Les critiques ne nous ont pas été épargnées par ceux qui détenaient la solution miracle pour abréger les souffrances de Sarajevo. Quand je me suis rendu sur place, le 11 février 1994, j'ai, pendant quelques heures, vécu l'angoisse des habitants assiégés sous les tirs des snipers. J'ai aussi mesuré la distance entre la volonté de bien faire et la possibilité de changer le cours des choses. J'en retiens quelques leçons.

D'abord celle des limites des actions de maintien de la paix sous l'égide de l'ONU. L'ambiguïté fondamentale de la mission de la Forpronu explique son inefficacité : les casques bleus n'étaient pas là pour faire la guerre aux assaillants mais pour protéger les populations en observant une parfaite neutralité entre les belligérants. Funeste illusion qui ne pouvait que susciter l'incompréhension des populations qui voyaient les soldats de l'ONU l'arme au pied, observateurs impassibles d'exactions manifestes. Loin de moi l'idée de le reprocher à ces soldats, dont beaucoup étaient français. Je ne partage pas l'opinion que Gilles Hertzog, auteur du documentaire *Srebrenica, une chute sur ordonnance*, a émise devant la commission parlementaire Loncle : « L'appareil militaire français, à Paris comme sur le terrain, continuait, au printemps et à l'été 1995, à être [...] neutre, voire pour certains de ses membres, proserbe, renvoyant les belligérants dos à dos, suspectant les Bosniaques de mauvais coups pour forcer la main de la Forpronu et intervenir à leurs côtés. » Nos soldats exécutaient les ordres reçus et, quand les ordres ont changé, ils ont fait la preuve de leur courage et de leur efficacité.

La France a une grande capacité d'initiative. Elle peut jouer un rôle déclencheur dans la prise de conscience et la réaction de la communauté internationale. Mais, seule, elle a peu de moyens d'action effective. D'où la nécessité de travailler à l'émergence de positions et d'engagements communs avec ses grands partenaires européens, en l'espèce l'Allemagne et la Grande-Bretagne. C'est d'autant plus nécessaire que nos alliés américains, dont l'influence était et reste décisive, poursuivent avant tout la défense de leurs intérêts nationaux, ce qui est, après tout, parfaitement légitime. *America first*. Il ne faut jamais l'oublier.

Enfin, les Balkans sont depuis des siècles une zone de danger pour la paix de l'Europe. Et l'histoire risque de se répéter. On entend aujourd'hui le président de la République serbe de Bosnie (*Republika Srpska*), Milorad Dodik, parler d'indépendance, ce qui revient à déchirer les accords de Dayton/Paris et à provoquer un retour au conflit entre Croates, Bosniaques et Serbes. Et la Russie jette de l'huile sur le feu, dans sa stratégie de déstabilisation de l'Union européenne et de reconstitution de sa zone d'influence. Je m'étonne toujours de voir encore vivre et prospérer, au XXIe siècle, le Grand Schisme de 1054 entre les Églises d'Orient et d'Occident. Il existe bien une internationale orthodoxe, sous divers patriarcats certes, mais solidaire sur l'essentiel : au mont Athos, j'ai vu des monastères richement rénovés grâce à l'argent russe.

Une remarque encore, qui donne, malgré tout, quelques raisons de croire en la justice humaine : Milosevic est mort en prison, en 2006, d'un infarctus du myocarde, avant que le Tribunal pénal international pour l'ex-Yougoslavie qui l'avait fait incarcérer n'ait pu le condamner. Quant à Mladic, « le boucher des Balkans », la justice internationale, en juin 2021, l'a définitivement condamné à la prison à perpétuité pour génocide, crimes contre l'humanité et crimes de guerre commis entre 1992 et 1995.

Le génocide des Tutsis

J'ai vécu au Quai d'Orsay, en 1994, une autre tragédie : celle du génocide des Tutsis au Rwanda.

Je reste, après tant d'années, d'une hyper-sensibilité sur cette terrible question, pour deux raisons au moins : le souvenir de l'abominable tuerie qui a marqué pour toujours ceux qui l'ont approchée de près, tels certains journalistes français, ou de loin, comme moi ; la persistante falsification historique du rôle de la France, accusée à Kigali mais aussi à Paris, de complicité dans la préparation, voire dans l'exécution du génocide. Cette accusation m'est insupportable parce qu'elle est infondée.

Pour bien comprendre l'enchaînement des événements, il faut remettre en perspective l'histoire du Rwanda. Je me bornerai ici à un bref rappel, en renvoyant aux spécialistes, belges notamment, pour une analyse en profondeur.

Toute l'histoire moderne du Rwanda est cruellement marquée par le clivage entre la majorité hutue et la minorité tutsie du pays. Les historiens se sont penchés sur les origines ethniques, économiques, sociales de ce clivage qui finit par tourner à la haine raciale. Il est sûr que le colonisateur, allemand puis belge, l'a exacerbé en hiérarchisant les différents groupes qui constituaient la société rwandaise : les Tutsis, éleveurs, de grande taille à la peau claire, réputés supérieurs ; les Hutus, agriculteurs, plus petits et râblés ; sans oublier les Twas, souvent artisans et commerçants. En 1931, les autorités belges choisissent de faire figurer la mention de l'ethnie sur les papiers d'identité. À l'indépendance, en 1962, la majorité hutue prend le pouvoir ; des milliers de Tutsis fuient dans les pays voisins où ils s'organisent pour s'attaquer au régime de Kigali, ce qui donne prétexte à celui-ci pour perpétrer des massacres comme celui de décembre 1963 où plusieurs dizaines de milliers de Tutsis perdent la vie. Dans son édition du 4 février 1964, *Le Monde* relève que « l'extermination des Tutsis, les massacres du Rwanda sont la manifestation d'une haine raciale soigneusement entretenue ».

Au fil des années, à compter de l'indépendance du Rwanda, effective le 18 septembre 1962, la France établit puis renforce progressivement ses relations avec le nouvel État. Elle parraine son adhésion à l'ONU et, dans la foulée, en octobre 1962, le général de Gaulle reçoit le premier président de la nouvelle République, le Hutu Grégoire Kayibanda. Le régime est fragile, et doit subir les attaques d'exilés Tutsi. En juillet 1973, à l'issue d'un coup d'État, le général Juvénal Habyarimana fonde la Deuxième République rwandaise. La coopération avec la France connaît alors un essor significatif sous l'impulsion de Valéry Giscard d'Estaing, notamment sur le plan militaire. Un accord franco-rwandais d'assistance militaire, de même facture que ceux que la France a conclus avec ses anciennes colonies, est signé en 1975. Les relations économiques restent modestes, mais il est clair que, dans l'esprit de la diplomatie française de l'époque, le Rwanda, « membre à part entière de la famille franco-africaine », selon notre ambassade, occupe une position clé sur une sorte de ligne de front face à l'Est africain anglophone.

L'aide française au Rwanda est substantiellement renforcée à la fin des années 1980, en liaison avec le FMI et la Banque mondiale qui s'engagent dans un « plan d'ajustement structurel » pour faire face à la forte dégradation de la situation économique du pays. Sur le plan militaire, un avenant à l'accord d'assistance, signé en août 1992, étend notre coopération, audelà de la seule gendarmerie, à l'ensemble des forces armées du Rwanda. Depuis deux ans, en effet, le Front patriotique rwandais (FPR), de sa base ougandaise, a lancé sa première offensive sur le sol du Rwanda, contre le gouvernement de Kigali qui appelle la France à l'aide.

Quel a été le rôle de la France, et plus particulièrement celui du président Mitterrand, dans ce début de la décennie 1990 ? Je n'avais, jusqu'en 1993, aucune responsabilité gouvernementale ; je ne dispose donc d'aucune autre information que celles qui sont publiquement accessibles et je n'ai pas l'intention de me substituer aux historiens qui étudient la période. Je m'en tiendrai à quelques constats : l'interlocuteur incontournable de la France, au terme de tout processus électoral, était bien le président Habyarimana, issu de l'ethnie hutue très largement majoritaire dans le pays. Dans une lettre du 10 janvier 1991, François Mitterrand assure son interlocuteur du soutien de la France tout en lui rappelant que le conflit « ne peut trouver de solution durable que par un règlement négocié et une concertation générale dans un esprit de dialogue et d'ouverture ». À partir de l'été 1992 est enclenché le processus d'Arusha, du nom de la ville de Tanzanie où se déroulent les négociations entre les deux parties, le pouvoir en place à Kigali d'un côté et le Front patriotique rwandais (FPR) de l'autre. En avril 1993, je deviens ministre des Affaires étrangères dans le gouvernement d'Édouard Balladur ; la diplomatie française continue à activement soutenir ce processus. Son aboutissement, fin août de la même année, j'y reviendrai, n'a malheureusement pas permis d'éviter le déclenchement du génocide dans la préparation ni l'exécution duquel la France n'a aucune part de responsabilité.

En 2021, le président Macron a confié à une commission de chercheurs, présidée par le professeur Vincent Duclert, la mission de faire la lumière sur cette douloureuse période de notre histoire récente. À la suite de la parution de ce rapport de 977 pages que j'ai lu ligne à ligne, j'ai donné le 7 avril au journal *Le Monde* une tribune dans laquelle je constatais que le travail de la commission Duclert faisait « avancer la vérité ». Je relevais deux points cruciaux à mes yeux, je cite ici le rapport : la France est enfin exonérée de l'accusation de complicité dans la préparation, voire l'exécution du génocide que « rien, dans les archives consultées, ne vient démontrer » ; l'opération Turquoise quant à elle a accompli « un effort réel de protection des Tutsis menacés et se compte en milliers de personnes extraites de situations dangereuses (j'ajoute tutsies et hutues) ». « L'éthique des officiers républicains » (français) qui l'ont conduite est saluée dans le rapport.

Je n'ai rien à changer au texte de ma tribune. J'ai reconnu que « nous avons manqué de compréhension de ce qu'était un génocide et de ce qu'impliquait son constat, à savoir agir sans délai pour arrêter avec toute la détermination possible les massacres qui ravageaient un pays que la France avait porté à bout de bras pendant des années ». Et encore : « Ce que nous avons fait, ce que nos soldats ont fait a été reconnu internationalement ; il est vrai que c'était trop peu et trop tard. »

J'ai écrit ces lignes en toute sincérité pour contribuer à l'apaisement des relations de la France et du Rwanda, pays incontournable dans la région des Grands Lacs africains et au-delà.

Mais il reste bien des zones d'ombre, à commencer par les circonstances de l'attentat du 6 avril 1994 où le président du Rwanda Habyarimana, mais aussi le président du Burundi voisin et plusieurs personnalités ont trouvé la mort. Il n'est pourtant pas sans intérêt, pour comprendre le déclenchement du génocide, de rechercher les auteurs de cet attentat. Aucune enquête ni française, ni européenne, ni onusienne n'a permis d'identifier ces auteurs. Même obscurité sur les massacres perpétrés fin 1993 et en 1994 dans l'est du Congo et le rôle qu'auraient pu y jouer des forces venues du Rwanda.

En tout cas, taxer la France de « responsabilités accablantes », comme il est écrit dans la conclusion du rapport Duclert, est injuste et inexact. Je voudrais en prendre deux exemples qui s'appliquent à la période pendant laquelle j'ai exercé des responsabilités gouvernementales sous la houlette d'Édouard Balladur, c'est-à-dire d'avril 1993 à mai 1995.

Pendant cette période, la France n'a pas apporté « un soutien inconditionnel » au régime du président Habyarimana et aux extrémistes de son clan. Notre gouvernement (et sur ce point il agissait dans la ligne du gouvernement précédent) a, au contraire, tordu le bras du président rwandais pour lui faire accepter, sans doute à contrecœur mais accepter quand même, le processus d'Arusha qui a abouti aux accords d'août 1993, que j'ai précédemment cités. Ces accords obligeaient le pouvoir en place à Kigali à une démocratisation du régime et surtout à un partage du pouvoir avec son opposition, y compris dans l'armée où était prévue l'intégration d'une forte proportion d'officiers et de soldats du FPR (Front patriotique rwandais du colonel Kagamé). Le rapport Duclert convient que ces accords ont été perçus comme un succès pour le FPR qui a d'ailleurs remercié la France pour sa médiation. Les extrémistes Hutu ne s'y sont pas trompés, qui ont tout fait pour en empêcher la mise en œuvre, jusqu'à l'attentat du 6 avril 1994 (si l'hypothèse de leur culpabilité est établie un jour). De même il est inexact de reprocher à la France d'avoir ensuite refusé tout contact avec le FPR, de nombreux passages du rapport Duclert relatent le contraire.

J'ajoute que les accords d'Arusha prévoyaient le retrait des compagnies de parachutistes français envoyés en octobre 1990 et au début 1993 dans le cadre de l'opération Noroît pour protéger les six cents ressortissants français présents au Rwanda. Ce retrait avait été effectif le 15 décembre 1993 et seuls restaient sur le sol rwandais, début 1994, vingt-quatre coopérants militaires d'un détachement d'assistance technique.

Cela dit, il est clair que notre politique de réconciliation et de prévention a échoué puisque le génocide a eu lieu. Je n'ai guère mis de temps à le dénoncer : le 16 mai, à Bruxelles, en marge d'une séance du conseil des affaires générales de l'Union européenne, j'ai déclaré : « Ce qui est en train de se perpétrer au Rwanda actuellement mérite le nom de génocide. Les massacres sont épouvantables, principalement dans la zone qui est tenue par les forces gouvernementales. » J'ai réitéré cette dénonciation du génocide le 18 mai à l'Assemblée nationale au cours de la séance des questions d'actualité. Non seulement je n'ai jamais varié sur cette appréciation mais j'ai immédiatement travaillé, avec mon équipe du Quai d'Orsay, à rechercher les moyens d'y mettre un terme. C'est ainsi qu'est née l'idée de l'opération Turquoise.

Une deuxième mise au point me paraît nécessaire : la mission confiée à la force Turquoise n'a jamais été ambiguë.

À vrai dire, c'est François Mitterrand que cible le rapport Duclert en l'accusant d'une « durable et coupable proximité » avec le président rwandais. Une partie de l'entourage du président français a pu plaider pour une intervention de caractère militaire avec l'objectif d'arrêter le FPR de Kagamé dans sa conquête du pouvoir à Kigali. Mais ce n'était en rien le sens de l'initiative proposée par mon ministère et validée par le Premier ministre qui a veillé avec un soin extrême à ce qu'elle conserve son caractère strictement humanitaire. Dans une lettre à François Mitterrand, Édouard Balladur prenait la précaution de rappeler sa détermination à « limiter les opérations [de Turquoise] à des actions humanitaires et à ne pas nous laisser aller à ce qui serait considéré comme une expédition coloniale au cœur du territoire du Rwanda ». Comment imaginer que le Conseil de sécurité ait donné son feu vert à la résolution 929 du 22 juin 1994 s'il en avait été autrement ? Cette résolution définissait avec précision le but humanitaire de l'opération et ses limites dans l'espace comme dans le temps. La France et nos militaires l'ont exactement respectée. Dans ces conditions, il n'est pas juste de reprocher à la force Turquoise de n'avoir pas fait ce qu'elle n'avait pas mission de faire, c'est-à-dire s'engager dans les combats, du côté du FPR bien sûr dans l'esprit de nos censeurs.

Il n'est pas question pour moi de me défausser de toute responsabilité. Sans doute ai-je commis l'erreur de croire la réconciliation entre les deux camps encore possible en mai-juin-juillet 1994, alors que l'horreur du génocide en cours la rendait totalement illusoire.

Mais il n'est pas juste de stigmatiser la France et d'en faire une sorte de bouc émissaire « aux responsabilités accablantes ». J'ai ressenti, tout au long de ces mois de 1994, un terrible sentiment de solitude : aucun autre acteur de la scène internationale n'a levé le petit doigt, ni l'ONU qui a d'abord retiré l'essentiel des casques bleus de la Minuar et a ensuite beaucoup tardé à prendre le relais de Turquoise ; ni l'Organisation de l'unité africaine (OUA encore à l'époque) bien lointaine ; ni nos partenaires européens trop heureux de laisser la France se débrouiller seule dans ce qui n'était pourtant pas son pré carré ; ni les pays africains de la région ; ni les États-Unis qui se sont excusés un peu tard de leur inaction. Je n'ai pourtant eu de cesse de mobiliser nos partenaires, y compris pour participer à Turquoise. Quelques amis africains nous ont courageusement accompagnés : le Sénégal, le Tchad, la Mauritanie, le Niger, le Congo, etc., sept pays au total. Au téléphone, mon homologue américain se bornait à m'exprimer « toute son admiration » pour les initiatives de la France.

J'ai conscience qu'en écrivant ce que je crois être la vérité, je m'expose à la critique des tenants de la doctrine officielle, tant l'omerta médiatique qui règne à Paris sur la tragédie rwandaise est absolue. Émettre l'idée que le récit d'une libération du peuple rwandais par des forces démocratiques issues de son sein, victorieuses d'un régime d'oppression dictatoriale et soucieuses de rétablir les libertés fondamentales, mérite d'être nuancée, c'est se faire immédiatement accuser, dans les colonnes de nos grands journaux, de négationnisme et de déni du génocide ! C'est ce qu'a vécu la journaliste canadienne Judi Rever qui n'a trouvé qu'à grand-peine un éditeur en France pour son livre *Rwanda, l'éloge du sang*[1]. Ce procès d'intention est insupportable pour ceux qui, comme moi, ont dès le début et constamment dénoncé le génocide ! J'ai conclu ma tribune d'avril 2021 en des termes dépourvus de toute ambiguïté : « La réalité fut celle d'un génocide, précipitant les Tutsis dans la destruction et la terreur. Nous ne l'oublierons jamais. » Le président Macron a eu raison de le dire à Kigali lors de sa visite de mai 2021, sans pour autant s'excuser de crimes que la France n'a pas commis.

Une lettre reçue en juin 2022 d'une jeune femme d'origine rwandaise apaise un peu mon indignation. En « objet », elle écrit le mot suivant : « GRATITUDE », et, dans le corps du texte :

> Occupé par les affaires urgentes de l'État, vous avez trouvé le temps pour extraire du Rwanda une petite fille d'un hachoir infernal. [...] La nuit du 9 avril, les Interahamwe [milices hutues] armés de machettes ont frappé à notre porte. La terreur m'a saisie : où me cacher ? [...] Les amis parisiens de la famille, choqués par les images vues à la télévision française, se sont adressés au directeur de cabinet du ministère des Affaires étrangères pour demander

1. Judi Rever, *Rwanda, l'éloge du sang*, Paris, Max Milo, 2020.

mon évacuation. Les réponses étaient : les Français d'abord, nous ne pouvons pas nous occuper des autres. Vous, monsieur Juppé, êtes intervenu personnellement pour qu'une patrouille de casques bleus français traverse la capitale et me sauve la vie.

Aujourd'hui, vingt-sept ans après, la jeune femme, naturalisée française en 2009, prépare le concours d'accès à la magistrature.

Une mort évitée me dira-t-on, pour huit cent mille perpétrées. C'est vrai. Mais, à la lecture de ce témoignage, mon cœur a battu un peu plus vite.

En septembre 2022, la justice française a prononcé un non-lieu dans l'enquête sur les accusations de complicité de génocide et de complicité de crimes contre l'humanité qui visait l'armée française lors des massacres commis sur la colline de Bisesero en 1994. L'ordonnance de non-lieu énonce que « les éléments de la procédure n'établissaient pas la participation directe des forces militaires françaises à des exactions commises dans le camp des réfugiés, ni aucune complicité par aide ou assistance aux forces génocidaires ou complicité par abstention des militaires français ». Justice est enfin rendue à ces derniers.

Mandela

Je n'ai pas vécu que des drames au Quai d'Orsay ! L'un des moments les plus joyeux que j'ai connus fut ma visite en Afrique du Sud en janvier 1994. Trois mois plus tard, du 26 au 28 avril, devaient avoir lieu dans le pays les premières élections libres, démocratiques et ouvertes à tous, Noirs et Blancs, métis et Indiens, depuis l'abolition officielle de l'apartheid trois ans plus tôt. Isabelle m'accompagnait et ce voyage l'a marquée tout autant que moi ; elle en parle avec émotion dans son livre :

Pour une première prise de contact, l'ambassadeur avait organisé un dîner informel avec deux personnalités indépendantes, le juge Richard Goldstone, président de la « Commission permanente d'enquête sur la prévention de la violence publique et de l'intimidation », et Zach De Beer, président du parti démocratique. Pendant qu'ils nous initiaient tous deux aux bouleversements en cours, aux vents d'espoir et de violence qui simultanément soufflaient sur la vie quotidienne, je regardais derrière nous les serveurs noirs en livrée blanche qui nous passaient les plats[1].

L'ambassadeur de France, qui était en fait une ambassadrice (à l'époque le mot désignait exclusivement la femme de l'ambassadeur…), Joëlle Bourgois, m'avait préparé un programme chargé, de Pretoria à Johannesburg, et jusqu'au Cap. Les temps forts du voyage vivent toujours dans ma mémoire. Par exemple la visite à Mgr Desmond Tutu dans sa maison de Soweto, le *township* de trois millions d'habitants où les Blancs ne pénétraient pas alors et où sévit toujours la violence ; la tension de notre escorte de sécurité était visiblement extrême au fur et à mesure que nous traversions le quartier ; mais le rire légendaire du prélat, aujourd'hui disparu, dissipait en nous toute angoisse. Et puis, le dîner à la résidence de France avec le président De Klerk, son épouse Marike, et plusieurs personnalités sud-africaines engagées dans le processus de transformation de leur pays, rien que des Blancs assis autour de la table et, derrière nous, pour nous servir, rien que des Noirs, encore ! Étrange ambiance, presque crépusculaire ; après le dîner, une pianiste française de passage pour un concours international de musique, du nom de Wagner (!), interpréta un prélude de Chopin ; j'ai longtemps prétendu qu'il s'agissait de sa *Marche funèbre.* Une époque finissait. Contraste absolu le lendemain, dans les jardins de l'ambassade, sous un soleil

1. Isabelle Juppé, *À bicyclette*, *op. cit.*

éclatant, Nelson Mandela arrive, escorté d'une quarantaine de ses amis, Blancs, Noirs, métis, Indiens ; on rit, on chante, on danse. Le monde qui vient ! Et puis encore, au retour du Cap, l'arrêt à Franschhoek, « le coin des Français », où deux cent cinquante huguenots, chassés de leur pays par la révocation de l'édit de Nantes en 1685, vinrent prendre racine… et planter des vignes ; sous un soleil de plomb, les enfants des écoles nous attendaient dans leurs habits du dimanche ; j'abrège leur supplice en réduisant mon discours à l'essentiel ; je parle en français, je suis traduit en anglais, la langue des fondateurs n'a pas résisté à l'afrikaans. Je prône « l'adaptation, sans nostalgie inutile, au changement ».

De tous les dirigeants que j'ai eu le privilège de rencontrer, c'est Nelson Mandela qui suscite en moi la plus profonde admiration. Quelle force d'âme lui a-t-il fallu, après vingt-sept années d'emprisonnement, pour écarter toute tentation de revanche et réussir la réconciliation d'un peuple cassé par l'apartheid ! Chaque fois que je l'ai rencontré, j'ai été subjugué par son charisme, la force joyeuse qui émanait de sa personne, comme au cours de ce déjeuner à l'Élysée, le 14 juillet 1996, où s'établit entre lui et les jeunes gens réunis par Jacques Chirac autour de la table un dialogue nourri malgré la barrière de la langue.

J'ai su gré au président Hollande de nous avoir désignés, Lionel Jospin et moi, pour représenter la France à la cérémonie d'inhumation de sa dépouille dans son village de naissance, Qunu, en décembre 2013. On y chanta joyeusement, à l'africaine ; mais, sur la scène il y avait une chorale blanche à droite et une chorale noire à droite. Au moment où j'écris ces lignes, dix ans après, l'Afrique du Sud n'est hélas ! pas sortie de la spirale de la violence et de la corruption.

Fin de mandat

J'assumai jusqu'au bout mes responsabilités ministérielles, tout particulièrement pendant la présidence française de l'Union européenne qui incombait à la France au premier semestre de 1995. Il me fallut faire le tour des capitales pour y présenter notre programme de travail, ce qui m'éloigna de la vie politique intérieure, en pleine campagne présidentielle. De bons esprits s'empressèrent d'insinuer que, peu confiant dans ses chances de victoire, je prenais mes distances avec Jacques Chirac. Le principal intéressé savait à quoi s'en tenir. Édouard Balladur aussi, qui n'avait guère apprécié l'appel que j'avais lancé en septembre 1994, lors de leurs universités d'été, aux jeunes du RPR : « Que Jacques Chirac nous montre le chemin, il sait qu'alors vous serez là, et moi avec vous, pour le suivre ! » Et, dans mon élan oratoire, je saisis la main de Philippe Séguin qui était près de moi à la tribune et portai haut nos deux bras. *Les Échos,* sous la signature de Françoise Fressoz, titrèrent : « N'hésitant pas à enfreindre la loi du silence édictée par Édouard Balladur aux membres du gouvernement, le ministre des Affaires étrangères, qui est aussi secrétaire général du RPR, a réaffirmé sa fidélité au maire de Paris. »

Pour apaiser les tensions, j'avais trouvé la formule magique : « Je suis loyal au Premier ministre, je suis fidèle à Jacques Chirac. » Édouard Balladur, d'ailleurs, me ménageait, allant jusqu'à m'envoyer des émissaires chargés de me débaucher : « En cas de victoire de Balladur, c'est à Juppé, évidemment, qu'il serait fait appel pour Matignon », me susurrait-on… Pour être tout à fait clair, il m'est arrivé, dans les premières semaines de 1995 et au vu des sondages, de douter de la victoire, jamais de mon soutien à Jacques Chirac.

La bienveillance de Balladur à mon égard avait des limites. Je l'avais constaté en décembre 1994 lors du détournement de l'Airbus AF 8969 sur l'aéroport d'Alger et de la prise en otages des deux cent vingt passagers et de l'équipage par un commando du GIA (Groupe islamique armé). Les quatre terroristes exigeaient de décoller à destination de Paris. Les autorités algériennes refusaient de laisser partir l'avion. J'avais la conviction que l'intervention des forces de l'ordre algériennes finirait en véritable boucherie ; et je plaidais donc pour faire pression sur le gouvernement algérien. J'y travaillais avec notre ambassadeur à Alger, Bernard Kessedjian. Les terroristes perdaient patience et exécutèrent froidement trois otages dont un jeune agent de notre ambassade, Yannick Beugnet, en partance vers Paris. À la suite d'une conversation que j'eus avec le général Liamine Zéroual, chef de l'État algérien, la situation se débloqua et l'avion put décoller. Le Premier ministre français et Charles Pasqua, alors ministre de l'Intérieur, étaient pleinement mobilisés et leurs cabinets étaient en relation permanente avec le mien. Comme il se doit, ils reprirent complètement la main dès l'arrivée de l'avion dans l'espace français. On connaît le dénouement : l'avion fit une escale technique à Marseille, l'ordre fut alors donné au GIGN de libérer les otages. Nos gendarmes accomplirent la mission avec un courage exemplaire ; les quatre terroristes qui réagirent sauvagement furent tués ; les passagers furent libérés sans dommage pour la plupart ; on dénombra une quinzaine de blessés dont neuf gendarmes. Lors de la conférence de presse finale… je m'en remets ici au jugement de Maurice Gourdault-Montagne qui vécut le drame en direct et qui écrit dans son livre *Les autres ne pensent pas comme nous* : « Le Premier ministre mit en avant son ministre de l'Intérieur, Charles Pasqua, dont il estimait le soutien indispensable pour les présidentielles, au détriment de l'intervention du ministre des Affaires étrangères, qui avait pourtant été déterminante dans le retour de l'avion détourné sur le sol français[1]. » Je ne me souviens pas d'avoir manifesté le moindre agacement.

Entre les crises et les drames, il y a toujours la vie quotidienne, même pour un ministre. Nous nous étions installés, Isabelle et moi, avec ses deux enfants, Quentin, né en septembre 1985, et Charline qui n'avait que trois ans, dans un appartement mis en location par la Ville de Paris. Marion, qui n'avait pas encore décroché son bac, vivait aussi avec nous. L'immeuble appartenait au domaine privé de la Ville, domaine dans lequel elle logeait certains de ses élus ou de ses fonctionnaires. Les loyers n'étaient pas ceux du marché mais pas non plus, beaucoup s'en fallait, ceux du parc social. Quand le secrétariat du maire de Paris m'avait parlé d'un logement vacant qui pouvait correspondre à ce que je cherchais pour installer ma nouvelle famille, je n'y avais pas vu malice. La liste des personnalités très honorables qui peuplaient ce domaine m'avait ôté toute hésitation. Erreur funeste ! À peine étais-je arrivé à Matignon que la presse s'empara de l'affaire ; je ne me souviens plus si l'on parlait alors de prise illégale d'intérêts ; il est vrai que j'étais à l'époque adjoint au maire de Paris et que j'aurais dû faire preuve de plus de prudence. Quoi qu'il en soit, le procureur de Paris m'intima l'ordre de régulariser ma situation en déménageant sans attendre. Ce que je fis, non sans déclarer, bravache, que je restais « droit dans mes bottes ». Cette expression est passée à la postérité. Elle revient immanquablement dans tous les portraits qu'on a pu faire de moi par la suite. Elle est la marque de l'arrogance qu'on me prête. J'ai aggravé mon cas en ajoutant que cela valait mieux que d'être « mou dans ses baskets ». C'était ma manière, sans doute maladroite, d'affirmer que j'allais

1. Maurice Gourdault-Montagne, *Les autres ne pensent pas comme nous*, Paris, Bouquins, 2022.

continuer ma tâche sans me laisser déstabiliser par ce qui était sans doute une faute, mais, dans mon esprit, vénielle. Je me suis interrogé, au fond de moi-même, sur l'origine de la fuite. Elle ne pouvait venir que du sérail de l'Hôtel de Ville. Je n'avais pas encore appris à me méfier de mes amis plus que de mes adversaires...

La vie politique n'est pas avare d'épreuves en tous genres : attaques violentes et injustes des opposants, trahisons des amis, incompréhensions populaires, catastrophes naturelles, crises internationales ou domestiques imprévues... Mais elle apporte aussi d'intenses moments de bonheur. Pendant le premier semestre 1995, absorbé par mes responsabilités ministérielles, j'avais peu participé à la campagne présidentielle. Le choc de bonheur n'en fut que plus fort le 7 mai 1995 quand je vis se dessiner, à vingt heures, sur les écrans de télévision, le visage du nouveau président de la République, celui de Jacques Chirac. C'était pour lui le couronnement de plusieurs décennies d'engagement politique. Pour moi, c'était l'accomplissement du rêve que je partageais depuis vingt ans à ses côtés et avec tous les militants du RPR.

L'avenue d'Iéna, où siégeait la permanence de campagne de notre candidat, était noire de monde. Nous étions trois ou quatre en avant-garde, sur le front des troupes, au milieu de la rue, Toubon, Madelin, Séguin si ma mémoire ne me trahit pas, et moi, le cœur battant, guettant l'arrivée de la voiture qui ramenait le nouvel élu de son bureau de l'Hôtel de Ville.

Je retrouve avec émotion, dans mes archives, l'image où l'on voit Jacques Chirac, descendu du balcon d'où il avait reçu, aux côtés de Bernadette, les ovations de la foule, traverser à grand-peine l'avenue d'Iéna. Je revis physiquement l'instant où, transformé en garde du corps, collé à Chirac, je suis écrasé par la masse humaine, un rictus de quasi-souffrance sur le visage. Je n'ai pas pu rejoindre la place de la Concorde. Isabelle, enceinte de quatre mois, avait été bousculée dans la cohue. Prise d'un léger malaise, elle était allongée, parmi d'autres, dans une salle de repos de fortune aménagée au rez-de-chaussée de la permanence. Chirac, toujours attentionné, même dans cette circonstance historique, est venu l'embrasser. Nous sommes rentrés, elle et moi, à la maison. Nous avons assisté à la rencontre du président élu avec le peuple de Paris et, à distance, le peuple de France, devant nos écrans de télévision.

X

Non ! Matignon n'est pas un enfer !

En France, contrairement à ce qui se passe aux États-Unis, la passation de pouvoir entre le président sortant et le nouvel élu se fait à bref délai ; Jacques Chirac prit le relais le 17 mai 1995, dix jours après son élection. Il me nomma Premier ministre le jour même. Pendant l'interrègne, nous n'avions pas chômé.

Le gouvernement Juppé I

Il fallait, en toute priorité, arrêter la liste des ministres du nouveau gouvernement. J'ai souvent confié que, absorbé par mes fonctions ministérielles dans le gouvernement Balladur, je ne m'étais pas vraiment préparé ; Jacques Chirac, de son côté, avait laissé planer le suspense : Juppé ou Séguin ? J'avais l'intime conviction que son choix était fait. Il ne m'en avait pourtant rien dit. Mais je le pressentais. C'est peut-être la raison pour laquelle j'attendais l'échéance sans fébrilité, presque sans trop y penser. Certes, j'avais vingt ans de vie politique derrière moi et une double expérience ministérielle, au Budget et aux Affaires étrangères. Je connaissais les hommes et les femmes qui présentaient les qualités requises pour entrer au gouvernement. Ils étaient évidemment plus nombreux qu'il n'y avait de places disponibles, d'autant que, comme d'habitude, on avait annoncé une équipe « resserrée ». Je tenais à ce qu'elle soit paritaire, ce qui n'était pas le moindre défi car les candidatures féminines étaient sensiblement moins nombreuses. L'obligation de parité aux élections locales n'avait pas encore permis de constituer un vivier de nouvelles compétences. J'allai donc explorer les rangs de la société civile, ce qui m'amena à proposer parfois des noms d'illustres inconnues, du moins dans le cercle habituel des « ministrables ». Rétrospectivement, je pense que c'était une erreur mais je ne m'en rendis compte que quelques mois plus tard quand je dus remanier mon gouvernement. Pour l'heure, les deux ou trois conseillers qui nous entouraient, notamment Dominique de Villepin et Maurice Gourdault-Montagne, promis respectivement aux fonctions de secrétaire général de l'Élysée et de directeur de cabinet du Premier ministre, ne parvinrent pas tout à fait à endiguer la montée du flux : à force de combiner les critères de sensibilité politique, d'origine géographique et, d'abord ! de compétence, nous dûmes nous résigner à une liste qu'il serait excessif de qualifier de pléthorique, disons simplement un peu nombreuse… Mais là n'était pas la véritable erreur. Les plaies entre Chirac et Balladur étaient encore fraîches. J'ai mieux compris, en lisant les *Mémoires* du premier, combien la trahison du second avait traumatisé Chirac. Cette phrase en dit long : « Je n'aurai jamais d'explication d'homme à homme avec Édouard Balladur[1]. » Et même si le nouveau président était soucieux de rassembler, il ne manifestait pas un enthousiasme excessif à l'idée de faire large place aux « balladuriens ». Il en convient avec franchise, toujours dans ses *Mémoires* : « J'ai considéré d'emblée, peut-être à tort, que les principaux ministres balladuriens ne sauraient y [au gouvernement] être associés[2]. » Je parvins à en sauver

1. Jacques Chirac, *Mémoires*, t. 1, *Chaque pas doit être un but*, Paris, Nil, 2009, p. 407.

2. Jacques Chirac, *Mémoires*, t. 2, *Le temps présidentiel*, Paris, Nil, 2010, p. 16.

quelques-uns, à commencer par François Bayrou à condition qu'il restât à l'Éducation nationale, abandonnant du même coup son ambition de me succéder au Quai d'Orsay. Le vrai péché originel fut de ne pas dissoudre l'Assemblée nationale. Issue des élections de 1993, elle comptait une majorité écrasante de députés de la droite et du centre, mais la division était patente entre ceux qui avaient soutenu Balladur et ceux qui avaient fait campagne pour Chirac. Pour s'attirer les bonnes grâces du plus grand nombre, Chirac avait promis de ne pas dissoudre ; on sait que les députés ont horreur des dissolutions qui abrègent leur mandat ! Contrairement à ce qu'on lui reproche injustement, Chirac sait tenir ses promesses. C'est ce qu'il fit en l'occurrence. Mitterrand lui, tant en 1981 qu'en 1988, avait dissous pour se constituer une majorité élue sur son nom. Quant à moi, j'allais devoir m'affirmer comme le chef d'une majorité parlementaire dont une grande partie me soutenait comme la corde soutient le pendu.

On dit beaucoup, on écrit même comme Raphaëlle Bacqué dans son livre qui porte ce titre, que Matignon est un enfer. Pourtant aucun Premier ministre, à l'exception de Jacques Chirac en 1976, n'a quitté volontairement le poste. Pour ma part, j'y ai passé deux des plus intenses années de mon existence.

On vit dans un cocon, où les bruits de la ville parviennent atténués. C'est d'ailleurs le risque ! Il faut sortir et aller quotidiennement sur le terrain. Sinon, l'entourage, à force de vous protéger, vous isole. C'est confortable. L'intendant de l'Hôtel Matignon anime une équipe discrète, disponible à tout moment, dévouée, qui vous épargne toutes les contraintes domestiques. Isabelle et les enfants habitaient sur place avec moi ; Clara venait de naître, le 28 octobre ; pour m'assurer un temps de sommeil minimum, nous avions engagé une garde de nuit. Quentin et Charline fréquentaient les écoles du quartier. Chaque matin, je rejoignais la petite équipe des gardes républicains pour un footing dans le parc qui est un des plus grands et des plus beaux du quartier des ministères.

Bonheur familial donc, qui m'apportait un équilibre d'autant plus précieux que, pendant deux ans, je n'allais pas naviguer sur un fleuve tranquille.

Une fois l'équipe ministérielle constituée, je m'attelai à la rédaction du discours d'investiture que j'allais devoir prononcer devant le Parlement. J'aime bien écrire des discours, pour les autres mais aussi pour moi-même. Celui-ci me donna du fil à retordre. Tout au long des mois précédents, je n'avais pas pris le temps de réfléchir à ce que serait mon programme de gouvernement si j'accédais au poste de Premier ministre. Je me rassurais en me disant qu'il serait bien temps, si l'hypothèse se vérifiait, de puiser dans celui du candidat. Pour me plier à la tradition, je demandais à mes principaux ministres de me faire parvenir chacun une note résumant ses priorités. J'eus toutes les peines du monde à en faire la synthèse. Il en sortit un texte touffu, trop technique et trop long. Le lire à la tribune me fut un supplice, d'autant qu'assez vite, les mauvaises têtes de la majorité commencèrent à manifester ostensiblement leur ennui.

D'emblée je dus faire face à une vague d'attentats terroristes perpétrés par le GIA algérien, qui, entre juillet et octobre 1995, firent huit morts et près de deux cents blessés. Je n'avais pas été confronté jusque-là, dans ma vie, au spectacle de la mort violente. Ma génération n'a pas connu la guerre, ni les « grandes » du siècle passé, bien sûr, ni celle d'Indochine, ni même celle d'Algérie, j'avais treize ans en 1958 ! J'ai fait mon service militaire sur la base aérienne de Mont-de-Marsan, loin du fracas des armes. Et, dans le civil, je n'avais jamais été le témoin d'accidents sanglants. C'est dire le choc que je reçus quand, le 25 juillet 1995, je descendis, avec le président de la République et Jean-Louis Debré, ministre de l'Intérieur en exercice, au sous-sol de la gare Saint-Michel-Notre-Dame, dans les couloirs du RER B d'où les forces de l'ordre et les soignants retiraient les corps des victimes. Moments terribles de souffrance et de colère. Tout au long de ces mois tragiques et du combat déterminé contre le terrorisme, je pris exemple sur le courage et la force d'âme de Jacques Chirac, attentif à chacun, aux sauveteurs comme aux blessés.

J'ai assisté le 1er juin 2022 à l'hommage rendu dans la cour des Invalides, en présence du président de la République, à Françoise Rudetzki, elle-même victime d'un attentat en 1983 qui la laissa gravement handicapée. Je l'avais rencontrée en 1995 et j'avais été impressionné par son courage et sa détermination. Je l'avais aidée à créer le Fonds de garantie des victimes d'actes de terrorisme. Défendre leurs droits, obtenir la reconnaissance officielle de leur cause fut le combat de sa vie. Je lui dois ici ce témoignage.

Dans le même temps, la responsabilité m'incombait de mettre en œuvre les réformes annoncées pendant la campagne électorale et de répondre aux attentes des Français.

Jacques Chirac s'était engagé à réduire la « fracture sociale » dont il avait posé le diagnostic. On a reproché à mon gouvernement d'avoir oublié cette promesse et d'avoir donné la priorité au rétablissement des grands équilibres budgétaires et financiers. Ce reproche est injuste. La mesure phare du programme du candidat Chirac, c'était le Contrat initiative emploi destiné à faciliter le retour au travail des chômeurs de longue durée, mais aussi de permettre aux jeunes sans diplôme d'accéder plus facilement à l'emploi. Dès juillet 1995, la mesure, qui consistait pour l'essentiel en une prime de deux mille francs par mois versée pendant deux ans à l'entreprise qui bénéficiait en outre d'une exonération de charges sociales patronales, fut votée et mise en œuvre. Je fus fier d'aller signer les premiers contrats dans une agence de ce qu'on appelait encore l'ANPE, en compagnie du ministre du Travail, du Dialogue social et de la Participation, l'excellent

Jacques Barrot. On a estimé à plus de trois cent cinquante mille le nombre de chômeurs qui, en quelques années, ont ainsi pu retrouver un emploi durable.

J'avais fait de l'emploi le leitmotiv de mon discours d'investiture. Je voulais en faire la priorité de l'action gouvernementale. Et nombreuses furent les initiatives prises dans ce sens : cent mille emplois réservés aux jeunes de dix-huit à vingt-cinq ans originaires des quartiers dits difficiles ; réforme de l'apprentissage (déjà !) qui permit de faire passer de deux cent mille à trois cent mille le nombre d'apprentis entre 1993 et 1996 ; rénovation du chèque emploi service ; baisse des charges sur les bas salaires, notamment dans le secteur du textile et de l'habillement particulièrement éprouvé ; simplification de la vie des PME dont l'imposition fut ramenée de 33 à 19 % sur les bénéfices réinvestis, etc. Liste non exhaustive. Jean-Pierre Raffarin, ministre des PME, du Commerce et de l'Artisanat, se montra particulièrement créatif et efficace. En quelques mois, il élabora, en étroite concertation avec les organisations syndicales et notamment la CGPME de Lucien Rebuffel, un « Plan PME pour la France » que je lançai à Bordeaux dès l'automne 1995 ; il comprenait des avancées significatives en matière de simplifications administratives, d'allègement du coût du travail, de renforcement de la capacité de financement des entreprises ; il fut bien accueilli par les 2,3 millions de PME qui employaient alors 60 % de la population active salariée totale. Les artisans ne furent pas oubliés. Jean-Pierre acquit une popularité exceptionnelle auprès des artisans boulangers dont un cortège vint solennellement célébrer, dans les jardins de Matignon, la première Fête du pain inventée par le ministre et la profession et qui, selon le site « Les Nouvelles de la Boulangerie », est devenu « une grande fête nationale comme la Fête de la musique » !

Le « Plan Juppé »

Mais il y avait, dans le programme de Jacques Chirac, un autre volet, sans doute moins séduisant, qui annonçait le nécessaire rétablissement des grands équilibres budgétaires et financiers. La situation dont héritait mon gouvernement n'était, dans ce domaine, pas bonne et c'est un euphémisme. Je la qualifiai même de « calamiteuse », ce qui ne manqua pas de provoquer l'irritation de l'équipe gouvernementale précédente, de son chef, Édouard Balladur et de son grand argentier, Nicolas Sarkozy. Manquais-je d'élégance en dénonçant ainsi la gestion d'un gouvernement auquel j'avais appartenu ? Aux Affaires étrangères, j'étais loin de Bercy... Excuse fragile. Mais les affrontements de la campagne présidentielle m'exonéraient, pensais-je, de tout excès de solidarité rétrospective. Quoi qu'il en soit, la France était totalement en dehors des clous du pacte de stabilité européen que nous devions respecter pour entrer dans l'euro... en 1998-1999. Le déficit budgétaire notamment tournait autour des 6 % du PIB, loin des 3 % exigés. Le « trou de la sécu » était abyssal : il allait mécaniquement atteindre cent vingt milliards de francs fin 1995 (vingt milliards d'euros environ) en l'absence de mesures de redressement.

Je m'attaquai donc au problème dès mon arrivée à Matignon. Je demandai à Alain Madelin, ministre de l'Économie et des Finances, de préparer une loi de finances rectificative qui montre la détermination du gouvernement à réduire les déficits et ainsi rassure les « marchés » qui commençaient à spéculer. Le projet mit du temps à venir. Il est vrai que les arbitrages à rendre étaient douloureux : coupes dans les dépenses des ministères et relèvement des impôts, pour simplifier. En matière d'impôts, j'eus la main lourde : tous y passèrent, principalement la TVA dont le taux normal fut porté de 19,6 à 20,6 %. Mesure hautement impopulaire bien que son impact sur les prix et donc le pouvoir d'achat reste marginal. Pour faire bonne mesure, je fis supprimer le plafonnement de l'ISF qui permettait d'éviter que certains contribuables ne soient taxés à plus de 100 % de leurs revenus réels. Mesure idiote que je tentai de faire rectifier lors de l'examen du texte au Sénat. Certains parlementaires de la majorité s'y opposèrent au nom... de la justice sociale. On me dit que le président de l'Assemblée nationale, Philippe Séguin, gaulliste social comme chacun sait, fit savoir qu'il était opposé à tout retour en arrière...

Si je me suis séparé d'Alain Madelin au mois d'août en acceptant sa démission du gouvernement, ce n'est pas à la suite d'un désaccord de fond sur la conduite de notre politique économique. À la fin de l'été, j'avais réuni le noyau dur de mes ministres « politiques », Debré, Toubon, Pons, Million, Madelin... pour discuter avec eux de la tactique à suivre pour lancer la réforme de la sécu. À la fin de la réunion, j'avais demandé à tous de respecter la confidentialité de nos échanges et de me laisser le soin d'annoncer le calendrier. Le lendemain, j'entendis, sur les ondes d'une radio nationale, Madelin expliquer en détail ce que nous allions faire. Mon sang ne fit qu'un tour ; j'appelai le président de la République pour lui demander la tête du ministre de l'Économie et des Finances ; il me la donna sans hésiter et nous convînmes du nom de son successeur, Jean Arthuis.

Ai-je eu tort de céder ainsi à la colère ? Mon équipe en fut-elle fragilisée ? Certes je me suis privé du soutien d'un homme intelligent, imaginatif, dérangeant parfois et, somme toute, d'un ami. Mais j'eus dès lors une appréciable tranquillité au sein du gouvernement dont les membres avaient compris que la solidarité n'était pas un vain mot.

J'ouvris alors le chantier de la réforme de la sécu, à quoi l'action de mes deux gouvernements est souvent ramenée.

Après avoir multiplié les consultations, concertations, discussions au sein des administrations mais aussi avec tous les partenaires extérieurs, à commencer par les syndicats, et sur le terrain dans les régions, j'annonçai la couleur dans mon discours du 15 novembre 1995 à l'Assemblée nationale. Autant ma déclaration de politique générale de mai avait été poussive, autant ce discours fut percutant. La majorité me fit une ovation debout… et les leaders de l'opposition encaissèrent silencieusement.

Le « Plan Juppé », comme on le baptisa, était global et ambitieux. C'était un projet de « sécurité sociale pour tous » avec la création d'un système universel d'assurance maladie ; une révision constitutionnelle pour conférer au Parlement un rôle effectif de pilotage ; un changement dans la gouvernance des caisses nationales désormais liées à l'État par des conventions d'objectifs et de moyens ; une réforme en profondeur du système d'hospitalisation soumis à accréditation et contractualisation avec des agences régionales déconcentrées ; un dispositif de maîtrise des dépenses de la médecine de ville faisant appel à la responsabilité des praticiens, seuls compétents, selon moi, pour faire le partage entre les dépenses médicalement utiles et les autres ; enfin le traitement de la dette de la sécu avec la création de la Cades (caisse d'amortissement de la dette sociale), chargée d'amortir cette dette en prélevant la CRDS (contribution de remboursement de la dette sociale).

J'avais des soutiens, à commencer par celui de Vigi sécu, association de la CFDT de Nicole Notat, de la Mutualité française de Jean-Pierre Davant, et d'un syndicat de médecins, MG France, présidé par Richard Bouton, minoritaire il est vrai.

J'avais aussi de farouches opposants, au premier rang desquels le nouveau secrétaire général de FO, Marc Blondel, qui se sentait dépossédé des prérogatives de sa centrale syndicale dans la gestion des caisses nationales de sécurité sociale. La CGT de Louis Viannet n'était pas en reste. Mais s'ajoutèrent assez vite les syndicats majoritaires de médecins que je pris, c'est vrai, à rebrousse-poil.

Mon plan était cohérent et courageux. Il avait été méticuleusement préparé par les équipes de Matignon (Antoine Durrleman) et du ministère de Jacques Barrot (Philippe Bas), en étroit accord avec l'Élysée (Frédéric Salat-Baroux).

Comment le processus s'est-il enrayé ?

J'ai commis deux erreurs.

D'abord, je n'ai pas écouté les conseils d'André Bergeron, l'ancien patron de FO, qui ne nous voulait pas de mal, et de Nicole Notat qui soutenait courageusement le « Plan Juppé ». Ils me disaient : « Ne parlez pas de la réforme des retraites, surtout pas de la suppression des régimes spéciaux. Vous n'êtes pas prêt. Vous n'avez pas de projet précis. Vous n'avez pas fait le travail de pédagogie nécessaire. Vous allez mettre le feu aux poudres ! » Emporté par mon élan réformateur, je n'ai pas tenu compte de leurs avertissements et j'ai fait dans mon discours une phrase, une simple petite phrase sur une future réforme des retraites et l'installation d'une commission pour y réfléchir. Elle a suffi à faire descendre dans la rue les agents de la SNCF, principalement concernés. La contagion a gagné tout le secteur des transports, puis un million de salariés qui manifestèrent bruyamment leur opposition à ce qu'ils appelaient le « Plan Juppé ». Mon effigie fut brûlée sur les places publiques, sans épargner celle de la mairie de Bordeaux. L'Élysée tenait bon. Mais la paralysie gagnait de larges pans de l'économie nationale… et le doute une partie de la majorité. Je compris qu'il fallait négocier. Je réunis les organisations syndicales à Matignon pour de longues palabres qui aboutirent à un accord la veille de Noël. J'abandonnai toute idée de réforme des régimes spéciaux de retraite, mais pas la réforme de l'assurance maladie qui entra en vigueur quelques mois plus tard. Il y fallut la loi constitutionnelle du 22 février 1996 qui instaura les lois de financement de la sécurité sociale, et une série d'ordonnances prises de janvier à avril 1996 pour mettre en place le mécanisme d'amortissement de la dette de la sécurité sociale et réformer la gouvernance de l'assurance-maladie. Ainsi, contrairement à une idée solidement reçue, le « Plan Juppé » a bien été intégralement appliqué. Pour la réforme des régimes spéciaux de retraite, il a fallu attendre un quart de siècle.

Ma deuxième erreur fut de me mettre à dos les médecins, en commettant une stupide maladresse. Je les avais convertis à l'idée d'une maîtrise médicalisée des dépenses de santé en leur disant : « Vous êtes les seuls à pouvoir distinguer les actes médicalement utiles, qui doivent être prescrits et financés, et ceux qui le sont moins. » Mais je laissai passer la création d'un dispositif d'ajustement automatique des rémunérations des médecins qui ne respectaient pas les objectifs de dépenses de santé fixés par les caisses. Bref une amende dont le principe autant que le montant mirent en fureur les médecins de ville qui dénoncèrent une maîtrise comptable des soins. Je ne parvins pas à remonter la pente. Leur rancune fut tenace et s'exprima efficacement au moment des élections législatives anticipées de 1997 : nombreux furent les praticiens qui affichèrent dans leur cabinet la photo des députés sortants qui avaient soutenu le « Plan Juppé ». Avec un commentaire éloquent : « WANTED, candidat à abattre ». Je savais qu'il ne fallait pas sous-estimer l'influence électorale du corps médical ; je pus le vérifier.

Rétrospectivement, quel bilan tirer de cette réforme, qui fut « systémique » comme on dit aujourd'hui ?

Je laisse à d'autres le soin d'en juger. Je cède juste au plaisir de citer deux témoignages : d'abord celui de Rolande Ruellan, présidente de chambre honoraire à la Cour des comptes, dans son article « La gouvernance de la Sécurité sociale à partir du Plan Juppé », qui écrit :

> Globalement, la nouvelle gouvernance, intervenue sous la pression des contraintes européennes, de la prise de conscience de l'interdépendance des politiques publiques et de la nécessité

d'inclure la sécurité sociale dans les grands arbitrages, a constitué un progrès considérable[1].

Et plus récemment, en 2019, cette déclaration d'Olivier Véran quand il n'était encore que député, rapporteur général de la Commission des affaires sociales de l'Assemblée nationale et, à ce titre, chaque année, du projet de loi de financement de la sécurité sociale, le PLFSS :

> Votre rapporteur souhaite rappeler [...] l'attachement viscéral qui est le sien à cet exercice qui allie avec succès, depuis plus de vingt ans, présentation exhaustive des comptes et consécration des grandes mesures sociales portées par le gouvernement et la majorité ; transparence sur les exercices passés comme à venir, dans une logique de chaînage vertueux ; et enfin respect de l'histoire française de la démocratie sociale et exigence de responsabilité politique sur ces enjeux décisifs pour la vie de tous les Français.

Bel hommage à ce que je considère comme mon « bébé » !

Certes, aujourd'hui, le « trou de la sécu » s'est à nouveau creusé. Le coût de la pandémie pour l'assurance maladie en est largement responsable. Mais les outils pour le maîtriser existent : la Cades, initialement créée en 1996 pour treize années, est toujours en service.

Satisfaction rétrospective, donc. Mais si je retourne à 1995, l'ambiance est moins joyeuse ! En arrivant à Matignon, en avril, je battais les records de popularité de mes prédécesseurs. À l'automne et dans les mois qui suivirent, je les battais toujours mais en sens inverse. André Santini, maire d'Issy-les-Moulineaux, député influent et humoriste talentueux, ne m'épargnait pas ses flèches : « Juppé, à force de descendre, il va finir par trouver du pétrole. »

1. Rolande Ruellan, « La gouvernance de la Sécurité sociale à partir du Plan Juppé », *Vie sociale*, 10/2, 2015, p. 153-171.

Juppé II

Je cherchai à reprendre l'initiative en proposant au président de remanier le gouvernement pour y faire entrer quelques ministres balladuriens. C'est ainsi que vinrent nous rejoindre, en novembre 1995, Franck Borotra à l'Industrie, Jean-Claude Gaudin à l'Aménagement du territoire, ou Dominique Perben à la Fonction publique. Mais, pour faire de la place aux entrants, je dus proposer au président une liste de sortants, sous peine de me retrouver à la tête d'une équipe pléthorique. Choix cornélien car personne n'avait démérité. Évictions que je traîne comme autant de malédictions. Car le couperet tomba sur des ministres que leur poids politique ne protégeait pas ; beaucoup furent des femmes, « ces juppettes » que j'étais souvent allé chercher dans la société civile, toutes de grande qualité mais inconnues des partis qui ne firent donc rien pour les défendre. Cette erreur me colle toujours à la peau, même si beaucoup des victimes du remaniement m'ont depuis pardonné. Quelques hommes durent aussi quitter le gouvernement et furent moins magnanimes ; certains me vouent encore une rancune tenace dont ils exonèrent Jacques Chirac qui entérina pourtant les décisions.

Le gouvernement « Juppé II » se mit au travail. Je suis reconnaissant à mes ministres de la tâche qu'ensemble nous avons accomplie. Car l'impopularité ne paralysa pas notre ardeur réformatrice.

Hervé Gaymard à la Santé contribua activement à la mise en œuvre de la réforme de l'assurance maladie ; Pierre-André Périssol au logement inventa le prêt à taux zéro ; Éric Raoult aida Jean-Claude Gaudin à concevoir un plan pour la ville dont la mesure phare était la création des zones franches urbaines, plébiscitées par les maires de tous bords qui la défendirent bec et ongles quand le gouvernement de Lionel Jospin tenta de les supprimer.

J'ai conscience de ce que ce palmarès très incomplet peut avoir d'injuste. Je devrais citer aussi Philippe Vasseur, excellent ministre de l'Agriculture, à l'écoute de nos paysans qui avaient une affection naturelle pour le président de la République ; Jacques Chirac la leur rendait bien et passait des journées entières avec eux au Salon de l'agriculture ; j'essayais de marcher sur ses traces, avec, j'en conviens, moins d'appétit quand il fallait, à dix heures du matin, faire honneur à l'énorme entrecôte que m'avait préparée le syndicat des éleveurs de bovins. Le véganisme n'était pas encore à la mode.

Jean-Jacques de Peretti, dont le bon sens périgourdin et l'expérience politique me rassuraient, m'évitait les tensions avec nos outre-mer.

Quand je voulais mieux comprendre les difficultés quotidiennes des hommes et des femmes à la rue, j'avais en la personne de Xavier Emmanuelli, inventeur du Samu social de Paris et désormais secrétaire d'État à l'action humanitaire d'urgence, un guide d'une sensibilité, d'une intelligence du cœur rares dans les cercles du pouvoir.

Avec Corinne Lepage, ministre de l'Environnement, je fis l'un de mes déplacements les plus gratifiants. C'était, en plein hiver, dans le Val Louron, au cœur des Hautes-Pyrénées. Il neigeait. Mais les élus et de nombreux habitants nous attendaient stoïquement sur la place du village. Je venais leur annoncer ma décision d'interdire la pose d'une ligne électrique à très haute tension qui allait défigurer leur vallée. EDF fulminait. Le ministre de l'Industrie, Franck Borotra, me mettait en garde contre la brouille diplomatique qui allait s'en suivre avec l'Espagne que j'allais priver d'une source d'énergie indispensable. Et, bien sûr, selon les techniciens, il n'y avait aucune solution alternative. Je tins bon. Je gagnai ainsi la reconnaissance de tout un village qui me décerna le titre de citoyen d'honneur. Plus de vingt ans après, je reçois chaque année les vœux chaleureux du président du conseil départemental, devenu un ami, Michel Pélieu. La guerre n'a pas été déclarée avec l'Espagne. Un câble souterrain a permis, sur un tracé différent, d'acheminer l'électricité de l'autre côté de la frontière. Ce n'est pas la seule fois où j'ai pu constater que, parfois, l'impossible, au dire des techniciens, peut devenir possible quand les politiques tiennent bon.

La prudence de François Bayrou à l'Éducation me décevait ; j'attendais avec une impatience grandissante les propositions de réforme dont je lui avais passé commande pour moderniser notre système éducatif ; mais le ministre, échaudé par les manifestations d'hostilité qu'il avait dû affronter sous le gouvernement Balladur, procrastinait ; j'interpellais régulièrement Xavier Darcos que j'avais choisi pour être le conseiller Éducation de mon cabinet : « Anne, ma sœur Anne, ne vois-tu rien venir ? » Sur le chemin de la rue de Grenelle où est installé le ministère de l'Éducation nationale à la rue de Varenne, siège de Matignon, Xavier ne voyait rien « que le soleil qui poudroie et l'herbe qui verdoie ».

Je dus houspiller François Fillon à la Poste pour qu'il enclenche le changement de statut de l'administration des télécommunications afin d'en faire une société nationale et d'ouvrir son capital à des investisseurs privés et à son personnel.

Charles Millon à la Défense appliquait sans états d'âme les décisions parfois « disruptives » du président, à commencer par la reprise d'une campagne d'essais nucléaires, nécessaires pour garantir le niveau de notre dissuasion mais qui nous exposa à la vindicte des pays voisins de la Polynésie, Australie et Nouvelle-Zélande en tête. Notre diplomatie, sous la houlette d'Hervé de Charette, dut déployer tout son savoir-faire pour calmer le jeu. J'assumai pleinement la professionnalisation des armées, que nous imposait à l'évidence la nouvelle donne géopolitique, et sa conséquence incontournable : la suppression de la conscription et du service militaire obligatoire.

Je bataille encore aujourd'hui contre les nostalgiques qui déplorent ce qu'ils présentent comme l'abandon d'un puissant outil d'intégration de notre jeunesse dans le « creuset » national. Comme si une proportion significative de chaque classe d'âge ne cherchait pas, à l'époque, tous les moyens de se faire exempter ou d'être affecté « près de la maison » ! Et comme si la vocation de nos armées était aujourd'hui de se substituer à l'éducation nationale pour lutter contre l'illettrisme ou donner une formation professionnelle aux jeunes sans diplômes ! Imagine-t-on des conscrits sous les drapeaux dans nos Opex (opérations extérieures), au Mali ou ailleurs ? Mon scepticisme ne s'étend pas au principe d'un service civique qui peut utilement contribuer à la cohésion de la nation ; son succès est d'ores et déjà significatif ; reste à le rendre effectif pour tous les jeunes hommes et jeunes femmes d'une classe d'âge.

Je passais une bonne partie de mon temps à appliquer une fastidieuse « calinothérapie » aux députés de la majorité : tous les mardis, au retour de leur circonscription, ils prenaient un malin plaisir à me faire remonter les attaques contre le gouvernement qu'ils avaient entendues sur les marchés. Je les recevais par petits groupes, en présence de Roger Romani, ministre des Relations avec le Parlement, habile à calmer les passions. Je répondais aux questions d'actualité en gardant mon sang-froid face à des orateurs agressifs.

Je garde un très mauvais souvenir des journées parlementaires qui se sont tenues au Havre à la fin du mois de septembre 1996. Étienne Garnier, grande gueule au demeurant sympathique, franchit la ligne rouge en déclarant que j'étais « un Premier ministre irréparable ». J'avais vu venir le coup et j'avais appelé Jacques Chirac à la rescousse. Il chargea Michel Péricard, le président du groupe gaulliste à l'Assemblée nationale, de faire savoir que le chef de l'État exprimait son « indignation devant les écarts de langage de certains parlementaires ».

Dans la foulée et pour mettre chacun au pied du mur, j'engageai la responsabilité de mon gouvernement devant l'Assemblée nationale et sollicitai un vote de confiance du Sénat. Le socialiste Laurent Fabius résuma la situation d'une formule cruelle : « Le Premier ministre demande à sa majorité la confiance parce qu'il n'en a aucune en elle. Cette majorité va voter la confiance alors qu'elle n'en a aucune en lui. » Il voyait juste. Malgré un vote positif, ma position ne fut pas vraiment consolidée.

Je ne voulais pas entraîner Jacques Chirac dans ma chute. J'étais prêt à jouer le rôle de fusible qui est celui du Premier ministre dans les institutions de la Cinquième République. J'allais donc voir le président et, selon la formule consacrée, je remis mon mandat à sa disposition. Sans la moindre hésitation, il me renvoya dans mes buts : « Il n'en est pas question, me dit-il. Pour moi, l'idéal est que le Premier ministre accompagne le président tout au long de son mandat. Je veux que vous restiez à mes côtés. » Il ne manquait pourtant pas de solutions de rechange. Mais il pensait sincèrement que la confiance réciproque qui régnait entre nous était un atout en quelque sorte irremplaçable.

Entre nous

Il ne perdait pas, pour autant, son flair politique. Il sentait bien qu'il fallait « faire quelque chose ». Comme toujours, en pareil cas, on incrimina mon déficit de communication. L'Élysée m'envoya donc Jacques Pilhan, expert en la matière, qui, après avoir conseillé François Mitterrand, était devenu le mentor de Jacques Chirac. Je l'accueillis dans les meilleures dispositions d'esprit. L'homme était sympathique, à la fois intelligent et subtil. Mais j'avoue que je n'ai pas bien compris ce que je devais changer dans mon comportement pour me faire mieux entendre et, si possible, aimer des Français. Pour montrer ma bonne volonté, j'acceptai néanmoins l'une des suggestions de Pilhan : écrire un petit livre, aussi personnel que possible, pour tenter de toucher l'opinion. Comme j'avais peu de temps à consacrer à l'écriture, nous demandâmes à Denis Tillinac, écrivain talentueux et gaulliste convaincu, de me prêter le concours de sa plume. Je jouai à fond le jeu de la confidence ; l'ouvrage, au titre volontairement intimiste *Entre nous*, commence ainsi :

> Je marche à grands pas rue Sainte-Catherine, vers la salle où m'attendent les membres des conseils de quartier à qui je vais présenter mon projet urbain pour Bordeaux. [...] J'aperçois un couple qui vient vers moi. Plutôt jeune. Allure branchée. Jolie femme. Ils paraissent sympathiques. Au moment où ils me croisent, la femme bondit comme un cabri. Elle crie : *Mort au con !* J'étais visé, il n'y a aucun doute. Jolie passante, j'ai eu envie de vous répondre[1]...

J'ai relu ce petit livre d'une centaine de pages. Il est plein de bons sentiments. J'y parle de mes émotions, de mes indignations, de mes convictions. Certains des messages politiques que j'adresse à mes lecteurs demeurent d'une brûlante actualité. Je fais, par exemple, du « ferme refus de l'immigration illégale » un des piliers de l'action de mon gouvernement : « Dans ce domaine sensible, il ne faut surtout pas envoyer vers les pays d'émigration de mauvais signaux, comme ce fut le cas au début des années 1980. Quand on régularise la situation de dizaines de milliers d'immigrés en situation illégale, c'est un formidable encouragement à tous les candidats à la venue en France. »

1. Alain Juppé, *Entre nous*, Paris, Nil, 1996.

Je rappelle que « notre politique tend à faire respecter la loi et les décisions de justice » ; et je me félicite que le pourcentage de décisions de reconduite à la frontière effectivement exécutées ait doublé depuis 1995. Sujet inflammable, déjà, dans l'opinion. J'assume totalement ce qu'on a appelé l'affaire des sans-papiers de l'église Saint-Bernard, c'est-à-dire l'évacuation par la police des trois cents personnes qui squattaient ce lieu de culte de mon cher dix-huitième arrondissement. Je ne me souviens pas toutefois d'avoir donné l'ordre au ministre de l'Intérieur de faire défoncer les portes de l'église à coups de hache...

Je cite aussi la *Lettre à Alain Juppé*, signée en mars 1996 par l'un de mes camarades d'hypokhâgne : « Indifférent à notre troupe tu semblais déjà parfaitement droit dans tes bottes. Très vite tu t'es affirmé comme le premier de la classe. À ton air surpris, légèrement agacé, il était évident que tu comprenais mal qu'on ne comprenne pas. C'est ce visage de toi que j'ai retrouvé lors des événements de novembre-décembre 1995. » À la lecture de ces lignes, je me demande s'il faut donc que je m'allonge sur un divan pour me guérir de ce que tant de gens autour de moi ressentent comme de l'arrogance...

Mais à l'automne 1996, le temps de l'analyse n'était pas venu. Je restais combatif et je concluais mes réflexions par un appel à l'action :

> À travers ces pages, j'ai voulu m'exprimer franchement. J'ai voulu parler aux Français de ce que nous pourrions faire ensemble pour accepter, pour aimer l'effort et le changement, porteurs de mieux-être. Par-dessus tout, j'ai voulu leur parler de la France qui est la somme de nos travaux et nos jours, de nos colères et de nos enthousiasmes, de nos défauts et de nos talents. *Entre nous*... il n'y a pas de terre plus belle, de cause plus juste, de nation plus fraternelle.

Le livre eut un succès d'estime, qui ne suffit pas à faire remonter ma cote dans les sondages.

Dissolution

Dans les premières semaines de 1997, une petite musique commença à se faire entendre dans les antichambres du pouvoir. Le mot « dissolution » n'était pas encore prononcé mais l'idée germait. Rétrospectivement, elle paraît absurde. *Vae victis.* Dans le contexte, il n'en allait pas tout à fait de même. Certes aujourd'hui personne n'en revendique la paternité. Et les cassandres sont en nombre qui proclament : « Je l'avais bien dit ! »

Comment la mécanique s'est-elle donc enclenchée ? Honnêtement, je ne sais pas. Quand l'Élysée commença à en bruire, le président lui-même fit part de son scepticisme, voire de sa franche opposition. La majorité de ses ministres, du moins de ceux qui osaient s'exprimer, et de ses conseillers était réticente. À Matignon, mon cabinet ne me poussait guère au crime. Et pourtant l'idée fit son chemin. J'en vins à me dire qu'après tout, ce pouvait être l'électrochoc dont nous avions besoin pour reprendre l'initiative.

Les arguments contre méritaient considération : l'harmonie régnait entre l'Élysée et Matignon ; l'existence du gouvernement n'était pas menacée, même si une partie de la majorité renâclait ; l'opinion publique ne comprendrait pas pourquoi l'on bousculait le calendrier, alors que la législature devait en toute hypothèse s'achever au printemps 1998… et, bien sûr, les députés n'avaient nulle envie de retourner prématurément devant leurs électeurs ; mieux valait attendre que la situation économique continue à s'améliorer.

Deux arguments emportèrent ma conviction.

D'abord, les sondages nous laissaient entrevoir une victoire électorale, étroite certes, prévenait le ministre de l'Intérieur, mais une victoire ; je n'avais pas encore appris à me méfier des sondages !

Ensuite et surtout, la France n'était pas encore tout à fait qualifiée pour entrer dans la monnaie unique ; l'échéance du 1er janvier 1999 approchait ; le bouclage du budget de 1998 allait être décisif et demanderait un nouvel effort de rigueur ; pour réussir, le gouvernement avait besoin du soutien des Français ; il était nécessaire de leur adresser un langage de vérité pour les mobiliser.

Je sentais bien le discours qu'il nous faudrait tenir. Mais l'engagement personnel du président de la République était évidemment crucial ; c'était lui qui prendrait la décision de dissoudre et c'était à lui d'expliquer pourquoi.

Patatras ! Les conseillers en communication et bon nombre de responsables politiques démontrèrent à Jacques Chirac que, moins il parlerait d'Europe, mieux il se porterait et la majorité avec lui. *Exit* donc l'euro et l'Europe des discours de campagne. Quelle raison donner, dès lors, pour justifier le retour aux urnes ? On n'en trouva aucune et l'opinion tomba des nues. Pourquoi dissoudre ? Pour le seul confort de l'exécutif ? Ce n'était pas sérieux. Jacques Chirac en est convenu plus tard dans ses *Mémoires* où il confie : « N'aurais-je pas dû dramatiser l'enjeu de cette élection en mettant davantage en avant nos engagements européens ? »

La campagne fut morose. Les partis de la majorité ne s'engagèrent que mollement. J'essayais de ratisser le terrain. Mais je ne déplaçais pas les foules et les députés hésitaient à m'appeler à la rescousse. Ma présence ne leur ferait-elle pas perdre des voix ? L'un des rares ténors à se montrer à mes côtés fut... François Bayrou ; nous terminâmes un meeting à Strasbourg dans la winstub préférée de Jacques Chirac, Chez Yvonne, autour d'une copieuse choucroute. À Paris, je dus comparaître devant les chefs de la majorité qui constituèrent une sorte de tribunal. J'ai le souvenir d'une rencontre glaciale au cours de laquelle je dus me faire hara-kiri : je promis solennellement de quitter Matignon après les élections, même en cas de victoire. Tous ceux qui postulaient à ma succession reprirent espoir. Je réitérai cet engagement à la télévision. J'acceptais, je prenais l'initiative d'une sortie sans gloire.

Même débarrassés du « boulet Juppé », nos candidats ne finirent pas la course en tête. La gauche plurielle rafla la mise, grâce au coup de main que lui donna le Front national en maintenant ses candidats au second tour dans soixante-seize circonscriptions.

Dans ses *Mémoires*, Jacques Chirac ferme le ban : « C'est un moment difficile pour Alain Juppé comme pour moi, qui suis toujours convaincu de détenir en lui le meilleur des Premiers ministres. »

À Matignon, tout va très vite au moment de la passation des pouvoirs. Le 2 juin 1997, mon entretien avec Lionel Jospin, que le président de la République venait de charger de constituer le nouveau gouvernement, fut court et frais. Je lui remis une note sur la situation économique et financière de la France qui dut finir à la corbeille. Le nouveau Premier ministre aurait pu y lire des choses désagréables de son point de vue, par exemple que « les déficits publics sont revenus au voisinage de 4 % et sont clairement orientés à la baisse ; que les perspectives de croissance et d'emploi sont bonnes ; que le recul de l'inflation accentue les gains de pouvoir d'achat dont les salariés bénéficient depuis 1997... ». Mais je concluais par ces mots : « Il est certain que la présentation crédible en septembre prochain d'un projet de loi de finances [...] faisant apparaître un déficit de 3 % exigera un engagement politique très fort du gouvernement sur la limitation de la charge que les dépenses publiques font peser sur notre pays. »

Je laisse à d'autres le soin de dresser un bilan objectif de l'action de mon gouvernement. Je ne résiste pas au plaisir de citer ce qu'en a dit une personnalité (très) qualifiée pour en juger : le 18 novembre 2019, en décorant à l'Élysée Jean Arthuis qui avait été mon ministre des Finances d'août 1995 à mai 1997, le président Macron a déclaré, en évoquant « l'un des défis les plus exaltants que ce gouvernement avait à gérer, à savoir la préparation du passage à l'euro » :

> Vous avez réussi à l'époque la prouesse de baisser le déficit de 6 à 3 % du PIB et, avec vos partenaires européens, vous êtes parvenu à la conclusion d'un pacte de stabilité et de croissance pour harmoniser les comptes de chaque État. Ce projet titanesque, que vous menez aux côtés du Premier ministre avec brio, était à la mesure de votre stature de bâtisseur, de réformateur.

« Prouesse. Projet titanesque. » Fichtre ! Le compliment s'adresse à mon ministre mais j'ai cru pouvoir en prendre ma part.

Je ne veux pas laisser l'impression que je pousse « cocorico ». L'échec de notre majorité aux élections législatives est mon échec, puisque j'étais son chef. Et je n'ai pas été avare de déclarations maladroites. Celle que j'ai faite, par exemple, au banc du gouvernement, à l'Assemblée nationale, lors d'un débat sur la privatisation de Thomson-CSF en affirmant que l'entreprise ne valait pas plus qu'un franc symbolique. Comptablement, c'était exact : ses actifs étaient inférieurs à ses dettes ; mais les salariés de Thomson se sentirent considérés comme quantité négligeable ; humainement et donc politiquement, c'était une bourde.

Avec un quart de siècle de recul, je ne ressens aucune amertume, tout au contraire un peu de fierté. Je me suis donné à fond pendant deux ans, je n'ai pas cessé d'engager les réformes qui me paraissaient de nature à améliorer l'existence des Français et à garantir les intérêts de la France. Pour moi qui ai la passion d'agir, il n'y a pas de responsabilité plus enthousiasmante que celle de diriger le gouvernement de son pays. Merci à tous ceux qui m'ont donné la chance de le faire. À Jacques Chirac, en premier lieu, auquel j'ai écrit dans *Mon Chirac*, publié juste après sa mort, ma profonde reconnaissance, mais aussi à mes ministres, à mon super cabinet, à mon parti, et même, à sa manière, souvent turbulente, à ma majorité parlementaire. Et, avec le temps, aux Français qui, classiquement, m'ont repêché dans leur cote d'amour… une fois que j'ai eu quitté le pouvoir.

XI

Bordeaux, « ma » ville

Y a-t-il une vie après Matignon pour un Premier ministre défait ?

Jacques Chirac m'exhortait à rester aux commandes du RPR dont j'étais devenu président à sa suite en 1995. « Après tout, me disait-il, je n'ai pas démissionné en 1988 au lendemain de ma défaite… »

Je n'ai pas hésité. D'abord, j'étais trop fragilisé. Mes « amis » étaient à la manœuvre et expliquaient à qui voulait l'entendre – et les journalistes étaient nombreux à vouloir l'entendre – qu'un changement était inévitable pour redonner un nouveau souffle au parti et engager la reconquête. Et puis, je n'avais pas envie ; moi aussi, j'avais besoin de souffler, pas tout à fait dans le même sens.

Ce fut d'autant plus « naturel » que la solution de remplacement était prête : Séguin et Sarkozy avaient fait alliance et s'étaient réparti les rôles : le premier à la présidence, le second au secrétariat général. Jacques Chirac commença par fulminer en m'assurant que, lui vivant, ce tandem ne prendrait pas le pouvoir rue de Lille où se trouvait toujours le siège du RPR. Le lendemain, la chose était faite.

Mais le temps n'était pas venu pour moi de quitter la vie politique. Je n'ai pas eu la tentation de « pantoufler » pour aller offrir mon carnet d'adresses à tel prestigieux cabinet d'avocats d'affaires ou tel fonds d'investissement international. Car il y avait Bordeaux !

La belle endormie

C'est aujourd'hui une étrangeté que le cumul des mandats de maire d'une grande ville et de chef du gouvernement. Je n'étais pas le premier : Chaban à Bordeaux, Mauroy à Lille et, bien sûr, Chirac à Paris. Forts de ces précédents illustres, c'est sans états d'âme qu'un mois après la victoire de Jacques Chirac à la présidentielle et ma nomination à Matignon, je m'étais lancé dans la campagne des municipales à Bordeaux. Était-ce raisonnable ? Aujourd'hui, je répondrais non. Certes une capacité de travail supérieure à trente-cinq heures par semaine et une organisation impeccable des équipes sur le terrain peuvent permettre de faire face. Mais la notion de cumul et, plus encore, le terme affreux « cumulard » sont devenus insupportables pour la grande majorité de nos concitoyens. Il fallait tenir compte de ce puissant rejet. La loi a donc interdit les cumuls. Avec le recul, on est en train de se rendre compte que ce n'est peut-être pas le progrès démocratique qu'on attendait. Matignon, ou un poste ministériel d'un côté, la direction d'un grand exécutif de l'autre, c'est un cas extrême. Mais couper les parlementaires de tout ancrage territorial dans une commune, petite, voire moyenne, c'est une fois encore renvoyer trop loin le balancier. J'ai vu, après les élections législatives de 2017, les députés d'En Marche qui avaient raflé neuf (dix avec le Modem) des douze circonscriptions girondines, y compris à Bordeaux, se retrouver « hors sol », sans le soutien d'un parti réellement structuré ni les contacts que donne l'administration quotidienne d'une collectivité locale.

En 1995, aucune disposition législative n'empêchait le Premier ministre que j'étais de briguer le mandat de maire.

Mais pourquoi Bordeaux ? Pourquoi ne pas poursuivre la belle aventure parisienne dans le dix-huitième arrondissement de la capitale où j'avais tissé tant de liens d'amitié ? C'était ce à quoi m'incitait Jacques Chirac : « Si je gagne l'élection présidentielle, je veux que vous me succédiez à l'Hôtel de Ville », m'assurait-il. Je le croyais... à moitié. Résisterait-il à la pression de Jean Tiberi qui se voyait tout naturellement calife après le calife et qui disposait de puissants réseaux dans tous les quartiers ? Et s'il échouait, étais-je voué à rester le deuxième à Rome plutôt que le premier dans mon village ? J'avais envie de voler de mes propres ailes, d'autant que le « village » en question était une des plus belles villes de France. Bordeaux !

Je ne suis pas né à Bordeaux. Mais ma ville natale, Mont-de-Marsan, n'en est distante que d'une centaine de kilomètres. Mes grands-parents paternels habitaient Bordeaux et nous leur rendions des visites régulières. Le département des Landes était (est toujours) dans la zone d'influence commerciale, culturelle, politique... de la capitale régionale ; pour moi, Chaban était bien le « duc d'Aquitaine ». Je savais qu'après quarante-sept ans de magistrature municipale, il souhaitait décrocher. Il me lança un jour : « Cher camarade, il paraît que Bordeaux vous intéresse ? » (« Camarade » dans le corps de l'Inspection générale des finances auquel nous appartenions tous les deux, je précise...). Je lui répondis sans ambages : « Oui. » Le processus était enclenché. À la manière de Chaban, c'est-à-dire qu'il ne fit pas d'annonce tonitruante mais mobilisa efficacement ses amis qui étaient nombreux et influents. Les milieux économiques, inquiets de voir la ville s'endormir peu à peu, prirent contact avec moi et m'engagèrent à me lancer. En mai 1994, ils m'invitèrent à inaugurer la Foire internationale de Bordeaux. Qui de mieux désigné que le ministre des Affaires étrangères que j'étais pour donner toute sa dimension internationale à cet événement majeur de la vie économique régionale ? En circulant dans les travées, je ne pus éviter les micros des journalistes ; Alain Ribet, l'un des piliers de la rédaction du journal *Sud-Ouest*, me posa innocemment la même question que Chaban : « Alors, Bordeaux vous intéresse ? » Je lui fis la même réponse. Le lendemain le journal annonçait ma candidature.

Je louai sans tarder un petit studio en centre-ville. Nous en parlons encore, Isabelle et moi, avec le sourire ; nous revivions des moments de potaches attardés : pour accéder à la douche, tant la pièce était étroite, il fallait marcher sur le lit.

Tout le monde ne m'accueillit pas à bras ouverts. Chaban, malade, avait confié les clés de la mairie à une « troïka » composée de trois de ses principaux adjoints : Hugues Martin, Simone Noailles et Jacques Valade. Ce dernier, universitaire, député, puis sénateur, ancien ministre comme moi dans le gouvernement de Jacques Chirac en 1986-1988, président du conseil régional depuis 1992, était considéré et se considérait comme le dauphin de Chaban ; il ne tarda pas à annoncer sa candidature. Allions-nous vers un duel fratricide ? Je fis tout pour l'éviter ; les amis de Chaban m'y aidèrent. Curieusement, ce fut le patron de l'UDF dans le département, Robert Cazalet, qui organisa la rencontre décisive, dans sa maison du Canon, au bord du bassin d'Arcachon. Après le dîner auquel il avait convié nos épouses, il nous réunit, Jacques Valade et moi, dans son bureau à l'entresol. Le ton de la conversation monta assez vite ; Isabelle, toute nouvelle dans le milieu politico-bordelais, me raconta sa gêne lorsque les éclats de voix parvinrent à l'étage et qu'elle eut épuisé, avec ses deux convives, tous les sujets convenus, sur la météo, les enfants et petits-enfants respectifs, les vacances sur le bassin ou la côte landaise…

Le pire n'est jamais sûr, même entre rivaux politiques. Nous finîmes par nous mettre d'accord : Jacques Valade rejoignit ma liste, sur laquelle j'embarquai plusieurs de ses fidèles et nous nous présentâmes unis devant les électeurs. Sans doute le sondage publié à la mi-février 1995 qui me plaçait largement en tête (46 % contre 15 % pour une liste Valade, derrière la liste socialiste de Gilles Savary à 19 %) avait-il calmé certaines ambitions. Mais ce ne fut pas une alliance de circonstance : jamais, tout au long des vingt années pendant lesquelles nous avons fait équipe ensemble, la fidélité de Jacques Valade et de ses équipiers ne m'a manqué.

Après une campagne éclair, que je menai quelque peu ballottée, je dois l'avouer, entre Paris et Bordeaux, ma liste remporta la bataille dès le premier tour, de justesse (50,29 % des suffrages) mais loin devant la liste socialiste de Gilles Savary (19,91 %), talonnée par celle de François-Xavier Bordeaux, farouche opposant à Chaban (15,8 %). Sur un total de soixante et un conseillers municipaux, ma majorité comptait quarante-huit élus dont quinze seulement avaient appartenu aux équipes successives de Jacques Chaban-Delmas. Le conseil se réunit le 18 juin pour m'élire maire ; j'y vis un beau symbole ; dans la foulée, le conseil de la CUB (communauté urbaine de Bordeaux) me porta à sa présidence ; j'étais, pour quelques semaines encore, un Premier ministre populaire ; j'étais sur un petit nuage.

Je voulais marquer très vite le changement. Belle ville certes, mais en manque flagrant de dynamisme, aux dires des Bordelais eux-mêmes. Que de fois ne m'a-t-on parlé de la « belle endormie » ! L'image qu'en gardaient les visiteurs était celle de la noirceur de ses façades. Ma première initiative fut de lancer un programme de ravalement des majestueux immeubles que les grands intendants du XVIIIe siècle, Boucher et Tourny, avaient fait édifier le long des quais. Chaban n'avait jamais voulu y toucher pour ne pas obliger les propriétaires à mettre la main à la poche. Le président de la région, qui était encore Jacques Valade, se montra coopératif et fit voter par son conseil l'attribution d'une subvention qui couvrait une partie des frais de ravalement. En quelques mois, la mue fut spectaculaire. La pierre blonde que recouvrait une couche de crasse pluricentenaire apparut dans toute sa splendeur. Je répétais : « Ravaler, c'est révéler. » Et, de fait, bien des détails architecturaux qui étaient comme effacés par la pollution éclatèrent en pleine lumière, à commencer par les fameux mascarons qui ornent les clefs de voûte des portes et fenêtres. « Mascaron : ornement représentant une figure humaine parfois effrayante dont la fonction était à l'origine d'éloigner les mauvais esprits afin qu'ils ne pénètrent pas dans la demeure[1] », selon la définition que j'en ai donnée dans mon *Dictionnaire amoureux.* D'un coup, le regard des Bordelais sur leur ville changea du tout au tout. Certes il se trouva un esprit chagrin pour oser regretter « la ville de suie », mais l'immense majorité applaudit et retrouva fierté en la beauté et confiance dans le rayonnement de la cité. J'ajoutai à la campagne de ravalement un « plan lumière » dont je confiai le pilotage à l'un de mes adjoints. La mise en lumière du pont de pierre et du palais de la Bourse, deux joyaux de notre patrimoine, fut particulièrement réussie ; l'architecte des bâtiments de France m'incitait à la discrétion, je poussais au contraire mes équipes à ce que « ça en jette » !

Quand on me dit : « Bordeaux s'est métamorphosée ! Ce n'est plus la ville noire qu'on traversait sans avoir envie de s'y arrêter ! », j'accepte volontiers le compliment mais je le trouve un peu réducteur. Car la renaissance de Bordeaux ne se limite pas au lessivage de ses façades, même si l'opération a été décisive pour obtenir, en juin 2007, au terme d'un long processus, l'inscription, par l'Unesco, d'une grande partie de la ville historique dans le patrimoine de l'humanité.

Dès l'automne 1996, c'est un projet urbain global que je propose, le 24 octobre, devant un public de neuf cents professionnels réunis au Grand Théâtre, et le lendemain au cinéma Fémina devant les conseils de quartier assemblés. J'y ai

1. Alain Juppé, *Dictionnaire amoureux de Bordeaux*, Paris, Plon, 2018.

beaucoup travaillé avec l'agence d'urbanisme A'urba, dirigée par Francis Cuillier, l'homme du tramway de Strasbourg que j'ai fait venir à Bordeaux, mais aussi avec les services de la ville et de la CUB. Je constitue un comité de pilotage du projet urbain que je réunis tous les mois et dont je confie le pilotage à une collaboratrice exceptionnelle, Michèle Larüe-Charlus qui sera la cheville ouvrière de la transformation bordelaise, femme exceptionnelle en effet par son volontarisme, parfois perçu comme du mauvais caractère, sa curiosité d'esprit et son goût de l'innovation qui bousculent le train-train administratif. Je lui dois beaucoup.

Mon premier projet urbain, dès 1995-1996, s'articule autour de deux idées-forces : la réalisation d'un système de « transport collectif en site propre » que je baptise, par prudence, TCSP, et la reconquête du fleuve. « TCSP », pour ne pas dire d'emblée « tramway » : le sujet était en effet sensible, et même conflictuel ; depuis des années, les élus de la CUB et de la ville discutaient du choix entre un tramway et un métro, sans pouvoir se mettre d'accord. Chaban voulait un métro, seul équipement digne, à ses yeux, d'une grande capitale régionale, voire d'une métropole de rayonnement international comme sa chère ville de Bordeaux ; mais de nombreux élus, y compris dans sa propre majorité, freinaient des quatre fers, effrayés par le coût d'un projet qu'ils trouvaient en outre inadapté à la configuration de l'agglomération. J'avais promis à Chaban de réaliser son rêve mais je compris vite que j'allais me heurter à des obstacles difficilement surmontables, sauf à temporiser. Or, je ne voulais aller vite ; comme je l'avais fièrement déclaré le jour de mon élection, le 18 juin, je voulais « sortir de la littérature pour entrer dans le concret ». Je dissipai vite l'ambiguïté et, trahissant ma promesse à Chaban, j'affichai la couleur : ce serait un tramway. Un réseau particulièrement ambitieux puisqu'il compterait d'emblée trois lignes dont l'une franchirait la Garonne et relierait le cœur de la ville historique au quartier de la Bastide et aux communes de la rive droite. C'était une sorte de rupture avec la tradition bordelaise : jusqu'au début du XIXe siècle, Bordeaux s'était développée sur la seule rive gauche du fleuve ; l'autre rive, c'était la campagne où l'on se rendait en gabarre puisqu'il n'y avait pas de pont. C'est Napoléon qui, pour acheminer ses troupes vers l'Espagne, décida, par un décret impérial du 26 juin 1810, la construction du pont de pierre... qui ne fut ouvert à la circulation qu'en mai 1822. Douze ans pour faire un pont ! On n'a pas fait de grands progrès depuis : l'un des deux ponts dont j'ai lancé la construction il y a dix ans n'est toujours pas achevé...

Dans nos premiers temps à Bordeaux, Isabelle et moi, depuis longtemps gagnés par la mode du jogging, cherchions un parcours en ville, compatible avec nos performances physiques, c'est-à-dire inférieur à dix kilomètres. Tout naturellement nous avions regardé du côté du fleuve. Las ! les quais étaient peu fréquentables, voire inaccessibles : l'activité portuaire avait quitté le centre-ville pour s'installer en aval ; le port avait laissé en héritage des grilles rouillées et des hangars en ruine. Quand nous parvenions à nous faufiler entre les obstacles, nous faisions vite demi-tour, tant les hangars étaient mal famés. La reconquête des rives pour tous, la réconciliation de la ville et de son fleuve constituèrent la deuxième ligne de force de mon projet urbain. Du temps de Chaban, Ricardo Bofill, puis Dominique Perrault y avaient travaillé ; mais leurs projets ne me paraissaient pas « aimables » ; je pensais en particulier qu'il était bien imprudent de vouloir construire rive droite un front bâti pour répondre aux façades ravalées du Bordeaux classique en rive gauche. Quand je demandai conseil au grand architecte Renzo Piano, il me répondit : « Sur la rive droite, plantez une forêt ; et derrière vous pourrez construire à votre guise. » Judicieux conseil !

Un tramway nommé désir

La réalisation de ce premier projet urbain fut pour moi l'une des entreprises le plus exaltantes qu'il m'ait été donné de conduire. Les résistances furent nombreuses et les arbitrages, difficiles : quel tracé adopter pour les lignes de tramway, notamment en centre-ville ? jusqu'où pousser la piétonisation de certaines artères qui accueillaient traditionnellement une intense circulation automobile ? comment convaincre les commerçants que, pendant les travaux et même après, leur chiffre d'affaires n'allait pas s'effondrer et qu'en tout cas, nous les aiderions à franchir les caps difficiles ? comment répondre aux critiques des maires de la communauté urbaine qui trouvaient qu'on en faisait trop pour la ville-centre et pas assez pour chacune de leur commune ? et même, comment rassurer le comité du patrimoine mondial de l'Unesco qui s'inquiétait que les piles du futur pont levant ne défigurent le port de la Lune ?

Ce furent des heures et des heures de discussion, de concertation, de frictions, la politique s'en mêlant parfois. Je n'aurai pas la cruauté de rappeler à certains de mes opposants de l'époque les prédictions catastrophistes qu'ils multipliaient avec plus ou moins de bonne foi… J'entendais dire qu'en poussant le tram jusque dans les quartiers populaires de la rive droite, j'allais ouvrir le cœur de la cité historique aux « hordes » de banlieue !

Tout récemment, le nouveau maire de Québec qui se lançait dans la poursuite du projet de tramway que lui avait légué son prédécesseur, mon ami Régis Labeaume, me demanda conseil. Je lui en donnai deux : d'abord, ne pas lésiner sur la concertation, y consacrer tout le temps nécessaire et expliquer, s'expliquer sans cesse ; ensuite, accompagner la construction des lignes de tramway elles-mêmes de ce que j'avais appelé les « travaux concomitants », c'est-à-dire, tout au long du tracé, des embellissements du paysage urbain, de la voirie principalement.

Les mois, les années de travaux en centre-ville, vers où convergeaient les trois lignes en construction, furent cauchemardesques. La circulation devenait impossible, en voiture et même à pied. Restait peut-être le vélo ? Je fis ouvrir une Maison du vélo et acheter cinq mille vélos municipaux qui furent prêtés gratuitement à la population. Le succès dépassa mes espérances. Si, quelques années plus tard, Bordeaux et sa métropole se sont classées en tête des agglomérations accueillantes au vélo, c'est à ce moment-là que fut donnée l'impulsion décisive.

Quand je fis exposer sur les quais une maquette grandeur nature de la future rame de tramway, dessinée par la jeune équipe d'architectes bordelais Lanoire et Courrian associés à l'agence Absolute Design, le verdict populaire fut sans appel : « Elle est belle ! »

Le 1er octobre 2000, avec Alain Cazabonne, maire de Talence et vice-président de la CUB chargé du projet, je pose le premier rail. Nous sommes heureux, c'est, pour nos équipes, le couronnement de cinq ans de travail. Nous avons franchi toutes les haies, administratives principalement. Les ouvriers maintenant sont à l'œuvre. Plus de trois années encore nous séparent pourtant d'un autre jour de fête : le 21 décembre 2003.

C'est une belle journée d'hiver. Elle a mal commencé ! Depuis plusieurs semaines, les essais à blanc du tram donnent entière satisfaction. L'alimentation par le sol, et non par des caténaires aériennes disgracieuses, a fait l'objet d'une vigilance particulière. C'est en effet une « première » technique, mais j'ai pris le risque. Tout fonctionne ! Ou fonctionnait. Le jour fatidique, je reçois à sept heures du matin un appel de détresse : panne générale, m'annoncent les services de la CUB, l'ensemble du réseau est bloqué, le tram ne roule pas. C'est la catastrophe ! Car la ville est, comme le titre *Sud-Ouest*, en effervescence pour l'inauguration de la première ligne. Le président de la République, Jacques Chirac, m'a fait l'amitié de venir en personne ; la foule, « compacte » dit la presse, est au rendez-vous pour l'accueillir ; qu'à cela ne tienne, il coupera le ruban… devant une rame à l'arrêt qu'il a rejointe en voiture. Imperturbable, il rend un hommage appuyé au maire « d'une ville qui bouge, d'une ville où la qualité de vie va de pair avec le dynamisme économique et l'esprit d'innovation, une ville où la mise en relations des quartiers et la mixité sociale organisée sont les meilleurs remèdes pour fortifier le sentiment d'appartenance à une même communauté ». Il sait que ces paroles me mettent du baume au cœur alors que je traverse une passe difficile, dans l'attente du verdict de mon procès.

Aujourd'hui, le tramway de Bordeaux ou plutôt de l'agglomération bordelaise, c'est un réseau de quatre lignes en site propre sur près de soixante-quinze kilomètres de voies dont vingt sont engazonnés. La majorité des cent quarante-deux stations ont été dessinées par Elizabeth de Portzamparc. Ma station préférée est celle de la place de la Bourse, réduite à deux bancs de pierre ; elle est située au milieu de la place et, au prix d'un dur combat avec les gestionnaires, j'ai obtenu que toute émergence, y compris tout distributeur de tickets, en soit bannie pour laisser la perspective totalement dégagée. La fréquentation exponentielle du réseau suffit à mesurer l'ampleur de son succès : le nombre de voyages annuels est passé de dix-huit millions en 2004 à plus de cent millions en 2020… On a du mal à imaginer la ville sans le passage majestueux et relativement silencieux de ces trains aux larges baies vitrées, aux couleurs douces, à la ligne élégante.

Je ne sous-estime pas les embarras de la circulation dans une ville qui est parfois classée parmi les plus embouteillées de France. Au risque de choquer mes compatriotes, je suis tenté de nuancer le diagnostic. En centre-ville, il n'est pas si difficile de se déplacer : les voies piétonnes sont nombreuses et de qualité ; le secteur en contrôle d'accès, où ne pénètrent que les véhicules des riverains et des professionnels, est un des plus étendus dans les villes comparables ; la pratique du vélo a connu une progression exponentielle et l'offre de transports publics est remarquable. Il manque encore un vrai « plan piétons » pour inciter à la marche, qui reste le meilleur moyen de se déplacer sur des distances moyennes statistiquement inférieures à un kilomètre. Ce qui est vrai, c'est que les déplacements pendulaires entre la périphérie et le centre restent compliqués. La métropole s'efforce de relever le défi en finançant un plan vélo très ambitieux jusque dans les banlieues, en encourageant le covoiturage, en prolongeant les lignes de tram ou de bus à haut niveau de service en périphérie, etc.

Mais l'une des raisons majeures de la congestion urbaine est la totale inadaptation de la rocade de Bordeaux à sa fonction principale : assurer le transit du trafic de poids lourds nord-sud européen dont elle est l'axe occidental principal. Sa mise à deux fois trois voies qui a été l'un de mes nombreux combats avec l'État (au point d'être obligé d'en payer la moitié pour débloquer les travaux) vient de s'achever. Mais cela ne suffira pas. Seul un grand contournement, éloigné de l'agglomération bordelaise, permettra d'accueillir le mur de camions qui se succèdent, pare-chocs contre pare-chocs, jusqu'à la frontière espagnole. À moins que la SNCF ne se décide un jour à s'intéresser au fret ferroviaire complètement délaissé sur ce trajet ; le pourcentage de marchandises qui arrivent à Hendaye par la voie ferrée est ridiculement bas comparé au trafic routier. Beau sujet de réflexion, beau terrain d'innovation, et pas seulement pour le sud de l'Aquitaine !

La renaissance des quais de la Garonne

Il est rare qu'une opération d'urbanisme soit unanimement saluée comme une réussite. C'est le cas de l'aménagement des quais de la Garonne à Bordeaux. Je le dis sans forfanterie mais sans modestie non plus, car j'en revendique la paternité.

Les Bordelais ont toujours eu une relation complexe avec leur fleuve. Ils ont bien conscience que leur ville est « un présent que la Garonne a fait à la France », comme n'hésite pas à l'écrire Camille Jullian dès les premières pages de son *Histoire de Bordeaux*. Mais longtemps ils ont hésité à franchir ce qu'ils considéraient comme une frontière avec un monde étranger ; pendant des siècles, ils n'ont habité que sa rive gauche ; le fleuve était aussi large qu'une mer, « la mer de Garonne » ; certes, l'activité du port, dans le méandre en croissant de lune qui lui donna son nom, a fait la fortune de Bordeaux à l'âge d'or du sinistre commerce triangulaire ; mais, dans les dernières décennies du XXe siècle, le port avait migré vers l'aval et les quais du centre-ville offraient le spectacle désolant de hangars ruiniformes et de grilles rouillées.

Le tramway allait longer cette friche sur plusieurs kilomètres et je me dis que c'était l'occasion ou jamais de profiter du programme des travaux concomitants pour réconcilier la ville avec son fleuve. Je demandai aux services de la CUB de lancer un concours dont le cahier des charges imposerait notamment la suppression du stationnement des voitures qui occupaient quasiment tout l'espace en bordure de Garonne et, en compensation, le creusement de trois vastes parkings souterrains. Le jury que je présidai reçut des offres de qualité ; un moment, la tentation prit ses membres de choisir un projet totalement minéral qui, de la façade des immeubles jusqu'à la rive, recouvrait l'espace de belles dalles de pierre. Je posai une question faussement naïve qui fit basculer les votes : « Il fait chaud l'été à Bordeaux. Où trouvera-t-on de l'ombre pour s'abriter du soleil ? » Ce fut donc le projet, très généreusement arboré, du paysagiste Michel Corajoud, qui gagna le concours.

Le passage à l'acte exigea une forte mobilisation de tous les responsables. Pendant quatre années, ce fut une passionnante aventure et une collaboration quasi quotidienne entre l'homme de l'art et son épouse elle-même paysagiste, l'élu, et le fonctionnaire, coordonnateur des services administratifs. Les travaux se déroulèrent séquence par séquence et la moindre difficulté ne fut pas de rendre visible pour les Bordelais la cohérence d'ensemble. Je fis installer des panneaux d'information qui décrivaient, de l'amont vers l'aval, la succession des futurs aménagements : un parc des sports destiné aux jeunes du quartier Saint-Michel qui était dépourvu de tout espace vert ; le miroir d'eau promis à la célébrité que l'on sait ; la pelouse des Girondins dont les magnifiques platanes prolongeaient l'immense place des Quinconces et qu'il fallait non seulement conserver mais mettre en valeur ; puis, en direction du pont d'Aquitaine, des hangars, restaurés pour les uns, neufs pour deux d'entre eux, où pourraient s'installer commerces et bureaux créateurs d'emplois. Entre ces grandes polarités, Michel Corajoud proposait des jardins pleins de fleurs, de plantes aromatiques au sein de « chambres » intimes propices au repos, et plus d'un millier d'arbres d'essences et de hauteurs diverses, choisis pour donner de l'ombre sans occulter les façades XVIIIe. Entre Michel Corajoud et moi, des liens de confiance et de compréhension mutuelles se renforcèrent tout au long du chantier. Il m'associait à tous ses choix minutieux, sur les revêtements du sol des pistes réservées aux piétons ou aux cyclistes, sur le dessin de la rambarde qui allait se dérouler tout au long du parcours, et qui devait associer des qualités de robustesse et de légèreté visuelle, et, naturellement sur les caractéristiques techniques du miroir d'eau, sa profondeur, le cycle de l'eau, la sécurité des promeneurs… Le goût très sûr de Michel et de sa femme, leur sensibilité à l'histoire et à l'esprit de Bordeaux, leur souci d'économie (au mètre carré aménagé, l'opération une fois terminée fut l'une des moins chères du genre) ont fait merveille, au-delà même de ce qu'ils avaient imaginé. Un jour, Michel me confia que l'extraordinaire succès du miroir d'eau, succès médiatique mais surtout succès populaire, le surprenait. Je l'interrogeai : « Comment l'idée vous est-elle venue ? » Il me répondit avec sa franchise habituelle : « Quand je me suis arrêté devant les façades de la place de la Bourse, je me suis demandé : que faire devant un ensemble d'une telle perfection, chef-d'œuvre d'harmonie et d'élégance ? Réponse : la même chose, c'est-à-dire un miroir. » La surface dudit miroir était, dans son esprit, censée refléter les façades ; l'effet est saisissant quand rien ne trouble la surface de l'eau mais le promeneur ne peut l'admirer qu'aux petites heures du lever du jour, avant que les familles n'envahissent l'espace, parents et enfants pataugeant dans l'eau ou traversant la vapeur des brumisateurs.

Ce qui me fait chaud au cœur, c'est de voir que les quais sont devenus un lieu de convivialité où, à toute heure, par tout temps, convergent des milliers de piétons et de cyclistes : on vient y flâner en admirant les variations de la lumière sur le fleuve ; y déjeuner sur les terrasses paisibles des bistrots ; y pratiquer son sport, course à pied, vélo sur la piste rapide ou la piste lente, roller ou skate au milieu des piétons ou sur le stade dédié ; y faire ses courses le dimanche dans ce que j'appelle encore le « marché du Colbert », du nom du croiseur longtemps amarré dans le port de la Lune, mais que je convainquis la Marine nationale d'envoyer à la casse quand, rouillé et amianté, il fut déclaré inapte à la visite. Les paquebots ont pris sa place, les très gros que j'ai un jour qualifiés de caisses à savon tant leur taille me semblait disproportionnée, au point d'occulter les façades ; et aussi les paquebots de croisière fluviale, de gabarit beaucoup plus modeste, qui firent un tabac auprès des amateurs de navigation tranquille jusqu'à l'estuaire de la Gironde.

J'aime marcher, courir, pédaler sur « mes » quais ; j'aime y voir les gens heureux ; traverser les ponts, les vieux et le nouveau, pour prolonger leur promenade en rive droite où le paysagiste Michel Desvigne a créé, sur plusieurs kilomètres, le Parc aux angéliques, du nom de la plante herbacée vivace sur les berges du fleuve. Quand on m'a fait querelle d'avoir coupé quatre ou cinq marronniers malades pour embellir la place Gambetta, j'ai eu beau jeu de dénombrer les milliers d'arbres plantés en quelques années sur les deux rives du port de la Lune !

J'ai voulu aussi que les quais deviennent lieu de fête et de culture.

J'avais constaté qu'on ne célébrait pas la vigne et le vin *intra muros* à Bordeaux. Du moins à la mesure de la réputation de notre vignoble et de son importance économique et sociale dans la vie de notre région. Certes les châteaux s'animaient à la période des vendanges. Et le prestigieux salon Vinexpo attirait chaque année les professionnels venus du monde entier. Mais le simple citoyen n'avait pas accès à ces manifestations. J'eus donc l'idée d'une fête populaire. Et quel meilleur emplacement que les quais d'où partaient, à l'âge d'or de Bordeaux, les cargaisons de vin destinées principalement aux amateurs d'Angleterre ? Le concept était tout simple : inviter les viticulteurs à installer leur stand le long de la Garonne et à proposer leur production aux badauds. Précaution élémentaire : bien encadrer la consommation pour éviter tout dérapage. Une « école du vin » prit place au milieu du site et des professionnels y expliquèrent l'art de déguster… avec modération. Je répétais un slogan simple : « À Bordeaux, on goûte le vin, on ne picole pas. » Pour m'en assurer, j'avais prévu qu'à l'entrée de la fête, le visiteur devait acheter un « passe », en fait une pochette à porter autour du cou, garnie d'un verre et d'un lot de cinq tickets à présenter au stand de son choix. Évidemment, il était difficile d'interdire les achats successifs de passes. Mais les Bordelais sont gens raisonnables et jamais les organisateurs n'eurent à faire face à des abus. Curieusement le monde du vin ne réagit pas avec l'enthousiasme que j'espérais. Les « grands » firent la moue ; leur réputation était suffisamment établie, pensaient-ils, pour se passer de toute promotion supplémentaire, surtout auprès d'un public « populaire ».

Quant aux « petits » ou supposés tels, ils doutaient du retour sur investissement d'une opération aussi neuve. Dès la première édition, ces craintes se révélèrent vaines : les visiteurs affluèrent par dizaines de milliers, dans une ambiance bon enfant, pour une flânerie décontractée et même joyeuse. Ils vinrent de toute la région car j'avais pris la précaution d'associer tous les vignobles d'Aquitaine, y compris le Bergeracois, le Marmandais, le Jurançon et le Béarn, etc. Pour ajouter encore à la fête, je fis tirer chaque soir un beau feu d'artifice au-dessus de la Garonne. J'étais heureux, au milieu de la foule, où se pressaient toutes les générations, en famille, les anciens qui apportaient leur pliant, les gamins tout excités par une sortie nocturne. J'adore les feux d'artifice qui illuminent les regards, qu'ils soient encore innocents ou déjà blasés. En tout cas, la Fête du vin devint, tous les deux ans, au mois de juin, un point de passage obligé ; d'autres villes nous empruntèrent le concept : Hong Kong, Bruxelles, Québec... qui m'accueillirent chaleureusement à leur cérémonie d'inauguration.

L'inconvénient d'une biennale, c'est le vide qui se crée entre deux éditions. Je décidai de le combler en organisant, par alternance, ce que je n'osai pas appeler la Fête de l'eau. Pourtant j'aurais eu la caution de Pierre Veilletet, talentueux journaliste, auteur du merveilleux petit livre *Bords d'eaux*, dans lequel il écrit que, dans notre ville, « nous sommes de toutes parts entourés par les eaux » ; ou encore, dans son *Vin, leçon de choses*, « Bordeaux est doublement baptisée, par l'eau et par le vin ». Prudemment, par peur de choquer, je préférai le titre Fête du fleuve ; elle suscita le même enthousiasme populaire, d'autant que plusieurs courses à la voile y prirent le départ au fil des années, la Solitaire du *Figaro*-Éric Bompard par exemple en 2013.

J'ai très vite senti que l'espace des quais pouvait aussi se prêter magnifiquement à l'exposition plus durable d'œuvres artistiques. Dès le printemps de l'an 2000, alors que les travaux d'aménagement démarraient, je pris le risque d'accueillir une rétrospective des créations de l'artiste Ousmane Sow, « une des plus belles de nos expositions », confiera Béatrice Soulé qui en fut la commissaire ; la taille et la force des sculptures étaient à la mesure du grand paysage des quais et du fleuve. Ma rencontre avec le géant sénégalais si bienveillant fut un moment privilégié. La curiosité admirative des promeneurs qui défilaient devant ses vivantes statues faisait chaud au cœur.

Quelques années plus tard, en 2007, l'installation de douze œuvres de Bernar Venet sur les deux rives de la Garonne rencontra le même succès. J'aime les sculptures dans la ville, le *Lion bleu* de Xavier Veilhan place Stalingrad à la Bastide, ou les onze pièces monumentales de Jaume Plensa qui créa notamment, en 2013, pour Bordeaux la fascinante figure féminine de *Sanna* ; nous l'avons tellement aimée que nous avons voulu la garder ; las ! la souscription publique que je lançai pour l'acheter ne permit pas de réunir les fonds nécessaires ; elle est toujours, néanmoins, offerte aux regards du public, place de la Comédie, grâce à la générosité du mécène aquitain anonyme qui en est devenu propriétaire mais qui nous la laisse… jusqu'en mars 2027.

Et la culture, bordel !

J'ai bien conscience qu'en 1995, j'ai dû rompre avec ce qui, sous Chaban, était une priorité municipale quasi absolue donnée à la politique culturelle. Priorité budgétaire en tout cas : avec 27 % du total des dépenses municipales, le budget « culture » de la ville battait le record de France. Chaban avait compris qu'il allait dans le mur ; dès 1992, il avait commencé à « fermer les vannes », sous la pression de la chambre régionale des comptes qui poursuivait pour « gestion de fait » et autres irrégularités certains responsables des grands établissements ou événements culturels de la ville, et le maire lui-même.

Il fallait remettre de l'ordre. C'est ce que j'ai fait en ramenant l'effort budgétaire dans la moyenne nationale et en expliquant à certaines stars de la scène bordelaise que les crédits budgétaires qui leur étaient attribués n'étaient pas évaluatifs mais limitatifs et que, venir voir le maire tous les trimestres pour demander une rallonge, ça ne marcherait plus !

Je suis reconnaissant à celles et ceux qui m'ont accompagné dans ce travail ingrat, aux directeurs et directrices successifs des affaires culturelles de la ville, de nos grands établissements culturels publics, tels l'Opéra national, nos musées, ou le conservatoire de musique et de danse, sans oublier les animateurs des structures associatives et privées qui tiennent une place essentielle dans la vie culturelle de la ville.

Tous se sont mobilisés en 2008 lorsque j'ai posé, un peu tard j'en conviens, la candidature de Bordeaux au label de « capitale européenne de la culture 2013 ». Ce fut un élan magnifique, j'obtins la participation de tous les « acteurs culturels », publics et privés, le soutien des milieux économiques, le consensus de la CUB, du département, de la région, toutes sensibilités politiques confondues. Mon adjoint à la culture, Dominique Ducassou, et le chef de projet que je désignai en la personne de Richard Coconnier, homme de théâtre très à l'aise dans le milieu culturel régional, bâtirent un excellent dossier que j'allai personnellement défendre devant le jury. Je me souviens de l'accueil de ce jury en visite dans la ville dont la ferveur était partout perceptible. Sur la place Pey-Berland, devant l'hôtel de ville, la foule dessinait le nom de Bordeaux.

Nous n'avons pas gagné. Nous pouvons trouver de bonnes (ou mauvaises) raisons à cet échec : nous nous sommes lancés bien après d'autres villes, notamment Marseille qui a bénéficié de l'effet de mode pour la Méditerranée ; certains commentateurs firent perfidement remarquer que Marseille avait davantage besoin de ce label que Bordeaux déjà classée au rang des destinations les plus attractives de France, d'Europe et au-delà…

Mais faut-il parler d'échec ? La tentative n'est pas restée sans lendemains. Le président du conseil régional, Alain Rousset, en tirait même une leçon positive : « Le travail qui a été fait ne sera jamais perdu. Nous avions réussi à entraîner la population bordelaise. Il y avait un potentiel de bonheur et de créativité assez exceptionnel dans ce dossier, je ne renonce pas à ces projets. » Je n'étais pas en reste : « On ne va pas laisser tomber, la Ville veut poursuivre. »

Et nous avons poursuivi : tous les grands équipements publics dont j'ai lancé la construction ou la rénovation entre 1995 et 2019 ont été des équipements culturels ou sportifs. Je cite : l'auditorium imaginé par le talentueux et tenace Michel Pétuaud-Létang, qui a donné à l'orchestre Bordeaux-Aquitaine un écrin digne de sa qualité ; le Palais des sports, devenu, au cœur de la ville, le nouveau temple du basket et du handball ; la Cité des civilisations de la vigne et du vin dont le succès a été immédiatement spectaculaire et qui, ouverte aux arts, accueille de belles expositions, celle par exemple consacrée à Picasso ; le nouveau stade d'une élégante originalité architecturale due à l'agence Herzog & de Meuron ; la complète restauration du Muséum d'histoire naturelle, difficile chantier qui a pris des années, sans lasser la patience de sa directrice, la tenace Nathalie Mémoire ; plus tournée vers les quartiers, la bibliothèque Pierre-Veilletet à Caudéran qui dessert un quartier peu doté en équipements culturels ; les archives installées au cœur de la Bastide sur le site d'un ancien entrepôt ferroviaire et pensées comme un équipement culturel grand public ; portée par la CUB, l'Arena dessinée par Rudy Ricciotti, la grande salle de spectacle dont l'agglomération avait besoin et qui n'aurait pas vu le jour sans mon engagement personnel pour surmonter les réticences de certains maires de mon propre groupe politique qui l'aurait souhaitée en rive gauche.

Certes je n'ai pas reconstruit la base sous-marine, cet extraordinaire monument de béton, dont les alvéoles s'ouvrent sur les bassins à flot et qui, pendant la guerre, hébergeait les U-Boote allemands ; mais sa directrice Danièle Martinez, qui lui vouait une véritable passion, n'a cessé d'y organiser de belles rencontres, souvent dédiées à la photographie ; aujourd'hui un nouvel opérateur met en valeur ses impressionnants volumes en projetant sur les murs les lumineuses images d'œuvres picturales célèbres ; les familles se pressent dans ce lieu désormais dénommé les Bassins des lumières.

L'ouverture des nouvelles salles du riche musée d'Aquitaine, notamment celles dédiées au XVIIIe siècle, a permis à de nombreux visiteurs, et tout particulièrement à des classes entières de collégiens et de lycéens, de découvrir, sans que rien en soit occulté, les horreurs de la traite négrière.

Alors, bien sûr, il reste à faire ! Les Bordelais rêvent d'un grand musée des Beaux-Arts ; le projet est extrêmement ambitieux, et encore mal défini ; nous nous sommes contentés de rénover la galerie du même nom, toute proche, où se sont multipliées des expositions fréquentées par un public fidèle. L'extension promise du musée des Arts décoratifs et du Design, en revanche, est en cours et a permis à sa très entreprenante directrice de diversifier encore davantage ses inventives propositions, telle la présentation, en 2020, d'une collection de plus de quatre cents paires de « sneakers », ces chaussures de sport qui, selon le catalogue, « se sont imposées comme un véritable accessoire de mode, voire une œuvre d'art ». Quand j'ai vu que le musée de l'Homme de Paris abritait cette exposition l'année suivante, je me suis dit que, pour une fois, la « province » donnait le ton.

Au total, investissement et fonctionnement confondus, la culture est restée, avec l'éducation, l'un des tout premiers budgets de la ville. En 2014, au début de mon dernier mandat, je demandai à mon nouvel adjoint à la culture, le jeune et talentueux Fabien Robert, d'élaborer un document d'orientation culturelle pour donner une impulsion nouvelle à la politique que nous allions mener au cours des années suivantes, en y associant tous les acteurs culturels au sein d'un conseil consultatif nouvellement créé.

J'ai eu du mal à gagner la confiance desdits « acteurs ». C'était un temps où l'idéologie dominante dans ces milieux était clairement « à gauche ». D'où la méfiance envers un homme « de droite », forcément inculte ou à tout le moins insensible à leurs préoccupations. Lesquelles, il faut bien le dire, étaient d'abord financières. Derrière les grandes déclarations de principes venait toujours une demande de subvention que je ne pouvais pas toujours satisfaire. Ce qui entretenait la petite musique qui revenait à mes oreilles : la ville privilégie les grandes machines institutionnelles au détriment des petites structures créatives, pour être clair : « l'Opéra plutôt que mon théâtre de poche ». Choix difficile, en effet. Avais-je une inclination particulière pour notre Grand Théâtre, sa maison d'opéra, son orchestre, son corps de ballet et tous les services qui allaient avec ? Peut-être. Mes goûts personnels me portaient vers la musique, et j'étais un spectateur assidu.

Plus ou moins confusément, certains de mes interlocuteurs éprouvaient aussi une sorte de frustration de ne pas entendre le nom de Bordeaux associé à un « grand événement » de portée nationale, voire internationale. Combien de fois n'ai-je entendu citer avec envie les Folles Journées de Nantes, ou le Printemps de Bourges ou les Francofolies de La Rochelle ou même la Fête des lumières de Lyon… sans aller jusqu'à la Grande Braderie de Lille !

Encore aujourd'hui, je pense que la qualité d'une politique culturelle ne se mesure pas à la notoriété d'une manifestation, fût-elle très médiatisée, pendant quelques heures ou quelques jours. Il a été plus pertinent, me semble-t-il, d'avoir aidé, au fil des ans et après bien des tentatives infructueuses, le collectif Pola à s'installer quai de Brazza, en rive droite, dans un vaste hangar où se côtoient architectes, urbanistes, éditeurs, notamment de BD, graphistes, designers... au service de la structuration professionnelle des arts visuels en Aquitaine. Ou d'avoir accompagné l'épanouissement de Darwin, ce lieu que l'on qualifie souvent d'écosystème, faute de pouvoir énumérer précisément le foisonnement de ses activités : pépinières d'entreprises, skatepark en salle, concerts, restaurant, épicerie bio... avec, chaque fois, un clair engagement écoresponsable. Ou d'avoir favorisé la lecture publique en développant dans tous les quartiers de Bordeaux des bibliothèques de proximité travaillant en réseau avec la grande bibliothèque centrale de Mériadeck, elle aussi rénovée.

Mais enfin, je n'ai pas été sourd aux « trompettes de la renommée », comme dirait Brassens, et j'ai cherché « le grand événement » dont on parlerait hors les murs.

Mon coup d'essai n'a pas été un coup de maître : en 2009, je lance Evento, une biennale d'art contemporain dont je confie la conception à l'architecte franco-portugais Didier Faustino ; il invite une trentaine d'artistes venus de tous les horizons et notamment le plasticien japonais Kawamata qui construit un pont en bois monumental entre les colonnes rostrales des Quinconces et la rive du fleuve. Cette passerelle éphémère, fabriquée en pin des Landes, se termine, en à-pic de la berge, par un belvédère qui offre un point de vue unique sur la « mer de Garonne ». Elle eut un tel succès populaire que je décidai de conserver l'installation pendant les mois qui suivirent la fin d'Evento.

La *Maison aux personnages* d'Ilya et Emilia Kabakov, érigée place Amélie-Raba, à l'entrée du Tripode, notre CHU, ne suscita pas le même intérêt : c'était une maison d'habitation très ordinaire dont l'originalité tenait à l'aménagement intérieur, poétique, voire onirique selon les artistes ; le hic, c'était que, de propos délibéré, cet aménagement était invisible de l'extérieur ; d'où la perplexité des visiteurs, ou plus exactement des passants qui, n'en percevant pas la dimension artistique, s'étonnaient de voir une maison de sept pièces posée (abandonnée ?) au centre d'une place très fréquentée ; les plus critiques s'indignaient qu'on la laissât inhabitée « en pleine crise du logement »...

J'ai néanmoins persévéré, tout en changeant de pied. Mon équipe me suggéra d'aller rendre visite à Michelangelo Pistoletto dans sa Cittadellarte installée dans une usine de textile désaffectée près de Biella dans le val d'Aoste ; j'avais entendu parler de ce « pape » de l'*arte povera* ; mais je découvris le laboratoire de recherche qu'il animait, tout ensemble sur l'art, l'éducation, l'économie, la politique, la communication, la spiritualité... Déjà septuagénaire avancé, il attirait autour de lui une bande de jeunes gens et de jeunes femmes extraordinairement accueillants et intelligents. Je fus séduit. Il accepta d'être le commissaire de la deuxième édition d'Evento, en me proposant d'associer étroitement les habitants et les visiteurs à la production de projets créatifs au cœur de la ville. Je lui donnai carte blanche. Il joua pleinement le jeu en venant s'installer, avec ses collaborateurs, à Bordeaux pendant les mois qui précédèrent l'événement et tout au long de son déroulement, de juillet à octobre 2011. Il sillonna, avec son chantier mobile, toute l'agglomération. Il s'immergea en profondeur dans la vie des quartiers. Sa méthode, faite d'ateliers, de débats, de performances, d'installations artistiques en complète osmose avec le « terrain » fit merveille. Son travail de « réévolution urbaine », pour reprendre ses mots, a permis aux habitants d'exprimer concrètement leurs attentes et de définir eux-mêmes la nature des équipements et leur future utilisation... qui n'étaient pas toujours celles imaginées à l'origine par la mairie. Il ne me resta plus qu'à passer à l'acte, en rouvrant par exemple la mythique salle du quartier du Grand Parc, fermée depuis deux décennies faute de consensus sur sa future destination. Pistoletto est souvent revenu à Bordeaux et j'ai toujours pris un vif intérêt à parler avec lui et son épouse, dont émane une aura de bienveillance et d'humanité.

Evento n'évita pas, néanmoins, tous les travers des performances contemporaines. Je me souviens d'avoir assisté à celle de Pippo Delbono, acteur, metteur en scène, « directeur d'une troupe iconoclaste », m'avait-on prévenu, qui, pendant plus d'une heure, sur une estrade dressée en pleine place de la Comédie, devant le Grand Théâtre, se livra à un exercice de borborygmes et de hurlements proprement insupportable. J'en avais honte !

Instruit par l'expérience, je décidai de me concentrer sur une autre biennale qui, depuis 2004, s'affirmait comme un temps fort de la vie culturelle bordelaise : Agora, dédiée à l'architecture, qui a connu au fil des ans, sous l'impulsion de Michèle Larüe-Charlus, sept éditions ; chacune attirait à Bordeaux de grands noms de l'architecture et de l'urbanisme, sous la houlette de Nicolas Michelin, de Marc Barani, de Youssef Tohmé... Les débats étaient organisés dans le Hangar 14, icône de la renaissance des quais ; ils étaient ouverts aux professionnels, ou futurs professionnels, tels les étudiants de notre École nationale supérieure d'architecture et du paysage, mais aussi au grand public dont l'affluence attestait de l'amour des Bordelais pour le patrimoine bâti de leur ville. Agora mobilisait nos musées, le CAPC, l'association Arc en rêve chère à Chaban, nos archives municipales, la base sous-marine, nos cinémas et le tissu associatif. Michèle me demandait de débattre avec les stars qu'elle invitait, par exemple Renzo Piano ou Rem Koolhaas. Je n'étais pas toujours très à l'aise face à ces personnalités dont j'admirais le travail mais qui me larguaient parfois dans leurs grandes envolées conceptuelles. Agora fut un riche laboratoire culturel et une marque authentiquement bordelaise.

Jours heureux

Ai-je suffisamment fait partager dans ces lignes le bonheur que j'ai eu à vivre une aussi belle aventure et l'amour que j'éprouve pour « ma » ville ?

J'appelle à nouveau Isabelle à la rescousse. J'aime me replonger dans ses *Jours heureux à Bordeaux*[1]. En quatrième de couverture, l'éditeur présente « ce journal d'Aquitaine, riche de coups de cœur, de coups de griffes et de confidences à mi-voix [qui] témoigne avec beaucoup d'authenticité et d'humour d'une année particulière où le monde politique s'estompe derrière le bonheur du pays retrouvé ».

En 1998, nos trois jeunes enfants nous avaient rejoints à Bordeaux et nous nous étions installés dans une belle et grande maison au cœur de la ville, impasse des Tanneries. Nous avons adoré cette maison. Les murs étaient anciens, nous étions dans la « ville de pierre » dont Bordeaux est si fière. Mais tout le volume intérieur avait été transformé et modernisé par le précédent propriétaire, architecte de son état. Elle était vaste. L'étage principal ouvrait sur une généreuse terrasse, lumineuse et arborée, avec en son centre un modeste bassin que les enfants baptisèrent immédiatement « piscine ». Sur le toit, un petit édicule couvert d'ardoises donnait sur le jardin public, j'en fis mon bureau.

En tournant les pages de *Jours heureux à Bordeaux*, je revis nos joies et nos peines. Vie intense, en immersion profonde, dans tous les quartiers dont je voulais connaître physiquement la diversité ; vie ponctuée aussi par les allers-retours à Paris où j'allais siéger à mon banc dans l'hémicycle de l'Assemblée nationale. Dans la déroute de 1997, j'avais eu la satisfaction d'être élu député de la deuxième circonscription de la Gironde, celle que Chaban avait tenue pendant plusieurs décennies.

---

1. Isabelle Juppé, *Jours heureux à Bordeaux*, Paris, Albin Michel, 1999.

Isabelle a décrit drôlement sa rencontre avec « l'un des personnages clés de Bordeaux : Dame Rumeur ». Elle n'a pas épargné notre vie privée : au nombre de ses « scoops », elle annonçait régulièrement qu'Isabelle me quittait, qu'elle attendait des jumeaux, d'un autre géniteur que son mari « bien entendu », que j'installais mes maîtresses successives à la maison… Rama Yade, nouvellement nommée secrétaire d'État, me rendit visite à Bordeaux pour me demander conseil ; je l'invitai à dîner dans un restaurant branché de Bordeaux où l'on nous installa aimablement à l'écart dans une sorte d'alcôve ; mais à la fin, il fallut pour sortir traverser la salle ; nous ne passâmes pas inaperçus et, dès le lendemain, les salons bruissaient de ma liaison avec une superbe Africaine.

Il y eut des moments d'ivresse. C'est en tout cas le mot qu'emploie Isabelle pour décrire mon état d'esprit au petit matin du dimanche 30 mai 1999 : je rentrai de Paris et du Parc des Princes où les Girondins venaient d'être sacrés champions de France. Un écran géant avait été installé à la patinoire de Mériadeck et, dès le coup de sifflet final, la foule avait envahi les rues. La fête avait duré toute la nuit. Comment pouvait-on encore qualifier Bordeaux de « belle endormie » ?

Le malheur frappa aussi. Un soir de décembre 1998, j'appris avec stupeur que mon plus proche collaborateur à la mairie, Philippe Pireyre, venait de se donner la mort à son domicile. En 1995, dès mon élection, il était venu du Nord pour prendre la direction de mon cabinet. Des amis me l'avaient vivement recommandé. Il était jeune, enthousiaste, de contact chaleureux ; très vite il avait su se faire apprécier et aimer de mon entourage, élus et fonctionnaires à la fois. Sa femme Isabelle et lui formaient un couple sympathique, je le croyais heureux. À aucun moment je n'avais décelé chez lui les signes d'une dépression, encore moins d'une tendance suicidaire. Je m'interrogeai : l'avais-je soumis, dans sa tâche auprès de moi, à trop forte pression ? J'ai la réputation d'être un patron exigeant.

Quand je fais confiance, je délègue volontiers ; mais je juge, il est vrai, aux résultats. Pourtant, jamais je n'ai eu de conflit relationnel avec les hommes et les femmes qui ont travaillé avec moi ; je ne suis pas colérique ; il m'arrive d'être sec, mais personne ne s'y trompe. Et tous, au moment du départ, à un moment où toute tentation de courtisanerie est devenue vaine, m'ont dit avoir beaucoup appris à mes côtés. Alors, pourquoi n'avais-je pas vu venir ce coup ? Isabelle raconte que je suis parti passer la journée qui a suivi le suicide de Philippe, « seul avec mon chagrin », au fin fond des Landes. Elle a dédié son livre à « Philippe P., qui aimait tant rire de la vie ».

De villes en villes, les jumelages

Philippe avait organisé mon premier déplacement à l'étranger en tant que maire de Bordeaux. C'était au Japon. Jacques Chaban-Delmas avait signé des accords de jumelage avec de nombreuses villes, toutes d'une taille très supérieure à celle de Bordeaux. Sauf Québec. Quand j'arrivais à Los Angeles, à Wuhan, à Munich, à Saint-Pétersbourg, à Porto, à Oran... métropoles millionnaires, je devais faire preuve d'humilité. Encore que la réputation universelle du vin de Bordeaux compensât mon infériorité numérique. À Fukuoka, dans l'île de Kyushu, ma délégation et moi fûmes reçus en hôtes de marque, avec égard et gentillesse à la fois. Je me revois, installé dans la superbe limousine du maire, une Rolls !, défilant dans la ville en fête à l'occasion du festival Hakata Dontaku, tradition vieille de huit cents ans où l'on met en perce des barriques de saké.

On critique parfois ces jumelages où l'on ne voit que prétextes à coûteuses excursions touristiques des élus. J'ai essayé pour ma part de leur donner un autre sens, celui d'une démarche de coopération effective, d'un échange d'expériences et de projets, d'une relation humaine durable. J'ai privilégié deux domaines :

la culture et l'enseignement supérieur d'une part, l'économie de l'autre. Mais, selon les cas, l'aménagement urbain, le développement sportif, l'action sociale dans les quartiers sensibles venaient à l'ordre du jour. Je n'ai pas toujours réussi à ranimer la flamme : Madrid ou Lima par exemple n'ont pas vraiment répondu à mes avances. Avec Québec en revanche, et ses maires successifs, bien avant que je n'y trouve refuge, j'ai créé des liens solides et des amitiés durables. J'ai beaucoup appris de Jean-Paul L'Allier qui avait fait revivre sa vieille ville historique ; Régis Labaume est souvent venu à Bordeaux et réciproquement. Sous d'autres cieux, j'ai vécu des moments rares avec les jeunes Oranais que l'association de nos maisons de quartier était venue aider. Ou bien encore, dans la même ville, lors de ma rencontre avec Mgr Jean-Paul Vesco, en sa chapelle Notre-Dame de Santa Cruz que fréquentent chrétiens et musulmans pour jouir de la vue imprenable sur la baie magnifique mais aussi d'une atmosphère de paix partagée. L'évêque était aux prises avec mille difficultés pour mener à bien la restauration de son église ; de retour à Alger, j'en touchai un mot au ministre de l'Intérieur, ministre des Cultes, qui débloqua une subvention. Mgr Vesco m'en témoigna de la reconnaissance… ce qui n'est pas le cas le plus fréquent. Dans *L'Énigme algérienne*, le livre que notre ancien ambassadeur en Algérie, Xavier Driencourt, a publié en mars 2022, l'auteur parle de cette basilique qui « venait de rouvrir après avoir été très bien restaurée » et qui a été choisie, en décembre 2018, pour célébrer, « en présence d'une foule immense », la béatification des sept moines assassinés à Tibhirine.

J'essayais systématiquement d'emmener dans ma délégation des représentants de notre chambre de commerce, la diplomatie économique était déjà une priorité ; il était plus difficile d'embarquer les responsables de nos universités qui n'avaient pas encore pris pleinement conscience de l'importance de leur rayonnement international, du moins en province.

Pour préparer mes déplacements, j'ai musclé la direction des relations internationales de la Ville ; à sa tête j'eus la possibilité de nommer des jeunes diplomates de talent dans le cadre d'un échange de bons procédés avec le Quai d'Orsay : le « Département », comme on dit, me détachait l'un de ses fonctionnaires et je mettais à sa disposition un des cadres de l'administration territoriale. Accord gagnant-gagnant.

Bordeaux recevait aussi de fréquentes visites de personnalités étrangères qui, à l'occasion d'un déplacement officiel dans notre pays, souhaitaient découvrir la France profonde. Chaban avait accueilli en juin 1992 la reine Elizabeth II et le prince Philip, « courte visite gravée dans les mémoires bordelaises » selon *Sud-Ouest*. En février 2003, ce fut le tour du président russe Vladimir Poutine qui arriva à l'Hôtel de Ville avec une bonne demi-heure de retard pour le déjeuner que je donnais en son honneur. J'en conclus qu'il allait expédier l'entretien bilatéral que nous devions avoir tous les deux ; il n'en fut rien ; il me consacra tout le temps prévu ; je le trouvai plutôt attentif et courtois ; il n'avait pas encore fait sa mue. Il s'adonna longuement à la dégustation de nos grands vins dans un prestigieux château de la rive droite.

Le sommet franco-britannique de novembre 1996 fut un grand moment de la vie internationale de la capitale de l'Aquitaine : Jacques Chirac avait choisi Bordeaux pour cette rencontre récurrente entre les chefs d'État et de gouvernement de nos deux pays. La veille du sommet, comme de tradition, un dîner en petit comité réunit Jacques Chirac, John Major et moi-même ; j'avais choisi un de mes restaurants favoris, La Tupina, dont j'appréciais à la fois le cadre chaleureux et la cuisine authentiquement « sud-ouest ». À peine assis, Chirac s'exclama : « *John, would you like a beer ?* » Réponse immédiate : « *Oh ! Yes, Jacques, it's a good idea.* » J'avais demandé à Jean-Pierre Xiradakis, le maître des lieux, de nous sortir une de ces bonnes bouteilles dont il a le secret. Elle retourna à la cave et l'anecdote fit le tour de la ville. Avant le déjeuner officiel du lendemain, je prévins le président : « Du bordeaux et rien d'autre. »

Peu à peu, le ministère des Affaires étrangères s'intéressa davantage aux jumelages entre collectivités locales qu'il érigea au rang de « coopération décentralisée » ; il en confia le pilotage à un ambassadeur confirmé qui s'assura de la convergence entre les priorités de notre diplomatie et les initiatives locales.

Je revis aussi avec enthousiasme mes excitantes visites en Afrique, à Bamako, à Ouagadougou, à Dakar où un intarissable griot chanta mes louanges, celles de Bordeaux et de la France... Partout je bénéficiais de l'incroyable popularité de Jacques Chirac qui rejaillissait sur moi.

À Saint-Pétersbourg, c'était une autre affaire ; avec ma délégation, je m'émerveillais certes de la beauté des quais de la ville et de la splendeur du musée de l'Ermitage. Dans un des palais tsaristes parfaitement restaurés, Michel Serres qui nous accompagnait prononça une savoureuse conférence sur le vin et son langage. Mais le défi qui nous était lancé venait d'une production locale : la vodka ! À chaque réception officielle, il fallait porter une kyrielle de toasts alcoolisés et la résistance des Bordelais n'était pas à la hauteur de celle de nos hôtes. J'avais été marqué par une mésaventure, du temps de mon adolescence, quand, en voyage à Moscou avec mon copain Jacques K., j'avais été moins méfiant et avais levé généreusement mon verre à la santé du général de Gaulle, du camarade Khrouchtchev (mais si, mais si !), de l'amitié franco-soviétique... avant de rouler sous la table ivre mort. Les voyages forment la jeunesse, c'est connu. Je n'ai jamais récidivé.

L'exercice du mandat de maire ne laisse guère de répit. Celui-ci doit être « au front » en permanence, en cas d'événements heureux – une victoire sportive – comme d'accidents dramatiques – un incendie dans un quartier. D'où l'importance d'être secondé par une équipe réactive. Un jour, un collègue quelque peu perfide me demanda, en présence de l'intéressé : « Mais à quoi sert donc un directeur de cabinet ? » Je lui répondis du tac au tac : « À tout ! C'est la personne que je peux appeler ou qui peut m'appeler nuit et jour pour me tenir informé de tout ce qui se passe en ville. » J'ai eu la chance d'avoir à mes côtés des collaborateurs d'un dévouement, d'une disponibilité, d'une fidélité à toute épreuve. Mon départ de Bordeaux n'a pas rompu les liens qui nous unissaient. Les messages d'amitié qu'ils m'adressent régulièrement me font chaud au cœur.

XII

Du Capitole à la roche Tarpéienne

Durant ces années de mon premier mandat bordelais, après mon départ de Matignon, je n'abandonnai pas cependant toute activité politique nationale. Il y eut d'abord les élections législatives de 1997. J'étais encore député, élu depuis 1986 à Paris, et en 1993 dans mon dix-huitième arrondissement. Il me fallait faire mes preuves en Gironde et je choisis tout naturellement la circonscription qui avait été celle de Chaban pendant des décennies. Au premier tour, je dus affronter plus d'une dizaine de « concurrents » ; Gilles Savary, désigné par le PS, fut mon seul adversaire au second. Il m'avait mené la vie rude au conseil municipal depuis 1995 et nos joutes oratoires avaient parfois été virulentes. Je n'avais pas été souvent confronté, dans ma vie politique, à pareille agressivité. D'habitude, je parviens à contrôler mon impulsivité, mais, malgré les apparences, je ne suis pas un animal à sang froid. Mes adversaires le savent et cherchent à me provoquer. Et, parfois, je me lâche… Il m'arriva même de traiter Savary de « connard ». Il me poursuivit en justice mais fut débouté, le juge ayant estimé qu'il s'agissait d'une injure publique et non d'une diffamation. Depuis, nos relations se sont heureusement apaisées. Le 1er juin 1997, je recueillis 17 827 voix, soit 53,99 % des suffrages exprimés. Je pouvais désormais me poser en patron du RPR départemental.

France moderne…

J'allais consciencieusement siéger à l'Assemblée nationale toutes les semaines mais j'y restais discret, purgeant ce que beaucoup me faisaient sentir comme ma culpabilité dans l'échec de la dissolution. Mais nombreux étaient aussi les amis qui revenaient vers moi et souhaitaient me voir jouer à nouveau un rôle. Pour les rassembler, je créai l'association France Moderne, dont l'objet social était ambitieux : « Elle se veut, disaient ses statuts, un lieu de débats et d'échanges de vues sur les questions politiques, économiques, sociales, culturelles et sur le rôle européen et international de la France. » Grâce à Maurice Gourdault-Montagne, qui me restait fidèle, je trouvai des locaux au 10 rue Royale où prirent l'habitude de se réunir des groupes de travail sur des sujets aussi divers que la justice, la sécurité, l'éducation, la famille, la santé, la fiscalité, la culture, l'environnement, l'aménagement du territoire, l'Europe, les institutions… Je relis avec gratitude la liste des amis qui les présidaient ou qui en étaient rapporteurs ; ils étaient parlementaires, élus locaux, fonctionnaires, anciens membres de mes cabinets ministériels… tous bénévoles bien sûr mais disponibles, engagés dans l'opposition au gouvernement de Lionel Jospin et dans le soutien à l'action du président de la République, convaincus « que le combat des idées exige tolérance, imagination et respect des opinions, pourvu qu'elles soient démocratiques ». L'esprit général était à l'étude mais aussi à la convivialité, lors des dîners périodiques à L'Auberge basque, rue de Verneuil.

Notre travail ne fut pas toujours reçu avec enthousiasme dans mon propre parti. Il en fut ainsi de notre analyse sur l'immigration, question que j'essayais d'aborder dans un esprit de consensus droite-gauche. J'étais convaincu que l'Europe devait se doter d'une politique commune d'accueil de la main-d'œuvre étrangère et que les risques d'explosion sociale devenaient grands si les immigrés et les banlieues restaient les exclus de la croissance. Comme l'écrivit Catherine Pégard dans *Le Point* du 8 octobre 1999 :

> À l'exception d'Édouard Balladur et de Philippe Séguin, les « amis » [d'Alain Juppé] – dont Jean-Louis Debré son ministre de l'Intérieur – ont jugé pour le moins inopportun de rouvrir ce débat ou ont ironisé sur l'autoflagellation de l'ancien Premier ministre. Juppé s'attendait-il à autre chose ? Il sait que ses idées restent iconoclastes à droite. [Mais] il continuera de s'exprimer. Seul. Sur ce sujet et sur d'autres… Lui qui a rédigé au fil des ans plusieurs projets du RPR, il inaugure, à l'écart de son parti, un nouveau rôle politique. En attendant qu'on l'entende.

Les 8 et 9 octobre 1999, j'organisai en effet « Les Entretiens de Bordeaux », consacrés à un sujet qui m'a toujours tenu à cœur : l'éducation. Dans le grand amphithéâtre de l'université Victor-Segalen, trois cents participants planchèrent sur la question pendant deux jours. J'avais attiré à Bordeaux des responsables politiques, tels Nicole Fontaine, présidente du Parlement européen, Jean-Pierre Raffarin, Jacques Barrot, Jean-Michel Dubernard, éminent chirurgien, élu député du Rhône depuis 1986, mais aussi des intellectuels comme Alain Finkielkraut, le biologiste Jean-Didier Vincent, vice-président du Conseil national des programmes, l'industriel Roger Fauroux, ancien président de la Commission de réflexion sur l'école, la philosophe Blandine Kriegel, le sociologue bordelais François Dubet, le spécialiste des sciences de l'éducation Philippe Meirieu, qui n'était pas en odeur de sainteté au RPR et, provocation plus audacieuse encore, la syndicaliste Monique Vuaillat, codirigeante de la FSU. Les débats, on s'en doute, furent animés mais aussi productifs. L'enseignement de la langue, et ses insuffisances furent au cœur d'échanges passionnés. J'ai retenu l'une des formules dont Finkielkraut a le secret : « Au lieu de donner la langue, on a donné la parole, mais aujourd'hui les cas de parole sans langue se multiplient. » La reprise dans la presse fut très honorable. Le journal *La Croix* titra que je me « repositionnais par les idées ».

Ces Entretiens ne restèrent pas sans lendemain : en novembre 2000, *France moderne* publia un cahier de soixante-dix pages qui présentait ses propositions en matière d'éducation dont j'ai retrouvé un exemplaire dans mes archives. Je retiens quelques-unes des réponses données à la question « Que faire ? » : donner priorité à la langue, mieux reconnaître le mérite enseignant, diversifier les chemins de la réussite en confortant le collège pour tous plutôt que de supprimer le collège unique, ce qui était la marotte des spécialistes « éducation » du RPR… Nous insistions sur les notions d'autonomie et d'évaluation qui, je le savais, sentaient le soufre dans les milieux syndicaux.

A-t-on progressé en ce sens depuis lors ? Je me garderai bien de faire le bilan des réformes qui se sont succédé au fil des ans, non sans donner le tournis aux enseignants.

Mais je n'ai pas cessé de penser que « l'éducation est la mère des réformes » ; c'est le sous-titre du premier livre que j'ai publié, en août 2015, au tout début de ma campagne pour la « primaire » de la droite et du centre. Dans ce livre, *Mes chemins pour l'école*[1], j'ai d'abord donné la parole aux professeurs et aux parents, puis à quelques spécialistes, dont Boris Cyrulnik qui me persuada que tout se joue dès le plus jeune âge : « L'accès à la langue maternelle, me dit-il, se fait, quelle que soit la culture, entre le vingtième et le trentième mois. Pendant cette période sensible de dix mois, tout enfant acquiert trois mille mots, le sens de la grammaire, les exceptions aux règles et l'accent, qui est une mémoire du corps difficile à oublier. » Malheureusement tous les enfants ne baignent pas dans le même bain familial,

1. Alain Juppé, *Mes chemins pour l'école*, Paris, Jean-Claude Lattès, 2015.

linguistique et culturel ; tous ne connaissent pas trois mille mots à trois ans. D'où la responsabilité capitale de l'école pour les mettre tous en situation d'égalité des chances.

Je résume les principales orientations que je préconisais dans mon livre : accroître substantiellement l'effort sur les classes maternelles et de CP ; revaloriser le statut d'enseignant ; donner une liberté et des responsabilités nouvelles aux équipes pédagogiques, dans le cadre d'établissements plus autonomes ; développer une évaluation indépendante, régulière et performante ; favoriser l'apprentissage en réduisant son coût pour les entreprises...

Des avancées ont été faites en ce sens ; le soutien à l'apprentissage notamment est un succès. D'autres progrès restent à faire, je pense à l'autonomie des établissements qui effraient toujours les professeurs ; et pourtant, j'ai maintes fois constaté, dès le seuil d'une école, d'un collège ou d'un lycée, que l'ambiance générale de l'établissement différait profondément selon la qualité de sa direction et de l'esprit d'équipe qu'elle savait y faire régner.

C'est avec une certaine délectation que j'ai lu *Une école qui peut mieux faire*, le livre qu'a publié, en août 2022, la philosophe Monique Canto-Sperber, directrice de recherche au CNRS, qui a auparavant dirigé l'École normale. Elle y dénonce « l'uniformisation » dont souffre notre enseignement et soutient que l'autonomie des établissements, sous certaines conditions, peut mieux mener les élèves vers la réussite. Encore faudra-t-il en convaincre les syndicats les plus conservateurs !

Avec le recul, je mets volontiers l'accent sur ce qui me paraît la mission primordiale du système éducatif pour relever les défis qui s'accumulent : bien sûr transmettre des connaissances mais plus encore former le jugement pour apprendre à trier le vrai du faux ; pratiquer le doute méthodique qui n'est pas le relativisme absolu mais le chemin de la raison ; armer les jeunes esprits contre tous les fanatismes et l'obscurantisme... Bref, préparer des têtes bien faites autant que bien pleines. Toujours Montaigne ! L'apprentissage de la méthode scientifique est l'un des moyens les plus sûrs pour y parvenir. Mais, tout aussi utile est à mon sens la fréquentation des grandes œuvres littéraires et philosophiques ; la maïeutique socratique n'a rien perdu de sa vertu ; elle peut être efficace pour résister au déferlement de la bêtise et du mensonge sur les réseaux sociaux.

Gros temps

Malgré de louables efforts, je ne pus rester à l'abri des turbulences de la vie politique en me cantonnant dans le domaine des idées.

Certes je me tins à l'écart de la polémique que mon parti entretenait envers le gouvernement Jospin, tout en évitant d'y impliquer le président de la République. C'était son rôle. Je ne pus néanmoins rester insensible aux déboires du RPR lors des élections européennes de juin 1999. Président du parti, Philippe Séguin était naturellement désigné pour conduire notre liste. Prenant argument des critiques, voire des trahisons de Bayrou et de Pasqua qui critiquaient sa ligne et lançaient des listes concurrentes, il déclara forfait en pleine campagne et passa le relais dans les pires conditions à Nicolas Sarkozy. Le résultat de l'opération fut catastrophique. La liste Sarkozy n'obtint que 12,82 % des suffrages, en troisième position loin derrière celle de François Hollande, mais derrière aussi celle de Charles Pasqua (13,06 %) et juste devant celle de François Bayrou (9,29 %). Ce qui n'empêcha pas Séguin de saluer « le combat personnel conduit par le président par intérim [c'est-à-dire Sarkozy], combat d'autant plus méritoire qu'il s'est situé dans le contexte défavorable qui avait été volontairement créé au détriment de la liste RPR-DL et qui avait été à l'origine de [sa] démission ». L'hommage ne manquait pas de sel.

L'événement m'inspira deux sentiments : une admiration renouvelée pour Sarkozy qui ne tarda pas à remonter sur son cheval ; la conviction que nous étions condamnés à de nouveaux échecs si nous ne recollions pas les morceaux de la droite et du centre. Je pris donc la décision de me mettre au travail pour préparer une possible fusion entre le RPR, l'UDF et ses composantes et, au-delà, de tous ceux et toutes celles qui partageaient les mêmes idées.

Je ne me suis pas laissé détourner de mon chemin par les premiers grondements de l'orage fatal qui allait éclater dans ma vie. Le 21 août 1998, un juge d'instruction de Nanterre, Patrick Desmure, me notifia ma mise en examen pour recel d'abus de biens sociaux et prise illégale d'intérêts ; il me reprochait d'avoir fait travailler au RPR, dont j'étais le secrétaire général, sept personnes qui étaient par ailleurs employées et rémunérées par la Ville de Paris. Je ne mesurai pas de prime abord la gravité de l'accusation ni les conséquences désastreuses du procès qui m'attendait. D'une certaine manière, la procédure suivie pour ma mise en examen avait endormi ma vigilance : une audition le 22 octobre chez le juge, d'une durée assez brève, pas des heures en tout cas ; une deuxième audition tout aussi brève en novembre 1999 si je me souviens bien ; pas de garde à vue ni de perquisition chez moi... Puis plus rien jusqu'en mai 2003. J'en conclus, à tort, sous-estimant les lenteurs inexorables de la justice, que les choses allaient peut-être s'arranger.

Les élections municipales de 2001 à Bordeaux

Les échos de mes ennuis judiciaires ne parvinrent pas à Bordeaux et ne troublèrent pas ma campagne municipale de 2001. Face à une gauche très combative menée par le socialiste Gilles Savary qui, à son habitude, ne faisait pas dans la nuance, je l'emportai dès le premier tour, de justesse il est vrai avec 50,96 % des suffrages exprimés. La liste socialiste frisait à peine les 20 % et le « vert » Pierre Hurmic, qui devait accéder au fauteuil de maire vingt ans plus tard, pointait à l'horizon avec près de 10 %. Sept autres listes se partageaient le reste des voix, dont celle de Philippe Poutou déjà (2,43 %). Dans le contexte national de la cohabitation, porteur pour le Parti socialiste, je m'en tirais plutôt bien. Je perdis cependant la majorité à la communauté urbaine dont j'avais assumé la présidence depuis 1995. Dans l'assemblée des cent vingt conseillers communautaires, la gauche obtenait soixante et un sièges et mon groupe, cinquante-neuf. Je m'apprêtais à prendre acte du verdict populaire en renonçant à briguer la présidence. Mais mes amis tentaient de me convaincre d'aller au combat. Et surtout un maire socialiste influent dans l'agglomération me fit passer un message sibyllin : « Présentez-vous ! Vous serez élu. » Je candidatai !

Le jour de l'élection, la tension était extrême dans la salle du conseil. Nous avions demandé que des isoloirs soient installés pour garantir le secret du vote ; la gauche exigeait de ses conseillers qu'après le passage devant l'urne, ils présentent le bulletin qu'ils n'avaient pas utilisé. C'était limite ! Le dépouillement se fit dans un silence quasi sépulcral. Je vis le doyen d'âge qui présidait la séance s'agiter à la tribune. Il fit procéder à un recomptage et se résolut enfin à proclamer le résultat : Alain Juppé soixante et une voix, Alain Rousset, mon concurrent socialiste, cinquante-neuf voix. Après quelques instants de stupeur, ce fut un beau tohu-bohu. La gauche hurla au scandale et à la trahison… dans ses rangs. Le scrutin s'était déroulé dans des conditions parfaitement régulières et il n'était pas question de le remettre en cause. Je m'installai donc dans le fauteuil présidentiel.

Pendant plusieurs semaines, l'opposition fit grève et bloqua les réunions du conseil. Faute de pouvoir donner aucune délégation, je dus signer moi-même tous les actes incombant à l'exécutif.

Le temps passa. Les esprits se calmèrent. Les élus rentrèrent au bercail. Alain Rousset accepta la première vice-présidence à mes côtés et nous nous remîmes au travail.

On ne me croit pas quand j'affirme que je ne sais absolument pas quels ont été les deux élus de gauche qui votèrent pour moi. Je n'ai pas cherché à savoir !

L'année suivante, lors des élections législatives du mois de juin 2002, dans la foulée des présidentielles, je confortai ma position dans la deuxième circonscription de la Gironde : au deuxième tour, j'obtins 55,49 % des suffrages exprimés face à la candidate socialiste à 44,51 %. Je me dis que mon ancrage en terre girondine était désormais solide.

L'UMP

Une fois relancée la mécanique bordelaise, je me consacrai, parallèlement, à mon grand œuvre national : la constitution du grand parti de la droite et du centre dont la vie politique française avait, à mon sens, un urgent besoin.

Je mesurais lucidement les obstacles auxquels j'allais me heurter, et d'abord l'hostilité des chefs des partis existants. Ce fut notamment le cas à la tête du plus structuré d'entre eux, le RPR, où s'installa très vite, chez les uns, la peur de perdre leur place, et, chez d'autres, la hantise que ce nouveau parti me serve de rampe de lancement.

Je pris la précaution d'obtenir le feu vert de Jacques Chirac. Pour le convaincre, je choisis mon terrain : la résidence présidentielle de Brégançon où je le pensais plus disponible que dans son bureau de l'Élysée. Isabelle et moi y passâmes quelques jours à la fin de l'année 2000. Comme toujours l'accueil de Jacques et Bernadette Chirac fut simple et chaleureux. J'ai le souvenir d'une formidable bouillabaisse, suivie d'une longue promenade, en dehors du fort, nos épouses marchant devant, le président derrière avec moi qui lui commentais la note que j'avais rédigée à son intention mais dont je préférais développer les arguments de vive voix. Il me donna, sans réticence, son accord, et fit, dans la foulée, ce qu'il fallait pour m'aider à réussir. Il mobilisa ses équipes, et, en toute première ligne, Jérôme Monod, qui l'avait rejoint à l'Élysée ; son engagement fut décisif pour me permettre de surmonter les oppositions et de garder un contact permanent avec le président.

Ce fut une longue marche. En avril 2001, nous créâmes l'Union en mouvement (UEM) que le journal *Libération* qualifia de « start-up chiraquienne » avec, à sa tête, Renaud Dutreil pour l'UDF, Hervé Gaymard pour le RPR et Dominique Bussereau pour Démocratie libérale. Pour ne pas effaroucher mes « amis », je préférai rester en retrait. Mais cette discrétion ne trompait personne. J'avais bien vocation à prendre la direction, le moment venu, de ce « grand parti de la droite et du centre », comme je le qualifiais. Je pris mon bâton de pèlerin et me mis à sillonner la province – on dit maintenant les « territoires » – de meeting en meeting avec ma garde rapprochée où l'on trouvait Jean-Pierre Raffarin, Philippe Douste-Blazy, Dominique Perben et de nombreux jeunes parlementaires. Le 22 septembre 2001, nous lançâmes la campagne électorale présidentielle à Périgueux, à l'invitation du maire de la ville, Xavier Darcos. La preuve que la mayonnaise prenait : Sarkozy nous annonça sa venue, exigea de parler le premier et tira sa révérence dès la fin de son discours.

Parmi les temps forts de l'aventure, je repense à la réunion de Toulouse qui, le 25 février 2002, devait marquer une étape décisive dans la construction du nouveau parti et, en même temps, lancer la mobilisation des chiraquiens de tous bords. L'ambiance était festive. François Bayrou vint me casser la baraque en annonçant qu'il ne serait pas du « parti unique », avec cette formule qui lui ressemble : « Si nous pensons tous la même chose, c'est que nous ne pensons rien. » Brillant au premier abord et creux quand on gratte.

J'aime bien François Bayrou. Nous sommes du même terroir aquitain, encore qu'entre Béarnais et Landais, il y ait des nuances. Nous avons la même culture, celle des humanités, ce qui nourrit notre défiance envers tous les extrémismes. C'est un négociateur redoutable, obsédé par la défense d'un groupe parlementaire qui l'assure du « clos et du couvert » politique. Du centrisme, il tient une prudence parfois excessive : j'ai rappelé comment, en 1995, j'obtins, non sans mal de Chirac, qui, lui, ne l'appréciait pas (et réciproquement), qu'il entre dans mon gouvernement au poste de ministre de l'Éducation nationale et comment il y fit preuve d'une prudence immodérée qui eut au moins l'avantage de me garantir la paix syndicale. Pendant ma campagne de la primaire de la droite et du centre en 2016, il m'apporta un soutien sans faille, ce qui me valut, lors d'une réunion à Bordeaux, en présence d'un Sarkozy impassible, les copieux sifflets des militants LR les plus radicaux.

Le résultat du premier tour de l'élection présidentielle, le 21 avril 2002, a été un coup de tonnerre dans la vie politique française : Jospin était éliminé et Le Pen, qualifié pour le second tour ! Jacques Chirac ni personne autour de lui n'était préparé à ce duel. Étrange campagne dont le résultat était couru d'avance ; Chirac donnait l'impression de s'y résigner sans réelle conviction. L'ampleur de sa victoire (82 %) le laissa comme désarçonné ; sans doute ne sut-il pas en tirer les conséquences et ouvrir davantage à la fois son programme de gouvernement et ses équipes ministérielles.

Sa préoccupation essentielle, dans l'immédiat, était de choisir un Premier ministre en qui il puisse placer sa confiance sur la durée. Quand nous en parlâmes en tête à tête, il prononça mon nom. Je n'eus pas de mal à le convaincre que ce n'était pas une bonne idée ; l'échéance de mon procès se rapprochait et cette épée de Damoclès suspendue au-dessus de ma tête me rendait trop vulnérable. Je soutins l'hypothèse Raffarin qui avait l'avantage de ne pas enfermer le président dans le sérail gaulliste, de sceller une réconciliation utile avec les giscardiens, sinon avec Giscard lui-même, d'appeler un élu de terrain au milieu du vivier habituel de l'énarchie. J'avais apprécié le travail que Jean-Pierre avait accompli dans mon gouvernement ; il m'avait sincèrement aidé dans la construction de ce qui n'était encore que l'UEM ; j'étais séduit par la vitalité qu'il savait mettre dans ses prises de parole ; nos liens d'amitié ne se sont pas distendus avec le temps. J'étais sûr, en tout cas, qu'il serait parfaitement loyal envers le président ; le choix de Nicolas Sarkozy, évoqué par certains, ne me semblait pas apporter la même garantie ; Chirac n'en voulut pas à Matignon mais en fit néanmoins le numéro 2 du gouvernement au poste stratégique de ministre de l'Intérieur. Je n'ai pas compris l'intérêt de la manœuvre ; peut-être a-t-on pensé qu'on le contrôlerait mieux à l'intérieur qu'en dehors ; la suite de l'histoire démontra le contraire.

Pour ma part, je m'employai à achever ce que j'avais commencé depuis bientôt deux ans : mener à bien la consolidation du grand parti de la droite et du centre rassemblant gaullistes, libéraux et centristes. Les résultats du premier tour de l'élection présidentielle me confortaient dans l'idée que l'union augmentait les chances de victoire.

Le moment était venu d'inventer une nouvelle organisation. J'essayais de sortir des sentiers battus ; je demandai à des agences de communication de me proposer un nom et un logo qui décoiffent ; de leurs élucubrations sortit le concept inattendu de « Maison bleue ». Je fus tenté. Je trouvais l'idée audacieuse et poétique ; j'imaginais que, dans chaque commune du pays, les permanences du nouveau parti deviennent des « maisons bleues » où se réuniraient nos adhérents enthousiastes, anciens et nouveaux. C'était évidemment à nos militants d'en décider. Mon entourage, inquiet à la perspective de devoir investir nos candidats lors des prochains scrutins sous l'étiquette Maison bleue, me conseilla la prudence. Je mis donc aux voix deux propositions : la sage « Union pour un mouvement populaire » (UMP), illustrée par un arbre majestueux et rassurant... et la disruptive « Maison bleue », enluminée d'une coquette... maison bleue. La sagesse a prévalu !

Le congrès fondateur du 17 novembre 2002, réuni au Bourget, donna le coup d'envoi à l'UMP. J'y avais convié les chefs des partis frères européens (vraiment frères ceux-là...), membres du Parti populaire européen (PPE), au premier rang desquels l'Espagnol José Maria Aznar, le Portugais José Manuel Barroso, et Angela Merkel dont les discours reçurent un accueil chaleureux. Pour prononcer le mien, j'attendis la proclamation du résultat du vote qui devait désigner le président du parti : j'obtins 79,42 % des suffrages, contre 14,91 % pour mon principal concurrent, Nicolas Dupont-Aignan. Heureux et ému, je pris alors la parole. J'avais beaucoup travaillé mon texte. J'exhortais les membres du parti à « innover, inventer, surprendre » pour faire de l'UMP « le premier parti du XXIe siècle », capable de répondre « au profond besoin de renouveau » qui se manifeste autour de nous et « d'incarner une nouvelle manière de faire de la politique ». Et je proposais de travailler à ce que j'appelais les quatre réconciliations : celle du pouvoir et des citoyens ; celle de l'esprit d'entreprise et de l'esprit de partage, de la liberté et de la solidarité ; celle de l'idée nationale et de l'idée européenne ; et enfin celle de l'homme et de la nature, de l'humanité et de sa planète, du développement et de l'avenir de notre Terre. Le message reste d'actualité ! J'affirmais enfin que « sur la défense des valeurs humanistes, sur le respect dû à chaque personne humaine, quelles que soient ses origines ou sa condition sociale, l'UMP ne transigerait pas ».

L'auditoire, qui était nombreux (vingt mille personnes), m'écouta attentivement. Comme à mon habitude, j'avais choisi le registre des propositions sérieuses plutôt que celui des formules à l'emporte-pièce. On ne se change pas. Des journalistes chagrins ne manquèrent pas d'en faire la remarque parfois acide. Peu m'importait. C'était un lancement réussi.

La mise en place de l'organisation de l'UMP se fit dans l'euphorie de l'équipe que j'avais réunie autour de moi : Jean-Claude Gaudin à la vice-présidence, Philippe Douste-Blazy au secrétariat général ; et puis les « opérationnels » (entendez : ceux qui font vraiment le boulot) avec, à la direction générale, Édouard Philippe. Je le connaissais peu. Ce fut d'emblée un bonheur de travailler avec lui. Ses qualités m'ont séduit : l'intelligence bien sûr qui facilite bien des choses et notamment la compréhension rapide, la puissance de travail et l'efficacité, mais aussi un caractère direct et positif, je dirais même enjoué. La tâche était difficile. Comme toujours, la « gouvernance » d'un parti politique qui repose en grande partie sur le bénévolat demeure fragile. Nous avons essayé de la professionnaliser. Non sans mal ! Nous nous faisions copieusement engueuler tous les mardis matin par les parlementaires revenant de leur circonscription ; eux-mêmes avaient dû y affronter l'impatience des nouveaux adhérents qui ne recevaient pas leur carte de l'UMP. Mon équipe me persuadait que c'était bon signe : le parti attirait.

Construire un parti n'est pas une fin en soi. La raison d'être de l'UMP était avant tout, pour moi, de soutenir l'action du président Chirac et de ses gouvernements, celui de Jean-Pierre Raffarin, puis celui de Dominique de Villepin. Je m'y employai de mon mieux avec une obsession de tous les instants : maintenir, conforter l'unité de la majorité.

Tâche particulièrement épuisante au groupe parlementaire de l'Assemblée nationale où c'était une redoutable gageure que de faire vivre ensemble des députés gaullistes, chiraquiens, balladuriens giscardiens, libéraux, centristes... dont les plus chevronnés avaient consacré une bonne partie de leur temps et de leur énergie à se combattre. Heureusement le président du groupe, Jacques Barrot, faisait merveille. Sous des apparences bonhommes, il cachait une grande détermination et une réelle autorité.

Et il y eut aussi des moments de cohésion, voire d'unité nationale. Je pense notamment à l'engagement de Jacques Chirac contre l'invasion de l'Irak que le président Bush déclencha en mars-avril 2003. Dès le 10 mars, au journal de 20 heures sur TF1 et France 2, notre président annonça la couleur en déclarant que la France n'hésiterait pas à mettre son veto à toute résolution du Conseil de sécurité des Nations unies autorisant le recours à la force contre l'Irak. L'Allemagne nous apporta son soutien, mais la diplomatie américaine relayée par les Britanniques se déchaîna contre la France. Dominique de Villepin, en sa qualité de ministre des Affaires étrangères, prononça à New York un discours de haute tenue pour défendre le droit contre la force et prôner le multilatéralisme comme mode de résolution des conflits. Moment historique de vision courageuse et d'anticipation lucide. Pour ma part, à l'Assemblée nationale, désigné par le groupe UMP pour apporter notre soutien à l'action du président et du gouvernement, je saluai les trois qualités essentielles dont notre diplomatie avait fait preuve : « une vision claire des objectifs ; de l'énergie et de la ténacité dans l'exécution ; la volonté permanente de convaincre et de rassembler la communauté internationale ». Et j'ajoutai : « Notre détermination sert la cause de la paix. Elle a touché au cœur des peuples, y compris en Amérique du Nord [...] où l'air de liberté intellectuelle et politique venu de France est respiré avec bonheur. »

Le procès

Bientôt le ciel allait me tomber sur la tête.

Le juge d'instruction de Nanterre avait fini par me renvoyer devant le tribunal correctionnel devant lequel je comparus fin 2003. Ce devait être la première fois qu'un ex-Premier ministre était traduit en justice. Inutile de dire que la presse s'en délecta. J'avais pris pour avocat maître Francis Szpiner que m'avait chaudement recommandé Dominique de Villepin ; j'avais souhaité qu'il fût accompagné d'un avocat bordelais de mes amis, maître Georges Tonnet. Nous arrivions au tribunal, serrés tous les trois à l'arrière de ma voiture que conduisait mon fidèle collaborateur Pascal Caltot avec, à ses côtés, un officier de sécurité. Ainsi entouré, je me sentais moins vulnérable. On nous avait généreusement autorisés à entrer par le sous-sol du palais de justice, ce qui me permettait d'éviter la meute des photographes massés à l'entrée principale.

Je ne vais pas m'infliger le supplice de raconter les audiences, le sentiment d'humiliation qui m'accablait, la certitude que, quoi que je dise, ma cause était entendue. Je ne me suis pas vraiment battu, j'ai laissé mes avocats développer leurs arguments. Au fond de moi, je continuai à sous-estimer la gravité de mes fautes. « Tout le monde savait », comme l'avait proclamé, dès les premiers jours du procès, Yves Cabana, mon directeur de cabinet au RPR. Les lois qui désormais encadraient le financement des partis politiques ne s'étaient mises en place que très progressivement depuis le début des années 1990 ; nous avions tardé, c'est vrai, à les appliquer dans toute leur rigueur ; j'aurais pu demander l'indulgence… Mais à quoi bon ferrailler ? Le prévenu peut prendre la parole en dernier. Je ne sais plus ce que j'ai dit. Rien d'éloquent assurément. Résignation et fatalisme m'avaient gagné. Oui ! « Tout le monde savait », mais j'étais le chef et le chef doit assumer. Je l'ai fait. Avec le recul, je n'éprouve aucune amertume.

Le verdict fut pire que ce que je redoutais. J'étais condamné pour avoir « trompé la confiance du peuple souverain ». Excusez du peu ! Et frappé d'une inéligibilité à vie. Je revois le regard ironique et réjoui d'un des assesseurs de la présidente du tribunal dont le message était assez clair : « Tu te croyais puissant, mon lascar ! Te voici misérable. On te tient. » C'était bien, pour moi, l'arrêt de toute vie politique.

Dès la sentence entendue, le 30 janvier 2004, je pris la fuite avec Isabelle. Sur l'autoroute, nous fûmes harcelés jusqu'au premier péage par une troupe de photographes à moto. Ce n'est que grâce à l'astuce de mon conducteur que nous parvînmes à les semer avant d'arriver à notre hôtel à Honfleur. Nous ne leur avions pas complètement échappé : la semaine suivante, *Paris Match* publia une photo de nous deux, amoureux transis sous la pluie normande.

Quelques mois plus tard, en décembre 2004, la cour d'appel de Versailles, tout en atténuant ma peine, ramenée à un an d'inéligibilité et quatorze mois de prison avec sursis, me rendit mon honneur en jugeant que « M. Juppé s'est consacré pendant de longues années au service de l'État, n'a tiré aucun enrichissement personnel des infractions commises au bénéfice de l'ensemble des membres de son parti dont il ne doit pas être le bouc émissaire ».

Ai-je été condamné « pour l'exemple » ? Un hebdomadaire a estimé que le jugement de première instance du tribunal correctionnel de Nanterre était « sans mansuétude ». C'est le moins qu'on puisse dire. Et j'ai rappelé la désagréable impression que me laissait le regard, plein de sous-entendus, de ses magistrats. Le bruit a couru qu'ils avaient subi de multiples pressions et menaces. Pure paranoïa des juges eux-mêmes ? Pour en avoir le cœur net, le président Chirac demanda au gouvernement de créer une commission d'enquête sur les pressions dont ils auraient pu être la cible. Le 8 mars, cette commission, composée des premiers présidents de la Cour de cassation, de la Cour des comptes et du vice-président du Conseil d'État remit au Premier ministre son rapport : elle concluait que les magistrats qui m'avaient jugé n'avaient subi aucune « pression susceptible d'influencer leur décision ».

Le 30 avril, le Conseil supérieur de la magistrature transmit au chef de l'État un avis identique.

Mes parents n'ont pas vécu ces moments difficiles qui les auraient bouleversés, eux qui étaient si fiers de mon parcours. Mon père était mort en juillet 1998 ; ma mère est morte en octobre 2004, en plein procès d'appel ; j'ai obtenu des magistrats, du bout des lèvres, l'autorisation de m'absenter de l'audience pour assister à ses obsèques, sans le moindre mot de condoléances d'ailleurs. Un prévenu ne mérite aucun égard. Humanité de la justice ! Ma mère, âgée de quatre-vingt-quatorze ans, avait, depuis des mois, décroché de l'actualité. C'est une consolation pour moi de savoir qu'elle a tout ignoré du récit de mes turpitudes. La présence affectueuse de Claude Chirac, au premier rang de l'église de la Madeleine, à Mont-de-Marsan, lors de la messe de ses funérailles, m'a fait chaud au cœur.

Fort de la présomption d'innocence qui avait encore un sens à l'époque, j'avais conservé, pendant toute la procédure, mes mandats politiques. J'anticipai les conséquences de ma condamnation définitive en démissionnant de la présidence de l'UMP en juillet 2004, de l'Assemblée nationale en septembre et de la mairie de Bordeaux en novembre de la même année. Aux Bordelaises et aux Bordelais, je lançai en gascon un *adishatz* mouillé de larmes. Pour la première fois depuis 1983, je n'étais plus l'élu du peuple.

Le départ de Bordeaux fut un arrachement. J'aimais, j'aime « ma ville », les Bordelais, mes équipes, mon travail de maire, notre maison. Il fallait tout quitter. Je n'ai pas sombré dans la dépression. « Droit dans mes bottes »... une fois encore, ce trait de caractère qui a tant nui à mon image politique m'a été utile dans la conduite de ma vie personnelle. Isabelle a été admirable de confiance, de courage, tout simplement d'amour. Elle m'avait dédié, quelque temps auparavant, son quatrième livre, un délicat roman intitulé *Une tempête de ciel bleu*[1] où se mêlaient subtilement l'évocation de son enfance, l'omniprésence de Bordeaux, un chant d'amour aussi.

Pendant ces mois interminables, mes enfants m'ont gardé toute leur tendresse. Et les amitiés autour de moi ont été nombreuses et solides.

Jacques Chirac et sa famille ont été à mes côtés comme ils le furent tout au long de mon exil. Le président sentait quand un coup de téléphone de sa part pouvait me remonter le moral. J'avais quand même, de temps en temps, quelques coups de mou... Il me recevait dans son bureau à l'Élysée chaque fois que je le lui demandais. Il prenait souvent l'initiative d'une rencontre. Je voyais bien qu'il était malheureux de me sentir malheureux. Il savait trouver les mots pour m'apaiser. Il me parlait de l'avenir, de celui de la France et du mien. C'était naturellement la meilleure façon de chasser mes idées noires.

1. Isabelle Juppé, *Une tempête de ciel bleu*, Paris, Grasset, 1997.

XIII

L'exil au Québec

Au moment de quitter Bordeaux, j'ai décidé de vendre la maison que nous aimions tant. Coup de tête sans doute : il fallait rompre. Et puis nous avions besoin d'argent pour mener à bien notre projet québécois. Ce fut néanmoins une sottise que j'ai souvent regrettée. Isabelle plus encore.

La famille repliée au complet dans notre appartement parisien, je m'occupais en enseignant à Sciences Po. J'animais un séminaire d'une vingtaine d'étudiants qui travaillaient sur les relations internationales. Je rodais ainsi ce qui allait devenir mon cours au Québec. J'ai aimé les échanges avec ces jeunes gens, que je trouvais studieux mais aussi curieux et astucieux ; réservés… je devais les impressionner quelque peu ; sympathiques au total. Ils m'invitèrent à célébrer la fin de l'année universitaire lors d'un pique-nique géant sur l'esplanade des Invalides, en me suggérant d'apporter quelques bonnes bouteilles de bordeaux. Ce que je fis volontiers.

Mais j'avais déjà l'esprit ailleurs.

La plus belle année

J'avais noué, depuis mon élection à Bordeaux en 1995, des relations de grande amitié avec le maire de Québec, Jean-Paul

L'Allier ; il m'avait accueilli, à plusieurs reprises, en collègue et ami, dans sa belle ville qu'un accord de jumelage liait à la mienne depuis… 1962 ! et qu'il avait, lui aussi, réveillée. Je lui avais emprunté de bonnes idées d'aménagement urbain, en particulier pour la revitalisation de quartiers en déshérence ou la mise en valeur du patrimoine architectural du centre historique, ce « Vieux Québec » dont j'aimais tant parcourir les rues et les places. Je lui fis part de ma tentation de l'exil. Il me proposa de m'aider à trouver un point de chute universitaire. Ce ne fut pas un chemin de roses et son aide fut décisive. J'ai raconté dans un livre comment j'ai été traité, lors d'une escale à New York, en repris de justice par les services de l'immigration américaine qui connaissaient, je ne sais comment, mon casier judiciaire et manquèrent m'expulser ; puis traduit, à Montréal, devant un tribunal professoral, présidé par un sentencieux recteur dont les démêlés judiciaires quelques mois plus tard eurent pour moi un délicieux parfum de vengeance.

Je parvins à franchir tous les obstacles et obtins, pour un an, un contrat de professeur invité à l'École nationale d'administration publique (Enap) de l'université du Québec.

Le 1er août 2005, dans la touffeur de l'été québécois, nous débarquâmes à Montréal, dans le quartier d'Outremont où nous avions loué une très confortable maison, prête à nous accueillir, Isabelle, nos deux filles Charline et Clara, une étudiante bordelaise de nos amies et moi.

Isabelle dit souvent que nous avons vécu là, d'août 2005 à juillet 2006, une des plus belles années de notre vie. Je partage ce sentiment.

Une vie de famille d'abord, comme je n'y étais plus habitué depuis longtemps. Mes cours à l'Enap et leur préparation me prenaient du temps, mais sans commune mesure avec mon agenda de ministre ou de maire. Isabelle télétravaillait. Les enfants allaient au lycée français Stanislas tout proche de la maison. Nous avions adopté les horaires nord-américains et tous les soirs, vers dix-huit heures trente, nous étions réunis autour de la table du dîner ; quand la température descendit en dessous de zéro et bien moins, la tentation des sorties tardives se fit rare.

Une vie de découvertes aussi. Nous avons sillonné la Belle Province, de l'Estrie au Nunavut, de l'Abitibi-Témiscamingue au Charlevoix, des Laurentides au Saguenay. J'étais souvent invité à faire des conférences devant des étudiants ou les membres des chambres de commerce locales. Mais nous prenions aussi le temps de la balade : à Tadoussac pour observer les baleines, à Mont-Tremblant pour skier, à Montréal même, devenue notre ville, pour parcourir à bicyclette, quasi quotidiennement, les pentes du mont Royal ou, en fin de semaine, les berges du canal Lachine. Notre curiosité nous a menés bien au-delà des limites du Québec, en Ontario ou dans la Saskatchewan ; à la fin de notre séjour nous nous sommes attardés en Colombie-Britannique, jusque dans l'île de Vancouver et la côte du Pacifique. Partout, nous éprouvions le même émerveillement : la puissance de la nature, immense, vierge, du moins en apparence ; l'omniprésence des lacs ; les bruits, d'abord inconnus mais vite familiers, des forêts infestées de toutes sortes de moustiques dans la canicule de l'été, ou résonnant du craquement des branches qui cèdent sous le poids de la glace en plein hiver... tout nous fascinait. Et nous avions tant encore à découvrir ! Nous n'avons pas eu le temps de réaliser notre projet de visite des îles de La Madeleine, dans l'embouchure du Saint-Laurent, dont tous les amis nous vantaient la beauté.

Une vie d'amitiés nouvelles en effet. Nous en avons noué de nombreuses et solides qui résistent au temps. Les Québécois sont accueillants, leur hospitalité est faite de simplicité et de générosité. Certes, ce sont des Américains du Nord. Mais nombreux sont ceux qui aiment la France et gardent avec elle des liens ancestraux. On sent parfois un reste d'amertume d'avoir été abandonnés par ce qui fut longtemps la mère patrie.

L'amertume devient de l'incompréhension, voire de la colère quand ils constatent la manière dont nous saccageons la langue que nous avons en partage avec eux. Je reçois régulièrement des messages dénonçant un nouvel anglicisme dans le vocabulaire quotidien de l'Hexagone. Pour eux, qui baignent dans un océan anglophone, c'est une question de survie culturelle. Mais nous serions nous aussi bien inspirés de réagir. J'ai écrit avec plaisir la préface d'un livre qu'a récemment publié un universitaire québécois amoureux de notre langue. Son titre est une exhortation à notre adresse : *Réveillez-vous, bordel*[1] *!*

J'ai reçu récemment le sympathique ministre Jolin-Barrette, chargé de la francophonie dans un gouvernement québécois qui a courageusement repris le flambeau de la préservation de l'identité culturelle de son pays. Je l'ai assuré de mon soutien admiratif.

La lutte contre les anglicismes est devenue chez moi une marotte. Je précise bien : lutte contre l'envahissement de notre langue par les mots et, bien plus, les expressions et les phrases entières que nous empruntons, par paresse ou snobisme, à ce qui n'est pas toujours du bon anglais, et non pas contre la connaissance et la pratique de la langue anglaise qui est, qu'on s'en réjouisse ou qu'on le déplore, l'indispensable outil de communication universelle, y compris au Québec ! Mais parlons français ou parlons anglais et pas un salmigondis des deux langues ! Je prêche dans le désert. Tout le monde s'en fout. C'est pourtant un signe alarmant : celui du déclin de nos capacités créatrices, c'est plus facile de copier que d'inventer ! Les Québécois, eux, ont de l'imagination : ils ont traduit *bed and breakfast* par *couette et café*. Génial ! Chez nous, quand *Tout Paris court*, on imprime sur les maillots : *Run in the City*. C'est branché ! Je pourrais multiplier les exemples. Je n'exclus pas

1. Patrice Dallaire, *Réveillez-vous… bordel ! La tranquille soumission de la France à l'anglais*, Paris, Vérone, 2022.

d'en faire moi aussi un livre. J'enrichis quotidiennement mon « grand bêtisier » de nos lâchetés linguistiques. Il existe une association de lutte pour la « Défense de la langue française » ; on devrait la déclarer d'utilité publique. Il y faudrait un Molière. Un signe encourageant : j'ai lu, dans le métro, au bas d'une affiche en franglais, une discrète inscription manuscrite : « On comprend pas ce qu'ils disent. »

Nous aimons retrouver nos amis québécois aussi souvent que nous le pouvons, d'un côté ou de l'autre de l'Atlantique. En 2008, après avoir célébré le quatre centième anniversaire de la fondation de la ville de Québec par Samuel de Champlain – François Fillon, Premier ministre en exercice, y assistait –, nous avons parcouru à bicyclette, Isabelle et moi, avec un groupe d'amis québécois, le Chemin du Roy qui va de Québec à Montréal. Deux cent quatre-vingts kilomètres… en quatre étapes. Nous avons adoré. Mon fils est depuis plusieurs années installé à Montréal avec sa famille. Raison de plus de revenir sur les lieux du bonheur.

Transmettre

Enseigner au Québec fut pour moi une grande satisfaction intellectuelle et humaine. J'avais proposé à l'Enap de donner un enseignement de relations internationales et plus précisément d'analyser les conséquences de la mondialisation sur la vie des États.

Le corps enseignant de l'école était diversifié, tant du point de vue de l'origine nationale que de la spécialité des professeurs. Ils me demandèrent dès mon arrivée de leur présenter, dans une libre conférence, l'architecture générale de mon cours. Je me prêtai à l'exercice avec bonne grâce. Ils m'adoptèrent tout de suite ; j'entretiens toujours une correspondance amicale avec certains d'entre eux.

Mes étudiants avaient, eux aussi, des profils très variés. À Gatineau, ville québécoise toute proche d'Ottawa, la capitale fédérale, où je me rendais une fois par semaine pendant le premier semestre, je m'adressais à des fonctionnaires fédéraux soucieux de parfaire leurs connaissances sur les questions internationales ; à Québec, au même rythme pendant le second semestre, c'étaient des Québécois « pure laine ». À Montréal, tout au long de l'année, j'avais devant moi un kaléidoscope planétaire, hommes et femmes venus d'Afrique du Nord, du Proche-Orient, d'Asie et même de France, en phase d'intégration dans la société canadienne. Tous étaient francophones. Mon seul regret est de m'être constamment, pendant un an, exprimé en français, tant dans mes cours que dans mes conférences. J'aurais dû en profiter pour améliorer mon anglais. Je me débrouillais bien du temps du Quai d'Orsay ; mon niveau a depuis baissé faute de pratique.

Quand je comparais mes étudiants québécois à mes étudiants parisiens, je les trouvais moins à l'aise à l'écrit mais très déliés à l'oral. Chaque cours durait trois heures. Il commençait par un ou deux exposés préparés chacun par un étudiant, sur une liste de sujets que je leur avais proposés dès le début de l'année. Puis je faisais mon topo avant d'ouvrir la discussion, toujours très animée.

Nous parlions des effets de la mondialisation sur les États-nations, leur souveraineté, leur identité. La mondialisation heureuse était à la mode. Francis Fukuyama venait d'annoncer *La Fin de l'histoire*[1], c'est-à-dire la victoire définitive du modèle de démocratie libérale et de l'économie de marché. Thomas Friedman confirmait, dans sa *Brève histoire du XXIe siècle*, que *la terre est plate*, c'est-à-dire sans frontières[2] ; il préconisait

1. Francis Fukuyama, *La Fin de l'Histoire et le dernier homme*, Paris, Champs-Flammarion, 1992.

2. Thomas Friedman, *La Terre est plate. Brève histoire du XXIe siècle*, Paris, Saint-Simon, 2006.

que chaque pays sacrifie une partie de sa souveraineté au bénéfice d'institutions internationales, sans complètement abandonner pour autant ses traditions locales ; il parlait de « glocalisation ». Pour ma part, j'invitais mes étudiants à réfléchir au possible effacement des frontières nationales, à ses conséquences heureuses pour les progrès du multilatéralisme et la paix du monde, à ses dangers aussi pour la cohésion de nos sociétés et l'équilibre moral de nos peuples. Je consacrais plusieurs séances aux Forums sociaux mondiaux organisés, à Porto Alegre, par les mouvements altermondialistes ; et je constatais déjà que l'expansion du « village global » commençait à provoquer le reflux des opinions vers les « petites patries », à la recherche des racines.

Vingt ans plus tard, ou presque, le balancier des idées est allé loin dans l'autre sens. Nos démocraties sont en crise, Poutine décrète la mort du libéralisme, le multilatéralisme est partout en panne, nous sommes revenus au monde fragmenté du concert des nations. Le mot « souveraineté » est sur toutes les lèvres, à tort et à travers. Il m'arrive d'espérer que l'invasion de l'Ukraine par les troupes de Poutine convaincra les peuples que le nationalisme conduit à la guerre ; ou que la libre circulation des céréales ou des oléagineux vaut mieux que l'autarcie alimentaire pour éviter des famines mondiales.

Je fis aussi, au Québec, l'expérience du retour à l'anonymat. Au volant de ma voiture, seul, ou accompagné par Isabelle, je parcourais toutes les semaines les deux cents kilomètres qui séparent Montréal de Gatineau et retour. Comme mon cours se terminait tard, souvent après vingt et une heures, je dînais (ou nous dînions) dans un restaurant d'autoroute déserté à cette heure. Étrange impression de solitude au bout du monde. Il m'est arrivé de me demander ce que je faisais là. Mais je n'ai jamais cédé à la morosité. Pour rejoindre la ville de Québec, je prenais le train que je trouvais commode, surtout l'hiver. Mes amis québécois s'en étonnaient ; en bons américains, ils renonçaient rarement à conduire leur voiture, même sur des sols enneigés. Je passais une nuit à l'hôtel avant de retrouver notre maison de Montréal. Là encore, j'avais du mal à trouver un restaurant animé à un stade déjà avancé de la soirée.

Je repense à ces moments de tranquillité avec envie. Le rythme de ma vie avait changé. Je goûtais avec gourmandise chaque minute de la parenthèse.

Mais le virus de la politique n'était pas éradiqué de mon esprit. Je m'exprimais quasi quotidiennement sur mon blog et je recherchais volontiers les échanges avec mes abonnés. Je lisais régulièrement *Le Devoir*, l'incontournable quotidien québécois qui ne cachait pas ses sympathies pour les thèses indépendantistes et se faisait volontiers l'écho des polémiques entre Ottawa et Québec. Par exemple au sujet de la présence du Québec sur la scène internationale que le gouvernement fédéral a toujours eu du mal à digérer. Je regardais fidèlement le journal télévisé de Radio Canada. Non sans surprise parfois : un soir, je suivis avec attention l'audition, devant le Comité du Sénat pour les peuples autochtones, d'un chef indien venu de la Saskatchewan, au cœur des grandes plaines ; j'ai retenu ses premiers mots : « Je parle dans ma langue pour que les dieux me comprennent. » À la fin des échanges, le président du Comité invita le chef à dire une prière en indien ; toute l'assistance se leva et se recueillit. Impensable chez nous ! Nous n'avons pas la même conception de la laïcité des deux côtés de l'Atlantique, encore que les Québécois soient plus proches de la nôtre que les Canadiens anglophones. *Le Devoir* fit une large place à la déclaration des « femmes militantes du Québec » qui saluaient la décision ontarienne d'interdire tout tribunal d'arbitrage religieux et pas seulement islamique. Contagion québécoise dans une province anglophone, qui provoqua la protestation de plusieurs groupes religieux ontariens.

Le Québec n'échappe pas au communautarisme. À Outremont, nous habitions tout près d'un quartier où vivaient de nombreuses familles de juifs hassidiques ; nous fîmes quelques timides tentatives pour nouer avec elles des relations de voisinage. En pure perte. La barrière était infranchissable.

J'observais avec intérêt les querelles commerciales entre le Canada et les États-Unis, toujours prompts à se protéger des importations de nature à concurrencer leurs producteurs nationaux, de bois d'œuvre canadien par exemple. Et c'est au Canada que je pris conscience de l'urgence climatique en voyant, à Iqaluit, dans le Grand Nord, les maisons des Inuits perdre leur assise : la fonte du pergélisol, le sous-sol habituellement gelé en permanence, sapait leurs fondations. J'en tirai un livre dont j'empruntai le titre à Nicolas Hulot, *Je ne mangerai plus de cerises en hiver*[1]. En France aussi, en cette saison, elles viennent de loin...

Devant mon écran de télé canadien, je suivais aussi l'actualité française. Je m'inquiétais de voir s'amplifier les manifestations contre le CPE, « le contrat première embauche » que le gouvernement de Dominique de Villepin avait fait adopter en mars 2006 pour combattre le chômage des jeunes. La mesure n'était pas comprise par ceux-là mêmes qu'elle était censée aider. Ils y voyaient des « petits boulots » au rabais. Comme d'habitude, nos amis d'Outre-Atlantique ne faisaient pas dans la nuance et, à en croire les images qu'ils diffusaient généreusement, la France était à feu et à sang. Jusqu'à ce que, au bout de plusieurs semaines de protestations, le président calme sagement le jeu en retirant la loi controversée.

Je recevais de loin en loin des amis politiques venus de Paris ou de Bordeaux. Ils me tenaient au courant de l'évolution de la situation nationale et locale. Et déjà se profilait à l'horizon la perspective des prochaines échéances électorales, municipales en 2007 en principe, et présidentielle la même année.

1. Alain Juppé, *Je ne mangerai plus de cerises en hiver*, Paris, Plon, 2009.

La question du retour s'est donc inévitablement posée à nous. Rester ? Rentrer, maintenant que j'avais purgé ma peine d'inéligibilité ? Nos cœurs balançaient. Isabelle et les enfants étaient heureux à Montréal. Pour eux, la tentation d'y passer une année de plus était forte. L'Enap me proposait de renouveler mon contrat. J'étais partagé. Moi aussi, j'aimais la vie que nous menions, pour toutes les raisons que j'ai dites. Mais une petite musique me murmurait à l'oreille qu'à attendre trop longtemps, je prenais le risque d'être oublié tant à Paris qu'à Bordeaux. Je réunis donc un conseil de famille. Je mis aux voix une première résolution : revenir à Paris ou rester à Montréal ? Le Québec l'emporta à une quasi-unanimité, moins une voix (la mienne sans doute…). Deuxième vote : Montréal ou Bordeaux ? Partage des votes. Je passai en force en décidant que ma voix était prépondérante. Nous préparâmes, sans joie, notre déménagement.

XIV

Reconstruction

Retrouvailles

Une fois rentré à Bordeaux, l'hésitation ne m'était plus permise : il me fallait récupérer mon siège de maire et donc provoquer une élection municipale partielle. Condition préalable : la démission de la majorité municipale qui avait été élue sur ma liste en 2001 et dont le mandat courait jusqu'en 2007. La chose, dans mon esprit, allait de soi. C'était sans compter sur le goût du pouvoir qui avait gagné mes successeurs. Ils délibérèrent. Ceux qui prônaient d'attendre le renouvellement de 2007 ne furent pas rares ; je fis savoir que ce serait une déclaration de guerre à mon égard et tout le monde rentra dans le rang. Je me lançai dans une campagne éclair qui prit au dépourvu mes adversaires socialistes. L'accueil des Bordelaises et des Bordelais fut chaleureux ; un journaliste de *Sud-Ouest* qui m'accompagnait dans mes tournées sur le terrain s'exclama : « Mais vous allez faire 100 % des voix ! » Le 9 octobre, je l'emportai plus modestement avec un score de 56 % dès le premier tour ; l'abstention, il est vrai, avait frôlé les 55 % mais cela ne refroidit pas l'enthousiasme de mes supporteurs qui me firent une ovation dans la cour du palais Rohan, notre hôtel de ville. Le 13, le nouveau conseil municipal m'élut au poste de maire et je me remis au travail avec une équipe parfaitement rodée.

Pour rassurer les uns et les autres, j'avais en effet annoncé, dès le lancement de ma campagne, que je repartais avec les mêmes. Rétrospectivement, je me félicite d'avoir bousculé le calendrier : la date des élections municipales générales fut repoussée à 2008 pour cause de télescopage avec la présidentielle de 2007. Si j'avais attendu deux ans de plus, je laissais le temps au Parti socialiste et à ses alliés de se mettre en ordre de bataille.

J'étais bien dans ma peau. Isabelle et les enfants n'oublièrent pas de sitôt leurs jours heureux... à Montréal. Mais nos deux filles replongèrent gaiement dans le bain bordelais où elles retrouvèrent des amis fidèles. Ma priorité fut de chercher un nouveau toit. Très vite, Isabelle et moi nous décidâmes pour une maison de ville, intégrée dans un ensemble récent ; elle n'avait pas le même charme que notre regretté petit paradis de l'impasse des Tanneries, mais elle nous accueillait tous les quatre confortablement. Clara pouvait aller à pied jusqu'au collège Tivoli tout proche. Isabelle en revanche se sentait un peu éloignée de l'hypercentre. Elle reprit ses allées et venues hebdomadaires entre son bureau parisien et notre foyer bordelais avec une bonne humeur et une disponibilité qui nous comblaient. Elle continuait à écrire pour son plaisir : en 2008, elle fut une des premières à analyser, dans *La Femme digitale*[1], la manière dont les femmes vivent la révolution numérique, comment elles en maîtrisent les outils, comment elles en sont actrices ou complices. À partir de son expérience personnelle, elle se demandait s'il existe une perception féminine du futur numérique. Un temps d'avance !

À la mairie, il n'était pas question pour moi de reprendre un paisible train-train. Mon premier projet urbain était bien avancé : le tramway roulait, les quais vivaient joyeusement, l'espace public était à la fois apaisé et embelli. Je devais redonner

1. Isabelle Juppé, *La Femme digitale*, Paris, Jean-Claude Lattès, 2008.

une ambition à la ville. Je proposai aux Bordelais de jouer dans la cour des grandes métropoles européennes : « Bordeaux 2030 : vers le grand Bordeaux, métropole millionnaire ! », tel fut mon nouveau slogan.

Après ma démission forcée en 2004, la présidence de la communauté urbaine avait basculé à gauche et, en juillet 2007, le socialiste Vincent Feltesse y avait succédé à Alain Rousset. Il avait maintenu la règle du jeu que, dans la foulée de Chaban et de son partenaire « historique » Michel Sainte-Marie, maire socialiste de la deuxième ville de la Communauté, Mérignac, j'avais fait mienne : celle de la cogestion, c'est-à-dire du partage des postes de responsabilité entre majorité et minorité sur la base d'un accord de « gouvernement » conclu en début de mandature. Une « coalition » si l'on veut... J'avais coutume de dire : « Je ne sais pas ce que serait un tramway de gauche ni un tramway de droite, faisons ensemble un tramway ! » Et ça marchait. Les électeurs appréciaient notre capacité à dépasser les clivages partisans pour mieux faire avancer les projets. Président, j'avais eu le socialiste Alain Rousset, maire de la ville de Pessac, pour premier vice-président. Devenu président, Vincent Feltesse m'avait à ses côtés pour premier vice-président. Curieuse relation que la nôtre. L'homme est intelligent et aussi un peu « intello ». Curieux, soucieux d'innover. Il me manifestait une forme de respect et prenait soin de m'associer aux grandes décisions. Ce qui ne l'empêcha pas de se lancer contre moi aux élections municipales de 2014 où je lui infligeai une sèche défaite. Dès lors ses liens se distendirent avec ses « amis socialistes » ; il finit par quitter leur groupe au conseil municipal et par lancer de discrets ballons d'essai dans ma direction ; au cours d'un déjeuner en tête à tête, nous commençâmes même à parler d'avenir commun. Il en fut autrement.

Bordeaux réveillée

Nous partageâmes l'objectif de bâtir une métropole millionnaire en pariant sur la construction de la ligne à grande vitesse qui mettrait Bordeaux à deux heures de Paris. C'était à nos yeux un formidable levier de développement et de rayonnement. J'en annonçais périodiquement l'achèvement. J'avais même utilisé l'argument, dès 1995, pour convaincre Isabelle que notre installation à Bordeaux ne nous éloignerait pas vraiment de nos attaches parisiennes. Il fallut beaucoup de ténacité pour surmonter tous les obstacles que le projet rencontra sur sa route, notamment le bouclage du budget qui nécessitait une importante contribution des collectivités territoriales. Ségolène Royal, présidente du conseil régional de ce qui était encore le Poitou-Charentes, y mit le maximum de mauvaise volonté en arguant que Poitiers avait peu à y gagner, ce qui n'était pas tout à fait faux. Mais la solidarité de voisinage ! Je dus appeler à la rescousse le Premier ministre, Jean-Pierre Raffarin, qui rendit les arbitrages nécessaires. Bref, en juin 2017, la gare Saint-Jean en fête accueillit les plus hautes autorités pour célébrer la nouvelle liaison Paris-Bordeaux en deux heures et quatre minutes. Je murmurai à l'oreille d'Isabelle : « Je te l'avais bien dit ! » Elle me répondit dans un sourire : « Tu as tenu ta promesse… avec vingt-deux ans de retard. » C'était Nicolas Hulot qui officiait en tant que ministre d'État ; il fit, dans son discours, avec un curieux sens de l'à-propos… ou de la provocation, l'éloge de la lenteur, en présence d'une Élisabeth Borne, ministre des Transports, visiblement surprise de cet appel intempestif.

Pour accompagner… ou anticiper la liaison à grande vitesse, je proposai de doter la métropole bordelaise de deux nouveaux ponts qui permettraient de boucler les boulevards de la rive gauche à la rive droite. J'ai raconté dans mon *Dictionnaire amoureux* l'histoire compliquée des ponts à Bordeaux : un pont en deux mille ans, trois ponts routiers dans la seconde moitié du XXe siècle sous le règne Chaban. C'était évidemment insuffisant et l'agglomération était en train de s'asphyxier quand je fus élu en 1995. Dès septembre 1997, j'ouvris une concertation publique sur un projet de nouveau franchissement en partie centrale de la ville. L'histoire de ce projet pourrait servir de « cas » à une étude de complexité sur la vie politico-administrative de notre pays : pont ou tunnel ? Pont levant ou pont tournant pour laisser passer les paquebots de croisière ? Aux Quinconces, au cœur de la cité, en amont, ou en aval ? Tout le monde avait son idée. Jusqu'au Comité du patrimoine mondial de l'Unesco qui se mit de la partie et menaça de nous déclasser au motif que le nouvel ouvrage risquait d'abîmer le site ! Au XXIe siècle, il faut seize ans pour faire un pont. C'est en effet le 16 mars 2013 que le président de la République, François Hollande, fit à Bordeaux l'honneur de venir inaugurer le pont Chaban, en présence de Micheline, veuve de mon prédécesseur. L'ouvrage est devenu comme la porte d'entrée de la ville sur le fleuve et ma satisfaction a atteint son comble quand l'Unesco rendit les armes et que son représentant, sur le site, s'exclama : « Il est beau ! »

Quant au deuxième de « mes » ponts, il a un nom avant même d'exister : au moment de la mort de Simone Veil qui avait ému les auditeurs de l'École nationale de la magistrature, sise à Bordeaux, j'avais proposé à mon conseil municipal et à mes collègues de la métropole de donner son nom au futur ouvrage. Proposition votée à l'unanimité et décision accueillie avec faveur par la famille. Après le pont François-Mitterrand, sur la rocade, ainsi dénommé en 1997, puis le pont Jacques-Chaban-Delmas en 2013, c'était un beau symbole. Las ! la construction a pris un retard tel qu'au moment où j'écris, le chantier est toujours en cours. Pourtant nous avions, Vincent Feltesse et moi, préparé le terrain avec un luxe de précautions. La concertation avec les riverains, autour de la proposition du créatif architecte Rem Koolhaas, s'était étalée sur plusieurs mois ; le concept était totalement différent de celui du pont levant bâti en aval pour permettre l'accès des paquebots de croisière dans le port de la Lune ; ici l'ambition était d'offrir aux habitants de l'agglomération une très large plateforme sur laquelle pourraient confortablement circuler tramway, vélos, voitures, mais aussi s'installer des animations festives sur un pont en quelque sorte « habité ». L'appel d'offres s'était bien déroulé et avait permis de désigner une entreprise très honorablement connue dans la région. Quand, au bout de six mois, elle nous annonça qu'elle ne savait pas « faire », en tout cas pas au prix proposé du fait de la fragilité du lit de la Garonne où devaient s'ancrer les piles du pont, je dus me résigner à résilier le marché et à relancer une consultation. D'où des mois, et même des années de retard.

Ce franchissement est pourtant vital car il s'intégrait, avec son symétrique en aval, dans mon nouveau projet urbain auquel j'avais donné un titre un peu sibyllin, j'en conviens : « Bordeaux, pleine lune ». Je m'amusais à faire le service après-vente de ce slogan que m'avait suggéré l'inventive Michèle Larüe-Charlus. Bordeaux, c'était pour les Bordelais, le port de la Lune, c'est-à-dire ce méandre de la Garonne, en forme de croissant de lune, sur la rive duquel s'était peu à peu construite la cité historique, d'abord à l'intérieur de ses remparts, puis dans son somptueux écrin classique du XVIIIe siècle. Mon objectif, c'était de la faire grandir, de lui permettre de s'épanouir dans l'espace, bref d'arrondir ses formes en passant du croissant de lune à la plénitude d'une lune ronde.

Pour concrétiser ce rêve, je lançai un impressionnant programme de nouveaux secteurs d'aménagement : sur la rive droite Bastide-Niel et Brazza ; vers l'aval, les Bassins à flot ; auprès du lac, Ginko, que je présentai comme l'essai d'un quartier durable, 100 % écolo (d'où son nom emprunté à un arbre qui vit en Chine, paraît-il, jusqu'à trois mille ans) ; et puis, en amont, l'énorme opération d'intérêt national, Bordeaux Euratlantique, sur plus de sept cents hectares, principalement dans Bordeaux mais aussi sur les communes limitrophes de Bègles et de Floirac. Aujourd'hui, ce territoire est radicalement transformé, les immeubles de logements et de bureaux sont sortis de terre à un rythme spectaculaire, on y trouve même l'une des toutes premières tours françaises à ossature bois ; une ligne de tramway prolongée jusqu'à la commune de Villenave-d'Ornon dessert le quartier ; une « cité numérique » y attire les start-up de la French Tech Bordeaux (je sacrifie pour une fois au vocabulaire consacré par l'usage...).

J'insisterai juste ici sur deux aspects de ce que j'ai vécu comme une exaltante entreprise. D'abord la méthode : j'ai eu recours, bien sûr, à tous les outils qu'offre le droit de l'urbanisme, si riche dans notre pays, en particulier à la technique parfois lourde et complexe des zones d'aménagement concerté (ZAC) ; mais nous avons innové en développant ce que j'ai appelé l'urbanisme « négocié », c'est-à-dire un dialogue exigeant mais confiant avec les promoteurs et constructeurs, aussi bien sur la taille des logements que sur la qualité architecturale des bâtiments, et même le choix des revêtements. Je tenais le plus grand compte des avis de Bruno Fortier que j'avais choisi comme architecte conseil et qui me présentait chaque dossier de permis de construire, du moins pour les opérations de quelque importance. Deuxième souci : ouvrir très largement le spectre des hommes de l'art appelés à travailler dans la ville. Comme il se doit, les architectes du cru se plaignaient parfois de ne pas être assez sollicités. La liste des heureux gagnants démontrait le contraire. Mais il est vrai que je tenais aussi à « oxygéner » le tissu local et que je jouais parfois la provocation en déclarant : « Nous invitons régulièrement aux concours les grands architectes internationaux ; ils sont soumis aux consultations à égalité de chances avec de jeunes équipes ou des agences locales confirmées ; ce serait une faute de réserver les marchés aux seuls architectes bordelais. » C'est ainsi que des programmes ont été confiés à Jean Nouvel, Jean-Michel Wilmotte, Nicolas Michelin, Alexandre Chemetoff, Jean-Pierre Buffi, Christian de Portzamparc, Paul Andreu...

Bâtir une ville nouvelle dans et autour d'une admirable cité historique est un redoutable défi. Avons-nous réussi ? Avons-nous commis beaucoup d'erreurs ? Quand je parcours rues et quartiers, je retiens mon jugement sur tel ou tel bâtiment, son volume, ses ouvertures, la teinte de sa façade ; je me réjouis d'avoir pu obtenir que les entreprises de construction reviennent plus souvent à l'emploi de la pierre ; il existe certes des bétons de qualité, mais Bordeaux, c'est la ville de pierre, leur disais-je ! « La Ville blonde », comme j'aimais la nommer, par esprit de compétition avec la Ville rose, Toulouse bien sûr. Quelques grands ouvrages attirent davantage l'attention. Je m'émerveille devant l'harmonieuse beauté du grand stade dû au talent des architectes Herzog & de Meuron ; le jour (qui s'éloigne hélas !) où l'équipe des Girondins renouera avec la performance, les Bordelais seront heureux et fiers d'y revenir en nombre ! La Cité du vin a le mérite de marquer, tout près du pont Chaban, l'horizon de la ville ; on peut y reconnaître les courbes douces d'une carafe... ou céder au scepticisme grognon si répandu dans notre peuple ; ce qui est incontestable, c'est le succès de la fréquentation qu'elle a accueillie dès son ouverture. La région a choisi le Danois Bjarke Ingels comme architecte de la MECA, sa Maison de l'économie créative et de la culture, qu'on peut trouver massive ; mais finalement, elle s'inscrit bien dans la nouvelle ligne de quais au-delà de la gare.

La question essentielle, pour moi, est de savoir si les habitants qui occupent les nouveaux quartiers sont heureux d'y vivre. Parfois le démarrage est difficile. Malgré l'attention que nous portons au phasage des opérations, il arrive que les immeubles d'habitation soient plantés sur des espaces publics inachevés. Plus grave est la multiplication des malfaçons de construction dont se plaignent, à bon droit, les propriétaires ou locataires. Faudrait-il se résigner à ce qu'en France, on construise cher et mal ? Pour lutter contre cette dérive, j'ai proposé aux promoteurs de signer avec la collectivité, ville ou métropole, une « Charte du bien construire ». La plupart ont accepté, malgré les réticences de certaines de leurs organisations.

Lors de ma dernière déambulation en rive droite, j'ai comparé deux quartiers assez différents, l'un qui date de mon premier mandat, c'est-à-dire des années 1995-2001, le second qui est en cours de réalisation. Le verdict d'Isabelle qui m'accompagnait a été sans appel : la palme au premier, avec ses immeubles de quatre à cinq étages qui s'ordonnent autour de généreux espaces verts ; mauvais point au second trop refermé sur des voies étroites et des hauteurs rébarbatives. J'ai évidemment contesté ce jugement. Mais au fond de moi-même, je me suis interrogé : ai-je cédé à la pression des chantres de la nécessaire densification ?

Je ne veux pas éluder une question qui concerne l'avenir de tous nos territoires urbains : comment va-t-on satisfaire, à Bordeaux mais aussi dans toutes les zones en tension, une demande de logement très supérieure à l'offre disponible ? Les files d'attente sont considérables, il faut parfois des années avant d'obtenir un logement social, voire un logement intermédiaire. On peut bien sûr réhabiliter le patrimoine existant, je l'ai fait dans le centre historique de Bordeaux dans le cadre de l'opération confiée à la société publique In Cité. Mais ce ne sera pas suffisant. Il faut construire des logements neufs, et beaucoup. Or, construire devient de plus en plus difficile. Nous combattons à bon droit l'étalement urbain qui mite les espaces naturels. Pendant des décennies, l'agglomération bordelaise en a donné le mauvais exemple, au détriment de sa ville centre. Jusqu'à ce que nous décidions de sanctuariser la moitié de sa superficie encore couverte de terres agricoles, sylvicoles, viticoles ou simplement naturelles. Quant aux friches urbaines, elles étaient vastes, ce qui m'a permis de mettre en œuvre mes projets urbains ; mais elles s'épuisent et désormais l'artificialisation des sols disponibles est interdite. L'artificialisation nette, j'entends, ce qui signifie qu'à tout terrain construit doit correspondre une surface équivalente... « déconstruite ». Plus facile à dire qu'à faire. Seule solution : densifier, monter en hauteur, bâtir des tours... Immédiatement le voisinage déterre la hache de guerre : « Pas dans mon jardin, on va me cacher mon soleil ! » Les recours contre les permis de construire pleuvent. Résultat : les mises en chantier baissent et nous allons vers une possible aggravation de la crise du logement que dénonce avec constance la Fondation Abbé Pierre.

J'ai été un maire bâtisseur et j'en suis fier. Je crois maintenant qu'on doit mieux concilier quantité et qualité de l'habitat, rendre plus aimable la densité en faisant preuve d'audace architecturale, montrer que les quartiers les plus « hauts » sont parfois les plus verts, comme celui, qui remonte pourtant aux années 1950, du Grand Parc à Bordeaux. Dans le nouveau modèle de développement que nous devons inventer pour maîtriser le dérèglement climatique et arrêter le recul de la biodiversité, il nous faudra construire *autrement*, aménager *autrement*, nous déplacer *autrement*, en somme, vivre la ville *autrement*. C'est un beau défi.

Vivre ensemble

Maire bâtisseur ? Il n'est apparemment plus à la mode de s'en vanter. Il faudrait presque s'en excuser. Bâtir n'est évidemment pas une fin en soi. L'objectif est d'améliorer la qualité des services rendus à la population pour adoucir une vie citadine souvent stressante. C'était ma priorité.

Les écoles d'abord. Dès mon arrivée à Bordeaux, j'avais lancé un plan ambitieux de rénovation de nos bâtiments scolaires vieillissants et de construction de classes supplémentaires pour accueillir les enfants des nouveaux arrivants. À chaque rentrée scolaire, j'invitais à la mairie les chefs d'établissement pour faire avec eux le point de l'avancement des travaux et des retards inévitables. Mes adjoints compétents avaient su créer un climat de confiance avec le monde enseignant de la ville, ce qui n'est jamais acquis d'avance.

Les crèches ensuite. Les files d'attente s'allongeaient dans nos services d'inscription. À chaque inauguration, et elles étaient fréquentes, c'était le même protocole : nous écoutions d'abord les discours du président de la Caisse d'allocations familiales et de la vice-présidente du conseil départemental chargée de la PMI (Protection maternelle et infantile) qui contribuaient au financement des projets ; j'intervenais en dernier pour rappeler la volonté municipale de répondre aux attentes des familles. Je trouvais ma meilleure récompense dans le regard lumineux des parents conviés à l'événement, heureux d'avoir trouvé un mode de garde pour leurs tout-petits.

À l'autre bout de la chaîne des âges, nos résidences et clubs seniors fondés par Chaban et où la ville apportait à nos anciens un logement à loyer abordable et une animation quotidienne pour rompre l'ennui de la solitude. Chaque mois de janvier, j'en faisais la tournée pour partager avec les résidents la galette des rois et le vin mousseux. Rude épreuve pour l'estomac. Mais je retrouvais avec joie, année après année, des visages bienveillants. Je n'échappais pas aux invitations à la danse que me lançaient des grands-mères endimanchées pour la venue du maire ; mon inaptitude à cet exercice était pourtant connue de toutes…

Les maisons de quartier, anciens patronages pour beaucoup d'entre elles, ouvertes à toutes les générations auxquelles elles proposaient des activités sportives, artistiques, ludiques ou tout simplement le plaisir d'être ensemble. Leur maillage entretenait l'esprit de quartier, si vivace dans les grandes villes, et resserrait la cohésion sociale, ce Graal de tous les élus municipaux. Au fil du temps, je m'étais fait de nombreux amis dans leurs équipes.

Et puis aussi les quartiers « sensibles », rebaptisés, pour ne stigmatiser personne, de la très technocratique expression « quartiers politique de la ville ». J'y étais présent le plus souvent possible ; quand j'en sillonnais les rues, la police me conseillait de ne pas longer les façades, au risque de recevoir sur le crâne des projectiles peu désirables. Je n'en avais cure. J'étais toujours bien accueilli. Les femmes des Aubiers, l'un de ces secteurs à forte densité de logement social, préparaient le couscous pour ma venue et nous nous mettions à table, en plein air, pour des kermesses improvisées.

Un maire doit passer plus de temps dans les rues de sa ville que dans son bureau. Je répétais que la mixité sociale se crée dans l'espace public. Je m'y sentais à l'aise.

Citoyens du monde

Je parvenais à dégager encore quelques créneaux pour la « coopération décentralisée » qui peut, à une autre échelle, contribuer, elle aussi, à une meilleure compréhension des peuples. J'ai donc continué à être un maire voyageur. J'ai tenu à revivifier, par exemple, l'accord « triangulaire » Bordeaux-Ramallah-Ashdod conclu par Jacques Chaban-Delmas. Dans le journal de bord de mon déplacement de novembre 2006 au Proche-Orient, j'écris à Isabelle :

> Tu aurais aimé notre journée à Ramallah. La visite du camp de réfugiés où des dizaines d'enfants s'attroupent autour de nous t'aurait certes indignée : leur avenir s'arrête aux limites de la zone. Mais la ville offre un spectacle paradoxal : d'un côté une impression diffuse d'enfermement, même si le passage aux « checkpoints » nous est facilité, de l'autre des chantiers de construction partout.

Nous visitons un centre culturel franco-allemand, modèle d'intégration, nous dit-on. Dans la bibliothèque, les livres français et allemands se mêlent sur les étagères. L'exemple est unique, je crois.

D'Ashdod je garde le souvenir de l'exposition de photos consacrée aux cinquante ans de la ville, celle de la première scène : un homme seul sur une plage déserte, une valise à la main… Ashdod, en ce temps pas si lointain, c'est du sable et rien d'autre. Aujourd'hui, c'est le premier port commercial d'Israël. Entre les deux, une ville nouvelle est sortie du sable, extraordinaire aventure humaine en si peu d'années.

L'idée de créer un pont entre une ville palestinienne et une ville israélienne était généreuse. Hélas, les jumelages ne suffisent pas à faire la paix.

XV

Sous Nicolas Sarkozy

Dès mon retour de Montréal, à l'automne 2006, Jacques Chirac me reçut à l'Élysée. Il me sembla le retrouver tel qu'en lui-même… Je sous-estimais sans doute la gravité de l'AVC qui l'avait frappé en septembre 2005. Je comprenais qu'il maintînt le suspense sur sa possible candidature à l'élection présidentielle du printemps 2007. La limitation à deux mandats consécutifs n'avait pas encore été inscrite dans la Constitution. Peu à peu, cependant, je pris conscience qu'il n'était plus en situation de se relancer dans une nouvelle bataille et que la candidature de Nicolas Sarkozy était devenue incontournable. Le président fit de louables efforts pour me dissuader de m'y rallier. Mais n'avait-il pas lui-même installé son rival sur la rampe de lancement en lui confiant d'éminentes responsabilités au gouvernement ? Il connaissait assez bien l'homme pour douter qu'il en tirât tout le profit. Il me conseillait néanmoins de ne rien exclure et de ne rien dire, en tout cas, de mes propres intentions. De l'autre côté, Nicolas Sarkozy faisait mon siège et me pressait de lui apporter mon soutien. Ce que je fis début janvier 2007, par une déclaration sur mon blog. *Le Figaro* conclut : « Pour les sarkozystes, c'est la plus belle prise de guerre dont ils pouvaient rêver. »

Ma décision était dans la nature des choses. Sarkozy et moi appartenions à la même famille politique. Pendant des années, ensemble au RPR, nous avions ferraillé contre la gauche « socialo-communiste ». Certes, en 1995, nous avions fait des choix différents, lui pour Balladur, moi pour Chirac. Et la manière dont il avait sapé la réputation du président tout au long du second mandat de Jacques Chirac choquait ma propre éthique politique. Mais il fallait gagner, face à une candidate socialiste dont le programme ne promettait, à mes yeux, rien de bon pour la France. Je pensais que Sarkozy avait le talent, la volonté, la force de conviction pour s'imposer. Je ne me suis pas trompé.

Le moins durable des ministres du Développement durable

Installé à l'Élysée, le nouveau président avait choisi Fillon pour Matignon ; c'était logique ; les deux hommes n'avaient guère d'affinités comme la suite le montrerait, mais Fillon s'était pleinement investi dans la campagne et avait largement contribué à l'élaboration du programme de Sarkozy. Dans un souci de rassemblement que lui inspirait peut-être l'expérience de la rivalité entre balladuriens et chiraquiens, convaincu qu'il valait mieux avoir des rivaux potentiels à l'intérieur de son dispositif qu'en dehors, le président tint à m'embarquer dans l'aventure et me proposa de prendre la tête d'un grand ministère de l'Environnement. C'était encore le temps où il voulait faire de l'écologie une priorité de sa politique. Il n'avait sans doute pas lu mon livre *Je ne mangerai plus de cerises en hiver*. Mais il savait que je me passionnais pour la cause. J'étais donc prêt à accepter sa proposition, à condition d'avoir les moyens d'agir. Toutes mes demandes furent acceptées et j'héritai d'un super-ministère au titre ronflant : ministère de l'Écologie, du Développement et de l'Aménagement durables, le Medad englobait la compétence « transports » et « logement ». Cerise sur le gâteau, je fus gratifié du titre de ministre d'État et de la première place dans l'ordre protocolaire du gouvernement, après le Premier ministre naturellement. Sarkozy connaît bien la nature humaine et sait que la vanité est la faiblesse la mieux partagée parmi les hommes politiques.

Je n'avais par ailleurs aucune allergie d'humeur ni d'idées avec François Fillon dont j'avais toujours plaidé la cause auprès de Jacques Chirac qui ne l'aimait pas. Il avait été ministre dans mon gouvernement. Je le trouvais sérieux, un peu trop séguiniste à mon goût, et donc eurosceptique mais enfin « juppéo-compatible ». Il se comportait, envers moi, avec les égards propres à prévenir ma susceptibilité.

Sans tarder, je me mis au travail et constituai mon équipe avec un objectif précis : préparer le lancement du « Grenelle de l'environnement » annoncé par le président de la République. Depuis les accords de Grenelle qui contribuèrent à l'apaisement de la crise de 1968, le mot « Grenelle » est mis à toutes les sauces et a fini par devenir synonyme de grand débat associant tous les partenaires sociaux. Curieux mot d'ailleurs dont l'étymologie occupe plusieurs pages sur Wikipédia ; il remonterait à une formation toponymique gauloise et au nom de l'oiseau *garanus* (la grue)... Plus récemment, ce fut le nom d'une ancienne commune du département de la Seine, créée en 1830 et annexée par Paris en 1860, d'où le quartier Grenelle.

Il me fallait un pilote pour conduire l'opération ; l'idée me vint de mettre dans la course celui dont j'avais apprécié le talent d'organisateur lors de la création de l'UMP, Édouard Philippe. Le démarrage fut rapide ; j'ai en mémoire les premiers déjeuners de travail montés par mon cabinet sous l'impulsion d'Édouard ; je revois autour de la table Nicolas Hulot ou Allain Bougrain-Dubourg qui m'attendait au tournant sur les chasses traditionnelles : mon cœur pencherait-il du côté des défenseurs des petits oiseaux... ou des chasseurs de mon terroir landais ?

Les élections législatives qui devaient suivre l'élection présidentielle étaient programmées pour les 10 et 17 juin 2007. Plusieurs membres du gouvernement étaient en lice dont moi-même à Bordeaux dans la circonscription où j'avais été élu en 1977 et en 2002 et que j'avais dû quitter en 2004 après ma condamnation. Les ministres candidats s'étaient engagés à démissionner du gouvernement en cas d'échec électoral. La campagne fut brève. Au soir du premier tour, j'avais une confortable avance sur mon adversaire socialiste, Michèle Delaunay, dont mon directeur de cabinet, Gilles Boyer, m'affirmait qu'elle ne pourrait pas remonter son handicap. Ce qu'elle fit pourtant. L'annonce par le gouvernement de la création d'une « TVA sociale » avait enflammé l'entre-deux tours, pour reprendre le titre d'un article de *La Croix*. L'opposition de gauche en fit son cheval de bataille et l'on sait que, parmi tous les impôts, impopulaires par nature, la TVA est le plus honni. Cette annonce suffit à déplacer les quelques points qui me manquèrent au deuxième tour. Peut-être avais-je aussi crié victoire trop tôt. Dès le lendemain je démissionnai du gouvernement et passai le relais à Jean-Louis Borloo qui mena, avec la fougue et l'entregent qu'on lui connaît, le Grenelle à bon port. J'avais ainsi été, du 18 mai au 18 juin 2007, le moins durable des ministres du Développement durable.

2008 : nouveau combat municipal

Heureusement, j'avais toujours Bordeaux. Une nouvelle élection municipale se profilait à l'horizon du printemps 2008, l'échéance normale ayant été repoussée d'un an pour éviter toute confusion avec le scrutin présidentiel. Le Parti socialiste était bien décidé, cette fois, à me mener la vie dure ; il choisit une tête de liste de poids, en la personne d'Alain Rousset, président du conseil régional d'Aquitaine depuis

1998, qui quitta sa bonne ville de Pessac pour venir livrer bataille contre moi dans la capitale de la métropole. Nous nous connaissions bien. Il avait été mon premier vice-président à la communauté urbaine ; je savais qu'au fond des choses, il n'était pas plus socialiste que moi, c'était tout au plus un bon social-démocrate, mais il était fidèle à son parti et à ses amis politiques. L'homme était plutôt aimable, en apparence tolérant, en fait jaloux de Bordeaux et de son maire, susceptible, supportant mal l'humour et moins encore l'ironie qui le blessait au moindre trait. J'avais l'avantage d'être sortant, de bien connaître le terrain et les affaires en cours et je mobilisai tous mes réseaux. Très vite sa campagne patina. Méchamment, je l'accusais chaque matin d'un nouveau plagiat, ce qui finit par le déstabiliser. Lors du face-à-face organisé par la presse locale, il n'était pas en forme, il invoqua une grippe intempestive pour expliquer sa piètre prestation. Dès le premier tour j'obtins près de vingt mille voix de plus que lui, avec 56,62 % des suffrages exprimés contre 31,14. Le Front national stagnait à 2,59 %. Curieusement, nos relations personnelles n'en sortirent pas aigries, au contraire même, et dans les années qui suivirent nous menâmes ensemble des combats d'intérêt commun, par exemple pour le prolongement des lignes SNCF à grande vitesse en direction de Toulouse d'un côté et de la frontière espagnole de l'autre.

Après la mort de ma mère, pour racheter à ma sœur la moitié de la maison familiale d'Hossegor dont elle avait hérité, je vendis notre appartement parisien du square Latour-Maubourg, ce qui me permit d'acquérir aussi un nouveau gîte à Bordeaux, près du parc bordelais, dans le quartier de Caudéran, à l'extérieur des boulevards. J'ai toujours eu la bougeotte : pas moins de huit adresses à Paris en cinquante ans il est vrai, et six à Bordeaux en vingt-cinq ans. Notre seul point d'ancrage familial reste la maison d'Hossegor à laquelle mes enfants sont attachés, c'est la maison de leur enfance.

Une fois confirmé dans mon mandat de maire et tout en m'investissant pleinement dans la tâche, prenante mais gratifiante, je regardai cependant vers Paris. J'observais la manière dont Sarkozy assumait la fonction présidentielle et il m'arrivait de la commenter. Quand il décida de réintégrer les instances militaires de l'Otan, j'exprimais quelque réserve. Il m'écrivit une longue lettre pour s'en expliquer. J'hésitai à aller plus loin dans la critique car, après tout, c'est l'objectif que Chirac et moi nous étions fixés entre 1995 et 1997. Nous y avions mis deux conditions : le partage des commandements opérationnels entre généraux américains et européens, et l'acceptation d'un pilier européen de défense au sein de l'organisation. Au sommet de Saint-Malo qui réunit, en décembre 1998, Jacques Chirac et le Premier ministre britannique, Tony Blair, on put croire que la situation allait évoluer puisque la Grande-Bretagne se montrait enfin ouverte à nos idées. Mais on en resta à une déclaration de bonnes intentions et rien ne changea vraiment. Lorsque je revins au Quai d'Orsay en 2011-2012, je militai à fond pour une relance de l'Europe de la défense ; mais mon collègue britannique William Hague s'opposa à toutes mes initiatives.

La question de la place de la France dans l'Otan est récurrente dans le débat politique national. Tout le monde invoque la mémoire du général de Gaulle en rappelant, pour la saluer ou pour la critiquer, sa décision, en février 1966, de sortir du commandement intégré de l'organisation, mais en oubliant d'ajouter qu'il n'a jamais quitté l'Alliance ni mis en cause la solidarité des puissances signataires du traité de l'Atlantique Nord (avril 1949). En septembre 1961, au lendemain de la construction du mur de Berlin, dans une de ces conférences de presse dont il avait le secret, il appelle les « puissances occidentales à s'opposer à l'impérialisme soviétique » et « à maintenir par la force leurs positions et leurs communications » avec Berlin. « À un certain point de menace, tout recul a pour effet de surexciter l'agresseur », ajoute-t-il. Certes l'objectif reste la paix et donc la détente entre les deux camps. Mais en position de force ! Au plus fort de la crise des missiles de Cuba, il n'hésite pas à choisir son camp : celui des démocraties face à l'Union soviétique.

L'URSS a disparu. Et l'on a pu se demander si l'Otan avait encore un rôle à jouer. Dans un entretien à *The Economist* de novembre 2019, le président Macron a jugé que l'organisation était en « état de mort cérébrale ». Deux ans plus tard, à peine plus, l'invasion de l'Ukraine par l'armée de Poutine lui a rendu sa raison d'être. Ainsi va le monde.

La crise financière, puis économique de 2007-2008 fut, de l'avis général, la plus sévère de toutes celles que connut la planète depuis la grande dépression de 1929-1930. J'observais, de Bordeaux, ses développements et la réaction des autorités françaises. Au moment de la faillite de Lehman Brothers, le 15 septembre 2008, on frôla l'effondrement du système bancaire international. Le sang-froid, la détermination dont fit preuve Sarkozy dans la tourmente ainsi que la compétence des équipes dont il sut s'entourer forcèrent mon admiration.

Avec Michel Rocard

Le 22 juin 2009, devant la Congrès réuni à Versailles, le président annonce le lancement d'un grand emprunt de cent milliards d'euros pour sortir l'économie française du marasme et stimuler la croissance. Le 26 août, il installe une commission composée d'économistes (Élie Cohen, Christian de Boissieu…), de chefs d'entreprise (Denis Ranque, Véronique Morali…), de syndicalistes (Nicole Notat), d'universitaires (Monique Canto-Sperber, Laurence Tubiana…), d'écologistes (Alain Grandjean…), au total une vingtaine de personnalités, qu'il charge de proposer un programme d'investissements ciblés sur la recherche, l'innovation et le développement durable. Il me propose d'en assurer la coprésidence avec Michel Rocard.

J'acceptai sa proposition car la démarche me parut originale. D'abord par l'objectif qui lui était fixé : soutenir une croissance forte par des investissements innovants, de long terme, et sur un mode de développement durable. Par la méthode ensuite : un processus extra-budgétaire pour éviter la confiscation des crédits par les ministères soucieux de compenser les coupes de leurs dotations habituelles.

Notre premier débat, au sein de la commission, porta sur le montant même du « grand emprunt » : pour Henri Guaino, qui avait soufflé l'idée au président, un « petit emprunt » n'aurait aucun effet significatif ; c'étaient cinquante à cent milliards, sinon rien ; l'Agence France Trésor, responsable du programme annuel des émissions publiques, nous mettait en garde contre le risque de trop charger la barque de la dette et de dégrader la note de la France sur les marchés prêteurs ; par réalisme nous ramenâmes l'enveloppe du « grand emprunt », ou du moins sa première tranche, de cent à trente-cinq milliards.

Mais l'essentiel de nos travaux porta sur la bonne utilisation de cet argent, c'est-à-dire sur les projets concrets qu'il permettrait de financer. Pendant trois mois nous procédâmes à de nombreuses auditions : chercheurs, économistes, chefs d'entreprise, hauts fonctionnaires, responsables politiques... se succédèrent à la barre et les échanges entre nous furent passionnants : Jean-Louis Borloo insista sur l'importance des océans, sur la croissance du transport maritime dont les émissions de CO_2 étaient en voie de dépasser celles du transport aérien, sur la recherche à mener pour inventer le bateau de pêche « intelligent » et le bateau « propre » ; Augustin de Romanet, directeur général de la Caisse des dépôts et consignations, nous invita à donner la priorité à l'économie de la connaissance, à créer un « fonds brevets » pour encourager l'innovation, à mutualiser les programmes des opérateurs de réseaux à haut débit dont il regrettait la course de lenteur dans les zones peu denses ; Laurence Parisot exprima la volonté du Medef de développer le « capital humain », dès le stade de la formation dans les écoles d'ingénieurs ou des campus « *high-tech* » (*sic*) dans nos universités ; André Syrota, directeur général de l'Inserm, traita de l'impact économique majeur des sciences de la vie et de la santé, en nous rappelant que la France était le premier producteur de médicaments en Europe mais pas au premier rang de la recherche, faute de faire les efforts nécessaires pour attirer des leaders internationaux reconnus ou de conserver ses plus brillants « post doc » ; Geoffroy Roux de Bézieux, président de l'Unedic, mit l'accent sur le besoin en fonds propres des PME innovantes ; Bruno Lemaire nous montra qu'il n'était pas insensible à l'évolution vers une agriculture durable, une horticulture par exemple recourant à de nouvelles sources d'énergie comme la géothermie ou les panneaux solaires ; Fadela Amara, secrétaire d'État chargée de la politique de la ville comme Edmond Maire nous demandèrent de ne pas négliger la dimension sociale d'un développement harmonieux et la contribution des entreprises de l'économie solidaire, en croissance annuelle de 25 % depuis 2000 ; le chercheur Jean Therme, de l'Institut des nanotechnologies de Grenoble (GIANT), nous passionna en dessinant devant la commission ce que pourraient être cinq ou six campus d'innovation français de taille mondiale (le plateau de Saclay, l'Aérospace campus de Toulouse, Mérieux et l'infectiologie à Lyon…) et les conditions à remplir pour favoriser leur éclosion, à commencer par une étroite collaboration entre l'université et l'industrie… Comment rendre compte de la richesse des analyses, des préconisations, des projets qui nous furent soumis ?

Nous tînmes bon sur la méthode : une cellule placée directement auprès du Premier ministre pour consolider les arbitrages budgétaires vis-à-vis de Bercy, des jurys internationaux pour sélectionner les projets, une contractualisation avec les grands opérateurs chargés de les mettre en œuvre pour contourner le risque d'enlisement dans les circuits ministériels ; c'est ainsi que nous mobilisâmes l'Agence nationale de la recherche (ANR), la Caisse des dépôts et consignations (CDC), l'Agence de l'environnement et de la maîtrise de l'énergie (Ademe), le Centre national d'études spatiales (Cnes), le Commissariat à l'énergie atomique et aux énergies alternatives (CEA), Oséo...

Nos choix de fond, largement inspirés des conseils et des propositions que nous avions reçus, s'efforcèrent de sortir des sentiers battus, d'être « disruptifs » comme on dit pour faire chic ; en tout cas, nos priorités s'affichèrent clairement : l'enseignement supérieur, la recherche et l'innovation ; les PME innovantes ; les sciences du vivant ; les énergies décarbonées ; la ville de demain ; les mobilités du futur ; la société numérique.

Michel Rocard et moi eûmes à cœur de faire mentir la sentence qui veut que la meilleure façon d'enterrer un problème, c'est de créer une commission pour en discuter : dès le 19 novembre 2009, nous rendîmes notre rapport au président de la République ; le commissariat général chargé de piloter l'opération (CGI) fut installé en février 2010 et fut confié au très dynamique René Ricol. La procédure de contractualisation prit plus de temps que nous ne l'aurions souhaité, ce qui nous amena à secouer certains grands opérateurs ; mais, dès fin 2014, 75 % des crédits du PIA 1 (programme des investissements d'avenir n° 1) étaient contractualisés et 40 %, décaissés. En quatre ans, c'était un bon score. Dans un rapport publié en décembre 2015, la Cour des comptes salua une démarche exceptionnelle... avec des dérives à corriger. Il n'y a pas d'exemple de rapport de la Cour qui ne comprenne une partie critique ! Du côté positif, selon la haute juridiction : des actions qui, dans certains domaines, ont commencé à avoir des effets visibles, une structure efficace (mais, selon elle, plus centralisée que réellement interministérielle), un rôle majeur des opérateurs existants sans création d'organismes *ad hoc*, un coût de fonctionnement limité (moins de 1 % des sommes engagées), une démarche d'évaluation très positive… n'en jetez plus. Du côté négatif, un affranchissement du sacro-saint droit commun budgétaire auquel la Cour demandait un retour rapide ! Bercy était à la manœuvre. Au moment de l'alternance, en avril 2014, il avait déjà été question de placer le PIA sous l'autorité du nouveau ministre de l'Économie, Arnaud Montebourg, ce qui dénaturait complètement l'opération. Ce n'était évidemment pas une question de personne mais de méthode. Sans hésiter, Michel Rocard et moi présentâmes notre démission au Premier ministre… qui nous donna raison et revint au *statu quo ante*. J'ai continué à coprésider le comité de surveillance qui coiffait le commissariat général où Louis Schweitzer avait succédé à René Ricol avec l'autorité qu'on lui connaît ; chaque année nous remettions un rapport au Premier ministre pour lui présenter l'avancement du programme, ou plutôt des programmes puisqu'un PIA 2 avait suivi, puis un PIA 3, etc. Preuve supplémentaire de l'intérêt de la démarche, même si son originalité s'est peu à peu affadie.

En avril 2016, après le décès de Michel, je quittai la coprésidence du comité, « mes activités extérieures [entendez la « primaire » de la droite et du centre] ne me permettant plus d'assurer cette mission avec la disponibilité requise ». Je remerciai les équipes du CGI en déclarant : « Ce fut une tâche exaltante et nous avons tout lieu d'être fiers du travail accompli durant toutes ces années. Je souhaite qu'il soit poursuivi, par-delà les alternances politiques, dans le même esprit de neutralité politique, pour le bénéfice de l'investissement innovant en France. »

Outre le succès du « grand emprunt », l'épisode me permit de nouer des liens d'amitié avec Michel Rocard. Je connaissais l'homme politique éminent qu'il était, bien sûr, et son ascension depuis son militantisme au PSU jusqu'à son passage à Matignon et ses démêlés avec François Mitterrand. Mais l'image que j'en avais était celle d'un adversaire politique, intelligent, créatif certes, devenu social-démocrate avec le temps, incarnation de la « deuxième gauche » née en réaction à l'alignement du PCF sur le totalitarisme soviétique, s'appuyant sur le milieu associatif et syndical. Ce n'était pas ma tasse de thé, encore qu'entre le libéralisme social dont je me voulais adepte et la social-démocratie, il n'y ait pas d'incompatibilité absolue. Après tout Édouard Philippe a commencé sa carrière au PSU et on connaît l'amitié que Chirac portait à son camarade Rocard (sur les bancs de Sciences Po !). J'appris à apprécier l'homme tout court, sa parfaite courtoisie, son ouverture d'esprit, son tempérament tonique. Isabelle et moi prîmes plaisir à dîner avec Michel et son épouse. Et j'acceptai sans hésiter la proposition que nous fit le journaliste Bernard Guetta de nous réunir pour débattre de nos idées politiques et d'en tirer un livre. Pendant plusieurs mois, une ou deux fois par semaine, nous nous retrouvâmes, Michel et moi, dans la charmante maison de Bernard, au fond d'une « villa » (au sens parisien du terme) du treizième arrondissement. En bon journaliste, notre hôte posait les questions qui pouvaient susciter entre nous, sinon polémique politicienne, du moins joute intellectuelle. Immanquablement Michel commençait à répondre en remontant aux origines de la pensée socialiste, jusqu'à Jaurès au minimum ; il prenait son temps ; il m'en restait peu ; mais j'avais le sentiment que nous allions, l'un et l'autre, au fond des choses, en tout cas de nos convictions. Étaient-elles si éloignées ? Notre arbitre est meilleur juge ; je lui laisse la parole :

> Pas de petites phrases, pas de polémiques faciles, ni d'arguments démagogiques, mais une écoute et un véritable respect. [...] Non, ils ne gouverneraient pas ensemble, disent-ils, car la confrontation de cultures politiques façonnées par l'histoire est indispensable à l'alternance, à la démocratie, à la vigueur du débat et à la représentation d'une nation. [...] L'un est gaulliste, l'autre social-démocrate.

> [...] On découvre là, non seulement une deuxième droite, pendant de la deuxième gauche, mais la profondeur, également, des similitudes entre gaullisme et social-démocratie. Il en souffle un vent d'air frais sur la politique, fait d'un commun amour de la France et de multiples convergences, d'absolue sincérité et d'étonnants chassés croisés entre un nationaliste « tombé amoureux » de l'Europe et un internationaliste qui n'y croit plus guère.

J'aurais préféré que Bernard Guetta me qualifie de « patriote » plutôt que de « nationaliste »... Mais l'hommage est beau, un peu tiré dans le sens des convictions de l'intervieweur qui alla jusqu'à inventer le titre de l'ouvrage : *La Politique telle qu'elle meurt de ne pas être*[1]. Ce n'était pas très vendeur, nous eûmes un succès d'estime auprès des spécialistes.

En revivant ces échanges rares, je mesure le bouleversement du paysage politique français en l'espace d'à peine plus d'une décennie. Que sont devenues aujourd'hui la « deuxième gauche » et la « deuxième droite » ? Ou bien, même si les concepts ne se recouvrent pas tout à fait, les deux grands partis d'alternance républicaine : le Parti socialiste et, sous divers avatars, le rassemblement gaulliste ? Leur implosion n'a-t-elle pas ouvert la voie aux radicalités des bords opposés ?

La Défense

Nicolas Sarkozy n'avait pas renoncé à m'attirer au gouvernement. Je ne trouvai pas d'argument dirimant pour refuser de l'aider si tel était son désir. À la rentrée de septembre 2010, Paris bruissait des rumeurs de remaniement ministériel. Borloo remplacerait-il Fillon à Matignon ? Les protagonistes

1. Alain Juppé, Michel Rocard, Bernard Guetta, *La Politique telle qu'elle meurt de ne pas être*, Paris, Jean-Claude Lattès, 2011.

se livraient une guerre d'influence à fleurets à peine mouchetés. J'observais attentivement. Après de longues semaines d'hésitation, le président se décida enfin en novembre : Fillon restait à Matignon, quelques ministres tombés en disgrâce disparaissaient de la liste gouvernementale, j'étais gratifié du titre de ministre d'État, et du poste de ministre de la Défense et des Anciens combattants. La première intention de Sarkozy était de me rappeler au Quai d'Orsay ; c'était évidemment pour moi une perspective excitante ; mais je fis la fine bouche par excès de prudence : je me dis que, les Affaires étrangères restant le domaine réservé du président et compte tenu de l'activisme du titulaire, ma marge de manœuvre serait inexistante et que je l'aurai quotidiennement sur le dos. Je manifestai donc une préférence pour la Défense, ministère régalien s'il en est, déjà occupé par d'anciens Premiers ministres, et peut-être moins sujet à l'attention quotidienne du président. J'y suis resté trois mois et treize jours.

C'est un ministère... pas comme les autres, et une responsabilité unique. Les femmes et les hommes qui y servent, à quelque rang que ce soit, s'engagent en effet corps et âme, au sens littéral des mots. Leur patriotisme n'est pas une déclaration de principes, pour discours dominical, mais l'acceptation d'un sacrifice qui peut être suprême. J'ai aimé travailler avec leurs chefs qui ont le sens de la discipline républicaine vis-à-vis du pouvoir politique mais qui gardent leur franc-penser et leur franc-parler. Avec eux, l'autorité n'est pas tant l'apanage de la fonction que la sanction d'un comportement. J'ai aimé aussi aller à la rencontre de nos unités sur le terrain, par exemple sur la base opérationnelle avancée de Tora, dans le district de Surobi, à l'est de Kaboul pour fêter Noël avec nos quatre cent cinquante soldats. Le moment était grave : ils venaient de perdre deux de leurs camarades quelques jours auparavant, ce qui portait à cinquante-deux le nombre de morts du contingent français en Afghanistan. Nous avons pourtant entonné leurs chants de marche tout au long d'une soirée sans protocole ; je regarde avec émotion les photos où je suis un verre à la main, entouré de jeunes gens (très peu de jeunes femmes...) dont j'admirais l'engagement.

En peu de mois, j'ai enchaîné de fréquents déplacements, où diplomatie et questions de défense étaient étroitement intriquées. En novembre, à Lisbonne, le sommet de l'Otan s'efforça de définir un nouveau « concept stratégique » qui intégrât mieux la lutte contre le terrorisme, la piraterie et la cybercriminalité notamment. J'en garde surtout le souvenir de la photo de famille sur laquelle Sarkozy et Obama côtoient le président russe ! C'était Dmitri Medvedev, invité dans le cadre du troisième conseil Otan-Russie qui cherchait à consolider la relation entre les deux grands partenaires. La paranoïa anti-Otan ne sévissait pas encore au Kremlin ; la réaction de Moscou au projet de « bouclier antimissile » de l'Alliance, destiné à protéger les pays européens, n'était pas *a priori* négative ; la Russie était même prête à y coopérer sous réserve de « se faire une idée définitive » sur le système. Medvedev s'était-il montré trop conciliant ? Poutine l'attendait à Moscou ; c'était lui le vrai patron, même s'il lui fallait officiellement patienter encore un peu plus d'un an avant de retrouver, en mai 2012, la présidence de la Fédération de Russie. Ce souvenir me renforce en tout cas dans la conviction qu'alors, nous n'avons pas cherché à isoler la Russie de Poutine ni à l'encercler dans les rets d'une alliance agressive.

À mon retour d'Afghanistan, fin décembre, le président me demanda de le représenter à la cérémonie d'intronisation de la nouvelle présidente du Brésil, Dilma Rousseff. Je dus m'exécuter sans enthousiasme excessif, j'en conviens, car, après avoir passé Noël loin des miens, je me faisais une joie de fêter la nouvelle année en famille. Mais Nicolas Sarkozy me fit valoir que, à l'égard d'un pays aussi considérable que le Brésil, seul le numéro 2 du gouvernement pouvait dignement assumer cette mission. Il avait raison de vouloir manifester la considération de la France pour les dirigeants d'un acteur majeur de la scène internationale. Je repris donc l'avion le 1er janvier pour un aller-retour express à Brasilia. On s'interroge souvent sur l'utilité de telles visites ; elles permettent, c'est vrai, de prendre ou d'entretenir des contacts personnels qui se révèlent à la longue utiles. Je pense néanmoins que, pandémie et décarbonation aidant, la bougeotte des responsables politiques, comme celle des dirigeants d'entreprise, va devoir se calmer.

Tragédie sahélienne

Le ministère de la Défense, même en temps de paix, est exposé à la pression de crises soudaines. Le 7 janvier 2011, mon cabinet fut informé de l'enlèvement, à Niamey, de deux jeunes Français, Vincent Delory et Antoine de Léocour. Le premier d'entre eux travaillait en Centrafrique depuis six mois pour l'ONG française Aide médicale internationale (AMI) ; il était au Niger pour préparer son prochain mariage et avait invité son ami Vincent à le rejoindre pour fêter l'événement. Tous deux avaient passé leur adolescence dans la même ville du nord de la France, dans la banlieue de Lille, à Linselles. Ils s'étaient retrouvés dans un restaurant du centre de Niamey, Le Toulousain, quand, le 7 janvier, des terroristes du groupe AQMI vinrent les enlever. Tragique hasard ? Préméditation criminelle ? Les raisons n'ont pas été élucidées. Immédiatement la traque des terroristes et de leurs otages fut déclenchée par les forces de l'ordre nigériennes qui ne purent empêcher le convoi de franchir la frontière malienne. Mon ministère se retrouvait en première ligne : fallait-il faire intervenir l'armée française pour arrêter les véhicules et libérer nos compatriotes ? ou laisser fuir les ravisseurs et leurs prisonniers pour discuter plus tard ? Dans les deux cas, la vie des deux jeunes Français courait un grand risque. En plein accord avec moi, le président Sarkozy décida de faire donner l'assaut. L'opération que nous suivîmes minute par minute tourna mal : au terme d'un violent affrontement entre les terroristes et nos soldats, Vincent et Antoine périrent tous les deux. Dès le 10 janvier je me rendis au Niger, puis le lendemain au Tchad à la rencontre de nos militaires. Le contact avec les familles fut plus difficile ; longtemps elles exprimèrent incompréhension et ressentiment à l'encontre d'un État qu'elle percevait comme un « monstre froid », qui avait failli à son devoir de protection en choisissant la force plutôt que la négociation. Comment ne pas respecter leur douleur, voire leur colère ; comment les écouter, et tenter de contribuer à leur apaisement ? Au cœur de tels drames, pèse toujours sur les décideurs le soupçon de mensonge ou de dissimulation. Neuf ans plus tard, notre ambassadeur au Niger, Alexandre Garcia, accueillit les deux familles à Niamey. Il organisa une cérémonie de commémoration à l'ambassade même, puis une rencontre avec les autorités nigériennes, et le dernier jour un déplacement sur le lieu de l'enlèvement, au restaurant-bar Le Toulousain, suivi d'un déjeuner amical chez le ministre malien de la Défense et son épouse. Dans son compte rendu, notre ambassadeur cite le message de remerciement qu'il a reçu de Mme Delory : « Nous sommes arrivés lundi avec beaucoup d'appréhension, appréhension qui s'est quand même rapidement dissipée grâce à l'organisation sans faille de ce déplacement qui est même allé, sur certains points, bien au-delà de nos attentes. »

La douleur des victimes du terrorisme est définitive. Je m'en suis une fois encore rendu compte dix ans plus tard en me rendant à Linselles le 8 janvier 2021 à l'invitation des familles de Vincent et d'Antoine qui commémoraient la mort de leurs enfants. La lettre que j'avais reçue était rédigée de telle sorte qu'il ne m'avait pas été permis d'hésiter : « Depuis dix ans aucune commémoration n'a été organisée [...]. Nous sommes certains que cette tragédie vous a profondément marqué et que vous aurez à cœur par votre présence de soutenir les familles dans leur douleur qui ne s'éteindra jamais. » La cérémonie, en présence des autorités locales, fut d'une grande sobriété. Devant la stèle où sont gravés les visages des deux jeunes gens, les parents prirent la parole ; ils avaient peine à maîtriser leur émotion, on sentait encore de la colère dans leur voix. L'un d'entre eux fut pris d'un malaise. Deux chansons de Bob Marley ponctuèrent les discours. J'allai à la rencontre des deux familles chez qui je percevais une forme de réserve, mais pas vraiment d'hostilité. En pareille circonstance, je suis souvent maladroit, un peu pataud ; je ne sais pas prendre le temps nécessaire pour libérer la parole d'autrui ; je dissimule ma propre émotion par une raideur apparente. Je reçus néanmoins deux jours plus tard une émouvante lettre de remerciement que je conserve précieusement ; ses auteurs formaient le vœu de me revoir pour comprendre ma version de la catastrophe qui avait brisé leurs vies. Je n'ai pas donné suite. Je le regrette. L'épidémie de Covid 19 et les contraintes du confinement sont une mauvaise excuse. Au fond de moi-même, je me dis que je n'ai aucune « version » des faits à leur donner, différente en tout cas de ce qui leur a été expliqué. Mais je sais par expérience qu'il est impossible de convaincre les proches des victimes qu'on ne leur cache pas une partie de la vérité.

Je n'eus guère le temps de m'investir vraiment dans la réforme de la Défense lancée par le président de la République avant mon arrivée au ministère. Elle reposait notamment sur la généralisation des bases de défense censées regrouper et professionnaliser les fonctions de soutien de nos armées. Je savais que la mise en œuvre de cette réforme n'allait pas sans grincement dans les unités. Mais à peine rentré d'un déplacement à New York et à Washington, riche en entretiens à l'ONU (j'avais un bon contact avec Ban Ki-Moon) et au Pentagone, je dus changer d'affectation…

Retour au Quai

Michèle Alliot-Marie, qui avait été nommée ministre des Affaires étrangères lors du remaniement de novembre 2010, a longtemps été convaincue que j'avais intrigué pour lui piquer son poste. J'ai expliqué les raisons de mon choix initial pour la Défense. Seules les maladresses et déclarations imprudentes de Michèle, sur les manifestations populaires en Tunisie notamment, poussaient désormais Nicolas Sarkozy à changer le chef de notre diplomatie. Cette fois-ci, je ne pouvais pas refuser, d'autant que j'étais vraiment tenté.

Je ne sous-estimais pas la difficulté de la tâche. Le 6 juillet 2010, j'avais publié avec Hubert Védrine une tribune dans *Le Monde* dont le titre était explicite : « Cessez d'affaiblir le Quai d'Orsay : l'instrument est sur le point d'être cassé ». L'attrition des crédits budgétaires du ministère des Affaires étrangères était restée l'un des sports favoris des bureaux de Bercy. Et sur la durée ! En vingt-cinq ans, le budget du « Département » a dû baisser de 25 %. Dès mon retour, je déclarai : « Je n'ai pas de baguette magique mais je vais me battre pour stabiliser les moyens du Quai. On est à l'os. » Faute de temps, j'y ai consacré moins d'énergie qu'en 1993-1995. Mais j'avais fort à faire sur d'autres fronts.

Les Printemps arabes

Le 17 décembre 2010, au cœur de la ville tunisienne de Sidi Bouzid, un jeune vendeur ambulant, Mohamed Bouazizi, s'immole par le feu ; la police lui avait confisqué son chariot et sa balance sans lesquels il ne pouvait plus travailler et donc survivre. Geste de désespoir et de révolte contre le chômage et la pauvreté, qui déclenche un profond mouvement populaire ; en quelques semaines, le régime du président Ben Ali est emporté ; le peuple tunisien met fin à vingt-trois ans de dictature et de corruption.

C'est le début de ce qu'on a appelé le ou les Printemps arabe(s). Car la contagion gagne rapidement la Jordanie, l'Égypte, le Yémen, Bahreïn, la Libye, le Maroc et, en mars, la Syrie. Dans tous les pays arabes, à des degrés divers, les manifestants, d'abord non violents, réclament davantage de démocratie et un meilleur partage des richesses. Les chancelleries occidentales sont surprises ; les gouvernements américain et européens s'accommodaient volontiers de leurs relations bienveillantes avec des dirigeants dont ils n'ignoraient ni les méthodes répressives, ni la corruption clanique. Mais ils leur savaient gré d'assurer une forme de stabilité dans la région, et, de toute manière, avouée ou pas, l'idée était bien ancrée dans nos esprits que les peuples arabes n'étaient pas prêts ni même faits pour la démocratie.

J'ai pensé le contraire. Et j'ai voulu comprendre les raisons de cette vague de fond.

Le 16 avril 2011, j'ai donc réuni, à l'Institut du monde arabe, un colloque dont le titre annonçait bien l'intention : « Le Printemps arabe : enjeux et espoirs d'un changement ». La direction compétente du Quai d'Orsay m'avait permis d'inviter un vaste éventail de spécialistes mais aussi d'acteurs venus de plusieurs pays arabes pour des échanges qui durèrent toute la journée. J'assistai à la totalité des débats, ce qui fut perçu comme une marque d'intérêt inhabituelle de la part d'un ministre en exercice. J'ai gravé dans ma mémoire la confrontation entre une jeune Tunisienne et un représentant du mouvement Ennahdha qui venait de tenir des propos lénifiants ; à la question de la première : « Pouvez-vous vous engager à respecter demain l'égalité entre les femmes et les hommes dans notre pays ? », le second bredouilla une réponse inaudible. Visiblement la partie n'était pas gagnée.

Néanmoins, plein d'espoir, je conclus la journée par un discours que je voulais mobilisateur ; j'ai envie d'en citer quelques phrases :

> Il faut bien le reconnaître, pour nous tous, ce « printemps » a constitué une surprise. Trop longtemps, nous avons pensé que les régimes autoritaires étaient les seuls remparts contre l'extrémisme dans le monde arabe. Trop longtemps, nous avons brandi le prétexte de la menace islamiste pour justifier une certaine complaisance à l'égard de gouvernements qui bafouaient la liberté et freinaient le développement de leur pays. [...] Trop longtemps nous nous sommes consciemment ou inconsciemment un peu trop limités dans nos contacts, limités aux gens en place si je puis dire ; je crois que nous devons parler, échanger nos idées avec tous ceux qui respectent les règles du jeu démocratique et bien sûr le principe fondamental du refus de toute violence. Et je souhaite que ce dialogue s'ouvre sans complexe aux courants islamiques, dès lors que les principes que je viens d'évoquer, les règles du jeu démocratique, le refus de toute violence, sont respectés de part et d'autre. [...] Aujourd'hui, c'est toute notre politique à l'égard du monde arabe que nous devons repenser. Ne nous y trompons pas : si dans six mois, dans un an, nous n'apportons pas de réponses aux attentes des populations, si dans six mois, dans un an, les jeunes demeurent privés de perspectives et les peuples sont plongés dans une pauvreté plus grande encore que celle qu'ils connaissent jusqu'à présent, rien ne pourra les empêcher de se jeter dans les bras des radicaux de tous bords.

Je joignis le geste à la parole : le 6 mars, je me rendis en Égypte et, après mes entretiens avec les responsables politiques qui organisaient la transition post-Moubarak, je passai un long moment place Tahrir à discuter avec une délégation de jeunes protestataires ; plusieurs d'entre eux affichèrent leur appartenance au mouvement des Frères musulmans tout en tenant un discours qui me parut très raisonnable ; j'en conclus que

« la présentation qui est faite de ce mouvement mérite sans doute d'être revisitée ».

Ai-je été naïf ? Avais-je une connaissance superficielle des réalités complexes du monde arabe ? J'étais conforté par l'attitude des principaux dirigeants occidentaux, Obama en tête, qui s'empressèrent de lâcher les dictateurs qu'ils soutenaient complaisamment quelques mois auparavant. Sans tarder, il nous fallut aller au bout de notre nouvelle logique de soutien aux mouvements populaires d'aspiration à la démocratie et à la liberté.

En Libye

En janvier 2011, les premières manifestations éclatent en Libye contre le régime de Kadhafi. Le « Guide de la Révolution » de la Jamahiriya arabe libyenne règne en despote sur son pays depuis quarante-deux ans ; sa complicité avec les auteurs d'attentats terroristes est avérée. Maintenant, il s'apprête à réprimer violemment la contestation populaire qui s'exprime à Benghazi, dans l'est du pays, traditionnellement rebelle au pouvoir de Tripoli ; il annonce aux habitants de la capitale de la ville qu'il va faire couler « des rivières de sang » ; nous savons qu'il en est capable ; réunis en cellule de crise, le président Sarkozy, moi-même et les responsables civils et militaires concernés voyons sur les images des services de renseignement la progression des colonnes blindées vers la capitale de la Cyrénaïque. Fallait-il rester les bras ballants ?

Dès le mois de février, la France avait apporté son soutien au Conseil national de transition (CNT) créé par les opposants à Kadhafi ; le 10 mars, Sarkozy les reçoit à Paris et l'on annonce dans la foulée la reconnaissance, par la France, de cet organe comme seul représentant de la Libye. Je suis à ce moment-là à Bruxelles en Conseil des ministres des Affaires étrangères européens. J'étais au courant des contacts pris avec le CNT par l'entremise de Bernard-Henri Lévy qui s'est plus tard vanté, selon un article du magazine allemand *Der Spiegel*, d'avoir été l'initiateur de la rencontre entre les opposants libyens et le président français. Je me suis toujours tenu à distance des initiatives, réelles ou revendiquées, de l'écrivain-philosophe. Déjà pendant la guerre dans l'ex-Yougoslavie et le siège de Sarajevo... C'est sans doute pourquoi il ne considérait pas le Quai d'Orsay comme un interlocuteur valable. En tout cas, je n'imaginais pas que l'annonce d'une décision aussi importante que la reconnaissance officielle du CNT puisse se faire, par son truchement, en direct du perron de l'Élysée. Néanmoins, pour ne pas me décrédibiliser, je ne laissai rien paraître de ma surprise quand nos partenaires et, au premier chef, mon collègue allemand, Guido Westerwelle, m'interrogèrent sur la représentativité des membres du Conseil national libyen. Leur questionnement fut très direct : « Mais qui sont ces gens ? » Nous n'avions, de fait, procédé à aucun travail de préparation diplomatique.

Grâce au soutien du Premier ministre britannique David Cameron, nous obtenons néanmoins à New York, le 17 mars, le vote de la résolution 1973 du Conseil de sécurité, par dix voix pour et cinq abstentions. Au nom du principe de la « responsabilité de protéger » adopté par l'ONU en 2005, elle autorise « l'usage de tous les moyens nécessaires pour protéger les populations civiles à l'exception de forces d'occupation étrangères ». Notre ambassadeur en poste à l'époque auprès de l'ONU, Gérard Araud, a raconté, dans son ouvrage *Passeport diplomatique*[1], la difficile négociation de ce texte. Sa première version suscita l'opposition des États-Unis qui lui reprochaient de préparer sans le dire le terrain à une intervention armée. Après plusieurs heures de négociations, Barack Obama, convaincu par Hillary Clinton, qui prônait comme toujours la fermeté,

1. Gérard Araud, *Passeport diplomatique*, Paris, Grasset, 2019.

accepta une rédaction qui lui semblait plus claire. La Russie, très réticente, hostile à ce qu'elle considérait comme une violation de la souveraineté d'un État membre des Nations unies, finit par s'abstenir, tout comme la Chine, l'Inde, le Brésil et l'Allemagne. La position de cette dernière, qui se désolidarisait ainsi de ses principaux partenaires européens, ne me surprit pas : je connaissais le pacifisme foncier de mon homologue Guido Westerwelle et d'une majorité des dirigeants allemands.

Quoi qu'il en soit, le 19 mars, notre armée de l'air et celle de la Grande-Bretagne déclenchent les opérations aériennes, vite rejointes par d'autres nations dont les États-Unis avec les F-18 embarqués sur l'*USS Enterprise* mouillant dans le golfe de Syrte. Et c'est l'Otan qui, sous mandat de l'ONU, conduit l'opération Unified Protector.

Le 23 mars, le président Sarkozy déclare :

> Si Kadhafi était entré dans Benghazi, Srebrenica à côté serait passé pour un non-événement. [...] L'Europe, elle, n'avance pas sans l'Allemagne ; mais pour la défense on avance avec les Anglais. [...] Le deuxième objectif de cette opération en Libye, c'est toute la question de nos relations avec les pays arabes réussissant leur marche vers la démocratie [...] et puis la troisième chose, ce sont les valeurs de la France. Si nous n'avions pas fait ça, cela aurait été une faute.

Je souscris pleinement à cette déclaration. J'ai été solidaire des décisions que nous avons prises ensemble et je le demeure.

Pourtant l'intervention est généralement considérée aujourd'hui comme un fiasco. Certes, après plusieurs mois de combats terrestres entre pro- et anti-kadhafistes, le « Guide » a été éliminé le 20 octobre 2011 et, pour ma part, je ne regrette pas la chute d'un despote parmi les plus impitoyables. Mais les Américains nous ont soutenus «*from behind*», c'est-à-dire en hésitant à s'engager vraiment. Fâcheux précédent pour la

Syrie. La diplomatie russe ne nous a jamais pardonné d'avoir été, selon elle, au-delà du mandat que nous avions reçu du Conseil de sécurité en provoquant un changement de régime. Or Russes comme Chinois faisaient à l'époque un dogme du refus de tout « *regime change* » ; peut-être Poutine, au lendemain de l'invasion de l'Ukraine, a-t-il évolué sur ce point… Mais la vraie sanction de l'échec, c'est le chaos qui, plus de dix ans plus tard, règne encore en Libye.

Quelle erreur avons-nous commise ? Pas d'intervenir, à mon sens. Quand nous sommes revenus à Benghazi en mars 2013, avec Nicolas Sarkozy, la population massée dans les rues, au grand dam des services de sécurité, nous a accueillis en libérateurs. « Merci la France, vive Sarkozy ! » scandait la foule. Mais nous n'avons pas su accompagner plus directement la transition démocratique et ses promoteurs qui n'avaient qu'une vague idée de ce que démocratie veut dire. Pourtant je me suis employé à obtenir la reconnaissance internationale du CNT ; mais les nouveaux dirigeants libyens estimaient être assez grands pour se débrouiller tout seuls ; ils comptaient sur l'argent du pétrole dont ils maîtrisaient la production ; ils retombèrent vite dans les affrontements tribaux dont nous avions sous-estimé la permanence dans un pays qui n'en est pas vraiment un.

Avec le recul du temps, je mesure combien ma vision optimiste des promesses du Printemps arabe était… naïve, ai-je écrit ?

Dans aucun pays arabe la démocratie n'a gagné. L'Égypte, après une courte parenthèse, est à nouveau dirigée d'une main de fer, au nom de la lutte contre les Frères musulmans. Nous nous réjouissons de timides progrès de la condition féminine dans certains pays du Golfe, mais en Arabie Saoudite on continue à exécuter par dizaines les condamnés à la peine de mort. L'Irak, en proie aux divisions communautaires internes, attisées par ses voisins, ne se remet pas de l'intervention américaine que la France avait justement combattue. L'Algérie reste figée dans son régime militaire qui muselle le mouvement populaire de l'Hirak. Nous fondions de grands espoirs sur la Tunisie où l'engagement des forces de la société civile et notamment des associations et des professions féminines avait permis d'écrire une constitution protectrice des libertés fondamentales ; mais l'évolution récente du pouvoir va à rebours. Le Maroc, dont le roi est à la fois commandeur des croyants et chef de l'État, reste un cas à part, de stabilité et de relative tolérance. J'y ai entendu, à Fès, sur la scène du Festival des musiques sacrées, des choristes musulmans, juifs et chrétiens chanter « amen »/« amine » à l'unisson.

L'Iran n'appartient pas au monde arabe mais il s'illustre tristement par la barbarie de la répression que ses dirigeants infligent à son peuple.

En Syrie

La Syrie connaît, elle, le comble de l'horreur. Nous sommes intervenus en Libye, c'est le chaos. Nous ne sommes pas intervenus en Syrie, c'est un chaos pire.

C'est en mars 2011, dès l'éclosion du Printemps arabe, que de jeunes manifestants défilent pacifiquement dans les rues de Damas et de certaines grandes villes syriennes pour réclamer un peu de liberté, un desserrement de l'oppression que subit le pays depuis des décennies sous la poigne de Hafez el-Assad, puis de son fils Bachar. Quand ce dernier est arrivé au pouvoir, on s'est dit en Europe, et notamment en France, que, formé aux bonnes écoles anglaises, il ferait preuve d'une plus grande ouverture d'esprit que son père… ce qui n'était pas difficile. Il n'hésite pourtant pas à écraser les manifestations de mars avec une brutalité inouïe. Prisonnier de son clan alaouite, il choisit d'emblée la voie de la répression, qui va pousser ses opposants à se radicaliser et à endosser la violence.

J'ai tout fait, avec Hillary Clinton dont j'ai apprécié la détermination et le courage, pour déstabiliser le dictateur. En novembre 2011, la Ligue arabe elle-même adopte des sanctions économiques sévères contre le régime de Bachar el-Assad. Le pays est isolé. Prenant mes désirs pour des réalités, j'affirme que « les jours de ce régime sont comptés » et que « Bachar doit partir ».

En mai 2012, je quitte le Quai d'Orsay. François Hollande a remplacé Nicolas Sarkozy. Mais je suis toujours attentivement la situation au Proche-Orient. En août, les services de renseignement occidentaux ont des raisons de penser que le régime syrien se prépare à ordonner des frappes d'armes chimiques dans la banlieue de Damas. Barack Obama déclare solennellement que c'est une ligne rouge à ne pas franchir. Il est établi que de telles frappes ont lieu, les images d'enfants gazés l'attestent, la ligne rouge est donc franchie. Le 30 août, Obama annonce que les États-Unis ne réagiront pas. Dès lors la messe est dite. Poutine a compris qu'il est désormais maître du jeu en Syrie. Sans tarder, il aide Bachar el-Assad à rétablir une situation militaire compromise ; la technique russe est au point depuis la destruction de Grosny en Tchétchénie en 1999. Ce sera le tour d'Alep en 2016 et d'autres sites de résistance syrienne. Je ne parlerai pas des crimes de guerre commis, sur le même modèle, par l'agresseur russe en Ukraine... mon récit ne franchit pas la borne de mon retrait de la vie politique en 2019.

Pour m'en tenir à la Syrie, je constate que Bachar el-Assad, qui porte la responsabilité de centaines de milliers de morts et de millions de réfugiés et déplacés, parade toujours dans la région sur les ruines de son pays. Malheureuse population aujourd'hui accablée, comme sa voisine turque, par un séisme dévastateur qui ajoute les morts aux morts.

Les Français ont aimé Barack Obama. Le soir de sa première élection, le 4 novembre 2008, j'étais à Bordeaux, dans une brasserie où s'étaient réunis la communauté américaine de la ville et nombre de ses amis français. Nous célébrions la victoire, que nous ressentions comme la nôtre : le vainqueur était jeune et beau, intelligent et, pensions-nous, très ouvert sur l'Europe et le monde. Francophile ? Pourquoi pas. Je partageais la satisfaction générale, sans tomber pour autant dans l'euphorie. Je faisais remarquer que le nouvel élu était avant tout américain, c'est-à-dire qu'il ferait toujours passer en premier l'intérêt des États-Unis. Quoi de plus naturel ? J'ai eu plusieurs occasions d'approcher le président Obama, lors de rencontres bilatérales ou de réunions internationales, celles du G 7 ou du G 20 par exemple. L'homme impressionne, par sa stature, je dirais même par son allure ; sa présence est rayonnante ; il s'exprime avec aisance, voire éloquence ; son intelligence pétille, sa chaleur humaine un peu moins. Mais ce qui importe, au-delà de sa personnalité, c'est la marque qu'il laisse sur la scène mondiale. Je n'aurai pas l'arrogance de la juger. Je ressens néanmoins avec quelque amertume ses réticences à s'engager autrement que *from behind*, quand bien même les lignes rouges qu'il avait tracées étaient franchies, je pense bien sûr à la Syrie où Poutine a su profiter du champ laissé libre.

Au milieu de tant d'échecs, un succès, quand même ! En 2011-2012, l'Europe était au plus fort de la crise des dettes souveraines. Il fallait sauver la Grèce du défaut de paiement. Sous l'impulsion de l'Élysée, très présent sur ce front comme il l'avait été en 2008-2009, la diplomatie française s'engagea à fond pour faire adopter un nouveau plan de sauvetage lors d'une réunion extraordinaire de l'Eurogroupe, le 21 juillet 2011. Peu de temps avant l'alternance de 2012, lors du Conseil européen du 2 mars, fut ainsi signé le Traité sur la stabilité, la coordination et la gouvernance (TSCG), ce qui permit à Mario Draghi de confirmer que « la BCE fera[it] tout ce qu'il faut pour sauver la zone euro ». Objectif atteint.

Tour du monde diplomatique

À deux reprises, de 1993 à 1995 et encore en 2011-2012, mes fonctions de ministre des Affaires étrangères m'ont amené à sillonner la planète. Au nombre de kilomètres parcourus, j'ai dû en faire plusieurs fois le tour. L'un de mes plus longs périples m'a conduit, en septembre 2011, de Paris à Canberra, en Australie, et retour. Première étape à Moscou pour un entretien rugueux avec le ministre russe Sergueï Lavroff dont le moins qu'on puisse dire est qu'il n'appréciait pas notre intervention en Libye. Malgré la rigidité de ses positions, mon contact avec lui n'était pas désagréable ; mais ma capacité à le faire bouger d'un iota restait faible ; sa longévité à la tête de la diplomatie russe n'a fait que le renforcer dans ses certitudes ; on le voit aujourd'hui dans la crise ukrainienne. De Moscou je gagnai Auckland, en Nouvelle-Zélande où, après avoir signé une déclaration commune dans laquelle mon homologue et moi célébrions la bonne coopération entre nos deux pays (oublié le *Rainbow warrior*...), je pris le temps d'assister au premier match de la Coupe du monde de rugby opposant les All Blacks à l'équipe des îles Tonga. Enfin j'arrivai en Australie, à Sidney où, bref intermède culturel, je pus entendre, dans son emblématique opéra, une belle représentation de la *Traviata* ; puis, retour au travail, à Canberra, capitale politique du pays : le communiqué commun que j'y signai avec Kevin Rudd, alors ministre des Affaires étrangères, ex- et futur Premier ministre, est d'une longueur inhabituelle ; nous y rappelons la fraternité d'armes de nos soldats pendant les deux guerres mondiales, notre présence conjointe en Afghanistan, notre action commune contre le terrorisme, la qualité de notre coopération dans la région du Pacifique, notre soutien au traité de l'Antarctique et notre détermination à combattre le réchauffement climatique... En relisant ce texte je me dis que le temps où l'Australie dénonçait avec virulence notre campagne d'essais nucléaires – c'était en 1995 – était bien révolu ; désormais notre présence dans la zone était souhaitée par l'Australie qui y voyait une sorte de réassurance contre l'expansionnisme chinois. Je me dis aussi que la roue continue de tourner puisqu'en 2021, nos relations étaient à nouveau en crise, après la « trahison » du gouvernement australien en place dans l'affaire de la commande des sous-marins nucléaires, annulée avec la France et transférée aux États-Unis. Mais l'année d'après, en mai 2022, nouveau tour de roue : l'alternance politique issue des élections fédérales a permis la reprise d'un dialogue franco-australien apaisé ; ainsi va la vie diplomatique.

Au retour, je m'arrêtai en Chine, à Pékin, pour rechercher le soutien des autorités chinoises aux propositions que la France comptait faire lors de la réunion du G 20 prévue à Cannes en novembre 2011 ; je soufflai un peu à Canton pour y saluer, comme j'en avais l'habitude, la communauté française expatriée.

Le président Sarkozy tenait à faire du G 20 qu'il devait présider une sorte d'apothéose de son action internationale, à quelques mois de l'élection présidentielle du printemps 2012. Son « sherpa », Jean-David Levitte, avait mis tout son talent à préparer l'événement. Il était l'un de nos meilleurs diplomates, conseiller de Jacques Chirac à l'Élysée de 1995 à 2000, puis ambassadeur à New York et à Washington de 2000 à 2007 où il avait courageusement affronté la campagne anti-française des médias américains contre notre refus de soutenir la guerre en Irak. Je fus moi-même chargé d'aller porter la bonne parole dans les capitales étrangères. Après mon plus long voyage dans l'espace, ce fut mon plus court déplacement dans le temps : Paris, New Delhi, Pékin et retour en quarante-huit.

Malgré tous nos efforts, le G 20 de Cannes ne fut pas un franc succès. Les travaux furent largement occultés par la crise financière de la zone euro, le sauvetage de la Grèce et les pressions peu discrètes exercées sur Silvio Berlusconi pour qu'il prenne conscience de la fragilité financière de l'Italie. Barack Obama observait avec une ironie à peine dissimulée les échanges musclés entre, d'un côté, Angela Merkel, Nicolas Sarkozy, le président de la Commission européenne José Manuel Barroso et le président du Conseil européen Herman Van Rompuy et, de l'autre, le président du conseil italien, bardé de certitudes. Conscient du travail préparatoire accompli de conserve par nos collaborateurs respectifs, le président Sarkozy tenait à m'associer à toutes les réunions où j'étais souvent le seul participant de rang ministériel. Il n'hésita pas à saluer les « avancées fortes » accomplies par le G 20 sous sa présidence ; le communiqué final du sommet qui énumérait une longue liste de bonnes intentions parlait en effet de succès, de la réforme du système monétaire international et de l'amélioration de la régulation financière par exemple, ou de la lutte contre la corruption ; on se réjouissait de l'adhésion prochaine à l'OMC de la Russie, représentée à Cannes par son président en exercice, Dmitri Medvedev.

Certains de mes déplacements ne manquaient pas de pittoresque. Le 9 juillet 2011, j'étais à Djouba, capitale du Soudan du Sud, où la communauté internationale célébrait la naissance de ce nouvel État. En janvier, les citoyens du pays avaient choisi, par référendum, à une majorité de 98 %, de se séparer du reste du Soudan et d'accéder à l'indépendance. C'était l'aboutissement d'un accord de paix qui avait lui-même mis un terme à des décennies de guerre civile entre le Nord musulman et le Sud chrétien, fort de sa foi... et de ses ressources pétrolières. Il avait fallu deux millions de morts et quatre millions et demi de personnes déplacées pour qu'enfin la raison s'impose.

Je fus accueilli par le nouveau président, Salva Kiir, reconnaissable à son inséparable couvre-chef de cow-boy. La tribune où les officiels étaient rangés était écrasée de soleil. Nous attendions avec impatience le début du défilé militaire et la succession des discours. Nous comprîmes les raisons du retard quand nous vîmes enfin arriver en trombe l'impressionnant cortège automobile du Guide libyen, Kadhafi, encore au pouvoir à l'époque, entouré des amazones chargées de sa protection rapprochée. Les organisateurs avaient prévu un lâcher de colombes pour ouvrir, en signe de paix, la cérémonie. Las ! on avait, la veille, peinturluré, nous dit-on, les ailes des volatiles aux couleurs du nouveau drapeau. La peinture avait dû sécher et durcir dans la nuit. La plupart des malheureux oiseaux ne purent même pas décoller, le vol des plus résistants ne dura que quelques secondes. L'hécatombe n'interrompit pas le déroulement de la manifestation. L'incident fut hélas ! de mauvais augure : quelques mois à peine après la proclamation de l'indépendance et les protestations d'amitié entre le Nord et le Sud, les hostilités et les massacres ont repris de plus belle.

Je mets souvent une grande force de conviction à proclamer mon « afro-optimisme ». J'énumère les nombreux atouts que, dans sa grande complexité, possède le continent africain : les espaces naturels, la diversité des cultures si vibrantes d'énergie, les richesses du sol et du sous-sol, le nombre d'une jeunesse qui ne demande qu'à se former pour travailler et entreprendre... Je ne sous-estime pas le poids des handicaps : la corruption qui sévit partout, la mauvaise gouvernance et les déficits démocratiques, les guerres civiles, souvent encore tribales et, conséquence de tous ces maux, la pauvreté, la misère, la famine.

Mais il serait, pour nous, Européens, suicidaire de nous résigner et d'abandonner l'Afrique. Car nos destins sont liés. Nous n'avons aucune chance de contrôler les mouvements de population si tant d'hommes et de femmes continuent à n'avoir pour seul espoir de mener une vie décente que de prendre le chemin de l'eldorado européen. Et quand le continent aura quatre milliards d'habitants comme le prévoient les démographes si rien ne change, alors la pression deviendra irrésistible. Les migrations sud-sud, qu'on néglige trop souvent, créent déjà des tensions entre pays africains plus développés et leurs voisins pauvres, entre l'Afrique du Sud par exemple et le Mozambique ou le Zimbabwe. Mais, s'agissant des migrations sud-nord, la Méditerranée n'est plus une frontière. La seule réponse techniquement efficace et surtout moralement acceptable, c'est de permettre à la jeunesse africaine de réaliser le rêve de tout être humain : vivre sur sa terre avec du travail et des conditions d'existence au moins décentes et même confortables. C'est pourquoi l'Union européenne doit impérativement passer à la vitesse supérieure dans son partenariat avec l'Afrique. Il ne s'agit plus d'aider, il s'agit d'investir pour que, d'égal à égal, l'entrepreneur africain puisse donner toute sa mesure. La France a une responsabilité particulière pour les raisons historiques que nous connaissons tous. Mais, paralysés par la mauvaise conscience, le spectre de la « Françafrique », et maintenant la « *cancel culture* » et la bêtise « *woke* », nous laissons le champ libre à la Chine qui « pompe » les ressources africaines pour alimenter sa croissance, mais aussi à la Turquie, très active dans le domaine des infrastructures, au Maroc qui développe une politique entreprenante au sud de la bande sahélienne, sans parler des États-Unis ou du Canada. Il faut cesser de considérer l'Afrique comme un risque. C'est une chance si nous savons regarder les Africains et les Africaines comme des partenaires à part entière. Face à l'entreprise de déstabilisation menée par la Russie, *via* l'action du groupe Wagner, en RCA, au Mali, au Burkina Faso, nous devons reconquérir la confiance de nos amis africains.

Ai-je été un ministre des Affaires étrangères heureux ? La tâche a été rude, parfois ingrate. Les échecs n'ont pas manqué. Et pourtant ! J'ai conscience de m'être battu et bien battu pour défendre les intérêts de la France. Peut-être ai-je cru que notre pays avait plus d'influence et de moyens d'action qu'en réalité. Mais je constatais que sa voix était néanmoins entendue, ou en tout cas attendue, parce qu'elle était réputée libre de toute inféodation. Dans le même temps, j'ai été conforté dans ma conviction que la France est d'autant plus libre qu'elle n'est pas seule. Ce qui me conduisit, le 29 septembre 2011, alors que j'étais encore membre du gouvernement, à me prononcer, dans l'émission *Des paroles et des actes*, en faveur d'une « véritable fédération européenne ». Le journaliste Jean Quatremer, dans une tribune pour *Libération*, écrivit : « Juppé s'est livré à un plaidoyer passionné en faveur de l'Europe et de l'euro et rompt avec la componction habituelle des politiques français sur le sujet, face à un Éric Zemmour de plus en plus insupportable, non pas par son europhobie, mais parce qu'il ne se comporte plus en journaliste, mais en militant pamphlétaire agressif. » Je persiste et signe : hors l'Europe, point de liberté pour la France.

Feu l'UMP

Une fois encore, comme en 1995, mes responsabilités à la tête de la diplomatie française, dans une période de tensions internationales maximum, m'éloignaient forcément du cœur nucléaire de la campagne présidentielle qui entra dans sa phase « chaude » dans les premiers mois de 2012. La confrontation s'annonçait serrée entre le président sortant et son concurrent socialiste, François Hollande. Nicolas Sarkozy jetait toutes ses forces dans la bataille en multipliant les meetings géants. Je n'avais aucun état d'âme à soutenir sa candidature. J'étais entré dans son gouvernement depuis bientôt deux ans, j'étais donc solidaire des politiques qu'il avait conduites et je n'ai pas l'habitude de jouer sur les deux tableaux. Mais je ne me sentais pas tout à fait à l'aise avec les thèmes qu'il développait. Je n'avais pas prêté assez d'attention au discours qu'il avait prononcé à Grenoble le 30 juillet 2010 ; quelques jours après l'agression dont un policier avait été victime, il s'était livré à une violente charge sur l'immigration, l'identité nationale, la citoyenneté ; il avait annoncé une série de mesures chocs sur la ligne qu'on qualifiera de ligne « Buisson », du nom de son conseiller en communication qui flirtait avec les idées du Front national. Ce discours lui valut un flot de critiques, venues surtout des milieux centristes ; il reconnut lui-même, plus tard, qu'il y était allé un peu fort et qu'il n'aurait pas dû cibler certaines communautés, les Roms en l'occurrence, dont le pape Benoît XVI en personne prit la défense. Bayrou exploita la faille et se rendit en Isère, dans les derniers temps de la campagne, pour prononcer le « contre-discours de Grenoble ». Je sentais bien que l'édifice politique que j'avais eu tant de peine à construire se lézardait dangereusement. Pierre Méhaignerie me laissait entendre que les jours de l'UMP étaient comptés et que ses amis centristes reprendraient leur liberté au lendemain du scrutin. Je fis part de mes inquiétudes à Sarkozy et quand il m'annonça sa venue à Bordeaux le 5 mars 2012 pour l'un de ses derniers meetings, je lui suggérai de modérer son propos. J'étais assis au premier rang du Palais des congrès, à côté de Méhaignerie. Nous ne perdîmes pas un mot du discours et, à la fin, je me tournai vers mon voisin pour lui dire : « Tu vois, aucune ligne rouge n'a été franchie. » Je ne suis pas certain de l'avoir convaincu. L'étais-je moi-même ? Mais au plus fort de la bataille, il faut tenir !

Sarkozy aurait-il été élu si la campagne avait duré quelques jours de plus ? Invérifiable, bien sûr. Ce qui est certain, c'est que la rancune qu'il vouait à François Bayrou depuis 2007, à cause de ses candidatures dissidentes qui divisaient nos forces, en sortit plus tenace encore ; j'en ai subi les dommages collatéraux en 2016.

Lors des élections législatives qui ont suivi le 10 et 17 juin, je décidai de ne pas poser ma candidature. Les nouvelles règles de non-cumul m'auraient obligé de choisir, en cas de victoire, entre le palais Bourbon et le palais Rohan ; il n'était pas question pour moi de quitter la mairie. Et puis, pour être tout à fait sincère, étais-je prêt à prendre le risque d'un nouvel échec face à la députée désormais sortante, ancien ministre qui plus est, Michèle Delaunay ? D'autant que tout laissait présager une « vague rose ». En Gironde, ce fut un tsunami : sur douze circonscriptions, le PS en gagna dix plus une (la douzième allant à Noël Mamère, étiqueté Europe-Écologie-Les Verts, soutenu par le Parti socialiste) ; seul Yves Foulon, à Arcachon, sauva les meubles de la droite.

Je m'immergeai donc à nouveau dans ma vie bordelaise. Avec joie. Mes équipes et moi-même avions encore tant à faire.

Le triomphe

Et d'abord il nous fallait préparer les élections municipales fixées au 23 et 30 mars 2014.

Je me gardai bien de les aborder comme si le résultat était couru d'avance. Certes j'avais le sentiment que les Bordelaises et les Bordelais appréciaient le travail accompli par mes équipes depuis bientôt vingt ans ; et une vraie relation d'empathie s'était établie entre eux et moi. Mais je savais trop bien que le suffrage universel peut toujours réserver des surprises pour me dispenser de faire campagne. Dès septembre 2013, je mis tout le monde en ordre de bataille. Je choisis un slogan qui signifiât clairement mon intention de ne pas me reposer sur mon bilan mais de me projeter résolument sur la décennie à venir ; ce fut : « Un temps d'avance ! » Je m'organisai surtout pour labourer le terrain, quartier par quartier, presque rue par rue. Je misai à fond sur les réunions de proximité dites « Tupperware », au point d'en tenir trois par soirée : dix-huit heures, dix-neuf heures trente et vingt et une heures. J'aime bien cet exercice qui permet de confronter un petit groupe de citoyens et le candidat ; l'échange est toujours spontané, franc, parfois tendu ; je demandais à l'hôte de la réunion d'inviter des sceptiques, voire des opposants, et pas seulement des militants acquis à ma cause ; il m'arrivait alors de m'échauffer, supportant mal la mauvaise foi ou l'ignorance de certains de mes contradicteurs. Mais c'était chaque fois un véritable moment de démocratie directe et je crois que j'en tirais un réel bénéfice. C'était fatigant, je rentrais parfois épuisé à la maison, mais heureux !

Le plus difficile fut de renouveler ma liste. Je voulais éviter de m'exposer à la critique d'usure du pouvoir. Expliquer à des collègues qu'ils n'avaient pas démérité, que je leur étais reconnaissant de l'aide qu'ils m'avaient apportée mais que, pour eux, l'aventure allait s'arrêter là, c'était une épreuve douloureuse. Pour eux, pour moi aussi. En pareille circonstance, on vous conseille d'y mettre les formes. Illusoire ! Quelque affection qu'on déploie, la séparation n'est jamais bien comprise. En contrepoint, le bonheur des entrants fait plaisir à voir. Je tins bon et je pus présenter une liste renouvelée à plus de 50 %. J'étais d'autant plus mobilisé que, face à moi, la Gauche unie pensait avoir trouvé un leader capable de la mener à la victoire en la personne de Vincent Feltesse, maire de la commune de Blanquefort, mais surtout mon collègue à la CUB qu'il présidait. Dans le cadre de nos accords habituels, j'avais été, pendant le mandat 2007-2014, son premier vice-président et je dois dire que la « cohabitation » s'était bien passée ; l'homme était parfois secret et son discours abscons, mais il jouait le jeu avec moi et, je l'ai dit en son temps, nous prenions la plupart des décisions d'un commun accord. Son objectif n'en était pas moins de me battre et tous les notables socialistes firent bloc autour de lui, présidents du conseil régional et du conseil départemental en tête, à l'appui des maires socialistes de la CUB et des parlementaires bordelais. J'avais l'avantage du sortant et la bonne connaissance à la fois du terrain et des dossiers. L'un de ses principaux angles d'attaque fut de cibler ma politique culturelle ; il qualifia la culture à Bordeaux de « grande brûlée du règne Juppé », ce qu'apprécièrent modérément les acteurs culturels de la ville et de l'agglomération qui, sans être « juppéistes », n'en étaient pas moins fier des leurs œuvres. Mais Feltesse savait que le reproche m'énervait. Je réussis à garder mon calme, même lors des face-à-face organisés par la presse locale, où il prit rarement l'avantage.

Comme d'habitude (c'était ma cinquième élection municipale), après avoir passé la journée du premier tour à faire la tournée des centres de vote, le soir dès dix-neuf heures, je tournais en rond dans mon bureau. À vingt heures, je commençai à harceler mon cabinet auquel je reprochais d'être incapable de me donner une tendance un peu précise. Dans la pièce voisine où affluaient mes supporteurs, les résultats apparaissaient lentement sur les écrans des ordinateurs, bureau après bureau... les plus favorables arrivant, je ne sais pourquoi, toujours à la fin. Sans trop y croire, je voyais mon score progresser régulièrement : 55, 56, 57 %. Vers vingt-deux heures, le décompte s'arrêta, définitif : j'obtenais 61 % des suffrages exprimés (60,94), la Gauche unie était à son plus bas niveau depuis des décennies avec un taux de 22,58 %, le Front national restant à 6 %. C'était, depuis 1995, ma plus belle victoire. L'animal à sang froid que je suis censé être laissa éclater sa joie. Je descendis dans les salons de l'hôtel de ville à la rencontre des journalistes et des citoyens rassemblés. La photo qui me montre bras levés au milieu de la foule irradie du bonheur profond qui m'habitait et qu'Isabelle partageait avec moi. Tant d'années de travail, tant de combats, tant d'épreuves... et la reconnaissance de « ma ville ». C'était pour moi la seule récompense qui comptât.

Pour couronner le tout, les candidats du mouvement que j'avais constitué sous le nom de Communauté d'avenir et qui, sous mon patronage, présentait des listes dans toutes les communes de la métropole, en gagnèrent plusieurs sur le Parti socialiste ; mes amis et moi redevenions majoritaires au sein du conseil de métropole dont je repris la présidence.

Après la fête, les travaux et les jours

Le nouveau gouvernement avait fait voter en janvier 2014 la loi dite Maptam (on raffole des acronymes en haut lieu, surtout quand ils sont incompréhensibles pour le citoyen normal) : « loi de modernisation de l'action publique territoriale et d'affirmation des métropoles » (*sic*). L'objectif du législateur était notamment de permettre aux principales aires urbaines françaises d'atteindre une taille critique et de leur donner les moyens politiques, administratifs, financiers de s'affirmer comme les locomotives du développement de nos territoires. La CUB, communauté urbaine de Bordeaux, créée en 1968, devint donc, en janvier 2015, Bordeaux Métropole, ce qui n'était pas seulement un changement de nom. Les nouvelles dispositions que les élus des vingt-sept, puis vingt-huit communes concernées, et leurs administrations durent appliquer étaient d'une complexité raffinée. Il s'agissait en substance de rechercher l'efficacité des services publics métropolitains (la propreté, la gestion de l'eau, l'urbanisme, le développement économique…) en les mutualisant et en réalisant des économies d'échelle. On comprend d'emblée que les maires, attachés à leurs prérogatives, manifestaient un enthousiasme très relatif. Le défi à relever était difficile, à la fois technique et politique ; mais, pour le président de la métropole que j'étais, c'était un bel exercice de transformation et d'innovation ; je me lançai allègrement dans l'entreprise. Je n'en retracerai pas ici toutes les étapes, les embûches administratives, les blocages syndicaux, les désaccords politiques. Je crois avoir, en deux ou trois ans, réussi l'opération. Dès le départ, j'avais fixé une règle du jeu qui rassura mes collègues maires : « Vient qui veut, pour ce qu'il veut et quand il veut. » Ce principe de volontariat, dans l'espace comme dans le temps, compliqua la mise en œuvre technique de la réforme mais permit de réduire les oppositions qui ne prirent jamais un tour politique. J'avais pris la précaution de confier le pilotage des opérations à mon premier vice-président, Alain Anziani, maire socialiste de Mérignac, la plus importante commune de la Métropole après Bordeaux, chef incontesté du groupe socialiste, mais collègue parfaitement loyal à mon égard. Il fut parfait. L'une de mes fiertés et non la moindre aura été de réussir à faire travailler, pendant plus de vingt ans, gauche et droite, au service du bien commun.

La mode, par les temps qui courent, n'est plus aux métropoles. Elles sont même devenues la cible de ceux qui les accusent d'avoir contribué à la désertification du territoire, au détriment de la ruralité et des villes petites et moyennes qui sont, paraît-il, devenues l'Éden des télétravailleurs.

Cette campagne de dénigrement me paraît injuste et sotte.

Elle m'a un temps ébranlé quand j'ai vu Bordeaux devenir en octobre 2018 l'épicentre du mouvement des Gilets jaunes. Présent chaque samedi au PC de crise municipal, je regardais se déchaîner dans nos rues la pire violence urbaine, imbécile et destructrice. J'ai admiré le stoïcisme des policiers et gendarmes qui protégeaient l'hôtel de ville devenu la cible des casseurs et essuyaient pendant des heures les injures et les projectiles avant que le préfet ne leur donne l'ordre de charger. Je les assurais de mon soutien. J'allais aussi réconforter les commerçants contraints de baisser le rideau de leurs magasins pour se protéger des déprédations. Je me sentais impuissant. Et j'avais du mal à comprendre pourquoi « ma ville », réputée paisible et raisonnable, était devenue le théâtre de tels excès. Lors d'un conseil municipal, l'un de mes opposants me fit une explication de texte : Bordeaux était devenue trop belle, trop attractive, trop dynamique, et suscitait donc la légitime jalousie des territoires abandonnés ; bref, tout cela était un peu ma faute !!!

Touché plus que je ne voulais l'admettre, je répondis que je n'allais pas m'excuser, que je restais fier du travail accompli, et que la bonne réponse à la colère de ceux qui s'estimaient laissés sur le bord de la route n'était pas de casser mais de construire. Discours de raison inaudible dans la tourmente.

Je ne sous-estime en rien les difficultés que rencontrent beaucoup de nos concitoyens, les ruraux à coup sûr, privés de transports collectifs commodes, indifférents au développement du tramway de Bordeaux ! Les urbains aussi qui subissent d'autres contraintes. La lutte contre les inégalités est plus que jamais la condition de la cohésion de la Nation.

Mais rendre la « métropolisation » responsable de cette situation est absurde.

Il faut d'abord se souvenir d'où nous venons. Il y a soixante ans, l'inégalité la plus criante régnait entre Paris et le « désert français ». La politique d'aménagement du territoire conduite alors sous la houlette d'Olivier Guichard et de Jérôme Monod a notamment visé à créer et développer des métropoles d'équilibre pour faire contrepoids à une capitale dévoreuse d'activités et d'emplois. L'objectif a été atteint. Allons-nous nous plaindre d'avoir réussi à favoriser le rayonnement de Lyon, Marseille, mais aussi de Nantes, Lille, Strasbourg, Montpellier, Toulouse, Bordeaux, etc. ? C'est une chance, un formidable atout économique, universitaire, culturel, artistique…

La réussite des métropoles est-elle la cause de l'appauvrissement, voire de la désertification des territoires parfois qualifiés de « périphériques », phénomène bien réel ? Je n'en crois rien.

D'ailleurs la situation est contrastée. En Gironde par exemple, la croissance démographique a été plus forte hors du périmètre de la métropole qu'en son sein ; la renaissance de Bordeaux a profité à une grande partie du département (pas à la totalité, c'est vrai), dont 80 % des communes voient leur population augmenter et rajeunir. Le rayonnement de Rennes ou de Nantes n'a pas freiné l'essor de l'aire de Vitré ni du Choletais où le taux de chômage n'est guère supérieur à 5 %. C'est que les responsables publics et privés locaux ont su y coordonner leurs efforts et soutenir un tissu de PME particulièrement riche. Il existe bien des « territoires » heureux, autour de villes moyennes en bonne santé.

Mais surtout, antagoniser métropoles d'un côté, villes moyennes et communes rurales de l'autre conduirait à une impasse. Seul le partenariat entre les territoires offre une perspective vertueuse, à l'image de ce que j'ai tenté à Bordeaux en signant ou préparant des accords de coopération avec des villes voisines comme Libourne ou Marmande, voire Angoulême ou Limoges. J'ai été particulièrement fier de la consultation d'urbanisme lancée conjointement par Bordeaux Euratlantique et la ville d'Angoulême : il s'agissait de faire profiter celle-ci de l'attractivité de celle-là en demandant aux promoteurs de présenter « en même temps » deux projets de construction sur deux terrains situés respectivement sur le territoire de chacune des collectivités.

Un de nos travers nationaux, c'est la politique du balancier : nous nous lançons avec enthousiasme dans une direction, pour repartir, après un temps plus ou moins long, dans la direction opposée… avec le même enthousiasme ; nous aimons brûler ce que nous avons adoré sans nous soucier vraiment de modérer nos élans en cultivant un peu le sens de la nuance. Exemple : si l'on en croyait observateurs, commentateurs, spécialistes en tout genre, le temps serait venu de quitter les villes pour aller vivre à la campagne. Alphonse Allais déjà préconisait de construire les villes à la campagne car l'air y est plus pur. Certes, le télétravail aidant, les territoires ruraux, les villes petites et moyennes retrouvent une part de leur attractivité perdue. Tant mieux. Mais le phénomène reste marginal et ses effets ne sont pas tous positifs, à commencer par l'usage intensif de la voiture individuelle qui n'est pas le moyen de transport à privilégier.

La ville, y compris la grande, garde des atouts majeurs : elle offre des emplois en nombre, des services publics de qualité, particulièrement éducatifs, culturels, universitaires, des événements et des lieux propices à développer le lien social, et même… l'anonymat ! Alors vive la ville, *la ville de demain*, capable de mieux vivre en osmose avec son environnement naturel.

À titre de travaux pratiques, en septembre 2017, j'ai lancé l'opération « Bordeaux Métropole 2050 ». Je voulais justement poser à mes concitoyens une question aussi simple qu'ambitieuse : « Dans quelle ville aimeriez-vous vivre demain, voire après-demain, dans trente ans ? »

Mes collègues maires accueillirent l'initiative avec scepticisme ; tous pensaient que leurs administrés avaient des préoccupations et des attentes de plus court terme ; et mes « partenaires » de gauche me soupçonnaient, non sans quelque raison, de mettre ainsi en chantier mon programme pour les élections municipales à venir.

L'entreprise ne pouvait avoir du sens que si je parvenais à y intéresser vraiment la population des vingt-huit communes concernées. Nous nous en sommes donné les moyens : un questionnaire conçu par l'Ifop qui reçut douze mille cinq cents réponses ; un « camion du futur » qui stationna dans soixante-douze points de rendez-vous, le plus souvent sur les marchés ; sept conférences de spécialistes notoires qui attirèrent un public curieux ; un *serious game* sur Internet, fréquenté par dix-sept mille joueurs ; les ateliers du conseil du développement durable dans douze communes avec la participation de quatorze partenaires universitaires, des élèves de soixante et une classes primaires, dix collèges et lycées ; une Maison du projet au centre de Bordeaux, lieu d'expositions et d'échanges ; un hackathon et un créathon (j'ai oublié la différence, sinon qu'il s'agissait de susciter l'imagination des participants, des start-up pour la plupart) ; un concours de nouvelles avec le périodique *Rue 89* qui reçut quatre-vingt-trois textes… au total nous comptabilisâmes plusieurs dizaines de milliers de personnes qui s'exprimèrent d'une manière ou d'une autre. Je participais personnellement, autant que je le pouvais, à chaque événement et, bien sûr, à la restitution publique qui, au bout de plusieurs mois, vint conclure l'opération.

Quelles leçons en ai-je tirées ?

D'abord un constat qui rétrospectivement me fait encore chaud au cœur. À la question : « D'une manière générale êtes-vous satisfait(e) ou pas de vivre ici dans la métropole bordelaise ? », la réponse fut sans appel : oui à 89 %. À la question sur le changement de Bordeaux Métropole au cours des dix dernières années, aucun doute non plus : « plutôt en bien » à 85 %. À tempérer par une inquiétude, elle aussi largement partagée, sur les lendemains : 83 % des répondants pensaient « qu'on sera moins libre à l'avenir ». On pourrait m'objecter que l'échantillon n'avait pas été constitué selon les règles des instituts de sondage ; mais le nombre et la concentration des réponses ne laissaient aucun doute.

Ensuite les attentes des habitants qui s'ordonnaient autour de quelques tendances claires : ils exprimaient une très forte demande de nature en ville (des arbres, des espaces verts, des jardins partagés, de l'agriculture urbaine...) ; une très forte demande aussi d'amélioration des conditions de déplacement entre les zones périurbaines et le centre de l'agglomération (réactivation des lignes de chemin de fer, création d'un « métropolitrain » sur le modèle du RER parisien, organisation du covoiturage, développement des véhicules autonomes, voire des drones à passagers, téléphériques urbains... sans négliger vélos et trottinettes) ; ils accordaient une grande importance à la qualité des espaces publics où se vit quotidiennement la mixité sociale (d'où le plébiscite pour l'aménagement des quais de la Garonne) ; et, en contrepoint, ils manifestaient une méfiance grandissante devant une croissance excessive de la population et même de l'activité de la ville (rejet de la densification des constructions, début d'hostilité à l'hyper-tourisme, réticence marquée envers de nouvelles grandes opérations d'aménagement...).

Ce travail passionnant m'aurait certainement donné d'utiles repères pour construire un nouveau projet urbain en tentant de concilier, chez mes futurs électeurs, une légitime aspiration au bonheur tranquille et une tendance, moins sympathique, au conservatisme des gens en place. J'aurais sans doute mis en sourdine mon slogan de « la métropole millionnaire » d'autant plus volontiers que l'objectif était déjà atteint : l'aire métropolitaine de Bordeaux, au sens de l'Insee, compte bien un million d'habitants, ce qui en fait la cinquième agglomération française. Sur cette base qui nous assurait notamment un marché de l'emploi diversifié, j'aurais sans complexe milité pour une ville… verte ! Par choix personnel. Et par égard pour les aspirations de mes concitoyens. L'esprit de la démocratie n'est-il pas, pour les dirigeants, de s'y accorder, du moins quand elles ne vont pas à l'encontre de leurs convictions fondamentales ?

L'enchaînement des événements m'a privé de la chance de cette belle évolution.

XVI

Ultime combat : la « primaire »

Comment m'est venue l'idée d'être candidat à la présidence de la République ?

À peine ai-je écrit cette phrase que son incongruité me surprend moi-même. Comment, en effet, après avoir consacré quarante ans de ma vie à l'action politique, après avoir été deux fois chefs de parti (du RPR, puis de l'UMP), maire et député pendant plus de deux décennies, ministre cinq fois, Premier ministre... n'aurais-je pas eu l'ambition naturelle de gravir la dernière marche, celle de l'Élysée ? C'était l'aboutissement « normal » de mon parcours.

Ma motivation n'était pas seulement personnelle. J'avais assisté, depuis 2012 et l'échec de Nicolas Sarkozy, au lent délitement de l'UMP, le grand rassemblement au sein duquel nous avions réussi, Jacques Chirac et moi, à réunir la droite et le centre. Au lendemain de l'élection présidentielle, les centristes avaient quitté le navire pour fonder l'UDI (Union des démocrates et indépendants) avec le soutien de Valéry Giscard d'Estaing et de Simone Veil. Dans ce qu'il restait de l'UMP, la division sévissait. La guerre Copé-Fillon avait éclaté au grand jour en novembre 2012 lors de l'élection controversée du nouveau président du mouvement. Le scrutin avait été très serré (50,28 % des voix pour Copé, 49,72 % pour Fillon) et les accusations de fraude prospéraient. J'avais proposé ma médiation.

Fillon avait d'emblée accepté les conditions que j'avais posées, notamment la date butoir que j'avais fixée pour trouver un accord. Dans la soirée du dimanche 25 novembre 2012, je reçus les deux protagonistes dans un bureau de l'Assemblée nationale déserte ; seul Gilles Boyer m'avait accompagné et assurait l'accueil. La rencontre ne dura pas plus de vingt-cinq minutes. Copé, très sûr de lui comme toujours, refusa tout net mes demandes et j'en tirai sur-le-champ la conséquence en annonçant que je mettais un terme à ma médiation.

Le feu continua à couver. L'incendie éclata au grand jour au début de 2014 quand l'affaire Bygmalion déstabilisa Copé, soupçonné d'avoir prêté la main au règlement de fausses factures pour faciliter le financement de la campagne de Sarkozy. La justice s'est depuis lors prononcée et a innocenté Copé. Mais, sur le moment, la pression devint telle que je finis moi-même par le pousser à la démission. Il m'en a longtemps voulu. J'en ai conçu quelque tristesse car j'éprouvais plus que de la sympathie, de l'amitié pour Jean-François, pour ses idées claires et sa franche détermination.

Pour administrer le parti dont la direction venait d'être décapitée, on mit en place un triumvirat composé de trois anciens Premiers ministres : Raffarin, Fillon et moi étions en particulier chargés de préparer une nouvelle élection à la présidence de ce qui s'appelait encore l'UMP. C'est ainsi qu'en novembre 2014, Nicolas Sarkozy fut adoubé par 64,5 % des militants, face à Bruno Lemaire (29,18 %) et Hervé Mariton (6,32 %). Il s'empressa de nommer des fidèles à tous les postes de responsabilité et de changer le nom du parti qui devint LR (Les Républicains). Je ne me sentais plus vraiment à l'aise dans la maison. Il me semblait en tout cas que parmi nous, aucun leader naturel n'était plus en mesure de s'imposer comme le candidat incontournable à la future élection présidentielle. Le jeu était à nouveau ouvert. Pourquoi ne pas tenter ma chance ?

Sur l'autre front, celui de la gauche, les raisons de combattre la politique des gouvernements nommés par François Hollande ne manquaient pas, aussi bien dans le domaine de la sécurité ou de la maîtrise de l'immigration que dans celui de la réforme du système éducatif ou de la lutte contre le chômage. Les « frondeurs », au sein de la majorité parlementaire, facilitaient le travail de déstabilisation du pouvoir en place.

J'estimai donc que j'avais une fenêtre de tir. J'avais repris confiance en moi. Dans mon esprit, le vote des Bordelais en mai 2014 m'avait redonné toute ma légitimité démocratique. Mais j'en parlais peu autour de moi. Je choisissais, avec économie, les occasions de m'exprimer dans les médias. J'étais en revanche très présent sur mon blog. J'étais attentif à ma cote dans les enquêtes d'opinion, qui s'améliorait régulièrement. À l'été 2014, l'idée avait mûri dans ma tête. Je ne me souviens plus d'en avoir délibéré avec mon entourage. C'est par quelques lignes dans mon blog que, le 20 août 2014, j'annonçai mon intention : « J'ai décidé d'être candidat, le moment venu, aux primaires de l'avenir. Il reste moins de deux ans pour les organiser (car le bon sens voudrait qu'elles aient lieu au printemps 2016. C'est un bon délai). » Pour couper court à tous les commentaires, je pris l'avion avec Isabelle pour Montréal où nous attendaient nos amis québécois.

La première bataille fut d'obtenir un consensus au sein de LR en faveur de l'organisation des primaires ouvertes pour désigner notre candidat. Le projet n'était pas accueilli avec enthousiasme. Sarkozy et ses proches en auraient volontiers fait l'économie. Et chez les gaullistes, il y a toujours cette idée que l'élection présidentielle n'est pas l'affaire des partis mais la rencontre d'un homme et de son peuple. De mon côté, on prêchait la modestie ou le réalisme : les héros ne courent pas les rues, faisait-on remarquer, et la compétition était légitime. « Que le meilleur gagne ! Laissons à nos concitoyens la liberté de choisir leur champion ! » L'argument était imparable.

Il me fallut néanmoins faire preuve de vigilance et de détermination pour obtenir les garanties nécessaires : une instance indépendante devait superviser l'organisation ; le vote devait être ouvert à tout électeur adhérant aux valeurs républicaines de la droite et du centre. C'était là que le bât pouvait blesser. Comment ouvrir... sans offrir la possibilité à des électeurs de gauche... ou d'extrême droite de jouer les trouble-fêtes ? Je fis confiance à mes équipes pour négocier les compromis acceptables. Ce qu'elles firent efficacement et, techniquement, l'opération fut impeccable.

Quant à moi, je préférai m'investir dans la construction de mon programme. Ma permanence, d'abord installée dans un petit local de la rue de l'Université, puis dans de vastes bureaux boulevard Raspail, se mit à bruire des travaux des groupes d'experts qui m'offrirent généreusement, c'est-à-dire bénévolement, leurs services. Hauts fonctionnaires, universitaires, chefs d'entreprise, responsables associatifs... les bonnes volontés affluèrent. Je lançais chaque fois les débats en donnant les lignes directrices de la réflexion à poursuivre, je revenais périodiquement faire le point et donner mon avis sur les propositions qui avaient émergé en cours de route. J'ai toujours aimé ce travail de gamberge collective qui stimule les neurones. Je l'avais mené dans les premiers temps de la création du RPR et, bien sûr, lors de chacune de mes campagnes municipales. Cette fois-ci, c'était à une autre échelle, celle d'un programme de gouvernement. Sur la suggestion de Benoît Apparu, dont j'appréciais à la fois la bonne connaissance du terrain et la proximité avec nos militants, je fis le choix de publier la synthèse de nos travaux sous la forme de plusieurs livres dont j'échelonnai la parution sur les années 2015 et 2016.

Pour l'école

Je donnai à chacun de ces ouvrages la même architecture : une introduction à ma plume, puis la libre parole laissée aux citoyens pour qu'ils expriment leurs préoccupations et leurs attentes, suivie d'une longue interview du candidat par un journaliste spécialisé, et, en conclusion, la liste de mes propositions que je voulais aussi concrètes que possible. En août 2015, je tins à commencer par *Mes chemins pour l'école*, dont j'ai déjà parlé, pour bien marquer la priorité que je souhaitais donner à l'éducation, « la mère des réformes ». Najat Vallaud-Belkacem, alors ministre de l'Éducation nationale, de l'Enseignement supérieur et de la Recherche, à qui j'avais dédicacé le livre, m'adressa sa réponse : « J'ai été heureuse de constater que ces chemins peuvent nous permettre de nous retrouver sur de grandes orientations de politique éducative… » Et de saluer « ma volonté d'écoute et de recherche de l'intérêt général ».

Je ne me suis pas vanté, à l'époque, de ce témoignage qui aurait sans doute contrarié mes troupes.

Pour un État fort

Puis en janvier 2016, ce fut le tour des questions dites régaliennes : après les témoignages de policiers, de gendarmes, de magistrats ou de simples citoyens, et au terme d'un entretien « franc » avec Natacha Polony, j'y proposai d'agir, je cite, « pour vaincre le terrorisme, pour garantir la sécurité au quotidien en ne délaissant aucun territoire, pour donner à la justice les moyens de remplir sa mission, pour maîtriser l'immigration, pour faire respecter la laïcité ». Quand je relis ces propositions, je me dis que l'ouvrage méritait bien son titre et que ma vision du rôle de l'État n'était pas celle qu'on prête, quand on veut les caricaturer, aux « libéraux » : on peut aimer la liberté, les libertés et faire de la sécurité l'une des toutes premières d'entre elles. Édouard Balladur, qui n'est pas connu pour ses positions extrémistes, m'écrivit : « Voilà un beau programme bien argumenté, et qui mérite l'attention. J'ai particulièrement aimé l'introduction pour son ton et pour son inspiration, le tout dans un style naturel et qui sonne vrai. »

Ce que laïcité veut dire

Je me suis aussi efforcé, dans ce livre, de définir ma conception de la laïcité. Il ne me semblait pas inutile, en effet, de clarifier un principe qui est mal compris chez nous, en France, et *a fortiori* autour de nous, dans le monde et même en Europe où il est souvent perçu comme une spécificité franco-française.

La plupart des pays musulmans sont des théocraties ; aux États-Unis d'Amérique, le nouveau président, quand il entre en charge, prête serment sur la bible ; la reine, le roi désormais, d'Angleterre est le chef de l'Église anglicane ; le fisc allemand prélève une sorte de denier du culte sur chaque redevable, sauf opposition de sa part…

En France, la Révolution de 1789 a mis fin à la monarchie absolue de droit divin et proclamé, dans la Déclaration des droits de l'homme et du citoyen, que « le principe de toute Souveraineté réside essentiellement dans la Nation ». Mais il a fallu attendre le début du XXe siècle pour que l'Église catholique se rallie à la République et à ses valeurs. Ce fut un long combat et la séparation des Églises et de l'État se fit dans la douleur. Aujourd'hui, notre Constitution, en son article 1er, déclare que « la France est une République indivisible, *laïque*, démocratique et sociale ».

Pourtant, le principe de laïcité donne encore lieu à débat. Sans doute parce qu'il est complexe, en tout cas dual. C'est « Janus bifrons ».

Pour moi, il est facile de comprendre ce qu'il n'est pas, à savoir une déclaration de guerre aux religions. Dès son article 1er déjà cité, la Constitution de 1958 est parfaitement explicite : « La France [...] respecte toutes les croyances. » Et la Déclaration des droits de 1789, qui fait partie intégrante de notre bloc de constitutionnalité, est tout aussi claire en son article 10 : « Nul ne doit être inquiété pour ses opinions, même religieuses, pourvu que leur manifestation ne trouble pas l'ordre public établi par la Loi. » Certes, il y a l'adverbe « même », mais en août 1789, le temps de la monarchie de droit divin était encore tout proche et l'Église catholique pas encore ralliée au principe de la souveraineté de la Nation... ce qui peut expliquer la réticence des rédacteurs.

En tout cas, de nos jours, pas de doute : dans notre République laïque, le droit de choisir sa religion (ou de n'en avoir aucune) et de la pratiquer constitue l'une de nos libertés fondamentales.

L'autre visage de la laïcité, c'est la séparation des deux ordres, celui de la politique d'un côté, celui de la spiritualité privée de l'autre. Séparation et hiérarchie : aucune religion ne peut prétendre faire prévaloir ses lois dans la sphère publique où seules ont force les lois de la République. Il a fallu plus d'un siècle pour que l'Église catholique admette cette règle ; pourtant les évangiles conseillaient de « rendre à César ce qui est à César et à Dieu ce qui est à Dieu ». Ernest Renan, dans sa *Vie de Jésus*, qualifie d'*admirable* ce « mot » du Christ « qui a fondé la séparation du spirituel et du temporel et a posé la base du vrai libéralisme et de la vraie civilisation ».

Nos compatriotes juifs, pour ce qui les concerne, prient dans leurs synagogues « pour la République française ».

Ne nous cachons pas derrière notre petit doigt : le problème aujourd'hui vient de la religion musulmane, ou plus exactement de certaines composantes de cette religion, appelons-les « islam radical » ou « islam politique ». Le retour en force d'une lecture strictement littéraliste du Coran conduit à des pratiques ou à des exigences incompatibles avec les lois de la République, à commencer, pour être précis, par la discrimination entre les femmes et les hommes qu'interdit formellement le préambule de la Constitution du 27 octobre 1946, lui aussi intégré dans notre bloc de constitutionnalité.

D'où la question cruciale : l'islam est-il compatible avec les valeurs de la République ? Si l'on répond non à cette question, alors il faut dire à quelques millions de Françaises et de Français de confession musulmane qu'ils n'ont plus leur place en France. C'est déclencher une forme de guerre civile. J'ai affirmé le contraire, ce qui m'a coûté bien des voix pendant la campagne de la primaire. Je persiste : je pense qu'il existe une conception moderne de la religion musulmane qui interprète les préceptes du Coran dans le contexte de leur époque et les inscrit dans la nôtre. Les créationnistes chrétiens les plus extrémistes ont beau faire une lecture littérale de la Genèse, ce n'est pas celle de l'Église catholique contemporaine ni celle des Églises chrétiennes en général.

Dans cet esprit, j'ai proposé, en 2016, dans mon livre *Pour un État fort*[1], l'adoption d'un « code de la laïcité reprenant l'ensemble des règles à respecter », notamment dans les services publics. L'objectif que je fixais était de « définir, en accord avec les autorités représentatives des Français musulmans, les règles relatives au recrutement des imams, à leur formation civique, à l'utilisation de la langue française pour les prêches et à la transparence du financement des lieux de culte ».

Cette idée a été reprise en 2021, sous la forme d'une « Charte des principes de l'islam de France » que le Conseil français du culte musulman (CFCM) a approuvée le 17 janvier.

1. Alain Juppé, *Pour un État fort*, *op. cit.*

Malheureusement la « communauté musulmane » est loin d'être homogène ; les dissensions internes y sont vives ; trois fédérations n'ont finalement pas signé la Charte, dont celle qui regroupe deux cent soixante-dix associations franco-turques. Tareq Oubrou, le grand imam de Bordeaux, lui-même a critiqué la méthode en déclarant : « Ce sont les savants et théologiens musulmans qui doivent accoucher d'un texte et ensuite le soumettre au CFCM, pas l'inverse. » C'est, chez lui, une conviction ancienne qu'il a souvent défendue devant moi. Je lui réponds : « Faites ! » Mais dans une religion qui n'a pas de clergé organisé et où les « chapelles » sont nombreuses, je lui souhaite bien du plaisir pour mettre les « théologiens » d'accord. Dommage, car il y a urgence.

Malgré les difficultés et les obstacles, je n'en démords pas : hors la laïcité, pas d'harmonie possible dans la République dont la devise devrait s'enrichir de ce principe fondamental : « Liberté, égalité, fraternité, laïcité ».

Pour l'emploi

En mai 2016, dans la foulée de *Pour un État fort*, je lançai, au Palais des congrès de la porte Maillot, devant un parterre de chefs d'entreprise, mes « Cinq ans pour l'emploi » où, en réponse à Emmanuel Lechypre, je donnai à mon programme économique et social une priorité ambitieuse : « Je ne parle pas d'inverser la courbe ou de réduire le chômage, mais d'en sortir pour de bon. » Et j'ajoutai : « On a tout essayé, sauf ce qui marche ailleurs. » Temps de travail, fiscalité, âge de départ à la retraite, protection sociale… je n'y allais pas par quatre chemins pour annoncer les réformes qui me paraissaient nécessaires afin de soutenir les entreprises et les ménages, et favoriser la croissance des prochaines années. L'accueil du monde économique fut d'ailleurs favorable, d'autant qu'en conclusion, je n'hésitais pas à affirmer : « La France a des atouts qui lui permettront de rebondir. » Toujours, la volonté de positiver.

Outre ces trois livres, je publiai, tout au long de l'année 2016, une série de brochures thématiques préparées par mes groupes de réflexion, sous le sigle « Agir pour » : agir pour l'enseignement supérieur, agir pour la culture, la santé, la famille, le numérique, l'agriculture…

Rétrospectivement, je me demande si tout ce travail a été efficace. Peut-être avais-je commencé trop tôt. On sait que les citoyens ne s'intéressent vraiment à une élection que dans les toutes dernières semaines avant le scrutin qui, en l'espèce, avait été finalement programmé en novembre 2016. J'avais annoncé quatre livres. Mais, avec mon équipe de campagne, je m'interrogeais sur l'opportunité d'une nouvelle publication ; nous convînmes de lui donner la forme d'un livre numérique, plus intime, où je raconterais mon histoire personnelle. Il passa inaperçu.

J'ai toujours aimé la dimension intellectuelle de l'action politique, l'agitation des idées, l'élaboration d'un programme, d'un projet, d'une vision. J'entends souvent les « observateurs » de tout poil, journalistes omniscients et divers donneurs de leçons, dénoncer la pauvreté des débats politiques qu'eux-mêmes s'emploient le plus souvent à réduire à l'échange de petites phrases vachardes.

Je suis donc heureux d'avoir produit ce qui aurait pu constituer une vraie stratégie de réforme et un guide pour l'action. Avec cependant un regret, voire un remords : rien ou presque sur les enjeux environnementaux ! Cette lacune me paraît, vue d'aujourd'hui, coupable et inexplicable. Trouverai-je une excuse dans la faible place donnée encore maintenant, dans la campagne présidentielle de 2022 sauf dans ses derniers jours, à ce qui pourtant s'impose comme l'urgence climatique ? Heureusement les temps changent. La conscience que l'humanité pourrait être mortelle pénètre peu à peu dans les esprits, ceux de nos jeunes gens et jeunes filles en première ligne ; le dernier carré des climatosceptiques se réduit de jour en jour. Le défi est immense : rien de moins que d'inventer un nouveau modèle de développement économique et social, pour produire autrement, consommer autrement, nous déplacer autrement, construire nos maisons, aménager nos villes autrement, cultiver nos sols autrement... Et pour réussir, faire confiance à la science, à la recherche, à l'innovation. Un exemple : dans le domaine de l'énergie, source de vie, les avancées sont prometteuses, qui ne se limitent pas au solaire et à l'éolien ; des chercheurs français travaillent sur l'énergie bleue, dégagée lors de la rencontre entre l'eau de mer et l'eau douce ; son potentiel serait considérable. Décidément, je suis incorrigible : je fais confiance au génie humain !

Labourer le terrain

Faire campagne, c'est gamberger, mais c'est aussi, et surtout, aller sur le terrain à la rencontre des Français. Je l'ai fait pendant deux ans, à travers la quasi-totalité des départements de l'Hexagone, en Corse, et outre-mer, sans oublier nos compatriotes expatriés à l'étranger. Et ce fut pour moi une grande jouissance.

Le format de chaque déplacement était bien calé ; l'organisation était bien huilée. En général, j'arrivais sur place en début d'après-midi, ce qui me permettait de visiter une entreprise, une exploitation agricole, un quartier de ville... avant de tenir meeting le soir ou d'animer un de ces dîners-débats qu'on adore en province. Je tenais à dormir sur place pour rencontrer, le lendemain matin, au petit déjeuner, selon les cas, un petit groupe de journalistes, des élus locaux, des patrons de PME, des universitaires...

Je n'ai pas tenu mon journal de bord. Grave erreur tant les rencontres furent riches… et les anecdotes, parfois savoureuses. Et ma mémoire me trahit. Quelques flashes cependant me reviennent, en désordre.

Sur les hauts plateaux du Mézenc, entre Ardèche et Haute-Loire, je reçois une leçon de choses à la ferme sur le « fin gras » : c'est une méthode d'engraissement hivernal de bovins, au foin d'un terroir renommé pour sa richesse en plantes aromatiques, notamment en cistre (fenouil des Alpes) qui donne une viande persillée ; les chefs de cuisine l'apprécient et l'achètent à bon prix ; les éleveurs avec lesquels je déjeune sur la terrasse d'une auberge ensoleillée me parlent de la dureté de leur métier et de la précarité de leur vie familiale… Ils me dressent la longue liste de leurs griefs contre les politiques qui les ignorent. À la fin je leur pose une question simple : « Mais qu'attendez-vous des temps qui viennent ? » La réponse me déconcerte : « Préserver notre qualité de vie. » J'avais cru que la description qui venait de m'en être faite appelait plus au grand changement qu'à la prudente conservation… En fin de compte, la vieille sagesse paysanne modérait la grogne gauloise.

Et puis, d'un coup, le malheur s'abat sur le cours paisible des jours ordinaires.

Le 7 janvier 2015, la mort frappe dans les locaux du journal *Charlie Hebdo* où des assassins qui se réclament d'Al-Qaïda dans la péninsule Arabique massacrent sauvagement douze personnes dont huit membres de la rédaction et, parmi eux, cinq dessinateurs très aimés des lecteurs ; le 8, un complice assassine une policière municipale à Montrouge ; le 9, il tue quatre personnes de confession juive dans la supérette cachère de la porte de Vincennes. L'émotion est immense et universelle. Le 11 janvier, une marche républicaine rassemble un million de personnes dans les rues de Paris ; quarante-quatre chefs d'État et de gouvernement y participent ; la plupart des responsables politiques du pays affichent leur solidarité ; je suis, à ma place, dans le cortège. Le surlendemain et pendant deux jours, l'Arc de triomphe projette sur son attique le message : « Paris est Charlie ».

Le 13 novembre, c'est la tuerie du Bataclan, attaque longue et meurtrière qui fait quatre-vingt-dix morts, et que revendique l'État islamique. À Bordeaux, avec mes concitoyens, chefs des grandes confessions religieuses en tête, nous communions dans l'émotion nationale.

Le 14 juillet 2016, à Nice, un camion fou fonce sur la foule et fait quatre-vingt-six morts, quatre cent cinquante-huit blessés sur la promenade des Anglais. Une fois encore, le crime est signé de l'État islamique. J'assiste quelque temps plus tard à la bouleversante cérémonie organisée par le maire de Nice, Christian Estrosi ; à l'appel du nom de chaque victime, un jeune Niçois dépose une rose blanche.

Le 26 juillet 2016, le père Hamel est assassiné en son église de Saint-Étienne-du-Rouvray. J'apprends la nouvelle du drame en Polynésie où je fais campagne. Une messe du souvenir nous réunit en la cathédrale de Papeete. À plus de quinze mille kilomètres de Paris, le chagrin nous étreint.

Ces drames sont des moments de trêve dans le déroulement des joutes électorales. Ils incitent à revenir à l'essentiel, à relativiser les enjeux, à ressentir le besoin de fraternité qui vient parfois un peu tard dans la devise de la République.

Et puis la vie reprend son cours.

En décembre 2015, je suis à Mayotte où une assemblée de femmes en vêtements traditionnels m'attend à la descente de l'avion, sous un soleil de plomb. Étreintes affectueuses jusqu'au risque d'étouffement... Dès mon retour, j'écris au Premier ministre, Manuel Valls, pour l'alerter sur la situation explosive du département où sévit une violente insécurité, entretenue par l'immigration venue des Comores qui échappe à tout contrôle. Mon ami, Mansour Kamardine, élu député en juin 2002, m'accompagne dans le bidonville de Kaweni, le plus grand de France, dit-on. Six ans plus tard, rien n'a changé, sinon en pire.

Je survole Madagascar dans un petit coucou dont le pilote ne cesse de tapoter la jauge d'essence. Ambiance... Réservoir presque à sec, nous atteignons malgré tout La Réunion qui me réserve un accueil plus rassurant et m'offre l'exemple d'une relation apaisée entre chefs religieux chrétiens, musulmans, hindous, juifs... tous réunis autour de moi pour un moment d'échange dans le respect mutuel et la tolérance.

De la Nouvelle-Calédonie qui m'est si chère jusqu'à l'autre bout du monde, à la Guyane aux Antilles où j'ai si souvent séjourné, puis l'Amérique du Nord et retour en Europe par Londres... que de kilomètres parcourus à travers la France ou à la rencontre des Français de l'étranger qu'un lien si fort relie à leur patrie ! Ce furent des mois riches en émotions, en espoirs partagés, en résolutions enthousiastes. Et jamais, ou presque, d'agressivité ni même d'hostilité ; partout de la bienveillance et de l'écoute. C'est à Bordeaux, à la surprise générale et d'abord à la mienne, que je fus une fois sifflé et hué lors d'un meeting de Sarkozy ; on était en novembre 2014, alors qu'il briguait la présidence de l'UMP. Il avait suffi que je prononce le nom honni de François Bayrou et que j'évoque mon souhait d'une primaire ouverte en 2016 pour que les militants à l'esprit le plus ouvert se mettent à rugir... sans que Sarkozy bronche.

Je n'avais pas oublié que François Bayrou avait tenté de torpiller, quelques années auparavant, mon grand projet d'union de la droite et du centre. Mais je sentais que, cette fois, il était prêt à m'apporter son soutien, par hostilité envers Sarkozy autant que par adhésion à mes idées. Il ne me cacha pas que mon livre sur l'école appelait de sa part bien des réserves, sans doute parce qu'il bousculait trop les habitudes de la rue de Grenelle. Son obsession était de préserver la place du « centre » dans l'échiquier politique et plus précisément l'existence d'un groupe parlementaire, à lui dévoué, pour pouvoir peser dans la future majorité. Ai-je cédé à sa demande pressante, voire à la condition qu'il me posait, d'instaurer un scrutin proportionnel ? J'essayais de noyer le poisson. Il ne lâchait pas le morceau… Nous gambergions sur une proportionnelle assortie d'une prime majoritaire, comme au niveau municipal et régional ; je n'étais pas sûr de la faisabilité de la chose.

Bruno Lemaire, lui aussi candidat à la primaire, souhaita me rencontrer. La discussion entre nous ne traîna pas : notre déjeuner au Dôme, à Montparnasse, le 19 janvier 2016, dura en tout et pour tout trois quarts d'heure. J'ai noté quelques-unes des phrases de mon convive : « Fillon ne compte plus. Sarko est en chute libre et ça va continuer. Au deuxième tour [de la primaire], nous resterons seuls en lice, toi et moi. » Sous-entendu : entre l'ancien et le moderne, c'est le moderne qui gagne…

Quelques jours plus tard, le 3 février, au Grand Venise, c'est au tour de Nicolas Sarkozy de me tenir à peu près le même langage : « Mettons-nous d'accord tous les deux. Cela n'a pas de sens d'attendre novembre. »

C'est fou ce qu'on est courtisé lorsqu'on caracole en tête dans les sondages !

À la fin de l'été 2016, le moment vint d'entrer dans le vif du sujet. Je choisis de le faire à Chatou le 27 août devant une assemblée de plusieurs milliers de sympathisants. Il faisait un chaud soleil et, juste devant la tribune où je parlais, je voyais, au premier rang de mes supporteurs, mon ami Alain Minc qui suait sang et eau ; il me confia plus tard qu'il assistait pour la première fois à un meeting politique. Le journal *Les Échos* rendit compte de l'événement en ces termes : « C'est un Alain Juppé regonflé par un dernier sondage lui redonnant une large avance sur Nicolas Sarkozy qui a effectué sa rentrée politique après un été discret. » Et de résumer ainsi mon message : « rassembler plutôt que chercher à cliver, rassembler plutôt que vouloir exclure ou stigmatiser, rassembler plutôt que d'exciter les surenchères »… étais-je dans l'air du temps ?

Il est vrai que j'étais gonflé à bloc. Depuis des semaines, je faisais la course en tête, j'étais régulièrement sacré comme l'homme politique préféré des Français. Ai-je pris la grosse tête ? Ai-je cru que la victoire était acquise ? Je me suis pourtant donné à fond jusqu'au bout. Les partisans de Sarkozy me mettaient au défi de remplir la salle du Zénith à Paris. Ce que je fis à la mi-novembre : à six jours du premier tour de la primaire, devant six mille personnes qui scandaient « Juppé président », je me lâchai en lançant : « Avec vous, aujourd'hui, j'ai la pêche, la super-pêche ! » L'applaudimètre explosa. Je n'échappai pas à quelque *lazzi* de la part de mes concurrents, ce qui n'ébranla pas ma confiance. Dans leur camp, elle n'était pas au plus haut. Mes équipes n'avaient jamais perdu le contact avec celles de François Fillon, qui se préparaient à me rejoindre au terme du premier tour de scrutin.

Le soir du 20 novembre, j'attendis les résultats dans un restaurant du quartier latin, en famille. Le niveau de la participation, qui dépassait les quatre millions de votants, me rassurait : je voulais une primaire largement ouverte, je l'avais eue.

Coup de massue

Quand les chiffres tombèrent, ce fut un méchant coup de massue ! Fillon était très largement en tête avec 44,08 % des suffrages, je suivais loin derrière avec 28,56 %, Sarkozy fermait la marche avec 20,67 %.

Je regagnai mon QG où régnait évidemment une terrible déception. Le découragement était tel que certains me conseillaient à demi-mot, d'autres avec une cruelle franchise, de laisser tomber et de reconnaître la victoire de Fillon sans qu'il soit besoin d'organiser un deuxième tour dont le résultat n'était que trop évident. Sarkozy apportait son soutien et ses voix à Fillon. On a dit que j'avais hésité. J'ai bien sûr réfléchi. Mais très vite j'ai décidé de ne pas trahir ce qu'il restait d'espoir parmi celles et ceux qui avaient cru en moi. Bravache, je repartis donc au combat ; fatigué, sonné, j'ai souffert tout au long du face-à-face télévisé avec Fillon ; j'ai retrouvé comme un souffle de bonheur paisible, en meeting à Nancy et à Toulouse où de nombreux amis vinrent me témoigner leur fidélité. Isabelle accepta de monter à la tribune et sut trouver les mots pour parler de l'homme qu'elle connaît mieux que quiconque ; elle émut l'assistance et me mit au bord des larmes. Le 27 novembre, le verdict fut sans appel : Fillon, 66,49 %, Juppé, 33,51 %. Dès vingt heures, je me rendis à la permanence du vainqueur pour lui apporter mon soutien sans réserve.

J'ai pris clairement conscience, dans l'instant, que cet échec signait la fin de ma vie politique. J'ai, avec le temps, essayé de comprendre les raisons de ma déroute.

Je n'avais pas été bon dans les trois débats télévisés d'avant le premier tour. À la fin du premier d'entre eux, un sondage instantané m'avait donné vainqueur ; mais ce n'était pas ce que j'avais ressenti. Je n'étais pas à l'aise sur le plateau, entouré des six autres candidats, Sarkozy, Fillon, Lemaire, mais aussi mon amie Nathalie Kosciusko-Morizet, Copé et le caricatural Jean-Dominique Poisson, déjà prêt à rejoindre les rangs du Front national. Certains, Sarkozy en tête, ciblaient leurs attaques contre moi en tapant sur Bayrou, ce qui m'énervait ; je ne trouvais pas les formules chocs pour résumer mes propositions phares. On a dit que, sûr de mon avance, j'avais joué profil bas ; ce n'était pas, de ma part, une tactique réfléchie. Quoi qu'il en soit, Fillon, calme et didactique, marqua des points.

J'ai complètement sous-estimé les effets dévastateurs d'une campagne organisée contre moi sur les réseaux sociaux. « On » m'y avait affublé du surnom d'« Ali Juppé ». « On » voulait par là stigmatiser les bonnes relations que j'entretenais avec l'imam de Bordeaux, Tareq Oubrou. J'avais noué en effet avec Tareq des relations de confiance. Je l'avais associé aux réunions de

« Bordeaux Partage », l'instance informelle de dialogue interreligieux que j'avais créée dans ma ville. Je savais qu'il avait fréquenté le réseau des Frères musulmans, ce qui le rendait suspect aux yeux de certains. Mais j'écoutais ce qu'il disait et je lisais ce qu'il écrivait. Il m'apparaissait clairement porteur d'une vision de l'islam compatible avec les exigences de la laïcité républicaine. Il combattait l'obscurantisme des tenants du retour à une pratique littérale des préceptes du Coran. Il plaidait pour vivre la religion musulmane dans le contexte du monde contemporain et de la France d'aujourd'hui. Il affirmait par exemple que rien dans le Coran lui-même ne faisait obligation aux femmes de se voiler. Certes, je le sentais réticent quand je l'exhortais à expliquer sa lecture de l'islam. Il m'objectait que les musulmans n'avaient pas à se justifier. Je continuais à penser qu'il était l'exemple même de l'interlocuteur dont tout gouvernement aurait besoin pour conjurer le déclenchement d'une nouvelle guerre de religion. J'étais allé jusqu'à m'engager de lui permettre de construire à Bordeaux une mosquée qui puisse accueillir dignement ses coreligionnaires. Je ne regrette rien. Je pense plus que jamais que nous devons créer les conditions pour que s'épanouisse en France une religion musulmane respectueuse des valeurs républicaines, à commencer par la laïcité. Déjà en 2016, un tel discours déplaisait aux extrémistes de tout bord. « On » me le fit payer ! Je me souviens de mon arrivée rue d'Assas où j'allais rencontrer, dans l'immense amphi de la fac de droit, plus d'un millier d'étudiants ; une large banderole était déployée dans la rue sur laquelle « on » avait écrit : « Bienvenue au grand mufti de Bordeaux ».

Mais qui donc était ce « on » qui me poursuivait de sa vindicte ? Comment l'identifier ? L'anonymat est la pire des lâchetés. Je n'ai pas cherché à savoir, même si je me doute que l'offensive ne venait pas de la gauche… J'eus sans doute le tort de traiter ces attaques par le mépris. Autour de moi, plusieurs de mes équipiers me mettaient en garde : « Cela te fait du mal ! Une partie de tes électeurs potentiels sont sensibles à cette propagande ! Il faut répondre ! » Le slogan me paraissait tellement ridicule, l'accusation, tellement dénuée de tout bon sens – à défaut de « sens commun » ? – que je ne tins pas compte de ces avertissements. Il me revint que, le jour du vote, dans les files d'attente, certains de mes amis surprirent tels échanges de propos : « Je comptais voter pour Juppé ; mais j'ai lu qu'il avait des faiblesses pour l'islamisme (radical ?) ; je vais voter Fillon. »

Je continue à penser que la vraie raison de mon échec est plus profonde. En fait je me suis trompé de campagne. Compte tenu de mes antécédents, je pensais que ma droite me resterait fidèle : ancien secrétaire général, puis président du RPR, président fondateur de l'UMP, je me disais que je pouvais compter sur le soutien de mes militants ; je devais donc donner la priorité à l'ouverture vers le centre-droit. Bonne tactique en effet... pour la campagne présidentielle elle-même, pas pour celle de la « primaire ». C'est ma droite qui m'a lâché.

Je n'ai pas réussi, non plus, à faire comprendre ce que je voulais dire par « l'identité heureuse » dont j'avais fait ma bannière. Mes concurrents ont moqué ma naïveté supposée ; ils m'ont reproché une forme de déconnexion d'avec la réalité du pays. Un pays qui doutait, un pays qui souffrait, un pays qui ne croyait plus à des lendemains meilleurs. En sillonnant la France, j'avais évidemment senti et compris ce qu'éprouvaient un grand nombre de nos compatriotes ; et mon expérience bordelaise, depuis plus de vingt ans, m'avait assez instruit ; je répétais souvent que Bordeaux n'était pas exclusivement, ni même principalement, peuplée de riches viticulteurs ; une proportion trop élevée de ses habitants vivait en dessous du seuil de pauvreté et l'une de mes priorités avait été d'améliorer la vie des quartiers dits sensibles.

Mais lucidité ne veut pas dire résignation ! Je ne voulais pas me résigner à dire aux Français que je briguais la magistrature suprême pour me lamenter, avec tous les prophètes de malheur, sur les menaces à venir. Je voulais au contraire les convaincre de la chance que nous avions d'être français, leur redonner la fierté de leur identité, c'est-à-dire de leur histoire commune, de leur culture, de leurs valeurs partagées. Et je voulais leur redonner confiance en eux-mêmes et en leur avenir, dans la possibilité du bonheur personnel et collectif. Était-ce prétentieux ou illusoire ? Je savais en tout cas ce que je ne voulais pas : faire chorus avec les Cassandre du déclinisme et de l'effondrement. Un chef d'État doit entraîner, pas décourager. Voilà ce que je voulais dire en parlant d'identité heureuse.

À la recherche du plan B

Il semble acquis aujourd'hui, parmi les dirigeants des partis politiques (ou de ce qu'il en reste), chez les journalistes aussi, que l'organisation d'une primaire pour désigner le candidat à la candidature est un mauvais système. Je m'inscris en faux contre cette idée reçue. La « primaire de la droite et du centre » de 2016, en tout cas, a parfaitement tenu ses promesses. Elle a mobilisé plus de quatre millions de votants, score totalement inespéré. Et il en est sorti une candidature incontestable et incontestée : dès le 27 novembre 2016 au soir, l'union s'est faite autour de François Fillon devant lequel s'ouvrait alors un boulevard.

Ce n'est que plusieurs semaines plus tard, début janvier 2017, que le boulevard se transforma en impasse. Le 27, François Fillon était à Bordeaux où je l'accueillais pour lui renouveler publiquement mon soutien. Nous étions, si je me souviens bien, à la Cité du vin quand un mouvement agita la horde de journalistes qui entouraient le candidat. Très vite j'en appris la cause : le *Canard enchaîné* venait de publier un article accusant Fillon d'avoir procuré à son épouse un emploi fictif. L'attention de la presse se détourna immédiatement de ce qui était l'objet initial de notre rencontre pour assaillir de questions un François Fillon blême qui dénonçait une campagne de « boules puantes ».

On connaît la suite, et les révélations successives qui finirent par déstabiliser « notre » candidat. Dans les premiers jours de mars, la panique s'empara des dirigeants de LR qui voyaient s'éloigner toute perspective de victoire. Je reçus de pressants appels téléphoniques qui m'adjuraient de prendre la relève : de certains de mes concurrents, Bruno Lemaire et Nathalie Kosciusko-Morizet ; de personnalités dont le soutien initial avait été plutôt discret ou tardif, Jean-Christophe Lagarde, Jean-Louis Borloo, Valérie Pécresse ; du président du Sénat en personne, Gérard Larcher ; de mes fidèles de toujours, Dominique Perben ou Hervé Gaymard... je retrouve les noms dans mon carnet de notes, il y en eut sans doute d'autres. Rien des sarkozystes en revanche. Fillon lui-même m'appela « pour me demander conseil ». Je lui répondis, toujours selon mes notes : « C'est ta décision, en ton âme et conscience mais cela va devenir difficile pour toi. Quant à moi, les conditions ne sont pas réunies pour que j'y aille. » Traduction de l'intéressé, selon ses proches : « Juppé a refusé. » Il était enfermé dans sa bulle, peu disposé à écouter quiconque. Mon entourage revint à la charge pour que je parle à Sarkozy lui-même, ce que je fis à contrecœur. On était le 3 ou le 4 mars. Comme à son habitude, Sarkozy ne fit pas dans la nuance : « Fillon est mort. Il faut le décrocher. C'est à nous deux de le faire. Allons le voir lundi. Il faudra lui sauver la face en lui promettant la présidence du parti et en lui laissant le choix de son remplaçant. » N'ai-je pas bien compris le sens de cet appel ? Un peu obtus sans doute, je n'en ai retenu aucun engagement, de la part de mon interlocuteur, de soutenir mon éventuelle candidature...

Le 5 mars, une foule en délire acclama Fillon sur la place du Trocadéro. Le soir même, au JT de vingt heures, à la question du journaliste qui lui demandait s'il était prêt à se retirer, il répondit par un non catégorique.

J'étais à Bordeaux en train de déménager. Dans la nuit, comme il m'arrive, j'écrivis dans ma tête la déclaration que je comptais faire dès le lundi matin. À huit heures, j'étais dans mon bureau de l'hôtel de ville, attendant les journalistes invités à neuf heures. Je vis débouler Benoist Apparu et Gilles Boyer qui avaient roulé toute la nuit pour venir me convaincre d'attendre encore un peu... La situation allait se décanter, m'affirmaient-ils, Fillon allait céder, et ma candidature finirait par s'imposer. Je les ai écoutés patiemment et les ai conviés à m'accompagner dans la salle de presse. À neuf heures comme prévu, tendu à l'extrême, en proie à une profonde émotion, je lus mon texte d'une voix blanche :

> J'ai reçu, au cours des derniers jours, de nombreux appels me demandant de prendre la relève. Ils m'ont fait hésiter. J'ai réfléchi.
>
> À mes yeux, la condition *sine qua non* du succès, c'est évidemment le rassemblement le plus large possible de la droite et du centre.
>
> Aujourd'hui ce rassemblement est devenu plus difficile encore. Une partie du centre, que certains d'entre nous ont rudement stigmatisé, nous a quittés. Comme l'a montré la manifestation d'hier au Trocadéro, le noyau des militants et sympathisants LR s'est radicalisé. François Fillon n'a cessé d'affirmer sa détermination et hier soir encore son obstination.
>
> C'est pourquoi je confirme une bonne fois pour toutes que je ne serai pas candidat à la présidence de la République.

Je concluais en constatant : « Notre pays est malade, en colère contre ses élites politiques, mais, sensible aux promesses démagogiques, il vit une terrible crise de conscience, de confiance... Mais il a aussi de fortes capacités de rebond. »

Ma lucidité avait, malgré tout, des limites ; je disais aussi : « Profitant du discrédit de l'établissement politique, M. Macron, pourtant inspirateur et acteur de la politique économique de François Hollande, tente d'incarner le renouveau, mais son immaturité politique et la faiblesse de son projet ne feront pas toujours illusion. » Je justifiais ainsi le renouvellement de mon soutien au candidat LR, que je n'ai pas lâché en rase campagne. Mais je faisais preuve de moins d'intuition qu'Isabelle qui pressentait la victoire de Macron.

Au total, je pense que j'ai pris la décision sage. Les tractations entre les partis et les dirigeants de la droite et du centre auraient été misérables. J'ai eu en fait, comme souvent, une réaction d'orgueil que j'ai exprimée en une formule quelque peu arrogante : « Je ne suis pas un plan B. »

XVII

Fin de partie

2017, 2018… pendant ces deux années, j'ai vécu à Bordeaux, la plupart du temps en célibataire. Son travail retenait Isabelle à Paris tout au long de la semaine. Et Clara avait elle aussi rejoint Paris, le lycée Henri-IV et ses classes préparatoires. Une certaine dose de solitude ne me déplaisait pas ; le soir, je m'installais sur la grande terrasse de notre appartement d'où j'avais une vue imprenable sur les tours de la cathédrale Saint-André et sa rosace illuminée. Mais, en fait, je n'étais pas souvent seul. Ses parents m'avaient confié ma petite-fille Adèle qui suivait une formation aux métiers de la sécurité dans un collège de la rive droite, à la Bastide. Je jouais consciencieusement mon rôle de grand-père ; de bon matin, je vérifiais qu'elle avait bien entendu la sonnerie de son réveil pour être à l'heure à ses cours ; le soir, je l'invitais de temps en temps au restaurant ; sa préférence allait invariablement à la pizzeria voisine ; j'avais du mal à la convaincre qu'on pouvait se nourrir d'autres plats que les pâtes.

Je garde le souvenir d'une période d'apaisement personnel après les turbulences de la compétition présidentielle. J'avais repris mes marques à la mairie et à la métropole. Mes équipes étaient bien rodées ; je travaillais en confiance. Je restais éloigné de la vie politique nationale et je n'avais nullement la tentation d'y replonger.

Fin 2018, la crise des Gilets jaunes est venue bouleverser ces jours tranquilles à Bordeaux. Ces événements, l'incompréhension, la peine même qu'ils suscitèrent en moi ont-ils eu un effet sur ma décision de passer la main ? En conscience, je ne crois pas. Car j'avais depuis longtemps pris ma résolution : je ne voulais pas faire le mandat de trop ! Un quart de siècle aux commandes de la municipalité me paraissait la bonne mesure. Et puis, à la date prévue des prochaines élections municipales, c'est-à-dire au printemps 2020, j'allais avoir soixante-quinze ans ; c'était à mes yeux une limite d'âge raisonnable. Il est vrai que c'était avant que Joe Biden ne soit élu à la présidence des États-Unis à l'âge de soixante-dix-huit ans…

Mon entourage bordelais, au premier chef les élus de ma majorité, commençait à gamberger. Qu'allait faire « le patron » ? Soucieux de ne pas attiser les ambitions, je restais impénétrable. Je donnais même des signaux contraires pour brouiller les pistes. Certains en concluaient qu'évidemment, j'allais repartir au combat. Avec ma bénédiction, ils constituèrent une association de soutien à ma future candidature dont ils ne doutaient pas qu'elle serait « trans-partisane ». Ils l'appelèrent « Côté Juppé ». Je trouvais à ce sigle un petit parfum proustien qui me plaisait ; j'allai plancher à plusieurs reprises devant leurs troupes qui attendaient, l'arme au pied, de se lancer dans notre prochaine campagne.

Pour calmer le jeu et la tentation de manœuvres prématurées de la part de ceux qui spéculaient sur mon départ, il m'arriva d'être brutal. Lors d'une des réunions hebdomadaires de mes adjoints, je fus même agressif en lançant à la volée : « Aucun d'entre vous n'a la stature pour me succéder. » Je sais que j'en ai blessé plus d'un. Je le regrette.

À Paris, j'observais avec attention les premiers pas du gouvernement d'Édouard Philippe qui lui, au plus haut niveau de responsabilité, avait la stature. Je restais discret. Je m'exprimais rarement dans les médias. Je n'ai jamais aimé jouer les éminences grises ni les visiteurs du soir, comme on appelle les prétendus conseillers du prince, habitués des palais présidentiel et gouvernemental. D'ailleurs personne ne me le demandait !

Une proposition inattendue

Un dimanche soir de février 2019, je trouvai sur mon téléphone un appel de la présidence de l'Assemblée nationale. Il était tard. Je me fais une règle de respecter les convenances et la vie privée de mes interlocuteurs. Je décidai d'attendre le lendemain matin pour répondre. Le lundi à neuf heures, son secrétariat me mit en communication avec le président Richard Ferrand. Il n'y alla pas par quatre chemins. « J'ai l'intention, me dit-il, de vous nommer au Conseil constitutionnel à l'occasion de son prochain renouvellement. » Il ajouta en substance qu'à ses yeux, j'avais le bon profil : mon expérience des affaires publiques, mon indépendance d'esprit, mon attachement bien connu aux valeurs républicaines me désignaient, selon lui, pour occuper cette fonction. Je lui rappelai que j'avais un casier judiciaire. Il me répondit que la difficulté ne lui avait pas échappé mais que réflexion faite et conseils pris, ma condamnation ne lui paraissait plus un réel obstacle. Je lui demandai un délai de réflexion qu'il m'accorda… jusqu'au soir dix-huit heures, car l'annonce devait être faite dès le lendemain.

Rien ne m'avait laissé pressentir une telle proposition, rien ne m'y avait préparé. Je ne connaissais pas personnellement Richard Ferrand ; nous n'appartenions pas à la même famille politique ; je n'avais du Conseil constitutionnel qu'une connaissance très théorique et j'ignorais ce que la vie quotidienne pouvait y être.

Durant les heures qui suivirent, je m'isolai dans mon bureau de la mairie de Bordeaux pour peser le pour et le contre. La proposition était honorable ; toute ma vie professionnelle s'était déroulée dans la sphère publique, au sein des institutions de la République, gouvernement et Parlement notamment ; c'était mon univers ; j'avais conscience que le Conseil constitutionnel n'était pas la moindre de ces institutions et que son rôle de garant des droits et libertés pourrait être crucial dans les temps à venir. Je n'étais pas dans la même disposition d'esprit qu'en 2008 ou 2009, quand Sarkozy m'avait pressenti pour la première présidence de la Cour des comptes ; à l'époque je n'avais nullement l'intention de sortir de l'arène politique et j'avais donc refusé. Désormais, l'échéance du terme de mes mandats approchait. Je m'interrogeais sur l'activité à laquelle je pourrais me consacrer… « après ». Associative ? Humanitaire ? Je n'avais aucun projet précis.

Mais n'était-il pas trop tôt pour décrocher de ma fonction de maire ? J'avais bien sûr pensé à ma succession mais je n'avais pas concrètement engagé le processus. Comment les Bordelais allaient-ils réagir ? Ne me reprocheraient-ils pas de les lâcher en rase campagne ? Je finis par me dire que les trains ne passent pas toujours deux fois et qu'il fallait prendre celui-ci.

Quand j'affirme que c'est après en avoir délibéré avec Isabelle que j'ai pris ma décision, elle esquisse un sourire dubitatif. J'ai dû lui donner l'impression qu'au moment de la journée où je lui en ai parlé, ma religion était déjà faite. Une fois encore, elle n'a pas tout à fait tort. Étrange mécanisme de pensée, en effet, que celui qui conduit à ce type d'arbitrage. Je ne suis pas sûr que le facteur déclenchant soit la pesée rationnelle des arguments qui militent dans un sens et dans l'autre ; c'est plutôt une sorte de poussée intime du désir qui prévaut. J'y ai cédé.

Dès le lendemain, j'ai dû annoncer la nouvelle à mon entourage bordelais, à mon équipe rapprochée, à mes adjoints, à ma majorité municipale. Ce fut la stupeur. J'étais à la fois résolu et pas tout à fait fier.

Certes, depuis 2014, date de ma dernière réélection, j'avais en tête d'organiser ma succession. Sur le conseil de Gilles

Boyer, j'avais accueilli sur ma liste une équipière qui me paraissait avoir les qualités requises pour prendre le relais. Quadragénaire, née à Talence, commune limitrophe de Bordeaux, Virginie Calmels avait déjà derrière elle un beau parcours de chef d'entreprise : de 1998 à 2014 elle avait exercé des fonctions de direction dans les groupes de médias Canal +, puis Endemol qu'elle présidait depuis 2007. Elle y avait notoirement fait preuve d'autorité et d'efficacité. Quand je la reçus à Bordeaux, je sentis qu'elle avait envie de s'engager en politique. Je ne lui dissimulai ni les grandeurs ni les servitudes du « métier », ce qui ne la découragea pas. J'évoquai la perspective de ma succession au terme du mandat en lui précisant que, naturellement, cela ne se ferait pas par cooptation mais que la décision appartiendrait le moment venu aux Bordelais. À elle de s'en faire aimer ! Je la mis en situation à la fois à la Ville comme première adjointe de fait et à la CUB comme vice-présidente, chargée dans les deux cas du développement économique. Elle me fut d'un précieux concours grâce à son réseau de relations dans le monde de l'entreprise. C'est grâce à elle que plusieurs pépites de l'économie numérique vinrent s'installer dans l'agglomération. Pour asseoir sa notoriété, je lui proposai de prendre la tête de nos listes à l'élection régionale de décembre 2015. Le combat était difficile, c'est une litote, face au président sortant Alain Rousset dont la notoriété et la légitimité étaient solidement installées. Elle s'acquitta de cette mission avec un talent et une énergie qui séduisirent bien de nos responsables aquitains dont l'ardeur au combat manquait parfois d'intensité. Sa défaite, inscrite dans l'ordre naturel des rapports de force politiques, fut honorable.

Comment, dès lors, expliquer qu'en 2019, au moment où s'ouvrit ma succession, elle n'ait pas été en situation de prendre la relève ? Quand, en mars 2019, après l'annonce de ma démission, je réunis la majorité municipale pour lui demander de désigner en son sein le successeur qu'elle aurait à élire pour me remplacer, une évidence s'imposa à moi : Virginie n'obtiendrait pas la majorité des voix de ses collègues.

Je vois deux raisons à cet échec : d'abord une certaine maladresse de Virginie elle-même qui donna parfois le sentiment d'être en terrain déjà conquis ; la « meilleure d'entre nous » n'avait pas réussi à se faire aimer ; c'est la rançon d'une ambition trop visible, sans laquelle pourtant rien n'advient. À cela s'ajouta la jalousie de certains de mes proches qui lui savonnèrent méthodiquement la planche.

Je ne suis pas non plus exempt de toute responsabilité. Je n'avais pas réellement préparé le terrain. Je continuais même à brouiller les pistes. À ma décharge, je pensais avoir du temps devant moi. Je m'étais fixé une échéance : c'était au lendemain des élections européennes de mai 2019 que je comptais annoncer ma décision, ce qui me laissait une année entière pour travailler à la constitution d'une liste gagnante ; je pensais avoir encore assez d'autorité pour éviter les dissidences et parvenir à rassembler tous les talents de la droite et du centre, condition *sine qua non*, comme toujours, de la victoire à Bordeaux. La proposition de Richard Ferrand est venue contrarier ce calendrier !

Quoi qu'il en soit, à chaud, il fallait trancher. La candidature de Nicolas Florian s'imposa tout naturellement à moi. Il était, à l'évidence, le seul à pouvoir obtenir le soutien de mon équipe municipale et maintenir sa cohésion jusqu'à la prochaine élection générale. L'homme avait toute ma confiance. Depuis 1995, il avait fait preuve d'une fidélité exemplaire à mon égard en assumant la fonction ingrate de secrétaire départemental de la fédération de notre parti, le RPR d'abord, puis l'UMP et LR. Élu à l'âge de vingt-six ans au conseil municipal de la commune de Villenave-d'Ornon, au sein de la CUB, il avait rejoint mon équipe à Bordeaux en 2014 et je l'avais chargé de la délégation stratégique des finances. Il y avait fait du bon travail. Je pensais que, élu maire en mars 2019, il aurait un an devant lui pour asseoir son autorité et préparer l'échéance de mars 2020. Il obtint sans problème la confiance du conseil municipal le 7 mars 2019. Confronté d'emblée à l'épidémie de Covid 19, il fit preuve d'un grand sang-froid et d'un parfait sens de l'organisation ; il fut, de l'avis général, à la hauteur de la tâche.

C'est donc avec le sentiment du devoir accompli que, le 13 février, je m'adressai aux Bordelaises et aux Bordelais pour leur annoncer mon départ. Je ne pus cependant retenir mes larmes quand je leur dis : « Quitter Bordeaux, c'est pour moi un crève-cœur. Avec Bordeaux et son peuple, nous sommes en quelque sorte un vieux couple. C'est un arrachement de me séparer de qui j'ai tant aimé, à qui j'ai tant donné et qui m'a tant donné en retour. » Sous le coup de l'émotion, j'ajoutai ce que j'avais depuis longtemps sur le cœur en dénonçant « l'esprit public devenu délétère, la montée de la violence sous toutes ses formes verbales et physiques, le discrédit des hommes et des femmes politiques réputés tous pourris, la stigmatisation des élites dont tout pays a pourtant besoin, le climat général infecté par les mensonges et les haines que véhiculent les réseaux sociaux. » Et je conclus : « J'ai aimé livrer le combat politique ; aujourd'hui l'envie me quitte. »

J'avais mis tout mon cœur dans ce discours, il fut salué par une longue ovation du public massé dans les salons de l'hôtel de ville. Je le termine en souhaitant bon vent à « Bordeaux la belle, la Belle tout court... », clin d'œil à la « Belle endormie » que j'avais trouvée en arrivant en 1995. Je l'ai écrit dans mon *Dictionnaire amoureux* : la renaissance de Bordeaux est la vraie fierté de ma vie, de ma vie personnelle autant que de ma vie politique.

Dans les jours qui suivirent, je dus me plier aux obligations que la Constitution impose à tout nouveau membre du Conseil constitutionnel : d'abord obtenir l'aval du Parlement et plus précisément, dans mon cas, celui de la Commission des lois de l'Assemblée nationale puisque j'allais être nommé par son président ; l'exercice n'est pas purement formel : il faut répondre aux questions du rapporteur désigné par la commission, puis à celles de ses membres ; à l'issue des échanges, intervient le vote ; s'il est hostile à la majorité des trois cinquièmes, la nomination est bloquée. Je m'étais préparé techniquement mais je craignais que la politique ne s'en mêle tant du côté de la majorité que de l'opposition ; d'emblée j'invoquais le droit à l'oubli de ma condamnation en rappelant qu'en 2004, la cour d'appel de Versailles, qui ne voulait pas faire de moi, selon ses propres termes, le « bouc émissaire » de mon parti, m'avait blanchi de tout enrichissement personnel. Je fus agréablement surpris par la bienveillance de l'auditoire. Parmi les députés présents, j'identifiai plusieurs des membres de mon ex-parti qui manifestement allaient approuver ma nomination ; en revanche le député de la troisième circonscription de la Gironde, membre de La France insoumise, se montra désagréable ; j'avais, il est vrai, soutenu l'un de ses adversaires lors du dernier scrutin législatif… ; en fin de séance, sur vingt-sept votants, deux blancs et vingt-cinq exprimés, j'obtins vingt et une voix pour et quatre contre. J'avais franchi la haie…

Cela ne m'épargna pas les critiques que suscitent immanquablement les nominations au Conseil : sur le principe même de la désignation par les trois plus hautes autorités de l'État, mais aussi sur la qualité des personnes dont le CV est scruté par tous les professeurs de droit constitutionnel du pays. Lesquels s'indignent tous les trois ans que les places ne leur soient pas réservées. L'un d'entre eux, en 2022, dans un débat télévisé, s'est même laissé aller à dire que « le Conseil ne comprend aucun juriste ». Fichtre ! Trois conseillers d'État, deux avocats, une magistrate… cela donne : « aucun juriste » ? Tout ce qui est excessif est décidément insignifiant.

Après quelques années de pratique, je suis renforcé dans ma conviction que la diversité des parcours des membres du Conseil fait sa richesse intellectuelle et sa force morale. La pire des erreurs serait de n'y nommer que des « spécialistes ». Je mesure aujourd'hui combien l'expérience acquise au Parlement et au Gouvernement, la connaissance intime des rouages d'une collectivité locale peuvent être utiles dans une institution qui a la responsabilité de contrôler le bon fonctionnement des pouvoirs publics, chacun dans le rôle que lui assigne la Constitution.

Deuxième point de passage obligé : le 11 mars, après mes deux collègues de la dernière « promotion », je prêtai devant le président de la République le serment de « bien et fidèlement remplir mes fonctions, de les exercer en toute impartialité dans le respect de la Constitution et de garder le secret des délibérations et des votes, et de ne prendre aucune position publique, de ne donner aucune consultation sur les questions relevant de la compétence du Conseil ».

J'étais évidemment informé des incompatibilités attachées à mon nouveau statut : pas de cumul avec la fonction de ministre ou de membre du Parlement ou du CESE, de Défenseur des droits, mais non plus avec tout mandat électoral, toute fonction publique et toute activité professionnelle ou salariée. Je pouvais seulement continuer à me « livrer à des travaux scientifiques, littéraires ou artistiques ».

C'est donc le 12 mars 2019, jour de mon entrée en fonction, que j'ai perdu, sinon la liberté d'opinion qui appartient à tout citoyen, du moins celle d'exprimer mes préférences politiques. C'est pourquoi j'arrête ici le récit des travaux et des jours de ma longue carrière publique.

Épilogue

Au hasard de mes lectures, je tombe sur un article de la revue *Politique internationale*, du printemps 2022 : « Dans un livre paru en 1993, *La Tentation de Venise*, Alain Juppé s'interrogeait en ces termes : "La politique mérite-t-elle qu'on lui consacre sa vie ? N'est-elle pas moins importante que l'art, la poésie, la beauté ?" »

J'ai eu envie de relire ce que j'écrivais il y a près de trente ans :

> Ma hantise, c'est de me retrouver à soixante-quinze ans – si Dieu me prête vie – en train de négocier pied à pied, avec mon successeur rue de Lille, une investiture au Sénat, après avoir été honteusement chassé de ma circonscription législative par les jeunes loups de mon propre parti. Alors de temps en temps j'ai des rêves de fuite… Je contiens mon désir de fugue. Je me dis que rien ne presse.

Je me suis contenu. Je n'ai pas cédé à la tentation puisque j'ai consacré près de cinquante ans de ma vie à l'action politique. Mais j'ai évité le piège du « mandat de trop ».

Qu'ai-je fait de ces années ?

La sagesse serait de remettre cette question à plus tard et de suivre le conseil de Montaigne : « Qu'il ne faut juger de notre heur qu'après la mort. » L'auteur des *Essais* ajoute savoureusement : c'est au jour de la mort « qu'il faut montrer ce qu'il y a de bon et de net dans le fond du pot… C'est le maître jour, c'est le jour de tous les autres [...] qui doit juger de toutes [les] années passées »[1].

Quelle que soit l'admiration que j'ai pour Montaigne – elle est sans bornes –, je ne vais pas attendre « le maître jour » pour céder à la tentation de regarder ce qu'il y a « au fond du pot ». Un de mes grands défauts est l'impatience.

« Qu'ai-je donc fait de ces années ? », j'ai du mal à chasser cette question de mon esprit.

« Familles, je vous aime ! »

La politique n'a pas été « toute ma vie », Dieu merci ! Mes vrais moments de bonheur, je les ai vécus en famille.

« Occupez-vous de vos enfants ! Aimez vos enfants, parlez avec vos enfants, dansez avec eux ! » Ce cri, poussé par la maman de Marjorie, jeune fille de dix-sept ans, poignardée à mort par un gamin de quatorze ans à Ivry-sur-Seine le 14 mai 2021, dans une bagarre d'adolescents, m'a fait réfléchir. La mère, admirable, qui ne fait pas mystère de sa foi, poursuit : « Faites des réunions avec vos enfants, discutez avec eux, cherchez à savoir ce qu'ils font dans la vie, soyez auprès d'eux, embrassez-les, dites-leur que vous les aimez... Ce n'est pas à la Justice de s'occuper de vos enfants, ni à l'Éducation. »

Bien sûr je n'ai jamais vécu, ni de près ni de loin, pareille tragédie. Mais je me suis demandé : « Ai-je assez aimé mes enfants ? Ai-je réussi mes vies familiales ? » Bon époux, sans doute pas, puisqu'il m'a fallu m'y reprendre à deux fois. Bon père ? Si l'essentiel est la présence – « soyez auprès d'eux » –, mon bilan n'est pas glorieux. Ma vie publique m'a souvent éloigné de la maison et de mes enfants. J'ai néanmoins veillé sur eux du mieux que j'ai pu. Je n'ai pas souvent dansé avec

1. Montaigne, *Les Essais*, chap. 19.

eux mais j'ai suivi attentivement leurs études et leur réussite a fait ma fierté : Laurent, ingénieur de Centrale, Marion, docteur en médecine, Clara, diplômée d'HEC. Ils le doivent à leur mérite et peut-être un peu aussi à l'exigence paternelle. J'ai tout fait pour accueillir les enfants d'Isabelle du même cœur que les miens.

Je n'ai pas toujours mesuré la contrainte que représentait, pour mes enfants, la notoriété de leur père. Clara était encore à l'école primaire quand elle me fit cette confidence : « Papa, je voudrais être une petite fille comme les autres. – Mais tu es une petite fille comme les autres, ma chérie ! – Non, mes copines disent que tu es le maire. » Cet âge est sans pitié, c'est bien connu et n'épargne ni les moqueries ni les flatteries, c'est selon.

Je suis parfois un peu trop… matérialiste, même en famille. Isabelle me le reproche. Il est vrai qu'un de mes regrets est de n'avoir pu, n'étant pas vraiment riche, doter mes enfants pour les aider à se lancer dans la vie. Mais je n'ai jamais senti, chez eux, la moindre frustration de cet ordre. Tout au contraire, de l'amour filial.

Avec mes petits-enfants en revanche, je n'ai pas été vraiment à la hauteur. Isabelle m'exhortait à mieux les connaître, à partir en voyage avec tel d'entre eux, l'un après l'autre, pour « chercher à savoir ce qu'ils font dans la vie ». Je l'ai fait une fois avec Léo, le fils de Laurent, une journée dans Paris, tour Eiffel et Arc de triomphe au programme. C'est peu. Aujourd'hui, il a vingt ans révolus, il vit à Montréal avec ses parents, sa sœur et son frère. J'ai accueilli Lucas, le fils de Marion, puis sa sœur Adèle chez nous à Bordeaux, en fin d'études. Ils aiment séjourner à Hossegor, dans la maison qui est devenue le sanctuaire familial.

Isabelle, sans doute instruite par mon (mauvais) exemple, est une grand-mère attentive et prend souvent le train de Normandie pour aller chouchouter ses petits-enfants qui m'appellent gentiment « grand-père Alain ».

Si j'ai conscience de mes défaillances envers « les miens », j'éprouve aussi quelque fierté d'avoir su néanmoins éviter toute rupture entre nous. L'affirmation pourra surprendre. Tout divorce est une rupture. Mais entre nos familles recomposées, nulle rancœur, nulle aigreur. J'ai gardé avec Christine des relations de tendresse, on n'efface pas vingt-cinq ans de vie commune. Entre elle et Isabelle s'est nouée une discrète amitié qu'a confortée la bonne entente entre nos enfants. C'est peut-être un réflexe suspect de *pater familias* mais quand je nous vois tous réunis autour de la table du réveillon de Noël, je suis tout bêtement heureux.

Pour fêter mes soixante-dix ans, en 2015, j'avais loué trois jolies maisons dans l'île grecque de Kéa, proche d'Athènes mais éloignée des grands flux touristiques. Nous étions, parents, enfants et petits-enfants, plus de vingt, âgés de sept mois à sept décennies. À peine levée, la tribu se retrouvait autour de la piscine, et de la table d'un généreux petit déjeuner préparé par nos voisines grecques. Nous nous égaillions dans la journée. La magie de la Grèce jouait, le soleil toujours présent, la Méditerranée accueillante à tous les âges, et le soir le dîner dans la rue du village au son du bouzouki... Irrésistible. Nous en parlons encore. J'étais heureux de vivre une si paisible harmonie, de partager des joies si simples.

Nous avons recommencé cinq ans plus tard, pour mon soixante-quinzième anniversaire, cette fois dans une propriété du Haut-Var dans la même allégresse.

En 2006, au retour du Québec où notre vie familiale s'était épanouie, les mêmes causes faillirent produire les mêmes effets. Replongé dans le bain politique, je ne fis pas attention à l'accumulation des nuages dans notre ciel matrimonial. Quand l'orage éclata, un jour sombre de janvier 2011, j'éprouvai un immense désarroi. Je faillis lâcher la barre dans la tempête. Mais l'amour l'emporta sur l'orgueil. Nous reprîmes, Isabelle et moi, notre navigation sur la carte de Tendre. Après trente ans de mariage, nous vivons une relation harmonieuse. Quand je me lance dans de flamboyantes proclamations, du style : « Sans toi ma vie n'aurait pas de sens », les mots viennent du plus profond de moi et expriment exactement mon intime certitude.

J'ai eu aussi la chance d'être accueilli à bras ouverts dans une famille très différente de celle d'où je viens, celle d'Isabelle. Je fus très vite adopté comme membre à part entière du « clan Bodin », où parents et enfants sont unis comme les doigts de la main, où l'on n'élève jamais la voix, où la vulgarité est inconnue, tant du verbe que des sentiments, où l'on ne parle pas d'argent, où plaisanter gentiment sur le sexe jette un froid qui vous dissuade de recommencer… bref le contraire de tout ce que j'avais vécu à Mont-de-Marsan.

Nous n'avons naturellement pas passé notre vie en vacances ni dans un état de permanente félicité ! Je n'oublie pas les chagrins et les deuils, la mort de nos parents ; celle aussi de mon frère et de ma sœur aînés qui rompit les derniers liens que j'avais avec ma ville natale… Nous avons eu la chance, pour surmonter ces épreuves, de partager, Isabelle et moi, les mêmes goûts. L'amour de la lecture, Isabelle dévore toutes sortes de livres, romans, essais, biographies, j'essaie de suivre. La passion des voyages au long cours, d'Asie en Amérique sans oublier l'Afrique, mais aussi les escapades en Europe, la même fascination pour Venise, et la redécouverte des beautés innombrables du pays de France… Tant d'autres émotions qui font le sel de la vie, la vraie. Je les évoque ici avec pudeur car je répugne à ouvrir mon jardin secret. Je veux simplement dire : « Familles, je vous aime ! »

Ma vie publique, elle, est par définition sans filtre.

Elle m'a apporté des joies et des peines, j'ai connu des succès et des échecs, je les ai évoqués dans les pages qui précèdent. Mais au total, si c'était à refaire, je le referai.

L'engagement

D'abord parce que je crois toujours à la noblesse de l'engagement politique.

J'ai conscience de ce que peut avoir de provocateur un tel acte de foi, tant « la » politique et « les » politiques souffrent aujourd'hui d'une réputation détestable. J'ai coutume de dire que, sur l'échelle de la considération où culminent à juste titre les soignants et les enseignants, les politiques restent à l'échelon le plus bas, derrière les prostitué(e)s et… les journalistes. Les hommes politiques (pour combien de temps les femmes politiques, trop peu nombreuses il est vrai, auront-elles droit à plus d'indulgence ?) sont réputés menteurs, inefficaces, corrompus… bref tous pourris. Ce procès me fait mal. D'abord parce que j'en prends pour mon compte ; je suis membre honoraire de la corporation. Mais surtout parce que je suis convaincu qu'il est globalement injuste. Je connais assez bien le monde politique. Je peux témoigner qu'il ne mérite pas un tel opprobre. Bien sûr, comme dans toutes les catégories sociales, il y a en son sein des moutons noirs, pas plus que dans telle ou telle autre profession. Mais l'immense majorité des hommes et des femmes politiques sont honnêtes et mus par la volonté de servir le bien commun. C'est vrai des maires et des élus locaux en général et nos concitoyens le savent. Ils l'ont constaté tout au long de la pandémie de Covid où ces élus ont été en première ligne pour les protéger. C'est vrai aussi de nos parlementaires et de nos gouvernants : ils ne sont pas exempts d'ambitions personnelles, cela va de soi, et que fait-on de grand sans ambition ? Mais la raison d'être des efforts, voire des sacrifices qu'ils consentent, c'est la volonté de servir leur pays et d'améliorer la vie de leurs concitoyens. C'est en tout cas ce que j'ai constaté tout au long des années où j'ai exercé des responsabilités politiques. Sinon, à quoi bon ?

La possibilité d'agir

Si j'ai aimé la politique, c'est aussi parce que j'ai cru, que je crois toujours à la possibilité d'agir.

L'une des raisons qu'on donne souvent à la crise de notre démocratie, c'est le procès d'impuissance que fait notre peuple à ses dirigeants. Dans le pire des cas, ils sont accusés de multiplier des promesses auxquelles ils ne croient pas, dans le meilleur, d'être incapables de les tenir. Le vrai pouvoir ne serait pas dans leurs mains, mais dans celles de forces plus ou moins obscures : bureaucraties à tous les étages, entreprises multinationales géantes aux capitalisations boursières parfois supérieures à celles des États, organisations mondialisées apatrides et très peu démocratiques, etc.

Je ne me fais pas d'illusion. Je sais par expérience combien il est téméraire de prétendre « changer la vie », et même, plus modestement, d'essayer de changer les choses. Je connais les résistances de ceux-là mêmes qui vitupèrent l'immobilisme de leurs élus. Mais je sais aussi que la persévérance paie. Je me flatte d'avoir obtenu des résultats positifs dans ma gestion municipale, à Paris comme à Bordeaux ; ma démonstration a été sans doute moins probante s'agissant de mon travail gouvernemental. Mais si je m'abstrais de mon cas personnel, je fais une constatation peut-être un peu simpliste : la meilleure preuve que le pouvoir politique peut être opérant, fût-elle par l'absurde, c'est que les mauvaises décisions peuvent entraîner des conséquences désastreuses ; en la matière les exemples abondent !

Et puis, sauf à renoncer à toute ambition politique, je ne me résigne pas au pessimisme. Dieu sait s'il est à la mode. Pour être entendu, il vaut mieux gémir sur le déclin de la France – on parle maintenant de son « affaissement » – ou sur la décadence de l'Occident – qui serait en train de sortir de l'Histoire (*sic*) ! – que de vanter les mérites de « l'identité heureuse » d'un peuple. Pourtant, je continue à croire à la possibilité d'améliorer les conditions de vie des gens. Je termine souvent mes conférences devant les publics étudiants par cet appel : « Ne croyez pas ceux qui vous disent que c'était mieux avant ! » Je me borne à remonter d'un siècle : je cite en vrac les dizaines de millions de morts de la Première Guerre mondiale ; la population de l'Europe décimée par la grippe espagnole qui aurait fait entre cinquante et cent millions de morts dans le monde ; les purges staliniennes, là encore par dizaines de millions de morts, à commencer par les koulaks ; la Shoah, le crime sans nom ; les génocides, celui des Arméniens au début du siècle et celui des Tutsis dans sa dernière décennie… je pourrais continuer avec les crimes perpétrés par la « grande révolution culturelle prolétarienne » sous Mao ou la folie sanguinaire des Khmers rouges. Horreur rétrospective ! Quel âge d'or ! Ce fut également, pour ma génération, celui de la guerre froide, de l'équilibre de la terreur. Les mots sont lourds de sens. L'histoire, aussi loin qu'on remonte, a toujours été tragique.

En contrepoint, je laisse un peu de place aux bonnes nouvelles : les Trente Glorieuses, les quinze ans d'espérance de vie gagnés, chez nous, depuis le milieu du siècle dernier (si l'on remonte plus loin, au XVIIIe siècle par exemple, un enfant sur quatre mourait avant l'âge d'un an et seul un enfant sur deux parvenait à l'âge adulte). Quant à la pauvreté dans le monde, contrairement à une idée reçue, elle a, selon l'ONU, diminué au cours des récentes décennies : en 1990, 36 % de la population mondiale vivait avec 1 dollar par jour, en 2015, le taux était tombé à 10 %. Il est vrai que le recul est de plus en plus lent et que la pandémie de Covid 19 l'a même interrompu. En 2023, on est tout juste revenu au niveau de 2017.

Volontariste, je fais mien le conseil du sociologue Jean Viard, homme sage : « Face à l'anxiété, le remède, c'est l'action. »

Et je médite les mots admirables que, dans *Le Porche du mystère de la deuxième vertu*, Charles Péguy met dans la bouche de Dieu :

> L'espérance, dit Dieu, voilà ce qui m'étonne. [...]
> Que ces pauvres enfants voient comme tout ça se passe et qu'ils croient que demain ça ira mieux. [...]
> Ça c'est étonnant et c'est bien la plus grande merveille de notre grâce.
> Et j'en suis moi-même étonné.

Je m'accroche donc à la vertu d'espérance. Non sans effort ! « Le facile, et la pente est de désespérer, ajoute Péguy, et c'est la grande tentation. [...] C'est d'espérer qui est difficile. »

J'entends dire, par exemple, de plus en plus souvent, que des jeunes femmes refusent de mettre au monde des enfants qui pourraient grandir dans une planète invivable, au sens exact du terme. Je ne porte pas de jugement moral. Mais je ne me résigne pas. J'en conclus qu'il faut agir et faire de la lutte contre le réchauffement climatique et contre le recul de la biodiversité une priorité absolue de l'action publique pour construire un modèle de développement économique et social radicalement différent. Et pour cela, il ne faut pas rétropédaler vers un passé mythique, mais faire confiance à la créativité humaine, à la capacité de résistance et de rebond de l'humanité en conjuguant une stratégie de la sobriété et une stratégie de l'innovation. Garder, chevillée au corps et au cœur, « cette petite espérance qui n'a l'air de rien du tout. Cette petite fille espérance. Immortelle ».

L'amour de la liberté

Car – et c'est au fond la raison primordiale de mon engagement politique – je crois en l'homme, je veux dire que, pour moi, il n'y a rien de plus précieux qu'un être humain, homme et femme à égalité évidemment.

Je fais mienne cette profession de foi de Tocqueville, dans une lettre à son ami Louis de Kergorlay, datée de décembre 1850 : « Je n'ai pas de traditions, je n'ai point de parti, je n'ai point de cause si ce n'est celle de la liberté et de la dignité humaine. » Ou bien encore, plus près de nous, l'affirmation du philosophe Francis Wolff, cité par André Comte-Sponville : « Il n'y a pas de valeur au-dessus des personnes. C'est ce qu'on appelle l'humanisme où je vois l'horizon éthique indépassable de notre temps[1]. »

Depuis des décennies, nos intellectuels ont entrepris un travail de « déconstruction » de ce qui nous semblait un corpus de valeurs bien établies, et principalement de l'humanisme classique. Ce travail a été sans doute salutaire. Il a permis de dissiper certaines illusions et de secouer les conformismes. Mais une fois la déconstruction menée à bien, n'est-il pas temps de reconstruire ? Et de fonder un humanisme du XXIe siècle sur le respect de la dignité de la personne et de ce qui en est le socle : la liberté, la liberté de chacun(e) et la liberté comme bien commun ?

J'ai choisi d'écrire, il y a plus de vingt ans (1999 !), un livre sur Montesquieu dont Raymond Aron disait : « L'essence de la philosophie politique de Montesquieu, c'est la liberté. » Liberté politique d'abord, liberté économique aussi : Montesquieu fait l'éloge du « doux commerce », nous dirions aujourd'hui du libre-échange, de la modération fiscale, du goût du travail, et J. M. Keynes n'hésite pas à sacrer l'auteur de *L'Esprit des lois* comme le plus grand économiste français, « celui qu'il est juste de comparer à Adam Smith ». Je m'empresse d'ajouter que Montesquieu ne néglige en rien ce que nous appellerions

1. André Comte-Sponville, « Les trois utopies européennes », carnet de l'Institut Diderot.

« la question sociale » ; je cite volontiers ce passage de son œuvre : « Quelques aumônes que l'on fait aux hommes dans les rues ne remplissent pas les obligations de l'État qui doit à tous les citoyens une subsistance assurée, un vêtement convenable et un genre de vie qui ne soit point contraire à la santé. » On n'est pas loin de l'invention du Smic et de l'assurance maladie ! Où l'on voit qu'il n'est pas juste d'opposer par principe liberté et solidarité. C'est au contraire une puissante alliance que la devise républicaine réalise entre liberté, égalité et fraternité. Je ne nie pas que ces aspirations puissent entrer en contradiction. Tocqueville est lucide quand il constate que « les peuples ont pour l'égalité une passion ardente, insatiable, éternelle, invincible ; ils veulent l'égalité dans la liberté et, s'ils ne peuvent l'obtenir, ils la veulent encore dans l'esclavage ».

Je ne sous-estime pas cet « ardent » besoin d'égalité et je le comprends quand je considère le fossé des inégalités qui fracture nos sociétés, la nôtre sans doute moins que beaucoup d'autres, et les nations entre elles. Qui peut imaginer que nous maîtriserons les mouvements de population tant que de nombreux jeunes Africains, par exemple, ne trouveront pas dans leur pays le travail et la dignité de vie qu'ils y cherchent ? Avec la réconciliation de l'homme et de sa Terre, la réduction des inégalités est une autre priorité de l'action politique pour les temps qui viennent.

Mais il faut sortir du dilemme liberté-égalité. Tocqueville écrit aussi : « L'égalité donne naturellement aux hommes le goût de la liberté. » Je retiens les raisons qu'il donne de ce sursaut d'optimisme dans les phrases admirables que j'extrais de son avant-propos de *L'Ancien Régime et la Révolution* :

> La liberté seule [...] peut combattre efficacement dans ces sortes de sociétés [entendez : celles qui sont opprimées] les vices qui leur sont naturels et les retenir sur la pente où elles glissent. Il n'y a

> qu'elle en effet qui puisse retirer les citoyens de l'isolement dans lequel l'indépendance même de leur condition les fait vivre, pour les contraindre à se rapprocher les uns des autres, qui les réchauffe et les réunisse chaque jour par la nécessité de s'entendre, de se persuader et de se complaire mutuellement dans la pratique d'affaires communes. Seule elle est capable de les arracher au culte de l'argent et aux petits tracas journaliers de leurs affaires particulières pour leur faire apercevoir et sentir à tout moment la patrie au-dessus et à côté d'eux ; seule elle substitue de temps à autre à l'amour du bien-être des passions plus énergiques et plus hautes, fournit à l'ambition des objets plus grands que l'acquisition des richesses, et crée la lumière qui permet de voir et de juger les vices et les vertus des hommes.

La liberté qui « réchauffe » et « réunit » ! On est aux antipodes du libertarisme dont le mouvement reste vivant aux États-Unis et qui proclame : « Chacun doit pouvoir mener sa vie comme il l'entend, sans craindre l'interférence des autres et des autorités[1]. »

L'amour de la liberté n'est pas égoïste, il propose une vision généreuse de l'humanité ! L'homme libre peut aimer son prochain, autant (ou plus ?) que celui qui est dans les fers. C'est en tout cas dans cette vision optimiste de l'homme et de la société que je me reconnais.

Je reviens à Montesquieu qui donne, à y bien réfléchir, une définition très exigeante de la liberté : « La liberté est le droit de faire tout ce que les lois permettent ; et si un citoyen pouvait faire ce qu'elles défendent, il n'y aurait plus de liberté parce que les autres auraient tout de même ce pouvoir. » On est loin de la jungle et du chacun pour soi ! Il m'arrive même de me demander si Montesquieu ne va pas trop loin. Car, qui nous garantit que la loi ne deviendra pas despotique et que la « tyrannie de

---

1. Marc-Olivier Bherer, « La quête d'absolu des libertariens, apôtres de la liberté individuelle à tout prix », *Le Monde*, 2 décembre 2022.

la majorité », pour reprendre les mots de Tocqueville, ne finira pas par opprimer les minorités ? Je me rassure en poursuivant la lecture de Montesquieu : « Lorsque, dans la même personne ou le même corps de magistrature, la puissance législative est réunie à la puissance exécutrice, il n'y a point de liberté, parce qu'on peut craindre que le même monarque ou le même sénat ne fasse des lois tyranniques pour les exécuter tyranniquement. » D'où découle l'exigence de séparation des pouvoirs. D'où vient la nécessité de l'État de droit et des règles qui en garantissent le respect. Les auteurs de la Déclaration des droits de 1789 ont bien retenu la leçon ; dans son article 16, ils sont péremptoires : « Toute Société dans laquelle la garantie des Droits n'est pas assurée, ni la séparation des Pouvoirs déterminée, n'a point de Constitution. »

La liberté en danger

Le choix de la liberté n'est pas de tout confort car les menaces qui pèsent aujourd'hui sur elle, sur nos libertés individuelles et collectives, sur l'État de droit sont multiples et graves.

J'ai, dans ces pages, dit mon inquiétude devant la crise qui atteint la démocratie représentative en France comme ailleurs, en Europe ou en Amérique, ses symptômes, ses causes, les voies d'une régénération. Plus profondément encore, au-delà des formes que peut prendre cette crise, c'est le principe même de la démocratie et son lien intime avec la liberté individuelle et les libertés collectives qui est rejeté. Ici, dans la famille européenne, en Hongrie par exemple, on invente le concept de « démocratie illibérale », cet oxymore. Plus loin, en Russie, Poutine dresse le constat de décès du libéralisme. Un peu partout on assiste à un regain de faveur des régimes autoritaires, des despotismes rarement éclairés. Dans un livre récent, *Je dois vous dire, nos droits sont en danger*[1], Jacques Toubon relève qu'en 2020, « le nombre de régimes autoritaires a dépassé celui des gouvernements allant vers plus de démocratie. Il s'agit de la plus longue séquence de repli démocratique depuis 1975. Les pays considérés comme non démocratiques représentent désormais 45 % des États de la planète, leur nombre a triplé en trente ans[2] ». A-t-on bien compris que l'invasion de l'Ukraine par la Russie de Poutine n'était pas seulement une tentative de conquête territoriale aux fins de reconstitution d'un empire perdu, mais, très explicitement, un affrontement idéologique mondial entre démocraties et dictatures ?

La montée des fanatismes et de l'obscurantisme ajoute à la menace et mine aussi le sentiment démocratique et l'amour de la liberté. Je pense tout particulièrement aux fanatismes d'inspiration religieuse. Les guerres de religion ont toujours été, dans l'histoire, les plus sauvages. Aujourd'hui, l'islamisme radical, au nom d'une lecture littéraliste du Coran, peut conduire au terrorisme. Mais la religion musulmane n'est pas la seule affectée. Certaines sectes chrétiennes, dites créationnistes, lisent la Genèse à la lettre, soutiennent que la Terre est plate et combattent la théorie de l'évolution. Les réseaux sociaux véhiculent les thèses les plus absurdes qui nient la vérité scientifique et brouillent la raison. Le suprémacisme blanc, justement dénoncé comme un « poison » par le président Biden, sape les fondements de la démocratie américaine. Je ne me lasse pas de répéter que la première mission de l'école est de former le jugement et le libre arbitre, seule parade aux mensonges et à l'absurdité du complotisme. C'est un combat de longue haleine. Celui des Lumières et de la raison contre les ténèbres et l'obscurantisme.

1. Jacques Toubon, *Je dois vous dire, nos droits sont en danger*, Paris, Stock, 2022.

2. Selon le rapport annuel de l'IDEA, International Institute for Democracy and Electoral Assistance.

Entre gens de bonne volonté, on s'accordera volontiers, je l'espère, sur cette analyse des menaces qui pèsent sur nos libertés. Il n'est pas sûr qu'il en soit de même sur celle que j'impute aux conquêtes des technologies numériques et à l'extension continue de ce qu'il faut bien appeler la société de surveillance généralisée.

En effet, ces conquêtes sont ambivalentes. D'un côté elles sont sources de bienfaits extraordinaires : télémédecine, télétravail, téléenseignement, téléadministration, impressions 3D, recherche scientifique, innovations techniques… je cite en vrac, sans être exhaustif. Je me souviens du temps où, pour mener à bien un travail universitaire, il fallait fouiller dans les fichiers cartonnés d'austères bibliothèques ; aujourd'hui, en un clic sur Google ou tel autre moteur de recherche, on trouve tout sur tout, sans effort et en temps réel. Et maintenant, sur simple demande, ChatGPT peut me fournir une dissertation, un discours… pourquoi pas un poème ! Ici l'on bascule de l'autre côté du miroir. Car ce type d'application pourrait signer la fin de tout exercice de réflexion et d'invention personnelles. Certains établissements d'enseignement en prennent conscience mais pourront-ils endiguer le flot ? Ce n'est pas un mince risque et ce n'est pas le seul. Car les techniques de l'information et de la communication, l'intelligence artificielle dans tous ses développements – outre leurs conséquences difficilement prévisibles sur l'emploi – donnent aux hommes et femmes de pouvoir des outils terriblement efficaces pour surveiller en tout lieu et en tout temps toutes les activités humaines. La Chine est pionnière en la matière ; son gouvernement installe dans l'espace public des centaines de millions de caméras de vidéosurveillance et attribue à chaque citoyen un permis à points qui permet de sanctionner les « mauvais » comportements – entendez ceux qui ne sont pas conformes aux normes édictées par le Parti ! Mais nos sociétés dites démocratiques prennent le même chemin. Dernier exemple en date, qui peut paraître minuscule mais qui s'ajoute à tant d'autres : pour vous épargner la queue à la caisse de votre supermarché, c'est désormais au moment même où vous saisissez un article en rayon que votre achat est enregistré. Attention, vous êtes filmé ! Je n'exagère pas. La Cnil vient de s'émouvoir de l'extension de la vidéoprotection « augmentée » qui, dans la louable intention de mieux assurer notre sécurité, nous traque dans nos rues. Le Conseil constitutionnel a dû fixer des bornes à l'accès des forces de l'ordre aux données de connexions électroniques qui permettent de savoir à quel moment vous avez téléphoné, à qui, d'où et combien de temps. Difficile recherche d'une conciliation équilibrée entre le respect de la vie privée et l'objectif, très légitime, de recherche des auteurs d'infractions. D'autant plus difficile que beaucoup de nos concitoyens en redemandent. « Moi, je n'ai rien à me reprocher, entend-on souvent. Et si ma sécurité est mieux assurée, j'applaudis. » Soit ! Et si un jour de tels outils d'investigation et de traçage, et l'énorme quantité de données collectées tombaient entre de mauvaises mains ? Ne sommes-nous pas en train de paver le chemin de notre servitude volontaire ? N'est-il pas temps de remettre les techniques au service de la personne humaine et pas l'inverse, comme le réclamait déjà le sociologue Jacques Ellul au siècle dernier ? De replacer l'intelligence humaine en surplomb de l'intelligence artificielle qui n'est, après tout, que le traitement algorithmique des masses colossales de données que nous lui fournissons ?

Mes interrogations ne sont pas fantasmes de béotien. Dans une lettre ouverte parue en mars 2023, un millier d'experts et de chercheurs du secteur sonnent l'alarme. « Ces derniers mois ont vu, écrivent-ils, les laboratoires d'intelligence artificielle s'enfermer dans une course incontrôlée pour développer et déployer des cerveaux numériques toujours plus puissants, que personne – pas même leurs créateurs – ne peut comprendre, prédire ou contrôler de manière fiable. » Ils demandent de « mettre en pause » l'avancée de l'IA afin d'élaborer de meilleurs garde-fous pour ces logiciels qu'ils jugent « dangereux pour l'humanité ».

Quelles sont les motivations réelles de cette mise en garde, dont certains signataires sont eux-mêmes de puissants acteurs de l'IA ? On peut se poser la question. Mais on doit surtout se poser celle de la reprise en main d'avancées technologiques qui échappent encore à toute régulation démocratique.

En définitive, l'avenir de la liberté, de nos libertés dépendra de notre capacité de résistance morale. J'entends par là de l'attachement à nos valeurs, telles que les résume la devise de notre République ou les énumère la Charte des droits fondamentaux de l'Union européenne : dignité, liberté, égalité, solidarité, citoyenneté, justice. Nous avons longtemps cru que ces valeurs étaient universelles ; nous avons été confortés dans cette opinion par l'adoption en 1948, au palais de Chaillot à Paris, de la Déclaration universelle des droits de l'homme. Nous imaginions en ce temps-là que cette déclaration, largement inspirée des idées françaises, sous la plume de notre grand juriste français René Cassin, allait faire école à travers la planète. Nous avons cru encore à la puissance de nos idées quand, après la chute du mur de Berlin, nous avons célébré la victoire définitive de la démocratie libérale et de l'économie de marché sur la planète. Trente ans plus tard, cette belle illusion a vécu. Poutine, je l'ai rappelé, dresse l'arrêt de mort du libéralisme. C'est un grand retournement, quand on veut bien y réfléchir. Nous prenons brutalement conscience que nous ne sommes plus le centre du monde et qu'une majorité d'États ne partagent pas notre conception de la primauté des droits et libertés de la personne humaine sur les prérogatives de la collectivité. Panique à bord ! On ne parle plus, dans le cercle de certains de nos intellectuels, que de déclin de la France, de décadence de l'Occident, de repentance et de culture de l'annulation. A-t-on jamais vu être vivant ou communauté de destin chercher le salut dans l'effacement de son histoire ?

Nos valeurs ne sont plus universellement partagées, c'est un fait. Elles ne sont plus consensuelles en tout cas, pour reprendre la distinction que m'a suggérée Robert Badinter qui ne veut pas renoncer à l'idéal d'universalisme. Est-ce une raison pour les condamner et nous excuser d'y rester attachés ? Ce sont les nôtres, nous en sommes fiers, nous ne prétendons les imposer à personne, mais nous n'accepterons pas qu'on tente de nous en imposer d'autres. Notre responsabilité, c'est de les vivre de manière exemplaire et de les rendre ainsi attractives ; la bataille peut être gagnée ; ce n'est pas aux frontières de la Russie ni de la Chine que se pressent les migrants ; les peuples savent à travers la planète qu'on est plus heureux en démocratie que sous la dictature.

Sans ce sursaut moral, je ne donne pas cher de nos sociétés de liberté. Je n'ai pas perdu confiance, je ne perdrai pas confiance dans la capacité de nos jeunes filles et jeunes gens à mener et à gagner ce combat qui a donné son sens à ma vie politique.

Quand vient le soir…

Il faut finir. Dans ces pages, j'ai tenté de re-vivre. Impossible entreprise ! C'est, bien sûr, une façon d'exorciser la peur de la mort. Mais ai-je vraiment peur de la mort ? Je ne crois pas. Je ne sais pas ce qu'elle est. Qui le sait ? Pas davantage, me semble-t-il, les rares êtres humains qui disent avoir fait l'expérience d'un bref aller-retour. Qu'advient-il ensuite, dans la durée ? L'enfer ? Le purgatoire ? Le paradis, et ses vierges, récompense des bienheureux ?

Je suis tenté de suivre, dans sa *Longue route*, le poète François Cheng qui écrit, avec la sagesse du grand âge : « La mort n'est pas une puissance qui viendrait de l'extérieur pour détruire la Vie, elle est une loi imposée par la Vie même. » Et il poursuit : « Les morts sont parmi nous, se mêlant à nos heures, / Nous intimant d'être à l'écoute… »

Pour l'heure, je préfère éluder la question. Je n'ai pas répondu au journaliste du *New York Times* qui, en juin 2022, a demandé à me rencontrer pour que je l'aide à rédiger ma chronique nécrologique, *obituary* en anglais. En ajoutant très aimablement que c'était pour servir « *very far in the future* » … J'aurais dû accepter ; j'aurais pu ainsi lui suggérer quelques phrases élogieuses. Je me suis défilé.

En revanche, je pense à la maladie, à la souffrance, au délabrement physique et intellectuel. J'en ai peur. Avec le temps, mon hypocondrie s'aggrave. Je voudrais surtout épargner à ceux que j'aime et qui m'aiment le triste spectacle de ma possible déchéance. Comment faire ? Difficile de choisir le moment du départ et sa cause. Qui ne rêve d'un infarctus dans le sommeil ?

On ne se débarrasse pas si facilement de la marque que laissent en vous les apprentissages de l'enfance et de l'adolescence. On ne coupe jamais définitivement ses racines chrétiennes. J'en conserve la croyance que c'est Dieu qui donne la vie et que seul Dieu peut la reprendre.

Mais si Dieu n'existe pas ? Peu à peu les tabous disparaissent, au fur et à mesure de la déchristianisation de notre société. Donner et reprendre la vie ne sont plus des actes sacrés. L'homme en tout cas peut et veut s'en rendre maître.

Et la dure réalité vient bousculer le scrupule. Je revois mon père, en phase terminale d'un cancer, sans espoir de rémission, hurler de douleur sur son lit d'hôpital. Un fils peut-il avoir la cruauté de laisser continuer le supplice ? Je ne l'ai pas eue. Pas plus que le médecin… Ce qui montre que le sentiment d'humanité compte autant que les textes de loi.

Je mesure les risques de ce progressif effacement de tous les commandements. L'eugénisme pointe déjà et certaines sociétés s'y engagent sans prudence. Quelle morale pour une « humanité augmentée » ? Je m'arrête sur le seuil, j'allais dire au bord de l'abîme.

Plus modestement, j'en reviens à moi. J'ai du mal à m'en convaincre mais je suis bien entré dans la vieillesse. Je ressens l'usure du corps. On connaît cette sentence : « Passé soixante ans, quand on se réveille sans avoir mal quelque part, c'est qu'on est mort. » Je suis encore bien vivant. Mais l'état de mes articulations m'empêche de pratiquer les sports que j'aimais : la course, le ski… Je me suis mis au vélo ; je nage et je marche à mon rythme, un peu moins soutenu. Bon, pour l'instant, je ne dois pas me plaindre. Quant à la tête, je guette d'éventuelles défaillances, peut-être une tendance à ressasser les mêmes anecdotes ou la difficulté à retrouver les noms propres, même les plus familiers.

Suis-je devenu « enfin sage ! », pour reprendre l'exclamation d'un de mes amis bordelais à l'annonce de ma nomination au Conseil constitutionnel ? Je m'enflamme toujours autant dans les discussions où j'ai la manie d'apporter la contradiction, un peu par jeu ou par principe, au nom du doute méthodique. Je bous parfois en moi-même de ne pouvoir, devoir de réserve oblige, m'exprimer sur l'actualité nationale et internationale. Je me console en me persuadant que vient un temps où il faut savoir « ralentir » comme dirait l'excellent Boris Cyrulnik. Il donne ce conseil pour l'éducation des petits-enfants. Pourquoi ne pas l'étendre aux vieilles personnes ? Je vois bien que je ralentis ! Mes désirs ralentissent, désir de notoriété ou de reconnaissance, désir de pouvoir, désir même de voyage : mes horizons se rapprochent, je me prends à vouloir explorer non plus le vaste monde que j'ai sillonné en tous sens, mais les régions de France, ce pays des merveilles.

Et puis je prône la vertu de modération, toutes valeurs méprisées par les chantres de la radicalité, de la rébellion, de la colère qui nourrissent le débat public de leurs vitupérations. L'*hybris* fait recette. Avec le temps, je la comprends et la supporte de moins en moins. Comme Montesquieu, « l'immodération vers le bien même, si elle ne m'offense, elle m'étonne et me met en peine de la baptiser ». Et comme lui, je suis tenté de lancer cet appel : « Hommes modestes, venez que je vous embrasse : vous faites la douceur et le charme de la vie. »

La modestie et la modération ne signifient ni mollesse ni lâcheté, elles n'excluent pas la fermeté ni le courage dans l'affirmation de ses convictions. À mes jeunes lecteurs, je conseille le délectable ouvrage de l'essayiste Jean Birnbaum, *Le Courage de la nuance*, qui n'hésite pas à risquer ce paradoxe : « Au fond, il n'y a rien de plus radical que la nuance. » Et de conclure :

> Tenir un discours si libre qu'il en devient irrécupérable ; appeler les choses par leur nom, quitte à dire aux gens ce qu'ils n'ont pas

> envie d'entendre ; proclamer une conviction sans lui sacrifier la vérité des faits ; assumer ses propres failles, au point d'admettre qu'un adversaire puisse avoir raison ; opposer l'humour à la bêtise ; refuser de voir le monde en noir et blanc ; se mettre à dos les fanatiques de toutes les couleurs : parce qu'ils ont tenu bon sur leur désir de liberté, les « sans-royaume » qui peuplent cet essai [entendez : A. Camus, G. Bernanos, H. Arendt, R. Aron, G. Orwell, G. Tillion, R. Barthes] ont couru le risque de la solitude, ils en ont pris leur parti[1].

À ma modeste échelle, sans me comparer à ces grands personnages, j'ai pris le risque de la solitude, je n'ai pas de royaume. Mais j'ai vécu libre et heureux. C'est ma chance. La chance d'être français.

1. Jean Birnbaum, *Le Courage de la nuance*, Paris, Seuil, 2021.

Table

PEFC
10-31-1510

Achevé d'imprimer par
Corlet Imprimeur
14110 Condé-en-Normandie

Réalisation : Nord Compo à Villeneuve-d'Ascq
Dépôt légal : septembre 2023
ISBN : 979-10-210-5158-4
Numéro d'édition : 4943
Numéro d'impression : 23040803
Imprimé en France